Ar Wasgar

Y MEDDWL A'R DYCHYMYG CYMREIG

Golygydd Cyffredinol
John Rowlands

Mae teitl y gyfres hon o astudiaethau beirniadol ar lenyddiaeth yn fwriadol eang ac annelwig, oherwydd gobeithir cynnwys ynddi ymdriniaethau amrywiol iawn â lluosogedd o bynciau a themâu. Bu tuedd hyd yn hyn i ysgolheigion a beirniaid ysgrifennu hanes llenyddiaeth, ac fe fydd sefydliadau megis y Ganolfan Uwchefrydiau Cymreig a Cheltaidd a'r Academi Gymreig yn sicrhau bod y gweithgareddau sylfaenol hynny yn parhau. Ond daeth yn bryd hefyd inni drafod a dehongli'r themâu sy'n ymwau trwy'n llenyddiaeth, ac edrych yn fanylach ar y meddwl a'r dychymyg Cymreig ar waith. Wrth gwrs fe wnaed rhywfaint o hynny'n barod gan feirniaid mor wahanol â Saunders Lewis, Bobi Jones a Hywel Teifi Edwards, ond mae yna agweddau lu ar ein dychymyg llenyddol sydd naill ai heb eu cyffwrdd neu'n aeddfed i gael eu trafod o'r newydd.

    Y gyfrol hon yw'r ddeuddegfed yn y gyfres, yn dilyn *DiFfinio Dwy Lenyddiaeth Cymru* (gol. M. Wynn Thomas, 1995), *Tir Neb* (Gerwyn Wiliams, 1996) enillydd gwobr Llyfr y Flwyddyn Cyngor Celfyddydau Cymru, *Cerddi Alltudiaeth* (Paul Birt, 1997), *Yr Arwrgerdd Gymraeg* (E. G. Millward, 1998), *Pur fel y Dur* (Jane Aaron, 1998) a enillodd wobr goffa Ellis Griffith, *Sefyll yn y Bwlch* (Grahame Davies, 1999), *Y Sêr yn eu Graddau* (gol. John Rowlands, 2000), *Soffestri'r Saeson* (Jerry Hunter, 2000) a oedd ar restr fer Llyfr y Flwyddyn Cyngor Celfyddydau Cymru, *Gweld Sêr* (gol. M. Wynn Thomas, 2001), *Rhwng Gwyn a Du* (Angharad Price, 2002) a *Gororau'r Iaith: R. S. Thomas a'r Traddodiad Llenyddol Cymraeg* (Jason Walford Davies, 2003). Yn y gyfrol bresennol y mae Roger Owen yn adrodd hanes y theatr Gymraeg yn y 1980au a'r 1990au, pan oedd y theatr honno 'ar wasgar' rhwng nifer o wahanol gwmnïau amrywiol. Cyfleir cyffro byd y ddrama yn ystod y cyfnod hwnnw pan welwyd llawer o arbrofi ymysg cynhyrchwyr, actorion ac ysgrifenwyr.

    Bydd cyfrolau pellach yn y gyfres yn ymdrin â phynciau megis merched yn llenyddiaeth yr Oesoedd Canol, y ddelwedd o Gymru yn y nofel Gymraeg ddiweddar, agweddau ar feirniadaeth a theori lenyddol yng Nghymru'r ugeinfed ganrif, a'r dychymyg hoyw mewn llenyddiaeth Gymraeg.

Y MEDDWL A'R DYCHYMYG CYMREIG

Ar Wasgar

Theatr a Chenedligrwydd yn y
Gymru Gymraeg 1979–1997

Roger Owen

GWASG PRIFYSGOL CYMRU
CAERDYDD
2003

© Roger Owen (b) 2003

Cedwir pob hawl. Ni cheir atgynhyrchu unrhyw ran o'r cyhoeddiad hwn na'i gadw mewn cyfundrefn adferadwy na'i drosglwyddo mewn unrhyw ddull na thrwy unrhyw gyfrwng electronig, mecanyddol, ffotogopïo, recordio, nac fel arall, heb ganiatâd ymlaen llaw gan Wasg Prifysgol Cymru, 10 Rhodfa Columbus, Maes Brigantîn, Caerdydd CF10 4UP.
Gwefan: www.cymru.ac.uk/gwasg

ISBN 0-7083-1793-6

Mae cofnod catalogio'r gyfrol hon ar gael gan y Llyfrgell Brydeinig.

Cyhoeddir gyda chymorth ariannol Cyngor Celfyddydau Cymru

Datganwyd gan Roger Owen ei hawl foesol i gael ei gydnabod yn awdur y gwaith hwn yn unol â'r Ddeddf Hawlfraint, Dyluniadau a Phatentau 1988.

Llun y clawr: Iwan Bala, *Chwipio Ceffyl Marw?*, 2001. Atgynhyrchwyd trwy ganiatâd caredig yr artist

Cysodwyd yng Ngwasg Prifysgol Cymru
Argraffwyd yng Nghymru gan Wasg Dinefwr, Llandybïe

*I'n Dad a'n Fam,
Sam a Mary Owen
am roi blas ar bethe . . .*

Cynnwys

Lluniau		viii
Diolchiadau		ix
Rhagymadrodd		1
1	Y Theatr Boblogaidd: Bara Caws a Theatr Gorllewin Morgannwg	27
2	Atgyfodi Theatr Cymru: Theatrig a Chwmni Theatr Gwynedd	73
3	Tua'r Theatr Dlawd: Cwmni Cyfri Tri a Brith Gof	118
4	Cwmnïau Anghydlynol: Theatr i Gynulleidfaoedd Ifainc, Hwyl a Fflag a Dalier Sylw	166
5	Yn ôl i'r Dyfodol: Y Theatr ar ôl 1997	218
Mynegai		231

Lluniau (rhwng tt.72 a 73)

1. Yr Ifanc a Ŵyr: yr anterliwt *Dyrchafiad Dyn Bach* gan John Glyn Owen, addasiad gan Arad Goch o sioe wreiddiol Cwmni Cyfri Tri

2. Cadw'r Chwedlau'n Fywiog: *Taliesin* gan Arad Goch

3. Yr 'Hen Ŵr' ar ei Newydd Wedd?: *DJ Ffawst* gan Bara Caws

4. Dychanu'r Gymru Newydd: cynhyrchiad Dalier Sylw o ddrama Geraint Lewis, *Y Groesffordd*

5. Diwedd yr Ŵyl: cynhyrchiad Hwyl a Fflag o ddrama Iwan Llwyd, *Hud ar Ddyfed*

6. Y Brif-Ffrwd yn ei Gogoniant: *Awê Bryncoch* gan Mei Jones, cynhyrchiad Cwmni Theatr Gwynedd

7. Y Clasurol Cymreig: *Hamlet* gan Theatrig

8. Nyni yw'r Peiriannau: estheteg ddiwydiannol Brith Gof yn y sioe *Haearn*

Diolchiadau

Mae'n fraint a phleser gennyf gydnabod fy nyled i nifer o bobl am eu cyngor a'u cymorth wrth baratoi'r gyfrol hon. A derbyn bod y gyfrol yn yr arfaeth cyn i mi wybod dim oll amdani, mae fy niolch yn gyntaf i'm hathrawon ysgol, Dafydd Wyn Jones a Gwynfi Jenkins, am feithrin fy niddordeb mewn drama a theatr, ac am eu hymroddiad oes i ddysgeidiaeth a diwylliant bro. Diolch hefyd i'm cydweithwyr yn Adran Astudiaethau Theatr, Ffilm a Theledu Prifysgol Cymru, Aberystwyth am eu cefnogaeth dros y blynyddoedd, yn enwedig y Dr David Ian Rabey a'r Athro Mike Pearson, ac i'm cyn-gydweithwyr, y Dr Lisa Lewis a'r Athro Hazel Walford Davies. Mae fy nyled i'n aruthrol fawr i'r Athro Ioan Williams am ei arweiniad academaidd a'i ysgogiadau mynych wrth i mi ymhél â'r theatr Gymraeg fel maes ymchwil, ac wrth drafod y gyfrol hon. Carwn ddiolch yn fawr hefyd i'r Athro John Rowlands am ei sylwadau craff a'i ofal wrth baratoi'r gyfrol i'w chyhoeddi; a phleser yw cydnabod cymorth a chyngor parod staff Gwasg Prifysgol Cymru, yn enwedig Llion Pryderi Roberts am ei ofal wrth lywio'r gyfrol trwy'r wasg, ynghyd â Liz Powell, Sue Charles a'r gyn-gyfarwyddwraig, Susan Jenkins.

Yn olaf, diolch (a mwy) i Sally am ei chariad a'i chefnogaeth.

Roger Owen
Aberystwyth

Rhagymadrodd

Cyfnod o gyffro mawr fu dechrau'r 1980au yn y Gymru Gymraeg, yn bennaf oherwydd digwyddiadau gwleidyddol 1979, a welodd fethiant alaethus yr ymgyrch ddatganoli a buddugoliaeth etholiadol swmpus y blaid Doriaidd dan arweiniad Margaret Thatcher. Bu'r digwyddiadau hyn yn achos argyfwng dybryd yng ngwleidyddiaeth Cymru, yn enwedig felly llwyddiant y Toriaid, am fod rhaglen bolisi'r blaid honno'n gwbl groes o ran ei gwerthoedd i unrhyw draddodiad gwleidyddol Cymreig, ac am fod y Toriaid wedi'u hethol (a'u hailethol, droeon) heb sicrhau mwyafrif o fath yn y byd yng Nghymru. O 1979 i 1992, bu'r gefnogaeth i'r blaid Geidwadol yn neheubarth Lloegr yn ddigon i roi iddi rym gwleidyddol diymwad yng Nghymru, ac yn ddigon i adael y pleidiau Cymreig eraill yn gwbl amddifad o safbwynt gweithredu polisi ymarferol. Ar yr un pryd, ac i ryw raddau oherwydd methiant datganoli ac esgyniad y Toriaid ym 1979, gwelwyd berw mawr ynghylch sawl achos diwylliannol yng Nghymru: daeth yr ymgyrch i sefydlu'r bedwaredd sianel deledu Gymraeg i'r brig tua 1980, er enghraifft, a bu cryn gynnwrf hefyd ym myd y theatr Gymraeg, wrth i nifer o gwmnïau newydd ymffurfio, gan danio egni a diddordeb newydd ymysg cenhedlaeth ifanc o theatrgarwyr a theatrweithredwyr. O ganlyniad i'r gwrthgyferbyniad eithafol hwn rhwng egni diwylliannol a llesgedd gwleidyddol, daeth rôl diwylliant o fewn y bywyd cenedlaethol yng Nghymru yn dra phwysig ac yn fodd i wneud yn iawn am fethiant cymharol y system ddemocrataidd. Nid trwy ddulliau gwleidyddol eithr trwy eu diwylliant y câi'r Cymry – ac yn achos y gyfrol hon, y Cymry Cymraeg yn neilltuol – eu cynrychioli a'u diffinio fel grŵp gerbron y byd o 1979. Cyfnewidiwyd rôl a statws arferol gwleidyddiaeth a diwylliant, felly, gan fod gwleidyddiaeth Cymru ar y naill law'n debycach i ddisgwrs defodol wedi'i ddieithrio o'r byd real i raddau helaeth (yn debycach, hynny yw, i ffurf theatr) nag i ddull o weinyddu grym ar ran y bobl; a theatr ar y llaw arall yn gweithredu fel fforwm cymdeithasol i leisio barn a chyfryngu hunaniaeth y gymdeithas. Nod y gyfrol hon felly yw trafod rôl y theatr yn y Gymru Gymraeg rhwng 1979 a 1997, gan sylwi'n arbennig ar sut yr effeithiodd y cyfrwng hwnnw ar y drafodaeth o hunaniaeth genedlaethol a chenedligrwydd yng Nghymru yn ystod y blynyddoedd hynny.

Cwbl ysgubol fu effaith yr argyfwng gwleidyddol a ddilynodd fuddugoliaethau etholiadol y Torïaid. Trwy gydol y 1980au, gwelwyd y gwrthbleidiau Cymreig yn ail-lunio'u polisïau er mwyn ceisio herio'r llywodraeth a hyrwyddo'u syniadau a'u gwerthoedd eu hunain. Âi rhai pleidiau cyn belled ag ailystyried eu swyddogaeth yn y Gymru gyfoes yn llwyr, ac ailddiffinio'u perthynas â'u traddodiadau gwleidyddol a hanesyddol eu hunain: ond yn ofer, o safbwynt ymarferol o leiaf. Ymlaen yr âi teyrnasiad y Torïaid, ac, ymhen hir a hwyr, dôi'n amlwg fod y newidiadau a ddygai'r llywodraeth newydd yn ei sgil yn anwrthdroadwy. Bu'n rhaid i'r gwrthbleidiau ildio i'r drefn newydd, ac fe'u 'Thatchereiddiwyd' oll i ryw raddau o ganlyniad. Yn awr eu trallod, fodd bynnag, deuent yn agosach at ei gilydd, ac erbyn tua chanol y 1990au – ar ôl blynyddoedd o simsanu – creasant ryw fath ar gynghrair wrth-Dorïaidd ar rai materion, megis ymyrraeth economaidd yn y farchnad rydd, datganoli, a safle Cymru a Phrydain yn Ewrop. Bu'r gynghrair anffurfiol hon, yn y pen draw, yn gyfrifol am sicrhau llwyddiant y refferendwm ddatganoli ym 1997, a chreu'r Cynulliad Cenedlaethol. Serch hynny, aethai degawd a mwy heibio cyn i'r consensws rhyngbleidiol ddechrau ymffurfio, ac, yn y cyfamser, tila ac aneffeithiol fu ymdrechion y gwrthbleidiau i wrthsefyll polisïau'r Torïaid yng Nghymru.

A gwleidyddiaeth Cymru'r 1980au mewn cyfyng-gyngor, bu'n rhaid i'w diwylliant ddod i'r adwy wrth leisio gwrthwynebiad y mwyafrif o Gymry i sgil-effeithiau polisïau'r llywodraeth. Prif nod mudiadau diwyllianol yr oes at ei gilydd oedd ceisio hyrwyddo cydlyniaeth a chyd-ddibyniaeth y gymdeithas a gwrthsefyll egwyddorion hunanlesol Thatcheriaeth. Un rhan o'r gwrthsafiad hwn fu sefydlu'r cwmnïau theatr Cymraeg newydd, a thystiwyd i genadwri gymdeithasol y cwmnïau hyn yn rhinwedd eu ffurf a'u trefniant gweinyddol. Roedd y rhan fwyaf ohonynt yn gymharol fychan o ran aelodaeth, a'r mwyafrif o'u haelodau yn actorion ifainc; roedd nifer ohonynt yn gwmnïau cydweithredol a gredai mewn *ensemble* creadigol a chyd-drafod polisi artistaidd; ac roedd nifer yn credu'n gydwybodol mai trwy gyflwyno sioeau ar raddfa fach i gynulleidfaoedd ar eu tomen eu hunain y deuai bywyd newydd i'r theatr Gymraeg. Roedd y fath bolisïau yn eu hanfod yn adlewyrchu gwerthoedd cymdeithasol ac ethos ddiwylliannol a oedd yn gwbl groes i Thatcheriaeth; a diau fod hynny wedi denu nifer o blith y gynulleidfa Gymraeg i'w cefnogi yn ystod y cyfnod hwn. Diau hefyd nad gwrthwynebu'r drefn wleidyddol oedd unig symbyliad y cwmnïau newydd. I'r mwyafrif ohonynt, cyplyswyd yr awydd i wrthsefyll gwerthoedd Thatcher â'r awydd i adweithio yn erbyn gweithgarwch Cwmni Theatr Cymru, y cwmni theatr cenedlaethol Cymraeg. Bu hwnnw'n ganolbwynt i ddatblygiad y theatr Gymraeg ers degawd a mwy; ond, wrth i'r cwmnïau newydd ymsefydlu a chynyddu o ran nifer ar ddechrau'r 1980au, buan y daethpwyd i'w hystyried hwy – ac nid Cwmni Theatr Cymru – yn ganolbwynt. Yn raddol fach, deuai'n arfer clywed sylwebyddion a beirniaid y theatr Gymraeg yn honni mai'r cwmnïau newydd oedd *gwir* theatr genedlaethol Cymru, am mai hwy oedd ffynhonnell amlycaf egni creadigol yn y maes ac am mai hwythau a adlewyrchai genedligrwydd cymhleth, anghydlynol y Cymry yn yr oes fodern. Ym 1982, er enghraifft, clywyd Glyn Evans yn *Y Cymro* yn canmol gwaith y cwmni newydd Hwyl a Fflag, gan gymharu ei egni a'i asbri â llesgedd cymharol Cwmni Theatr Cymru: 'Unwaith eto y theatr ymylol sy'n gwneud ei chyfraniad yng Nghymru yn y dyddiau hyn', meddai, '. . . gyda'r Theatr Genedlaethol swyddogol yn hynod o ddi-ddychymyg a di-fflach naw gwaith allan o bob deg.'[1] Ac ym 1986, clywyd Dafydd Elis Thomas yn disgrifio'r cwmnïau ymylol newydd at ei gilydd fel theatr genedlaethol: 'People have been asking,' meddai, 'whether there should be some form of national theatre. I said I thought it existed already in the form of a diversity of companies . . .'[2] Erbyn hynny, roedd Cwmni Theatr Cymru wedi hen ddarfod: aeth i drafferthion ariannol difrifol ar ôl 1981, gan fethdalu'n derfynol ym 1984. Bellach, a'r theatr yn ei chrynswth heb ganolbwynt sefydlog prif ffrwd, ni fedrid gwadu i'r cwmnïau ymylol newydd eu statws a'u cyfrifoldeb cenedlaethol.

Eto i gyd, 'theatr genedlaethol' ryfedd ar y naw oedd yr hyn a ymffurfiodd ar ôl 1984. Ni welid fawr o gyd-dynnu rhwng y cwmnïau newydd, ac ni thrafodent bolisi celfyddydol ymysg ei gilydd er mwyn rhoi iddynt eu hunain wir statws mudiad cenedlaethol. Er bod ambell sioe wedi'i pharatoi ar y cyd rhwng dau neu fwy ohonynt, gweithient gan mwyaf yn eu corneli bach eu hunain. At hynny, dylanwadwyd arnynt gan nifer o wahanol fathau ar theatr, rhai yn Gymraeg a Chymreig eu naws, eraill yn Seisnig neu'n Ewropeaidd; a haerai ambell gwmni hyd yn oed na fu dylanwad theatraidd neilltuol arnynt o gwbl, gyda'u hysbrydoliaeth yn deillio o fathau eraill o gelfyddyd a diwylliant. Yn fras, mynnai pob un o'r cwmnïau newydd fod iddynt hunaniaeth annibynnol a modd i weithredu a adlewyrchai eu barn a'u gweledigaeth eu hunain ynglŷn â chyflwr, diddordebau ac anghenion eu cynulleidfa. I ba raddau, felly, y gellid galw'r fath gwmnïau yn 'theatr genedlaethol'? A allai fod unrhyw sylwedd o gwbl i'r fath haeriad?

Tystia cyflwr y Gymru Gymraeg yn ystod y 1980au a'r 1990au fod rhywfaint o le i drafod y cwmnïau amrywiol hyn gyda'i gilydd fel theatr genedlaethol – eithr fel 'theatr genedlaethol ar wasgar' ac nid sefydliad unffurf. Roedd Cymru'r 1980au yn genedl ar chwâl, a rhaniadau dyfnion yn greithiau arni. Amlygwyd y rheini ar eu gwaethaf yn ystod yr ymgyrch ddatganoli, pan fynegwyd drwgdybiaeth a ymylai ar baranoia gan y naill ochr a'r llall. Ofnai'r garfan a gefnogai bleidlais nacaol y byddai'r cynulliad arfaethedig yn ddim namyn cyfrwng i *élite* Cymraeg ei iaith ysbeilio'r mwyafrif di-Gymraeg o'u hawliau democrataidd ac o'r adnoddau yr oedd eu gwir angen arnynt er mwyn cynnal eu cymunedau diwydiannol dirwasgedig; ar y llaw arall, ofnai nifer o'r rheini a gefnogai bleidlais gadarnhaol y rheolid y cynulliad gan sosialwyr Llafur gwrth-Gymraeg y de, ac y dioddefai'r iaith Gymraeg a'i diwylliant cynhenid o'r herwydd. Fel y dywed Gwyn A. Williams yn *When Was Wales?*, nid oedd gobaith creu sefydliad cenedlaethol yng Nghymru a fedrai gymodi rhwng y naill garfan a'r llall: 'The Westminster parliament', meddai, 'seemed the only forum within which these fragmented peoples could co-exist.'[3] Yn niffyg undod a chydlyniaeth y 'mudiad' theatraidd newydd, ceid adlewyrchiad perffaith o ddiffyg undod cynhenid y profiad Cymreig cyfoes.

At hynny, roedd y Cymry Cymraeg eu hunain yn grŵp dan warchae erbyn y 1980au. Ers canrif a mwy, bu eu tiriogaeth hwy – y Gymru Gymraeg – yn encilio yn ddaearyddol ac yn boblogaethol, wrth i nifer y siaradwyr Cymraeg ddisgyn yn raddol ac wrth i'w nifer fel canran o boblogaeth Cymru gyfan syrthio'n enbyd o gyflym. Effaith y gostyngiad hwn fu crebachu'r cadarnleoedd Cymraeg lle y daliai'r Gymraeg ei thir fel iaith naturiol y mwyafrif, ac ynysu mwy a mwy o Gymry Cymraeg mewn cymunedau a chymdogaethau a oedd yn prysur ymseisnigo. Aethai'n anos beunydd i'r Cymry Cymraeg deimlo bod i'r gymdeithas a greent ac a warchodent yn rhinwedd eu hiaith le 'naturiol' yn y Gymru gyfoes. Ond nid dirywiad yr iaith Gymraeg fu'r unig enciliad i fygwth y Gymru Gymraeg. Cydgerddai enciliad rhifyddol a daearyddol yr iaith ag enciliad y sefydliadau hynny – fel yr eglwys ymneilltuol – a fu'n allweddol bwysig wrth hyrwyddo hunaniaeth genedlaethol Cymru ers canrif a mwy. Wrth i'r ugeinfed ganrif fynd rhagddi, gwanychu a wnâi awdurdod cymdeithasol y sefydliadau hyn beunydd oherwydd methiant y mythau a'r arferion cymdeithasol a gynhyrchwyd ganddynt ar hyd y blynyddoedd. Disodlwyd cymunedoliaeth gynhenid y gymdeithas Gymraeg gan werthoedd a seiliwyd ar egwyddorion prynwriaeth – unigolyddiaeth, hunan-les, hunangyflawniad bwrgais – a bregethid gan y cyfryngau torfol, gan hysbysebwyr a hyrwyddwyr masnach. Siarsiwyd yr unigolyn gan y rhain i ddiffinio'r berthynas rhyngddo a'i gymuned a'i genedl yn ôl ei foes a'i fympwy ei hun, a bu hynny eto'n fodd i bwysleisio diffyg undod ac anghydlyniaeth y Gymru Gymraeg gyfoes.

Yr un yn y bôn, felly, oedd cyflwr gwasgaredig, ymylol y Cymry Cymraeg yn eu gwlad eu hunain ar drothwy'r 1980au â chyflwr y theatr Gymraeg yn sgil tranc Cwmni Theatr Cymru. Ar yr ymylon yr oedd y cyfan. Go brin fod hynny'n beth i ymfalchïo ynddo o safbwynt cenedlaethol; ond o safbwynt theatraidd roedd yn gyflwr diddorol, ac iachus hyd yn oed, yn ôl ambell un. Gwyddai'r cyfrwng ymylol ei fod yn ymylol, fe resymid, a gwyddai o flaen popeth arall ei fod yn cael ei *achosi* gan ei berthynas â'i gyd-destun cymdeithasol a chan ei berthynas â'r prif ddiwylliant. Ni thwyllid hyrwyddwyr y cyfrwng ymylol i gredu ei fod yn drech na'r amodau a fodolai o'i amgylch, ac, yn Ewrop yr ugeinfed ganrif, cyfrifid y fath achubiaeth rhag twyll yn fendith ar y mwyaf am iddo rwystro'r math ar lygredigaeth syniadaethol a moesol a gyflawnwyd gan rai grwpiau tra-awdurdodol, yn enwedig Natsïaid yr Almaen rhwng 1933 a 1945. Yn ôl eu credo hwy, nid oedd hunaniaeth genedlaethol yr Almaen i'w hamgyffred trwy ystyried ei chyd-destun cymdeithasol cyfoes, eithr trwy fabwysiadu'r priodoleddau a'r nodweddion hynny a oedd yn gynhenid yng *ngwaedoliaeth* yr hil Almeinig (boed yn yr Almaen ei hun, neu yng nghilfachau Almeinig Awstria, Tsiecoslofacia, a Gwlad Pwyl), a thrwy ddilyn esiampl arwyr Almeinig yr oesoedd a fu, pan oedd y gwaed hwnnw, fe dybid, ar ei fwyaf pur. Credid y gallai'r Cymry Cymraeg osgoi'r fath lygredigaeth ffasgaidd trwy bwysleisio'r cyd-destun cymdeithasol cyfoes rhagor unrhyw nodweddion 'cynhenid'. Fe'u hanogid felly i gydnabod mai un fersiwn yn unig o hunaniaeth genedlaethol gymhleth oedd eiddynt hwy. Fel y dywedoedd un o gyfarwyddwyr artistig cwmni Brith Gof, Cliff McLucas, roedd hunaniaeth genedlaethol gyfoes yng Nghymru yn endid cymysgryw, yn groesiad o'r traddodiadol a'r cyfoes, o'r dinesig a'r gwledig, o'r Gymraeg a'r Saesneg.[4] Yn yr un modd, er bod y 'theatr genedlaethol' wasgaredig newydd a anwyd ar ddechrau'r 1980au yn gymharol lac ei chydlyniaeth, ac yn estron i'r mwyafrif o Gymry fel mynegiant o genedligrwydd, credai ei chefnogwyr y gallai hithau, o'i hyrwyddo a'i datblygu'n egnïol, esgor ar genedligrwydd modern a blaengar i'r gymdeithas Gymraeg.

Serch hynny, pylu wnaeth y gobeithion hynny wrth i'r blynyddoedd fynd rhagddynt. Erbyn tua diwedd y 1980au ac yn ystod y 1990au, newidiodd yr hinsawdd gymdeithasol a diwylliannol yng Nghymru yn sylweddol wrth i'r gobaith am waredigaeth rhag y llywodraeth Geidwadol ddiflannu, ac wrth i dlodi ariannol y theatr Gymraeg danseilio effeithlonrwydd y cwmnïau theatr Cymraeg yn eu crynswth. Tua'r un adeg, 'atgyfodwyd' gwleidyddiaeth Cymru, wrth i'r consenswg gwrth-Geidwadol hirddisgwyliedig dyfu ymhlith y gwrthbleidiau Cymreig. Pan ddaeth yn amlwg ar sail nifer helaeth o arolygon barn tua chanol y 1990au fod teyrnasiad y Torïaid yn dirwyn i ben a bod cyfnod newydd yng ngwleidyddiaeth Cymru a Phrydain ar fin dechrau, troes y llif o ran hyrwyddo hunaniaeth y Cymry yn ôl tuag at y gwleidyddion. Gobeithiai nifer yng Nghymru weld math newydd ar wleidyddiaeth ar sail y consenswg newydd hwn – gwleidyddiaeth gynhwysol, gydweithredol a sicrhâi na welid byth eto'r 'diffyg democrataidd' a geid trwy gydol y 1980au a'r 1990au. Ac ym 1997, yn sgil llwyddiant ysgubol y Blaid Lafur tan arweinyddiaeth Tony Blair, a buddugoliaeth drwchblewyn yr ymgyrch i sicrhau cynulliad datganoledig i Gymru, ymddangosai fel pe bai'r gobeithion hynny yn cael eu gwireddu. I'r theatr Gymraeg, fodd bynnag, roedd 1997 yn benllanw cyfnod ac yn ddiwedd ar y prosiect theatraidd cyffrous a welwyd yn ystod y ddau ddegawd blaenorol. Daeth terfyn ar rôl y theatr fel ffordd o gynrychioli gwrthwynebiad ei chynulleidfa i werthoedd y llywodraeth. Yn eironig ddigon, ar ôl 1997, dychwelodd y theatr at egwyddorion y genhedlaeth cyn 1979, gyda chanoli datblygiad y cyfrwng er mwyn sefydlu un cwmni theatr cenedlaethol a ymrwymai'r cyfrwng wrth un math o weithredu esthetig yn unig ac un math ar swyddogaeth gymdeithasol yn unig. Statws cenedlaethol er hyrwyddo *masnach* y theatr a geid erbyn diwedd y ganrif ac nid gweithgarwch theatraidd amryfath a adlewyrchai ymdrechion mynych y Cymry Cymraeg i oroesi mewn cyfnod o argyfwng. Yn eironig ddigon, ymddengys fod egwyddorion Thatcheriaeth wedi trechu'r theatr Gymraeg ar yr union adeg yr etholwyd llywodraeth Lafur yn lle'r Torïaid.

* * *

Bu'r theatr Gymraeg yn gyffro i gyd trwy gydol y 1970au, cyffro a ysgogwyd yn bennaf gan anfodlonrwydd ynghylch unplygrwydd Cwmni Theatr Cymru a gwrthwynebiad i anhygyrchedd y rhwydwaith o theatrau rhanbarthol mawrion a ddaeth yn gartref ac yn gyfrwng i'w waith. Ers ei sefydlu ym 1965 (fel asgell Gymraeg i'r Welsh Theatre Company, cwmni teithiol Saesneg Cyngor Celfyddydau Cymru ar y dechrau), bu Cwmni Theatr Cymru'n ganolbwynt i holl weithgarwch y theatr Gymraeg, ac yn nod i gwmnïau eraill anelu tuag ato. Ymrwymwyd Cwmni Theatr Cymru adeg ei lansio i deithio'i waith yn helaeth, i ddarlledu ei gynnyrch ar deledu'r BBC, i deithio i ysgolion a darparu rhyw fath ar wasanaeth theatr mewn addysg, ac i gomisiynu dramodwyr i ysgrifennu dramâu newydd. At hynny, ymhen rhai blynyddoedd, creasid cynllun hyfforddi actorion ifainc dan adain y cwmni, ynghyd â chwmni theatr ieuenctid, Adran Antur, a gyflwynai sioeau theatr cymunedol ac arbrofol, a Chymdeithas Theatr Cymru fel corff i hyrwyddo'r fenter yn ei chrynswth. Anelai Cwmni Theatr Cymru at gwmpasu holl anghenion a deisyfiadau actorion a chynulleidfaoedd yn y Gymru Gymraeg, a gweithiai nid fel cwmni yn unig ond fel *mudiad* theatraidd cyfan.

Bu'r holl weithgarwch hwn yn achos cryn gynnwrf a gobaith i garedigion y theatr Gymraeg ar drothwy'r 1970au, cynnwrf a welwyd ar ei fwyaf amlwg yn yr ymateb ysgubol i rai o gynyrchiadau cynnar y cwmni o ddramâu Gwenlyn Parry, megis *Saer Doliau* (1966) a *Tŷ ar y Tywod* (1968). Ond erbyn tua chanol y 1970au, roedd tipyn o'r sglein wedi pylu, a'r cynlluniau uchelgeisiol hyn ar chwâl. Daeth terfyn ar y cytundeb rhwng y cwmni a'r BBC i ddarlledu dramâu; diraddiwyd y cynllun hyfforddi ar gyfer actorion ifainc o'r cynllun blwyddyn gwreiddiol i gynllun *ad hoc* lle y câi actorion ifainc newydd gyflwyno cymeriadau ymylol yn rhai o'r prif gynyrchiadau a chyflawni mân orchwylion technegol y tu ôl i'r llwyfan; collodd ei rôl fel darparydd theatr i blant ac ysgolion yn sgil ffurfio'r cwmnïau theatr-mewn-addysg sirol; ac ysbeidiol ar y gorau fu gwaith yr asgell ieuenctid. Yr unig elfen 'ymylol' i oroesi mewn gwirionedd oedd y cynhyrchiad blynyddol i gynulleidfaoedd ifainc, a'r pantomeim. Ond yr ergyd fwyaf i gydlyniaeth Cwmni Theatr Cymru fu'r helynt a ddeilliodd o waith yr Adran Antur. Crëwyd honno er mwyn rhoi cyfle i'r cwmni ymweld â chynulleidfaoedd yn eu broydd eu hunain, ac i geisio hyrwyddo'r berthynas rhyngddo a'r gynulleidfa leol. Yn wir, cymaint fu brwdfrydedd rhai o'r actorion dros y gwaith hwn nes iddynt ymadael a ffurfio cwmni newydd i'r perwyl hwnnw, sef cwmni Bara Caws. Bu sefydlu Bara Caws yn ddigwyddiad o bwys yn hanes diweddar y theatr Gymraeg, ac yn sbardun i greadigrwydd y 1980au. Nid dyma'r cwmni proffesiynol cyntaf i weithio ar 'ymylon' y theatr Gymraeg, wrth gwrs; ers dechrau'r 1970au, gwelwyd nifer o gwmnïau a gynigiai arlwy o fath gwahanol i Gwmni Theatr Cymru, fel Y Theatr Ddieithr (cwmni annibynnol cynnar a gododd o Theatr y Gegin, Cricieth ym 1971), Theatr O (a gyflwynai berfformiadau theatr a llenyddiaeth arbrofol yn achlysurol o 1976), a'r amlycaf o ddigon o blith y rhain, Theatr yr Ymylon, a luniai raglen o ddramâu yn y Gymraeg a'r Saesneg rhwng 1972 a 1979.[5] Ond ni chawsai'r rhain lwyddiant i'w gymharu â Bara Caws. Bu penderfyniad y cwmni hwnnw i ymsefydlu ym 1977 a 'mynd â'r theatr at y bobl' yn sbardun pendant i gwmnïau bychain eraill fentro ar eu liwt eu hunain a cheisio creu perthynas agos â chynulleidfa neilltuol y medrid ymwybod yn uniongyrchol â hi, yn wahanol iawn i gyffredinedd a dieithrwch cymharol Cwmni Theatr Cymru.

Trawai Bara Caws ergyd, nid yn erbyn Cwmni Theatr Cymru yn unig, ond hefyd yn erbyn y strwythur theatraidd a adeiladwyd o gylch y cwmni hwnnw yn ystod y 1970au. Erbyn canol y degawd, roedd nifer o theatrau newydd wedi'u codi ar hyd a lled Cymru, a'r cwmni wedi seilio'i gylch teithiol arnynt hwy yn hytrach nag ar ganolfannau lleol y trefi a'r pentrefi Cymraeg cynhenid. Comisiynwyd y theatrau hynny yn dilyn adroddiadau swyddogol ar 'Gartrefu'r Celfyddydau' ym 1959 a 1961[6] a argymhellai wariant sylweddol ar theatrau, neuaddau cyngerdd ac orielau ledled Prydain, ac yn sgil penderfyniad rhai o golegau Prifysgol Cymru i greu campysau newydd a gynhwysai theatrau modern. At hynny, gwelwyd ambell awdurdod lleol yn hyrwyddo'i gynlluniau ei hun i godi theatrau newydd ar gampysau sefydliadau addysg uwch a thrydyddol, a chafwyd ambell theatr hefyd yn ganolfan ar ei phen ei hun. Rhwng 1972 a 1975, felly, gwelwyd theatrau newydd ar gampysau colegau Prifysgol Cymru yn Aberystwyth (sef Theatr y Werin), Bangor (Theatr Gwynedd) a Chaerdydd (Theatr y Sherman), a theatrau newydd ar gampysau colegau addysg uwch yn Harlech (sef Theatr Ardudwy) a Felin-fach (Theatr Felin-fach). Yn ogystal, adeiladwyd theatr fawr yn yr Wyddgrug (sef Theatr Clwyd) ac yn Aberdaugleddau (Torch Theatre), dan nawdd y cyngor sir.[7]

Roedd y canolfannau newydd hyn a'u theatrau ysblennydd yn gam mawr ymlaen i artistiaid, cwmnïau a charedigion y theatr yng Nghymru,[8] ond nid oeddynt o reidrwydd yn gaffaeliad mawr i'r gynulleidfa theatr yn ei chrynswth nac ychwaith i'r theatr ei hun fel cyfrwng. At ei gilydd, roedd y theatrau newydd yn gymharol anhygyrch, ac ni ddaethant – gydag ambell eithriad tra nodedig – yn ganolfannau naturiol i'r gymuned leol. Ys dywedodd Graham Laker ym 1998, roedd lle i gredu bod y theatrau newydd yn dieithrio cynulleidfaoedd oherwydd iddynt gael eu lleoli mewn mannau ymylol, *'socio-petal'*, ac oherwydd na theimlai'r gymuned leol mai hithau oedd piau'r theatr: 'University campuses', meddai, '. . . particularly in the evenings when most performances take place, . . . are certainly not "social centres" for the majority of the community.'[9] Cymharai Laker leoliad seicolegol anodd y theatrau mawrion â lleoliad hygyrch ac integreiddiedig y mwyfarif o ganolfannau lleol, gan nodi bod penderfyniad cwmni fel Bara Caws i berfformio mewn neuaddau lleol ac osgoi'r theatrau mawrion yn aml wedi bod yn rhan allweddol o'i lwyddiant yntau i ddenu cynulleidfa leol, ffyddlon:

> it is a thought-provoking experience to see productions by community companies such as Bara Caws in Ysgol Dyffryn Nantlle, Penygroes, or Neuadd Talybont. Frequently, these venues are full of spectators who rarely, if ever, attend the university theatres. And it is not usually because the product on offer is so very different from what a main-stream company provides; it is much more to do with the audience's feeling of ownership of the performance event.[10]

Nid oedd fawr ddim yng nghynnyrch a gweithgarwch y theatrau newydd i nodi'r ffaith eu bod yn eiddo i'r gynulleidfa Gymreig a'u cynhaliai; ac roedd teimlad cryf ymhlith rhai o aelodau'r gynulleidfa Gymraeg erbyn diwedd y 1970au ei bod yn bryd i'r theatr fynd yn ôl at ei gwreiddiau yn y gymuned leol, a chreu perthynas 'organaidd' â'i chynulleidfa yn hytrach nag ymhél â safonau a moesau'r theatr brif ffrwd broffesiynol fel y ceid honno yng ngwlad a thref, yn Gymraeg a Saesneg, yng Nghymru a Lloegr. Bu sefydlu Bara Caws yn fodd i ryddhau'r rhwystredigaeth a deimlai rhai am y diffyg hwn yn narpariaeth Cwmni Theatr Cymru. Er iddynt werthfawrogi cais y cwmni i greu theatr broffesiynol, genedlaethol lawn yng Nghymru, ni theimlent eu bod hwythau'n rhan hanfodol o'r prosiect hwnnw. Ar y llaw arall, nid oedd osgoi'r ymdeimlad mai at wasanaeth y gynulleidfa yn ei fro ei hun yr oedd Bara Caws, a bu'r derbyniad a gâi gan gynulleidfaoedd a chan y wasg Gymraeg yn ystod ei flynyddoedd cynnar yn ddigon i ddarbwyllo cenhedlaeth gyfan o theatrgarwyr a theatrweithredwyr Cymraeg mai gwaith yn null mentrus, graddfa fach, cymunedol Bara Caws oedd y ffordd ymlaen. Dyna – i raddau o leiaf – pam y medrai sylwebyddion y 1980au ddisgrifio'r cwmnïau newydd at ei gilydd fel mudiad theatraidd newydd.

* * *

Fel deffroad y theatr, bu argyfwng gwleidyddiaeth Gymreig yntau yn cyniwair cyn 1979. Troes y sîn wleidyddol yng Nghymru yn 'theatr' ddirym oherwydd methiant y pleidiau Cymreig gwrth-Dorïaidd i gytuno a chyfaddawdu ar yr unig fesur a fedrai fod wedi sicrhau llais gwleidyddol annibynnol i Gymru yn sgil buddugoliaeth ysgubol y Torïaid ym 1979, sef y mesur datganoli. Bu'r dadlau di-ben-draw trwy gydol y 1970au a'r rhwygiadau mewnol yn y pleidiau ynglŷn â'r mesur yn ernes o wendid y cysyniad o Gymreictod mewn termau gwleidyddol. O ganlyniad i fethiant y refferendwm ddatganoli a dyrchafiad Margaret Thatcher yn brif weinidog, y cyfan y medrai'r pleidiau aflwyddiannus ei wneud yng Nghymru oedd parhau â'u trafodaeth o egwyddorion gwleidyddol nad oedd gobaith eu gweithredu oherwydd diffyg grym ymarferol. Wrth gwrs, roedd gwerth i'r drafodaeth honno ynddi'i hun, ond heb fedru gweithredu'r egwyddorion a drafodid, a heb fedru rhwystro llywodraeth y dydd rhag llygru a difetha'r egwyddorion hynny, ymarfer rhethreg oedd hi ar y gorau. Dyna benbleth gwleidyddiaeth Gymreig erbyn tua chanol y 1980au, yn sgil ail fuddugoliaeth etholiadol y Ceidwadwyr a'r cynnydd sylweddol ym mwyafrif seneddol y llywodraeth. Medrai'r gwrthbleidiau leisio barn yn erbyn syniadaeth a gweithredoedd y llywodraeth ond ni fedrent eu rhwystro, ac wrth i raglen bolisïau Thatcher dreiddio i gyfansoddiad y gymdeithas, erydai perthnasedd ac ymarferoldeb rhaglen y gwrthbleidiau'n llwyr.

Bu'r mesur datganoli yn un dadleuol o'r dechrau: holltwyd y Blaid Lafur, gyda nifer o aelodau seneddol Cymreig o'r asgell chwith yn gwrthwynebu'r mesur yn chwyrn, ac, yn y pen draw, yn ffurfio cynghrair ag aelodau'r Blaid Geidwadol er mwyn ceisio'i rwystro. Drwgdybid effeithiau datganoli gan nifer o blith y Blaid Lafur yn Lloegr hefyd, a bu hynny'n ddigon i sicrhau bod amodau caeth iawn ynghlwm wrth y mesur erbyn iddo gwblhau ei daith drwy'r senedd ym 1978. Sail gwrthwynebiad Llafur oedd y gred fod datganoli yn ei hanfod yn groes i egwyddorion sosialaeth, gan ei fod yn rhannu'r wladwriaeth Brydeinig ar sail cenedligrwydd ac nid ar sail dosbarth cymdeithasol. Haerent hefyd y byddai cynulliad datganoledig yn groes i fuddiannau'r mwyafrif o Gymry, gan y byddai'n siŵr o roi grym yn nwylo *clique* bychan o Gymry Cymraeg nad ystyrient fuddiannau a

hunaniaeth y mwyafrif di-Gymraeg yn ne Cymru: arswydai nifer yn y
de wrth ystyried y fath dynged.[11] Ond nid Llafur oedd yr unig blaid i
amau'r cynllun datganoli. Roedd rhai o fewn Plaid Cymru hithau yn
anfodlon, am fod cyfran helaethach o bwerau cyfansoddiadol wedi'u
haddo i senedd yr Alban nag i'r cynulliad arfaethedig yng Nghymru. Er
iddi gefnogi'r mesur yn y pen draw, nid oedd y Blaid yn unfrydol nac
yn gwbl frwdfrydig yn ei gylch. Ond berw gwyllt oedd ei chefnogaeth
wrth ymyl crintachrwydd Llafur. Sylwyd droeon yn ystod yr ymgyrch
mai aelodau Plaid Cymru gan mwyaf a ddosbarthai daflenni Llafur yn
cefnogi datganoli. Fel y dywed John Davies: 'A chynghorwyr Llafur
ledled Cymru'n galw am bleidlais nacaol, a threfniadaeth leol y
datganolwyr Llafur yn hynod wan, ar ysgwyddau aelodau Plaid
Cymru y syrthiodd y gyfran helaethaf o'r gwaith o ganfasio dros y
Cynulliad; gan hynny, cafodd y cyhoedd yr argraff mai cynllun y
Cenedlaetholwyr ydoedd.'[12] Ac wrth gwrs, ni wnaeth hynny ond
cadarnhau'r ofnau a fynegid gan wrthwynebwyr datganoli yn y Blaid
Lafur yng Nghymru.

Erbyn dyddiad y refferendwm ei hun, o'r braidd fod neb yn credu y
byddai'r cynnig yn llwyddo. O ganlyniad i'r streiciau mynych yn ystod
'gaeaf yr anghytundebau' 1978–9, symudasai barn y cyhoedd yn gryf
yn erbyn y llywodraeth, a phylasai brwdfrydedd Llafur dros ddat-
ganoli i raddau helaeth hefyd: yn y cyfamser, aeth yr ymgyrch yn erbyn
datganoli o nerth i nerth. Yn y refferendwm ei hun, pleidleisiodd 47 y
cant o bobl Cymru (sef 956,330 o unigolion) yn erbyn y mesur, a namyn
12 y cant (243,048) o'i blaid. Er i'r mwyafrif ei ddisgwyl, roedd maint y
methiant pan ddaeth yn gwbl syfrdanol. Gwelwyd mwyafrifau llethol
yn erbyn ym mhob man: yng Ngwent, fel y gallesid disgwyl efallai,
trechwyd y mesur o fwyafrif o 76 y cant (7 y cant o'r etholwyr yn unig a
bleidleisiodd o'i blaid); ond fe'i trechwyd yng Ngwynedd hefyd, a
hynny o fwyafrif o 33 y cant (22 y cant a bleidleisiodd o'i blaid).[13] Credai
Kenneth O. Morgan fod y rhai a fwriodd bleidlais yn erbyn y
refferendwm yng Ngwynedd, fel trigolion Gwent hwythau, yn ofni
y byddai'r cynulliad arfaethedig yn gaeth i griw nad ystyriai eu budd-
iannau;[14] cytunodd Gwyn A. Williams, gan ychwanegu'n goeg bod yr
un yn peth wir hyd yn oed yn y de: 'Caernarfon almost certainly did not
relish rule by a Cardiff it quaintly described as socialist; Merthyr Tydfil
would have cherished such a prospect as little.'[15]

Diau mai'r ddrwgdybiaeth a'r cecru rhwng y gogledd a'r de, Cymry
Cymraeg a di-Gymraeg, fu'r elfen fwyaf difaol oll yn yr ymgyrch
ddatganoli, a diau iddo niweidio'r cysyniad o Gymreictod ei hun i ryw

raddau. Credai Gwyn A. Williams fod y fath gecru yn drychineb i Gymru, ac yn seiliedig ar hen fythau treuliedig y 'werin' a'r 'dosbarth gweithiol' nad oeddynt bellach yn berthnasol i'r naill gymuned na'r llall. Er iddo addef i'r naill fyth a'r llall fod o ddefnydd yn eu cyfnod, gan iddynt roi nerth i gymundod cynhenid y grwpiau a gynrychiolent, credai mai cynnig lloches rhag realiti'r oes a wnaent erbyn diwedd yr ugeinfed ganrif. Adlewyrchent ddirywiad hanesyddol y werin a'r dosbarth gweithiol, 'from reality into power and on into a limbo of unreality',[16] gyda'r ddwy garfan yn taeru yn nannedd ei gilydd mai hwythau oedd 'dosbarth arwrol' y genedl. Taerodd Williams hefyd fod dadleuon gwleidyddol go iawn yr ymgyrch ddatganoli wedi'u colli yng nghanol y ffrwgwd 'theatraidd' am anian a hunaniaeth y gymdeithas: 'The illusory quality of many of the arguments', meddai, 'was remarkable even for Wales; it was an unreal war over an unreal proposal.'[17]

Os pryderai haneswyr fel Williams ynglŷn â theatricaliaeth gwleidyddiaeth Cymru yn sgil y refferendwm ddatganoli, roedd gwaeth i ddod. Ddeufis wedi'r refferendwm, etholwyd llywodraeth Geidwadol adain dde dan arweinyddiaeth Margaret Thatcher. Bu'r etholiad cyffredinol, fel y refferendwm o'i flaen, yn ergyd seicolegol drom i'r rheini a obeithiai weld yr etholiad yn tystio i barhad hunaniaeth Gymreig. Cynyddodd y gefnogaeth i'r Blaid Geidwadol yn sylweddol yng Nghymru – gwelodd gynnydd o 5 y cant, y mwyaf y tu allan i Lundain – a hynny ar draul pob un o'r pleidiau eraill.[18] Enillodd y Ceidwadwyr un ar ddeg o seddi, gan ymestyn eu tiriogaeth yng Nghymru ar hyd y ffin ddwyreiniol ac ar draws y gogledd i Fôn.[19] Gwthiwyd y Blaid Lafur yn ôl i'w chadarnleoedd yn ardaloedd diwydiannol y de, a Phlaid Cymru yn ôl i'w chadarnleoedd hithau yng Ngwynedd: un sedd yn unig a feddai'r Rhyddfrydwyr, sef Ceredigion. Yn ôl Gwyn A. Williams, roedd canlyniad yr etholiad yn arwydd o fygythiad enbyd i hunaniaeth Cymru fel endid gwleidyddol a hanesyddol, gan iddo osod Cymru'n dwt ymysg rhanbarthau deheuol Prydain. Dadleuon Prydeinig a leisiwyd yng Nghymru yn ystod yr ymgyrch etholiadol, meddai, a 'symleiddiwyd' y berthynas rhwng Cymru a Phrydain: 'the elimination of Welsh peculiarities and a powerful simplification strongly suggested an integration into Britain more total than anything yet experienced.'[20] Wrth ôl-fyfyrio ar y refferendwm a'r etholiad gyda'i gilydd, bu bron iddo syrthio i anobaith llwyr:

> the Welsh electorate in 1979 wrote *finis* to nearly two hundred years of Welsh history. They rejected the political traditions to which the modern Welsh had committed themselves. They declared bankrupt the creeds

which the modern Welsh had embraced. They may in the process have warranted the death of Wales itself.[21]

Beth bynnag am farwolaeth Cymru yn ei chrynswth, aeth y Torïaid ati i drawsffurfio natur gwladweinyddiaeth ym Mhrydain yn llwyr, gan chwalu'r math ar lywodraethu cydsyniol a arferid gan Lafur a Cheidwadwyr fel ei gilydd ers yr Ail Ryfel Byd. Dilornai'r Torïaid rai o'r arferion a fu mor nodweddiadol o'r weinyddiaeth Lafur rhwng 1974 a 1979, fel y cyfarfodydd hynny lle y gwahoddid arweinwyr yr undebau llafur i Rif 10 Stryd Downing i drafod materion polisi'r llywodraeth (yn aml, mae'n debyg, dros gwrw a brechdan). Roedd y rhain yn hanfodol bwysig yn nhyb y llywodraeth Lafur fel ffordd o gytuno polisi eang y medrid ei weithredu mewn partneriaeth â'r undebau llafur ar y naill law a phenaethiaid y diwydiannau gwladoledig ar y llaw arall. Ond i Thatcher a'i llywodraeth, roeddynt yn arwydd o wendid, o ddiffyg rheolaeth Llafur dros faterion economaidd a chymdeithasol, o rym eithafol yr undebau, ac o fethiant llywodraeth i reoli'r economi a'r gymdeithas. Yn lle rhannu grym â chyrff cyhoeddus, mynnai'r llywodraeth newydd mai swyddogaeth y wladwriaeth oedd sicrhau'r amodau gorau ar gyfer menter economaidd unigol, a fawr ddim arall. Soniai'n gyson am leihau maint y llywodraeth, am ryddhau'r unigolyn rhag hualau'r wladwriaeth ac am seilio llwyddiant yr economi gyfan ar egwyddorion busnes a diwydiant preifat. Ei delfryd, yng ngeiriau Dylan Griffiths, oedd 'an automatic policy that could be implemented without entangling government with other groups'.[22] Daethai'r Torïaid o hyd i'r union bolisi yn hyn o beth wrth fabwysiadu monetariaeth, polisi o reolaeth economaidd anuniongyrchol drwy amrywio'r cyflenwad arian i'r economi, a lwyddasant gan hynny i sicrhau na fuasai'n rhaid stryffaglu beunydd i gynnal consensws er mwyn llywodraethu. Digon fuasai iddynt reoli'r ffactorau ariannol hynny a ddylanwadai ar weithgarwch economaidd y boblogaeth, a – maes o law – ei gwerthoedd cymdeithasol hefyd. Ni raid plygu glin i'r undebau na neb arall trwy drafod yn uniongyrchol â hwy, ond yn hytrach gellid gweithredu busnes y llywodraeth bron yn llwyr drwy arddel arferion ac ieithwedd economeg dechnegol.

O'r braidd fod lle bellach i drafod buddiannau'r gymdeithas fel endid 'organaidd' wrth gynllunio polisi economaidd, nodwedd a fu'n allweddol bwysig i'r llywodraeth Lafur wrth iddi geisio cynnal y consensws a roddai'r hawl foesol iddi weithredu polisi economaidd: rhaid oedd iddi adnabod y gymdeithas, fel petai, cyn iddi fedru gweinyddu grym ar ei rhan. I lywodraeth Geidwadol Thatcher, unig swyddogaeth trafodaeth gymdeithasol fel y cyfryw oedd fel modd i lywio a rheoli'r farn gyhoeddus tra bod dylanwad a sgil-effeithiau ei pholisi economaidd yn ymdreiddio drwy holl weithgareddau'r gymdeithas.²³ Mater o atgyfnerthu awdurdod y llywodraeth ydoedd. Yn hynny o beth, wrth gwrs, câi gymorth heb ei ail o du'r cyfryngau torfol, yn enwedig y papurau newyddion Llundeinaidd a oedd bron i gyd yn gadarn o'i phlaid. Yn wir, tyfodd perthynas symbiotig glòs rhyngddynt mewn byr o dro: dathlai'r llywodraeth fenter a llwyddiant ariannol perchnogion y papurau, a châi'r papurau hwythau fodd i fyw wrth hyrwyddo disgwrs unigolyddol a phoblyddol Thatcher.

Yng Nghymru, bu effeithiau'r trawsnewidiad hwn o'r hen drefn gydsyniol 'un-genedl' i'r hyn y daethpwyd i'w alw'n 'Thatcheriaeth' yn dra sylweddol. Roedd Thatcheriaeth, a'i phwyslais ar hunan-les economaidd, yn gwbl groes i draddodiad gwleidyddiaeth a'r gymdeithas yng Nghymru. Yn hanesyddol – ar y naill ochr a'r llall i'r agendor wleidyddol a agorodd yn ystod yr ugeinfed ganrif, lle y safai rhyddfrydiaeth genedlgar ar y naill law a sosialaeth ymwthiol rynggenedlaethol ar y llall – ceid egwyddorion pendant a bwysleisiai gydlyniaeth y gymdeithas a chyd-ddibyniaeth ei haelodau. Yn y Gymru ryddfrydol, telid gwrogaeth beunydd i ddiweirdeb naturiol a chydddibyniaeth y gymdeithas werinol fel craidd hunaniaeth y genedl; yn y Gymru sosialaidd (boed honno'n cydnabod Cymru fel uned o bwys ai peidio), pwysleisid datblygiad unffurf, organaidd y dosbarth gweithiol fel endid cyfansawdd, a cheisid gwarchod buddiannau'r dosbarth hwnnw ar bob cyfrif. Ond nid oedd le i'r naill gred na'r llall yn Thatcheriaeth y 1980au cynnar, ac i'r perwyl hwnnw, fel y nododd Gwyn A. Williams uchod, roedd Cymreictod fel cyfrwng gwleidyddol a hanesyddol yn farw gelain.

* * *

Beth fedrid ei wneud yn wyneb y fath argyfwng? Erbyn 1985, pan gyhoeddwyd ei gyfrol *When Was Wales?*, ceisiai Williams ei ddarbwyllo'i hun mai o'u hymwybyddiaeth o hanes y dôi gwaredigaeth i'r Cymry; eithr nid yn ddisymwth nac yn ddi-ffael. Yn y gyfrol, amlinellodd Williams naratif hanesyddol Cymreictod mewn fforrdd a roddai ryw lygedyn o obaith i'r rheini, fel yntau ei hun, a lethid gan brudd-der o weld etifeddiaeth Gymreig y cenedlaethau wedi'i darostwng a'i thaflu o'r neilltu:

The Welsh have danced between these giant cogwheels before. Wales has always been now. The Welsh as a people have lived by making and remaking themselves in generation after generation, usually against the odds, usually within a British context. Wales is an artefact which the Welsh produce. If they want to. It requires an act of choice.[24]

Gellid adfer Cymreictod, syniai Williams, o'i arddel mewn ffordd wahanol. Dyna'r gwirionedd gwrth-reddfol a gesglid o edrych ar hanes Cymru ar hyd y canrifoedd. Droeon yn ystod yr hanes hwnnw, meddai, ceid argoelion fod popeth ar ben a bod dilyniant hanesyddol y Cymry ar ballu. Yn wir, awgrymodd Williams mai'r argyfwng hunaniaeth hwn oedd un o brif nodweddion hanesyddol Cymreictod. Ond, drosodd a thro, 'er gwaethaf pawb a phopeth' fel petai, gwelid y Cymry'n cyfaddasu eu hunaniaeth er mwyn goroesi ac yn creu naratifau hanesyddol newydd er mwyn esbonio a chymathu'r grymoedd a'u newidiai: 'The Welsh or their effective movers and shapers have repeatedly employed history to make a usable past, to turn a past into an instrument with which a present can build a future.'[25] Mewn geiriau eraill, mater o *weithredu* mewn ffordd arbennig oedd hanfod Cymreictod ar hyd yr oesoedd, ac o geisio integreiddio'r gweithredu hwnnw i draddodiad neu naratif hanesyddol neilltuol a adlewyrchai ymdeimlad neilltuol o gydlyniaeth gymdeithasol a chenedlaethol. Achubiaeth y Cymry oedd bod y naratif hwnnw'n un anarferol o hyblyg a thrawsffurfiadol.

Un arall a bwysleisiai hyblygrwydd cynhenid y naratif hanesyddol Cymreig oedd Emyr Humphreys. Yn ei gyfrol, *The Taliesin Tradition*, rhoddodd Humphreys sylw manwl i ddatblygiad y traddodiad llenyddol yng Nghymru, gan weld naratif cyson ond *trawsffurfiadol* drwy'r cyfan. Yn ôl Humphreys, bu'r traddodiad llenyddol (a gynhwysai waith beirdd, llenorion rhyddiaith, emynwyr, dramodwyr, haneswyr, a grŵp o ffigyrau 'ymylol', megis y Dr William Price, Lloyd George a Frank Lloyd Wright) yn elfen ganolog ym mharhad Cymreictod ar hyd yr oesoedd, diolch yn rhannol i anian arbennig penllywydd y traddodiad, sef 'Taliesin the shape-shifter', y cynfardd a drowyd ar lawr gwlad yn ffigwr chwedlonol:

> The original Taliesin was the founding father of the tradition of praise poetry. By the ninth century his charismatic name had become attached to a folk hero and central figure of myth and romance. This second Taliesin quickly overshadowed the original figure because he was a popular representation in the Welsh world of a characteristic hero figure of Celtic

myth, the poet-prophet who enjoys a complex relationship with a sequence of levels of existence of which the physical world that surrounds and sustains us is only one numinous manifestation.[26]

Chwyddwyd y bardd Taliesin yn weledydd o arwr mytholegol a ymgorfforai yn sylwedd ei fywyd ei hun rym cynhenid ei ganu barddonol. Yn y chwedl, *Hanes Taliesin*, fe'i 'genir' o'r môr yn sgil brwydr ryfedd rhwng y wrach Ceridwen a'i gwas Gwion Bach a ddisgrifir gan Humphreys fel simffoni drawsffurfiadol – 'like a folk symphony of shape-shifting'.[27] Wrth geisio dianc rhag y wrach, trawsnewidia'r gwas ei hun yn ysgyfarnog, yna'n bysgodyn, yna'n aderyn, cyn troi'n hedyn ŷd a fwyteir gan Ceridwen ar ffurf iâr ddu. Tyf yr hedyn oddi mewn iddi, ac ymhen y rhawg, esgorir ar Daliesin. I Humphreys, daeth y frwydr hon yn drosiad o ddilyniant hanesyddol Cymreictod. Fel Gwyn A. Williams, credai fod Cymreictod yn frwydr drawsffurfiadol ('making and remaking themselves in generation after generation'), a bod dyfodol a chanlyniadau'r frwydr yn amhosibl eu rhag-weld. Er gwaethaf herciadau mynych y frwydr honno, fodd bynnag – neu efallai o'u herwydd, yn wir – ceid rhyw fath ar ddilyniant hanesyddol drwy'r cyfan i gyd.

Nododd Humphreys hefyd fod dylanwad Taliesin i'w weld yn y ffaith fod hanes a myth wedi cydfodoli ymron o'r cychwyn cyntaf yn nychymyg y Cymry, a bod tuedd gyson i ddefnyddio myth fel ffordd o chwyddo hanes, a'i ddrysu hyd yn oed. Deilliodd hynny, meddai, o'r ffaith fod Cymru'n genedl fechan a oedd yn ymwybodol o'i safle ymylol yn y byd:

> Among the Welsh the Taliesinic tradition was always more than a conservative expression of poetic art. Its more elusive and perhaps ultimately more profound function was to serve as a crucible of myth. The manufacture and proliferation of myth must always be a major creative activity among a people with unnaturally high expectations reduced by historic necessity, or at least history, into what is often described as a marginal condition.[28]

Oherwydd cydfodolaeth hanes a myth, ceid deinameg greadigol ryfedd iawn yn hanes Cymru, gyda chyfnodau o ddirywiad ac anobaith llwyr ar y naill law a deffroadau ymfflamychol ar y llall wrth i fytholeg newydd ymffurfio. Roedd dilyniant hanes Cymru felly'n dra chyfnewidiol ac anwastad – cymaint yn wir nes y gellid honni bod *diffyg dilyniant* argyfyngus yn rhan gynhenid o'r dilyniant. Rhoddodd hynny le i Humphreys awgrymu i'w ddarllenwyr fod dyfodol i Gymreictod fel hunaniaeth hanesyddol hyd yn oed yn yr oes fwyaf mileinig. Ar ddechrau'r 1980au, fel Gwyn A. Williams yntau, credai Humphreys fod hanes yn tystio y gallai Cymreictod fod yn drech na'r oes ddifaol a oedd ohoni.

At hynny, cododd Humphreys fater arall a oedd o gryn bwys i artistiaid yng Nghymru yn ystod y 1980au cynnar, yn enwedig y rheini a weithiai yn y theatr. Roedd pwysigrwydd y traddodiad Taliesinaidd, meddai, yn arwydd o'r ffaith fod diwylliant wedi dod i'r adwy droeon yn hanes Cymru wrth lenwi'r gwagle a grëwyd gan ddiffyg peirianwaith gwladwriaethol. Yn ei ragarweiniad, haerodd fod parhad yr ymdeimlad o hunaniaeth genedlaethol yng Nghymru yn deillio o'r *diwylliant* Cymreig ac nid o wladweinyddiaeth ffurfiol: 'it is in the Welsh experience', meddai, 'that we can see most clearly how a poetic tradition can inject into a native language an authority and power that is sufficient to breathe forms of life into the national being even when independent military and political power have long withered away.'[29] Yn ogystal, nododd fod y profiad o lynu wrth draddodiad diwylliannol fel sail i genedligrwydd yn un cyffredin iawn yn y byd cyfoes, hyd yn oed i genhedloedd mawrion megis yr Almaen, Ffrainc a Lloegr:

> Their position in relation to each other, their international bodies and the guiding power of the United States, bears some resemblance, especially in its cultural and even spiritual aspects, to the position of Wales in relation to the greatness of England over four centuries. Under such conditions, what is the value of a distinct identity? Why should England, for example, resist the massive historic forces that would transform it into an off-shore platform of an American culture vibrating with diverse and exciting forms?[30]

Y profiad Cymreig *oedd* y profiad rhyngwladol yn ôl Humphreys, a'r frwydr hanesyddol i gynnal yr iaith a'r diwylliant oedd brwydr y mwyafrif helaeth o genhedloedd a gwladwriaethau cyfoes. Nid oedd Cymru ar ei phen ei hun wrth geisio arddel diwylliant fel ffordd – yr unig ffordd – o gynnal hunaniaeth genedlaethol. Yn wir, roedd Cymru'n ffodus fod ganddi ffigwr trawsffurfiadol fel Taliesin i lywio datblygiad y cysyniad o genedligrwydd.

Fel trosiad y dylid darllen *homage* Emyr Humphreys i Daliesin, bid siŵr. Ond yn gefn i'r wrogaeth, roedd yna bwrpas hanesyddol difrifol. Wrth edrych ar hanes dros gyfnod helaeth, nododd Humphreys fod y math ar hunaniaeth a grëid ac a gynhelid gan ddiwylliant (yn hytrach na grym llywodraethol) yn fwy rhydd ac yn llai dogmataidd a milwriaethus na'r math a grëid ac a gynhelid trwy rym. Ac er bod gwahaniaeth mawr rhwng ehangder cynfas hanesyddol Humphreys yn *The Taliesin Tradition* a chyfyngder y *miniature* y ceisir ei lunio yn y gyfrol hon, credaf mai'r un yn union fu swyddogaeth y theatr Gymraeg am gyfnod yn ystod y 1980au cynnar a'r traddodiad Taliesinaidd dros bedair canrif ar ddeg, sef creu ymdeimlad o ddilyniant a pharhad cenedlaethol yn sgil methiant y system ddemocrataidd i gynnig llais i bobl Cymru. Hoffwn gynnig, felly, fod y theatr Gymraeg, am gyfnod ar ddechrau'r 1980au, wedi troi'n arf Taliesinaidd wrth gynrychioli hunaniaeth Cymru, gan liniaru'r math o argyfwng cynrychiolaeth y soniodd Gwyn A. Williams amdano yn *When Was Wales?*, a chreu, am gyfnod o leiaf, hunaniaeth genedlaethol o fath newydd – un a oedd yn ei hanfod yn ymwybodol o'r ffaith ei fod yn cael ei greu a'i ddiffinio wrth iddo fynd yn ei flaen: mewn geiriau eraill, hunaniaeth *berfformiadol*.

I'r sawl a fynnai ddisgrifio cwmnïau theatr newydd y 1980au fel mudiad cyfansawdd, roedd cenadwri'r ddwy gyfrol hon (a gyhoeddwyd y naill ochr i fuddugoliaeth fawr y Torïaid ym 1983) yn allweddol bwysig. Pwysleisiodd naill a'r llall pa mor ganolog i barhad Cymreictod oedd dehongliad creadigol o hanes ac o'r presennol: pwysleisiodd Humphreys yn enwedig pa mor bwysig fu rôl unigolion creadigol o arddeliad ac athrylith (hwnnw weithiau – yn achos y Dr Wiliam Price a'i fath – yn athrylith go wirion, mae'n rhaid dweud) wrth gymell newidiadau yn naratif cenedligrwydd. Roedd y fath ddisgrifiad, mae'n rhaid, wrth fodd unrhyw un a weithiai yn y theatr Gymraeg ac a deimlai ei fod ef ei hun yn cyflawni'r un rôl yn union. Wrth gwrs, rhaid bod yn ofalus wrth ddisgrifio syniadau Williams a Humphreys i beidio â'n twyllo ein hunain fod eu cyfrif hwy o hanes Cymru yn un gwrthrychol gywir: ni cheir gwrthrychedd fel y cyfryw mewn hanes o gwbl, bid siŵr, ond roedd y naill a'r llall yn gwbl glir yn eu cyfrolau mai *dyfeisio naratif* am genedligrwydd allan o ddeunydd hanesyddol oedd eu bwriad, ac mai parhad yr ymdeimlad o genedligrwydd Cymreig dros bymtheg canrif a mwy oedd eu pwnc. Ni ellir gwadu bod i'r drafodaeth honno arwyddocâd neillituol i'r oes a'i darllenai. Wrth sôn am hanes Cymru fel naratif tra chyfnewidiol, awgrymodd cyfrolau'r ddau fod gwrthgyferbyniad uniongyrchol rhwng anian hanesyddol Cymreictod a phendantrwydd diwyro Thatcheriaeth. Gan hynny, roedd yma awgrym nad oedd a wnelo Cymru yn ei hanfod â pholisïau'r llywodraeth Geidwadol, a bod arddel Cymreictod yn ffordd o wrthsefyll y distryw economaidd a chymdeithasol a ddaethai yn sgil ei pholisïau economaidd. Pennaf rôl cyfrolau Williams a Humphreys, felly, oedd pwysleisio bod Cymru'n gymdeithas ac yn genedl ar wahân, yn gwbl annibynnol ar weddill Prydain o ran ei naws a'i hanian (a hynny er gwaetha'r ffaith fod y naill a'r llall yn eu cyfrolau yn rhoi cryn sylw i bwysigrwydd Cymru yn ffurfiant Prydain Fawr a phwysigrwydd Prydain Fawr yn ffurfiant Cymru hithau). At hynny, byrdwn y ddwy gyfrol oedd fod sail hanesyddol i'r ymdrech gyfoes i newid a diwygio hunaniaeth genedlaethol Cymru, ac nad breuddwyd gwrach mo'r cyfan yn nagrau'r unfed awr ar ddeg.

Yr hyn y ceisiai Williams a Humphreys ei ddisgrifio – a'i ysgogi hefyd, hwyrach – oedd yr hyn a eilw'r cymdeithasegydd Manuel Castells, yn ei gyfrol yntau, *The Power of Identity*,[31] yn 'resistance identity'. Hoffwn gynnig bod ymdrech i greu hunaniaeth wrthsafol o'r fath hefyd yn rhan annatod o waith a gweledigaeth nifer o'r cwmnïau theatr Cymraeg a sefydlwyd rhwng 1979 a 1997, ac wrth gloi'r bennod hon, hoffwn ystyried perthnasedd termau Castells i fenter y cwmnïau newydd hynny, a hefyd i'r mudiadau theatr a'u rhagflaenodd. Cynigia Castells fod tri symbyliad sylfaenol i'r broses o greu a diffinio hunaniaeth gymdeithasol, sef yr awydd i *gyfreithloni* (gan greu yr hyn a eilw'n 'legitimizing identity'), yr awydd i *wrthsefyll* dylanwad allanol (gan greu 'resistance identity', fel y nodwyd eisoes), a'r awydd i greu *prosiect* o fath newydd (sef 'project identity'). Gwelir y symbyliad i gyfreithloni ar waith yn ymdrechion prif awdurdodau'r gymdeithas i atgyfnerthu a dilysu eu gweithgarwch eu hunain: '*Legitimizing identity*', medd Castells, '[is] introduced by the dominant institutions of society to extend and rationalize their domination vis à vis social actors.'[32] Gwelir yr awydd i wrthsefyll ymysg y grwpiau hynny sy'n mynnu adweithio yn erbyn gormes yr awdurdodau canolog: '*Resistance identity* [is] generated by those actors that are in positions/conditions devalued and/or stigmatized by the logic of domination, thus building trenches of resistance and survival on the basis of principles different from, or opposed to, those permeating the institutions of society.'[33] A gwelir y symbyliad i greu 'prosiect' yng ngweithgarwch unrhyw grŵp neu unigolyn sydd, wrth greu diffiniad newydd ohonynt eu hunain neu o'u rôl gymdeithasol, yn newid strwythur ac ansawdd profiad y gymdeithas yn ei chrynswth: '*Project identity* [is generated] when social actors, on the basis of whichever cultural materials are available to them, build a new identity that redefines their position in society and, by so doing, seek the transformation of overall social structure.'[34]

Gellir cymhwyso'r termau hyn er mwyn disgrifio datblygiad hanesyddol y theatr Gymraeg; ac o wneud hynny, cawn fod y tri math ar hunaniaeth a ddiffinnir gan Castells i'w gweld yno ar wahanol adegau ac mewn gwahanol ffyrdd. Bu'r theatr Gymraeg o'i chychwyn cyntaf yn gysylltiedig ag ymdrech y Cymry Cymraeg i hyrwyddo a dilysu eu hunaniaeth eu hunain mewn byd a oedd yn newid yn dra chyflym o'u cwmpas. Wedi ymsefydlu tua 1880, aethai'r 'mudiad drama' amatur o nerth i nerth – yn enwedig ar ôl y Rhyfel Byd Cyntaf – hyd tua chanol y 1930au, gan bwysleisio'r hyn a alwodd Dafydd Glyn Jones yn 'gymundod'[35] y gymuned frodorol, yn unol â'r fytholeg a dyfasai ar y pryd ynghylch undod cynhenid y werin Gymreig. Mater o'r pwys mwyaf i gefnogwyr y theatr amatur, felly, oedd sicrhau bod cyflwr eu theatr yn adlewyrchu a hyrwyddo undod cynhenid y werin bobl fel grŵp cymdeithasol ac fel myth, a'u portreadu fel gwir gynheiliaid 'hen wlad y menyg gwynion'. Yn hynny o beth, o arddel terminoleg Castells, gellid honni bod y theatr amatur yng Nghymru yn adlewyrchu symbyliad i *wrthsefyll* ar y naill law a symbyliad i *gyfreithloni* ar y llall. Roedd y ffaith mai 'theatr y werin' ydoedd yn ei hanfod yn golygu ei bod yn gynhenid wrthsafol: pwrpas creu'r syniad o 'werin wâr' tua throad yr ugeinfed ganrif oedd i geisio rhwystro'r argyfwng dybryd yn hunaniaeth y gymdeithas Gymraeg a ddilynodd ymosodiadau mileinig y Llyfrau Gleision ym 1847.[36] Roedd gwrthsefyll, felly, wrth wraidd y myth. Ond, wrth gwrs, gan fod myth y werin mor bwerus, a chan mai pennaf nod y theatr amatur oedd creu defod gymunol a hyrwyddai werth oesol y profiad gwerinol, nid oes dwywaith mai *cyfreithloni* y werin, a'i gorseddu fel 'dosbarth arwrol y genedl' a wneid hefyd.[37] Diau mai dyna oedd un o gryfderau pennaf y theatr amatur, ond yn anffodus, dyna oedd ei gwendid pennaf hefyd, wrth i'r cwmnïau amatur yn eu crynswth lynu wrth yr un ffurf ddefodol drosodd a thro a hyd at syrffed yn y pen draw. Cyfreithlonwyd y Cymry llawr gwlad i'r fath raddau gan y theatr amatur nes iddynt lwyddo i anwybyddu ymlediad yr argyfwng ieithyddol a chymdeithasol a roddodd fod i'w cyfrwng yn y lle cyntaf. Erbyn y 1930au, a'r profiad Cymraeg yn rhan fwyfwy ymylol o'r profiad Cymreig, roedd y theatr yn rhwystr i'r Cymry Cymraeg rhag trafod enbydrwydd eu sefyllfa ar lwyfan. Brwydrai amryw ddramodwyr yn ystod y cyfnod hwn i fynegi problemau dybryd y gymdeithas a'r diwylliant Cymraeg, ond ychydig iawn o lwyddiant a gaent wrth geisio llwyfannu dramâu difrifol ac eiconoclastig, a hynny am mai un math ar theatr yn unig yr oedd y gynulleidfa Gymraeg yn gyfarwydd ag ef. Rhoddai'r theatr loches i'r gymdeithas rhag cydnabod y gwirionedd anghynnes am gyflwr sathredig Cymreictod, a'r iaith Gymraeg yn enwedig, ac nid oedd lle yn ei defod gymunol i ddarogan neu ddadansoddi pesimistaidd. Wedi'r rhyfel, er i sawl cwmni amatur ailafael yn yr awenau, methwyd â chreu mudiad drama eang a phoblogaidd fel y gwnaed gynt. Yn hytrach, gwelwyd ymgyrch newydd ar droed i sefydlu theatr broffesiynol yn yr iaith Gymraeg. Unwaith eto, wrth gymhwyso terminoleg Castells, gwelir mai trwy gyfuno awydd i *wrthsefyll* ac awydd i *gyfreithloni* y gweithiai'r theatr broffesiynol, eithr mewn ffordd wahanol i'r hyn a welwyd yn achos y theatr amatur. Lle'r oedd amaturiaeth yn wrthsafol yn ei hanfod, ond yn creu ymdeimlad o awdurdod naturiol a gyfreithlonai ymdrechion y mudiad, roedd y theatr broffesiynol yn ei hanfod yn seiliedig ar *gyfreithloni* ond yn ceisio lliniaru natur broblemataidd y fath weithredu trwy gydnabod – yn reit sentimental yn aml, mae'n rhaid dweud – swyddogaeth wrthsafol draddodiadol y theatr amatur. Deilliodd hunaniaeth 'gyfreithlon' y theatr broffesiynol yn bennaf o'r ffaith ei bod yn cael ei hyrwyddo gan nifer o sefydliadau cyhoeddus a Chymreig, a chan nifer o unigolion brwdfrydig (ac oportiwnistaidd) o fewn y sefydliadau hynny. Ymhlith y sefydliadau cyhoeddus hyn roedd Prifysgol Cymru, yr Eisteddfod Genedlaethol, Cyngor Celfyddydau Cymru a'r BBC, pob un ohonynt, er iddynt weithredu fel cyrff annibynnol gan mwyaf, yn derbyn cymorth ariannol, a chan hynny, gydnabyddiaeth a 'chaniatâd' i weithredu, oddi wrth lywodraeth Prydain Fawr. At hynny, wrth gwrs, mynnai cefnogwyr y theatr broffesiynol mai er mwyn codi safonau'r theatr Gymraeg yn ei chrynswth yr aethant ati i hyrwyddo'r cyfrwng newydd, a bu'r galw am welliannau ynddo'i hun yn arwydd o'u gwrthwynebiad i werthoedd sylfaenol y theatr amatur. O safbwynt theatraidd yn ogystal â chymdeithasol, felly, roedd y grŵp hwn yn un tra awdurdodol ei naws, ac yn hyrwyddo ffurf newydd a gyfreithlonai'r theatr Gymraeg. Ond cymhlethwyd hunaniaeth y grŵp hwn o gwmnïau gan ei ymwybyddiaeth yntau, ynghyd â gweddill y Cymry, o safle ymylol y Gymraeg ym mywyd y genedl erbyn ail hanner yr ugeinfed ganrif, ac i'r perwyl hwnnw, nid oes dwywaith fod ei weithgarwch yn rhan o ymdrech gyffredinol i wrthsefyll y dirywiad hwnnw. Yn ymdrechion y garfan a gefnogai'r theatr broffesiynol Gymraeg, cafwyd adlewyrchiad clir o'r ffaith fod byd y Cymry Cymraeg wedi newid yn sylweddol yn sgil yr Ail Ryfel Byd. Wedi 1945, ysgubwyd ymaith yr hen drefn gymdeithasol werinol mewn sawl ardal oherwydd poblogrwydd sydyn cyfryngau diwylliannol newydd megis teledu, a ddôi â'r diwylliant canoledig

Eingl-Americanaidd i aelwydydd Cymru ar ei union. Dirywiodd yr hen ddiwylliant lleol 'organaidd' a fu'n gefn i weithgarwch y theatr amatur yn gyflym wedi i'r teledu ennill ei blwyf yn ystod y 1950au, gan adael y Cymry Cymraeg yn amddifad a diamddiffyn yn wyneb atyniadau'r diwylliant cyfoes dinesig. Cofleidient y cyfrwng newydd – yn enwedig felly'r to ifanc – a'i dderbyn yn awdurdod cyfreithlonedig mewn dim o dro. Nid oedd hynny'n fawr o syndod mewn gwirionedd, gan i'r teledu fel cyfrwng adlewyrchu system gynhyrchu a system brynwriaethol a oedd yn dra atyniadol ar ôl y cyni a'r gyd-ddibyniaeth orfodol a welwyd yn ystod y rhyfel.

Diau fod y theatr broffesiynol Gymraeg, i ryw raddau, yn cynnal y traddodiad o geisio gwrthsefyll dylanwadau estron ar y bywyd Cymreig, gan gynnwys bygythiadau megis dylanwad Seisnig ac Americanaidd y teledu; ond diddorol nodi bod y gyfundrefn ddarlledu ei hunan wedi chwarae rôl allweddol bwysig wrth gymell sefydlu'r theatr broffesiynol Gymraeg. Bu honno – yn enwedig felly'r BBC – wrth wraidd datblygiad y theatr broffesiynol am iddi gynnig cyfarwyddwyr ac actorion profiadol, a chyllid ar gyfer cynyrchiadau, at wasanaeth y theatr. Yn wir, nid syndod ydoedd i Hywel Davies, rheolwr Adran Ddrama'r BBC, ddatgan ym 1962 fod theatr genedlaethol eisoes yn bodoli trwy gyfrwng radio a theledu'r BBC.[38] Daeth penllanw'r broses o sefydlu theatr broffesiynol ym 1965, pan grëwyd Cwmni Theatr Cymru fel uned Gymraeg i'r Welsh Theatre Company. Sefydlwyd y cwmni wedi i Gyngor y Celfyddydau ddod i gytundeb â'r BBC er mwyn sicrhau bywoliaeth broffesiynol i gnewyllyn o chwe actor ifanc; ymhen tair blynedd, roedd Cwmni Theatr Cymru yn gweithio'n annibynnol ar y Welsh Theatre Company ac yn cyflogi tri actor yn barhaol ar ei liwt ei hun. Gwahanwyd y ddau gwmni'n ffurfiol ym 1973. Nid ar chwarae bach y crëid cwmni proffesiynol a thraddodiad theatraidd newydd yng Nghymru. Rhaid oedd i Gwmni Theatr Cymru gyflwyno'i waith gerbron cynulleidfa a oedd, i raddau helaeth, yn dal i arddel rhai o'r hen werthoedd amatur a gwerinol. At hynny, a hwythau'n gynnyrch y gymdeithas werinol gan mwyaf, mynnai hyrwyddwyr y theatr broffesiynol gynnal rhyw argoel o berthynas â'r hen fudiad amatur, nid o safbwynt ei werthoedd a'i safonau darostyngedig, wrth gwrs, ond o safbwynt y berthynas agos-atoch, gymunol a oedd yn rhan annatod o ddeithi'r theatr amatur. Roedd yr ymdrech i greu theatr broffesiynol, felly, a gwaith Cwmni Theatr Cymru yntau pan sefydlwyd ef, yn dal i adlewyrchu peth o hunaniaeth wrthsafol y theatr amatur, genhedlaeth ynghynt. Felly, o ran ei bwyslais ar broffesiynoldeb fel egwyddor hanfodol bwysig i ddatblygiad y theatr, nid oes dwywaith nad *cyfreithloni* oedd swyddogaeth y mudiad newydd proffesiynol hwn; ond o safbwynt ei arwyddocâd cenedlaethol (ac mae'n bwysig nodi bod cyswllt uniongyrchol a digwestiwn rhwng proffesiynoldeb a chenedlaetholdeb ym marn y mwyafrif), roedd yn theatr *wrthsafol*.

Gwahanol eto oedd y mudiad anghydlynol, ymylol a ymffurfiodd ar ôl 1979. Cynhwysai hwnnw nifer o gwmnïau a feddai ar syniadau a pholisïau tra gwahanol ynglŷn â natur a phriod swyddogaeth y theatr Gymraeg. Ni ellir corlannu'r mudiad newydd hwn o fewn un o'r categorïau hunaniaeth a ddiffiniwyd gan Castells, eithr perthyn gwahanol gwmnïau i wahanol gategorïau. Sylwyd eisoes, er enghraifft, ar rôl Bara Caws fel cwmni a fu'n gyfrifol am chwalu'r ymdeimlad o gonsensws a fu'n hanfodol bwysig i weithgarwch Cwmni Theatr Cymru yn ystod y 1960au a'r 1970au: hawdd lleoli Bara Caws felly fel cwmni *gwrthsafol*, nid mewn perthynas â ffawd y gymdeithas Gymraeg ei hiaith yn unig, ond hefyd yn erbyn ymgais Cwmni Theatr Cymru i *gyfreithloni* ei weithgarwch theatraidd yntau. Gweithredai nifer o gwmnïau eraill mewn modd tebyg, gan gynnwys Theatr Gorllewin Morgannwg, Hwyl a Fflag a Dalier Sylw. Ymdebygai Theatr Gorllewin Morgannwg i Bara Caws o ran arddull ei waith ac o ran gogwydd adain chwith a phoblyddol ei gynnyrch; ymdebygai Hwyl a Fflag i Bara Caws o ran ei awydd i weithredu fel cwmni cydweithredol, lle y câi'r actorion a'r cyfarwyddwyr yr un cyflog, a lle y pennai'r cwmni bolisïau trwy gydgynghori yn hytrach na dilyn mympwy un cyfarwyddwr artistig. Ond anodd categoreiddio'r cwmni hwn, a Dalier Sylw yntau, am mai meithrin a datblygu dramâu gan awduron newydd oedd ei brif swyddogaeth, ac nid meithrin ei arddull a'i estheteg arbennig ei hun. Nid pob cwmni newydd a hyrwyddai theatr wrthsafol. Crëwyd Cwmni Theatr Gwynedd, er enghraifft, er mwyn ceisio manteisio ar y gynulleidfa a feithrinwyd dros y blynyddoedd gan Gwmni Theatr Cymru, ac i'r perwyl hwnnw, cyflwynai'r un math o arlwy ag a welwyd gan Gwmni Theatr Cymru yn ei gyfnod, mewn arddull gydnabyddedig 'brif ffrwd'. Efelychodd Cwmni Theatr Gwynedd duedd Cwmni Theatr Cymru i fod yn gwmni a 'gyfreithlonai' trwy awdurdod. Nid felly'r cwmni arall a grëwyd er mwyn ceisio manteisio ar etifeddiaeth Cwmni Theatr Cymru, sef Theatrig. Mae corlannu'r cwmni hwnnw yn ôl categorïau Castells yn hynod anodd, am ei fod wedi cyflwyno'r rhan fwyaf o'i arlwy yn y gofodau mwyaf 'cyfreithlon', sef y theatrau rhanbarthol; ond ni fu'n gwmni prif ffrwd erioed. Creai arddull theatraidd ar sail canllawiau'r Almaenwr Bertolt Brecht a oedd yn gyfuniad o hunaniaeth wrthsafol (oherwydd ei ogwydd gwleidyddol adain chwith) a hunaniaeth brosiect (oherwydd ei ddymuniad i beri i'r gynulleidfa fabwysiadu'r gwerthoedd hynny fel ffordd o ymwybod â'r byd cyfnewidiol cyfoes). Roedd y ddau gwmni arall a drafodir yn fanwl yn y gyfrol hon, sef Cwmni Cyfri Tri a Brith Gof, hwythau yn gwmnïau a dueddai i greu hunaniaeth brosiect iddynt eu hunain, yn seiliedig ar dechnegau theatraidd modern o gyfan-dir Ewrop, technegau a fynnai gymell y gynulleidfa i ymwybod â'i phrofiad ei hun mewn ffordd gwbl newydd; ond nid oedd y naill mor ddigyfaddawd o ran gweithredu'r fath syniadau â'r llall. Nodweddwyd gwaith Cwmni Cyfri Tri gan ddiddordeb effro mewn delweddaeth lwyfan a gweithredu corfforol yr actor, ond yn gynyddol yn ystod ei yrfa, aeth yn ôl at ffynonellau llenyddol a diwylliannol Cymreig, gan gymhwyso'r rheini mewn ffordd lawer mwy amlwg o boblyddol nag a wnaeth Brith Gof erioed. Ymarweddai'r cwmni hwnnw fel 'prosiect' pur, gan na chydnabyddai unrhyw enghraifft o fewn y theatr Gymraeg yn ddylanwad uniongyrchol arno, a chan mai ei fwriad clir erbyn ail hanner y 1980au oedd ysgogi ffordd newydd o ymdrin â Chymreictod fel ffenomen, ei broblemateiddio a'i ddathlu ar ei newydd wedd. Nid oedd dim oll yn ddefodol ynglŷn â'i waith: a diau mai dyna'r rheswm dros ei drafferthion dybryd erbyn diwedd y 1990au, a'r rheswm y bu i nifer o Gymry Cymraeg gefnu ar ei waith yn llwyr ar ôl tua 1989. Trafodir hynt a helynt y cwmnïau hyn oll maes o law.

Roedd y 'mudiad' theatraidd newydd a ffurfiwyd yn sgil digwyddiadau 1979 yn un cwbl newydd yng nghyd-destun hanesyddol y theatr Gymraeg. Nid oedd y theatr newydd yn cynrychioli gwrthsafiad yn erbyn difodiant yr iaith a'r diwylliant Cymraeg gymaint â gwrthsafiad yn erbyn y drefn wleidyddol gyfredol Thatcheraidd, a diffiniwyd y gwrthsafiad mewn gwahanol ffyrdd gan wahanol gwmnïau. Roedd hon yn theatr wirioneddol aml-ffurfiol yn y Gymraeg, felly, a hynny, mae'n debyg, am y tro cyntaf erioed. Roedd yn groes i holl draddodiad hanesyddol y theatr Gymraeg, gan iddi adlewyrchu *diffyg undod* y profiad cenedlaethol o flaen dim arall, yn gwbl wahanol i'r theatr amatur ers talwm, a Chwmni Theatr Cymru yntau yn ei dro. Dyma theatr genedlaethol a gyhoeddodd mai diffyg undod cenedlaethol oedd prif nodwedd Cymreictod.

Nodiadau

1. Glyn Evans, 'Dwy Awr o Fwyniant Pur', *Y Cymro*, 25/5/82, 20.
2. Dafydd Elis Thomas, 'Don't Ape England in Theatre', *Western Mail*, 9/8/86, 14.
3. Gwyn A. Williams, *When Was Wales?* (Llundain: Black Raven, 1985), 295.
4. Gweler sylwadau McLucas am y berthynas rhwng gwaith Brith Gof a Chymreictod cyfoes yn Charmian C. Savill, 'Dismantling the Wall', *Planet* (Chwefror/Mawrth, 1990), 28.
5. Lisa Rhiannon Edwards, 'Theatr yr Ymylon Heddiw', *Barn* (Tachwedd, 1976), 350.
6. *Housing the Arts in Great Britain: Report by the Arts Council of Great Britain* (Llundain: Cyngor Celfyddydau Prydain Fawr, cyfrol 1, 1959; cyfrol 2, 1961).
7. At hynny, ar ddechrau'r wythdegau, agorwyd theatrau newydd ar gampws Coleg Prifysgol Cymru Abertawe, sef Theatr Taliesin, ac ar gampws Coleg Powys yn y Drenewydd, sef Theatr Hafren.
8. Soniodd Elan Closs Stephens, er enghraifft, am Gwenlyn Parry fel dramodydd a elwodd yn ddirfawr o greu'r theatrau newydd: cred Stephens na fuasai gweledigaeth drama fel *Y Tŵr* yn bosibl nac yn gynaladwy heb fodolaeth theatrau modern a chwmni Cymraeg proffesiynol. Gweler Elan Closs Stephens, 'Drama' yn Meic Stephens (gol.), *Y Celfyddydau yng Nghymru 1950–1975* (Caerdydd: Cyngor Celfyddydau Cymru, 1979), 277.
9. Graham Laker, 'Avoiding the Mistakes of the 1970s', *New Welsh Review* (Winter 1997/98), 74.
10. Ibid., 75.
11. Kenneth O. Morgan, *Rebirth of a Nation: Wales 1880–1980* (Rhydychen: OUP, 1981), 404.
12. John Davies, *Hanes Cymru* (Harmondsworth: Penguin, 1992), 652.
13. Codwyd y ffigyrau hyn o Davies, ibid., a Morgan, *Rebirth of a Nation*, 405.
14. Ibid.
15. Williams, *When Was Wales?*, 294–5.
16. Ibid., 239.
17. Ibid., 295.
18. Morgan, *Rebirth of a Nation*, 406; Williams, *When Was Wales?*, 296.
19. Morgan, *Rebirth of a Nation*, 406: 'It was now possible to travel from Holyhead to Chepstow, without leaving Tory territory.'
20. Williams, *When Was Wales?*, 297.
21. Ibid., 295.
22. Dylan Griffiths, *Thatcherism and Territorial Politics* (Aldershot: Avebury, 1996), 72.
23. Diddorol yn y cyswllt hwn yw nodi disgrifiad Peregrine Worsthorne o ddull llywodraethol Thatcher, sef, 'bitter-tasting market economics sweetened by great creamy dollops of nationalistic custard'. Worsthorne, dyfynnwyd yn Griffiths, *Thatcherism and Territorial Politics*, 70.
24. Williams, *When Was Wales?*, 304.
25. Ibid.
26. Emyr Humphreys, *The Taliesin Tradition* (Llundain: Black Raven, 1983), 48.
27. Ibid., 49.

[28] Ibid., 3.
[29] Ibid., 2.
[30] Ibid., 3.
[31] Manuel Castells, *The Power of Identity* (Rhydychen: Blackwell, 1997).
[32] Ibid., 8. Noda Castells fod y math hwn ar hunaniaeth yn gyson â nifer o theorïau ynglŷn â chenedlaetholdeb ('[it] fits with various theories of nationalism').
[33] Ibid.
[34] Ibid. Wrth egluro'i ddiffiniad o *'project identity'*, sylwa Castells ar sgil-effeithiau twf ffeministiaeth yn ystod ail hanner yr ugeinfed ganrif: 'This is the case, for instance, when feminism moves out from the trenches of resistance of women's identity and women's rights, to challenge patriarchalism, thus the patriarchal family, thus the entire structure of production, reproduction, sexuality, and personality on which societies have been historically based.'
[35] Daw'r term 'theatr cymundod' o erthygl Dafydd Glyn Jones, 'Saunders Lewis a Thraddodiad y Ddrama Gymraeg', *Llwyfan* (Gaeaf, 1973), 8. Yno, ceisia Jones gyfaddasu'r term a ddefnyddir gan Robert Brustein yn ei gyfrol yntau, *The Theatre of Revolt* (Llundain: Methuen, 1965), sef *'theatre of communion'*. Yn erthygl Dafydd Glyn Jones, dynoda 'cymundod' berthynas agos rhwng aelodau rhyw gymuned arbennig, perthynas sy'n sail i gyd-ymwybyddiaeth neilltuol bwerus rhyngddynt. Myn Jones fod y ddrama Gymraeg draddodiadol – y ddrama a gyflwynid gan y cwmnïau amatur – yn enghraifft o 'theatr cymundod' am mai '[c]redinwyr yw'r edrychwyr . . . a gwaith y ddrama yw dathlu rhai pethau y mae ei chynulleidfa'n credu ynddynt'.
[36] Gweler Williams, *When Was Wales?*, 239.
[37] Ibid., 234.
[38] Gweler Rowland Lucas, *The Voice of a Nation?* (Llandysul: Gomer, 1981), 187.

1

Y Theatr Boblogaidd: Bara Caws a Theatr Gorllewin Morgannwg

Fel y nodwyd yn y Rhagymadrodd, roedd ffurfio cwmni Bara Caws yn gam aruthrol bwysig yn natblygiad y theatr Gymraeg yn y 1970au, am mai'r cwmni hwnnw mewn gwirionedd a roddodd fod i'r theatr ymylol Gymraeg. Ef hefyd a'i cynrychiolodd, ymron ar ei ben ei hun, hyd at 1981 pan welwyd nifer o gwmnïau eraill yn ymffurfio ac yn rhoi sylwedd i'r syniad o fudiad ymylol ar gyrion y theatr Gymraeg. Roedd sawl rheswm dros lwyddiant Bara Caws: roedd ei waith yn y cyfnod cynnar yn llawn asbri ac egni o fath nas gwelwyd gan Gwmni Theatr Cymru ers peth amser; roedd yn teithio'i waith yn eang i gymunedau bychain ar hyd a lled Gwynedd, gan apelio at gynulleidfa na chymerodd yn naturiol at y theatrau rhanbarthol; ac roedd hefyd yn gwmni ac iddo arddeliad a sêl bendant ynglŷn â'i waith. Roedd Bara Caws yn llwyr argyhoeddedig o'r angen am y math o theatr a gyflwynwyd ganddo, a bu'r penderfyniad a'r pendantrwydd hwn yn elfen dra phwysig yn ei barhad fel cwmni.

Deilliai arddeliad y cwmni yn ei gyfnod cynnar o'i ddaliadau gwleidyddol a chymdeithasol. Cwmni a berthynai i'r adain chwith yn wleidyddol oedd Bara Caws, a bu ei rethreg a'i weithgarwch o'r safbwynt hwnnw yn batrwm i nifer o gwmnïau Cymraeg eraill yn ystod y 1980au a'r 1990au, gan gynnwys Cwmni Theatr Gorllewin Morgannwg. Rhyngddynt ill dau, sicrhawyd bod mudiad ymylol y theatr Gymraeg ar ei wedd gymunedol yn un ag iddo ogwydd pendant tuag at werthoedd a chredoau'r adain chwith: sosialaeth fel delfryd wleidyddol, dadansoddi a dadfytholegu fel technegau cyflwyno, a chydweithio'n agos â'r gynulleidfa fel egwyddor theatraidd ymarferol.

Roedd sawl mudiad ac iddo ogwydd adain chwith yn theatr yr ugeinfed ganrif, a dylid dweud gair am y rhain cyn mynd ati i drafod gwaith Bara Caws a Theatr Gorllewin Morgannwg. Diau mai un o gynseiliau pwysicaf yr adain chwith theatraidd oedd gwaith y llu o fudiadau modernaidd a grëwyd oddeutu cyfnod y Rhyfel Byd Cyntaf – gan gynnwys dyfodolaeth, mynegiadaeth, y mudiad Dada, y mudiad swrrealaidd, ac yn y blaen. Tarddodd y rhain o anfodlonrwydd neu ddicter at rôl y celfyddydau yn y gymdeithas gyfoes, a'u tuedd i atgyfnerthu systemau awdurdodol y gymdeithas, a bu hynny'n fodd i roi i gelfyddyd a diwylliant y cyfnod hwn arlliw cryf o chwyldro. Ond er bod i'w gweithredoedd ddimensiwn cymdeithasol digamsyniol yn aml, nid oedd y mudiadau *avant-garde*, ymosodol wrth-resymegol hyn yn rhai adain chwith fel y cyfryw (ac eithrio'r mudiad swrrealaidd yn Ffrainc, a droes i gefnogi'r Blaid Gomiwnyddol yn ystod y 1930au). Gwedd hunanymchwiliol oedd i lawer o'u cynnyrch, nid rhaglen gymdeithasol; a goddiweddwyd nifer ohonynt gan siniciaeth a nihilistiaeth erbyn ail hanner y ganrif. Fodd bynnag, roedd arloeswyr ac arbrofwyr eraill i'w cael hefyd a geisiodd gyfaddasu syniadau modernaidd at ddibenion chwyldro, gan gynnwys rhai o artistiaid Rwsia ar ôl y Chwyldro ym 1917, megis y grwpiau theatraidd a elwid yn gwmnïau'r 'Crys Glas' (dyfeiswyr y dull theatraidd *agitprop*),[1] y lluniadaethwyr, ac unigolion megis y cyfarwyddwr a'r damcaniaethwr, Vsevolod Meyerhold. I'r rhain, roedd rhai o'r credoau syfaenol a achosodd gymaint o benbleth a gwewyr meddwl i'r *avant-garde* modernaidd (megis syniadau Freud a'i ddilynwyr, a'u damcaniaethau am feddwl 'darniog', ymwybodol ac isymwybodol, yr unigolyn) yn achos gobaith, nid digalondid. Fel y modernwyr hynny a dueddai at nihilistiaeth, credai'r garfan hon na fedrai'r unigolyn ar ei ben ei hun gyrraedd cyflwr ymwybodol cyfanedig, integreiddiedig; ond ni phoenai'r radicaliaid adain chwith am hynny, am nad creadur unigol yn ei hanfod oedd dyn yn eu tyb hwy, eithr creadur cymdeithasol. Trwy ymwneud â chymdeithas drefnus, integreiddiedig organaidd yn unig y medrid cyfannu ymwybod yr unigolyn, nid trwy hunanymchwil ynysig. Er mwyn ymwneud â'r gymdeithas yn iawn, rhaid ymwrthod yn llwyr â'r systemau llywodraethol a chymdeithasol pwerus hynny – cyfalafiaeth ac imperialaeth – a rwystrai ddyn rhag creu perthynas hafal a chynhyrchiol â'i gyd-ddyn. Dyma'n fras iawn oedd y gred a fu'n sail i optimistiaeth y theatrweithredwyr radicalaidd hyn oll. Ysywaeth, er iddynt fod yn dra phwysig a gweithgar yn eu cyfnod, byr fu eu hoedl ar y cyfan gan iddynt dynnu'n groes i ddaliadau arweinydd mawr yr Undeb Sofietaidd rhwng 1924 a 1953, Josef Stalin. Daeth ef ag oes yr arbrofi chwyldroadol i ben yn ystod y 1930au, gan ddatgan mai un egwyddor gelfyddydol yn unig a weithredid o hynny allan, sef realaeth sosialaidd; a gwae'r sawl a dramgwyddai'r drefn honno.[2] Ond er ei gryfed, ni lwyddodd Stalin i ddileu'n llwyr ddylanwad hanesyddol y mudiadau a'r unigolion hyn, ac ymledodd eu harbrofion ffurfiol a'u cyfoesedd mentrus drwy Ewrop ac America yn ystod y degawdau canlynol.

Ffrwd arall a ddylanwadodd ar y theatr adain chwith ym Mhrydain yn y 1960au a'r 1970au, ac ar ddatblygiad cwmnïau megis Bara Caws a Theatr Gorllewin Morgannwg maes o law, oedd hwnnw a ddeilliai o waith Bertolt Brecht, y bardd-ddramodydd Almeinig a chyfarwyddwr un o gwmnïau amlycaf a mwyaf disglair y ganrif, y Berliner Ensemble. Daeth Brecht yn enwog fel dyfeisiwr y dull 'dieithrio' (*verfremdung*), un o egwyddorion pwysicaf y theatr fodern, a geisiai fanteisio ar yr ymrithio a'r dadrithio dychmygol a oedd yn rhan gynhenid o brofiad y gynulleidfa theatraidd. Wrth wylio darn o theatr, ymresymai Brecht, yr oedd cynulleidfa'n uniaethu â'r digwydd ac yn ymroi i gredu ynddo: roedd hynny'n ymateb anorfod i unrhyw ddarn llwyddiannus. Fodd bynnag, mynnai Brecht y gallai'r fath ymrithio fod yn beryglus, am ei fod yn tra-arglwyddiaethu dros gyd-destun a swyddogaeth gymdeithasol y weithred theatraidd. Ei nod fel dramodydd a chyfarwyddwr felly oedd creu theatr a gydbwysai'r elfennau ymrithiol a dadrithiol, ac a anogai'r gynulleidfa i weld mai trwy ymwneud ac ymwybod â'i gymdeithas yn unig y deuai'r unigolyn i ymwybod ag ef ei hun. Rhaid oedd iddo, fel nifer o gymeriadau yn nramâu Brecht, ei weld ei hun fel rhan o broses gymdeithasol; ac roedd theatr, wrth gwrs, yn arf allweddol bwysig er mwyn ei alluogi i wneud hynny. Ymhlith y Prydeinwyr hynny a ddylanwadwyd gan waith a gweledigaeth Brecht yr oedd Joan Littlewood, a ffurfiodd gwmni'r Theatre Workshop yn nwyrain Llundain, Peter Cheeseman a gyfarwyddai yn Stoke-on-Trent, a John McGrath, cyfarwyddwr a dramodydd preswyl cwmni theatr 7:84 yn Lloegr a'r Alban. Mae gwaith McGrath yn arbennig o berthnasol fel cynsail ar gyfer cwmnïau megis Bara Caws a Theatr Gorllewin Morgannwg, am iddo geisio creu theatr a wasanaethai gynulleidfa frodorol, ddosbarth gweithiol ar ei thelerau a'i thiriogaeth ei hunan. Roedd 7:84 yn gwmni cydweithredol a gyflwynodd sioeau ar gyfer cynulleidfaoedd dosbarth gweithiol ledled Prydain, gan geisio cymathu ffurfiau a oedd eisoes yn rhan o 'iaith' ddiwylliannol y dosbarth hwnnw. Er enghraifft, wrth gyflwyno un o sioeau mwyaf dylanwadol y cwmni, sef *The Cheviot, The Stag and the Black, Black Oil*,[3] a drafodai effaith y diwydiant olew ar gymunedau lleol yn yr Alban, penderfynwyd cymhwyso ffurf y *ceilidh* Albanaidd traddodiadol er mwyn sicrhau perthynas glòs rhwng y gynulleidfa leol a'r actorion.[4] Daeth y fath gymhwyso yn ddyfais dra chyffredin ymhen amser, ond newyddbeth ydoedd yng nghyfnod cynnar gwaith McGrath. At hynny, mynnai McGrath mai yn y gofodau hynny a feddiannwyd gan y dosbarth gweithiol o'i wirfodd – clybiau gweithwyr, neuaddau lleol, ac yn y blaen – y dylid cyflwyno gwaith 7:84, nid mewn theatrau rhanbarthol modern, am fod y rheini yn ei dyb ef yn cymell cynulleidfaoedd i fabwysiadu agweddau a gwerthoedd hunanwelliannol y dosbarth canol, ac yn darostwng syniadaeth gynhenid y dosbarth gweithiol. Dyma'r union gred a barodd i Bara Caws a Theatr Gorllewin Morgannwg hwythau gadw draw oddi wrth y theatrau rhanbarthol Cymreig am flynyddoedd lawer.

Roedd McGrath, fel llawer un o'i gyfoedion adain chwith yn y 1960au a'r 1970au, yn gyfarwyddwr eang ei ddiddordebau, a ymddiddorai mewn theatr, teledu a ffilm fel ei gilydd. Mewn gwirionedd, roedd McGrath yn rhan o fudiad llawer helaethach a welai'r cyfryngau hyn oll fel ffyrdd o hybu ymwybyddiaeth y gynulleidfa o briod swyddogaeth gymdeithasol a gwleidyddol y diwylliant cyfoes. Un agwedd yn unig oedd ei waith ef ar ymateb radical o du'r genhedlaeth ifanc ledled Ewrop i'r byd a greasid ers yr Ail Ryfel Byd, lle y llethid rhyddid mynegiant a meddwl yr unigolyn (i'w tyb hwy) a lle yr hyrwyddid gwerthoedd cymdeithasol treuliedig ac adweithiol. Fel artistiaid chwyldroadol yn Rwsia oddeutu 1917, credai nifer o blith y garfan hon na fedrid sylweddoli potensial eu celfyddyd mewn cymdeithas gyfalafol a oedd ei hun yn brae i imperialaeth fasnachol a diwylliannol yr Unol Daleithiau. Ceisient felly greu celfyddyd – dramâu, sioeau theatr, rhaglenni teledu, ffilmiau – a gyfrannai at ddymchwel y drefn honno. O'r braidd, fodd bynnag, fod llawer o sôn am y mudiad radical hwn yng Nghymru Gymraeg y 1960au a'r 1970au, o safbwynt y theatr o leiaf. Yno, roedd y mwyafrif o theatrgarwyr a theatrweithredwyr yn sianelu eu hegni at greu theatr broffesiynol, genedlaethol, ac eraill yn dal i weithio fel amaturiaid yn y theatr leol a oedd – er iddi edwino'n sylweddol ers y 1950au – yn fudiad cynhyrchiol o hyd yn ystod y 1960au. Os bu symudiad tuag at gyfeiriad mwy radical ac adain chwith yn theatr yr oes hon, fe'i cuddiwyd yn yr ymdrech i ffurfio a chynnal sefydliad cenedlaethol newydd ar y naill law, a'r ymdrech i wasanaethu'r gymdeithas leol, a'i Chymreictod dirywiol, ar y llaw arall. Pan ddaeth cwmni Bara Caws i sylw'r cyhoedd ar ôl 1977, felly, roedd arddull boblogaidd y cwmni, ynghyd â'i rethreg adain chwith, yn dipyn o syndod. Yn dra gwahanol i Gwmni Theatr Cymru, dadleuai Bara Caws fod cyflwyno theatr boblogaidd yn weithgarwch diwylliannol a gwleidyddol o bwys, am ei fod yn cyd-ddatblygu ymwybyddiaeth gymdeithasol y gynulleidfa a'r actorion fel ei gilydd, yn hytrach na cheisio 'gwella' cynulleidfa trwy roi iddi gelfyddyd genedlaethol, 'swyddogol'. Dyna, yn y bôn, oedd cenadwri Cwmni Theatr Cymru; ac er bod ei gyfarwyddwr, Wilbert Lloyd Roberts, yn cydnabod pwysigrwydd y gynulleidfa yn ei ddatganiadau am swyddogaeth a photensial y cwmni fel rhan o theatr genedlaethol Gymreig, ni roddai iddi'r statws a gâi yn natganiadau Bara Caws. Er enghraifft, wrth drafod theatr genedlaethol Gymreig, nododd mai un o'i phrif swyddogaethau fyddai agor sianel i gynnyrch gwerthfawr cyfnodau eraill, neu i weithiau arwyddocaol cyfoes cenhedloedd eraill: 'Helaetha ddiwylliant a chyfoethoca fywyd. Anela at y safonau uchaf o gyflwyno a pherfformio, a dyry ddiddanwch creadigol byw i bawb a'i myn.'[5] Roedd hyn yn ddisgrifiad nodweddiadol ganddo o waith a gweledigaeth theatr genedlaethol – un perffaith resymol yn ei ffordd – ond roedd byd o wahaniaeth rhyngddo a disgrifiad Bara Caws o'i briod swyddogaeth yntau fel cwmni cymunedol. Wrth drafod hwnnw ym 1980, meddai Dyfan Roberts: 'mae ishio pwysleisio mai gwasanaeth ydi o. Hynny ydi rhywbeth mae pobl yn manteisio arno fel mae'n nhw'n manteisio ar unrhyw wasanaeth arall ac mae'n iawn iddyn nhw ei gael o yn eu hardaloedd eu hunain.'[6] Roedd syniad Bara Caws o *wasanaethu'r* gynulleidfa Gymraeg yn dra gwahanol yn ei hanfod i syniad Cwmni Theatr Cymru o'i 'helaethu' a'i 'chyfoethogi', ac roedd yr un peth yn wir am Theatr Gorllewin Morganwg yntau. Wrth drafod amcanion y cwmni hwnnw wrth iddo droi at weithio yn y Gymraeg, soniodd y cyfarwyddwr, Tim Baker, am greu 'uned weithgar, awyddus ac ymrwymedig' er mwyn cyflwyno theatr wirioneddol boblogaidd, am fod 'mwy na digon o waith honedig "gymunedol" o gwmpas a oedd yn gwbl amherthnasol i unrhyw gymuned'.[7]

Ymgais i warchod *perthnasedd cymdeithasol* y theatr, yn hytrach nag i gyrraedd safon gelfyddydol yn unig, oedd wrth wraidd ymdrechion Bara Caws a Theatr Gorllewin Morgannwg, felly, ac nid oes dwywaith nad oedd eu gweledigaeth yn y gwraidd yn drwm dan ddylanwad y mudiadau adain chwith hynny a amlinellwyd eisoes. Er gwaethaf hyn, dylem oedi rywfaint cyn eu gosod yn yr un llinach yn union â chwmnïau megis Theatre Workshop a 7:84. I'r cwmnïau hynny, roedd swyddogaeth y theatr yn annatod glwm â'r ymdrech i ad-drefnu'r gymdeithas yn sylfaenol – i gyfrannu, yn y bôn, at 'ryfel dosbarth'. Nid hawdd fyddai dadlau bod y ddau gwmni Cymraeg yn ymroddedig i chwalu'r system gyfalafol yng Nghymru – yn wir, mae'n anodd hyd yn oed dychmygu cwmni fel Theatr Gorllewin Morgannwg yn arddel y fath rethreg. Diau mai'r datganiad cyhoeddus mwyaf ymwthiol a wnaed gan y cwmni hwnnw oedd haeriad (digon amwys) Tim Baker mai nod sylfaenol Theatr Gorllewin Morgannwg oedd 'creu theatr gymunedol wleidyddol o safon'.[8] Cwmni cymharol gymodlon ydoedd o ran ei dechneg theatraidd, er gwaetha'r ffaith fod cryn drafod ar faterion problemataidd yn ei waith. Wedi dweud hynny, rhaid cofio hefyd na ddechreuodd lwyfannu sioeau cymuned yn y Gymraeg tan 1986, pan oedd y llywodraeth Dorïaidd wedi hen ymsefydlu, ac ar ôl streic y glowyr – y frwydr fawr olaf yn erbyn esgyniad Thatcheriaeth: roedd rhethreg radicalaidd yn beth prin iawn yn y cyfnod hwnnw! Am iddo berthyn i gyfnod cynharach, efallai, roedd mwy o dân yn rhethreg Bara Caws yn gyffredinol. Ym 1980, nododd Valmai Jones ei bod hithau, fel aelod o Bara Caws, yn gweld cyferbyniad clir rhwng trefniant a gweithgarwch y cwmni a threfniant cymdeithas dan rym sosialaeth:

> Mae 'na wahaniaeth sylfaenol wrth actio gwaith rhywun arall ac actio'ch gwaith eich hun. Ac mae hon yn wers i gymdeithas – cymdeithas lle mae'r gweithwyr yn rheoli – sosialaeth sy ishio. Gan mai NI fel gweithwyr sy' bia'r cwmni a'r staff, 'da ni gymaint mwy brwdfrydig iddo fo weithio achos mai NI fydd yn elwa.[9]

Er gwaethaf arddeliad o'r fath, cymharol annatblygedig fu rhaglen wleidyddol Bara Caws. Fel y gwelir maes o law, defnyddio egwyddorion a rhethreg adain chwith a wnaeth yn bennaf er mwyn mynegi'i rwystredigaeth yn erbyn Cwmni Theatr Cymru a chyfeiriad cyffredinol datblygiad y theatr Gymraeg. Heb dynnu dim oddi ar ymroddiad a didwylledd y ddau gwmni hwn, gellir dadlau bod ganddynt lawer mwy yn gyffredin â chwmnïau'r traddodiad amatur Cymraeg na'r cwmnïau hynny a lywiodd ddatblygiad y theatr adain chwith yng ngweddill Prydain ac Ewrop (gan gynnwys y Theatre Workshop, 7:84, a gwaith yr Eidalwr Dario Fo, a nodwyd fel dylanwad uniongyrchol ar aelodau Theatr Gorllewin Morgannwg). Yn y pen draw, mater o arddull oedd 'theatr wleidyddol boblogaidd' i'r cwmnïau hyn, lawn cymaint â mater o ymroddiad ymarferol.

Cwmni Theatr Bara Caws

Sefydlwyd Bara Caws ym 1977, a sail ei waith o'r cychwyn cyntaf oedd ei benderfyniad i sicrhau bod 'y theatr yn mynd at y bobl'[10] yn eu hardaloedd eu hunain. Yn wahanol iawn i Gwmni Theatr Cymru, ni chyflwynai Bara Caws ei gynyrchiadau ar lwyfannau'r theatrau rhanbarthol, am na chredai fod y gofodau hynny wedi'u mabwysiadu'n llawn gan eu cymunedau lleol. Troes Bara Caws yn hytrach i weithio mewn adeiladau a oedd eisoes yn rhan gynhenid o fywyd y gymuned, fel clybiau chwaraeon, gwestai a thafarndai, capeli a neuaddau coffa; a cheisiai sicrhau hefyd fod y sioeau a gyflwynai yn trafod materion a oedd o bwys i'r cynulleidfaoedd lleol a'u mynychai. Mynnai osgoi'r duedd – a oedd ar gynnydd yn sgil twf y theatr broffesiynol a ffyniant y cyfryngau torfol Cymraeg – i ddiffinio'i gynulleidfa fel tyrfa ddiwyneb, gyffredinol y gellid ei diddanu heb ei hadnabod yn iawn. Mynnai Bara Caws ymdrin â hi fel cynulliad o gyd-Gymry a rannai'r un ymwybyddiaeth o gyflwr Cymreictod ac o swyddogaeth a chyd-destun hanesyddol y theatr Gymraeg. Roedd hyn oll yn gydnaws â'r gred sosialaidd mewn cymdeithas 'organaidd' a'r gred werinol Gymreig hithau mewn brogarwch.

Adwaenid Bara Caws yn ei gyfnod cynnar fel cwmni theatr 'cymuned'. Golygai hyn fod y cwmni wedi dewis gwasanaethu un gymuned benodol, ac wedi ymroi i adnabod y gymuned honno a'i hanghenion yn drylwyr. Ni cheisiai gyflwyno'i waith i'r genedl yn gyffredinol, fel y gwnaethai Cwmni Theatr Cymru, ond yn hytrach dewisodd wasanaethu 'cymuned' Gwynedd yn unig. Clywyd nifer o'r sylwebyddion theatr mwy traddodiadol eu chwaeth yn canmol y cwmni'n frwd o'r herwydd, am fynd yn groes i arfer y theatr broffesiynol Gymraeg ac adfer symlrwydd a theyrngarwch traddodiadol y theatr Gymraeg i'w chynulleidfa. Gosodwyd y cwmni 'yn llinach Twm o'r Nant' gan Myrddin ap Dafydd, er enghraifft, a ganmolodd Bara Caws am ddewis 'ymweld â'u cynulleidfaoedd ar eu haelwyddyd eu hunain', ac ymwrthod 'â'r duedd i feddwl am y theatr yn nhermau moethusrwydd yn unig'.[11] Roedd ergyd ap Dafydd yn erbyn Cwmni Theatr Cymru yn eglur yn hyn o beth ('Blinodd y cwmni cenedlaethol ar fod yn Fohamed cenhadol', meddai yn yr un erthygl: 'bodlonodd ar fod yn fynydd').

Daeth egin-aelodau Bara Caws – a gynhwysai Dyfan Roberts, Dyfed Thomas, Valmai Jones a Sharon Morgan[12] – at ei gilydd fel cwmni am y tro cyntaf wrth gyflwyno'r sioe gymunedol, *Byw yn y Wlad* ar gyfer Adran Antur Cwmni Theatr Cymru. Bu'r profiad o weithio ar y cynhyrchiad hwnnw'n agoriad llygad i'r criw, gan iddo ddangos iddynt gymaint y gellid ei gyflawni wrth fynd â'r theatr broffesiynol 'yn ôl at ei chynulleidfa' yn ei bro a'i chwmwd ei hun. O ran ei themâu a'i ffurf, roedd *Byw yn y Wlad* yn dra gwahanol i'r hyn a gyflwynasai Theatr Cymru ar y prif lwyfannau rhanbarthol erbyn 1975. Sioe seml, weddol ysgafn ei naws ydoedd, a drafodai broblemau cymdeithasol cefn gwlad fel diboblogi a mewnlifiad y di-Gymraeg, ac a gynlluniwyd er mwyn ei theithio i ganolfannau bach ledled Cymru. Roedd yn sioe ddigon amrwd ar sawl golwg: fe'i cyflwynwyd ar ffurf rifiw, gyda nifer o olygfeydd byrion, yn ogystal â nifer o ganeuon dychanol a digri; a chlymwyd y cyfan at ei gilydd gan ryw fath ar *compère* o hen grefftwr gwlad, sef Ifan Saer (a chwaraewyd gan Grey Evans). Cyffrowyd un o'r cwmni, sef Dyfan Roberts, yn arw gan y profiad o weithio ar *Byw yn y Wlad*: 'Braf oedd cael creu ein stwff ein hunain am newid', meddai, 'yn lle gorfod dehongli sgript o eiddo dyn diarth. Hefyd 'roedd y dull yn magu hunan-ddisgyblaeth a hunan-feirniadaeth. Petai'r llong yma'n suddo arnom ni y byddai'r bai.'[13]

Un o hanfodion y wefr a deimlai egin-aelodau Bara Caws wrth gyflwyno *Byw yn y Wlad* oedd bod y cynhyrchiad hwnnw wedi rhoi cyfle iddynt agosáu at y gynulleidfa. Ymhyfrydai'r criw wrth gael cyfle i greu sioe a oedd 'yn rhan reit naturiol o batrwm gweithgareddau cymdeithasol pentref', gan fod hynny'n mynd yn brinnach beunydd yn ystod blynyddoedd canol y 1970au wrth i Gwmni Theatr Cymru gyfyngu cwmpas ei deithiau i'r theatrau rhanbarthol newydd, er mawr siom i rai aelodau o'r gynulleidfa a fu'n ffyddlon i waith y cwmni hwnnw dros y blynyddoedd.[14] O ganlyniad i'r cyfyngder hwn o ran cylchdaith Cwmni Theatr Cymru – ynghyd â thwf graddol yn nifer yr actorion proffesiynol Cymraeg eu hiaith a welid ar deledu – tyfodd bwlch rhwng y Cymry ar y llwyfan a'r rheini yn y gynulleidfa. Yn ôl un o brif symbylwyr cwmni Bara Caws, Dyfan Roberts, roedd yn arfer gan rai o aelodau'r gynulleidfa yng nghanol y 1970au feddwl am actorion proffesiynol fel creaduriaid a'u gosodai eu hunain ar wahân i weddill y gymdeithas, 'yn nofio o un ffantasi i'r llall mewn byd ansefydlog o freuddwydio', heb wreiddiau dwfn mewn un lle, 'na rhan i'w chwarae yn y gymuned leol fel pobl gyffredin cig a gwaed'.[15] Cywirwyd y diffyg hwn wrth gyflwyno *Byw yn y Wlad* am fod y sioe honno'n cydnabod cyd-destun cymdeithasol y gynulleidfa ac yn gosod yr actorion a'r gynulleidfa ar yr un gwastad yn union: roeddynt oll, yn actorion a chynulleidfa, yn rhan o'r un gymdeithas ac yn wynebu'r un bygythiad uniongyrchol i les a pharhad y gymdeithas honno.

Ond ni fedrai egin-aelodau Bara Caws ddatblygu'r gwaith a ddechreuwyd yn *Byw yn y Wlad* a hwythau'n dal i weithio dan faner Cwmni Theatr Cymru. Consesiwn i'r grŵp hwn oedd sefydlu'r Adran Antur, ymestyniad o weithgarwch ymylol y cwmni cenedlaethol, ac nid arwydd o gyfeiriad neu symbyliad newydd yn ei waith. Ers rhai blynyddoedd, bu'r cyfarwyddwr artistig, Wilbert Lloyd Roberts, yn brwydro i geisio cadw Cwmni Theatr Cymru at ei gilydd yn wyneb pwysau o sawl cyfeiriad – diffyg arian i wireddu'i holl gynlluniau, dyfodiad cwmnïau proffesiynol mwy arbenigol mewn meysydd penodol fel theatr mewn addysg, cyfleon i'w brif actorion ennill eu tamaid ar deledu, ac yn y blaen. Soniodd Lloyd Roberts mewn cyfweliad ym 1990 sut y ceisiai gadw actorion aflonydd *Byw yn y Wlad* – a gynhwysai rai o ddoniau ifainc gorau'r cwmni – o fewn Theatr Cymru;[16] ond ni fedrai fodloni eu dyhead i greu asgell gymunedol fwy amlwg a pharhaol. Yn wir, ymddengys na fedrai sicrhau bod gwaith yr Adran Antur hyd yn oed yn llwyfan cyson i egin-aelodau Bara Caws. Ym 1976, er enghraifft, gwelwyd yr adran yn 'anturio' i gyfeiriad tra gwahanol i *Byw yn y Wlad* wrth iddi gyflwyno dwy ddrama fer 'ffantasïol a hunllefus', sef *Flora* a *Portread*, gan griw o gyn-fyfyrwyr diploma Coleg Cerdd a Drama Cymru. Gobaith y rheini, yn wahanol iawn i griw *Byw yn y Wlad*, oedd creu darn o gelfyddyd arbrofol – 'setiau swreal, offerynwyr jas a roc . . . dawns, meim, a chân' er mwyn 'ennyn mwynhad, gwefr, syndod neu wrthwynebiad'.[17] Ni ddaeth yr Adran Antur yn gartref naturiol ar gyfer gwaith cymunedol ymroddgar a wasanaethai gynulleidfa wasgaredig y broydd Cymraeg, felly, a thorri'n rhydd wnaeth sylfaenwyr Bara Caws er mwyn cyrchu at eu nod eu hun.

Lansiwyd 'Cwmni Theatr Bara Caws' yn Eisteddfod Genedlaethol Wrecsam ym 1977 wrth iddo gyflwyno rifiw ddychanol o'r enw *Croeso i'r Roial*, sioe amserol a dynnai hwyl am ben y teulu brenhinol a hithau'n flwyddyn jiwbilî arian Elisabeth II. Roedd y sioe yn gymysgedd o ganu, dynwared a dychan, wedi'i llwyfannu mewn modd syml ac uniongyrchol – yr arddull fras a ddeuai'n nodwedd amlwg yng ngwaith Bara Caws yn ystod y blynyddoedd canlynol. Fe'i perfformiwyd mewn amryw o leoliadau yn ystod wythnos yr Eisteddfod, gan gynnwys Ystafell Clwyd yn Theatr Clwyd, Clwb Pêl-droed Wrecsam, a Chanolfan Gymuned y Rhos. Cyflwynwyd y ddwy sioe gyntaf yn hwyr y nos, tua 10.30 o'r gloch, a'r llall yn y prynhawn. Dal ar ei brifiant ar y pryd oedd arlwy 'ymylol' yr Eisteddfod Genedlaethol, ond gweddai *Croeso i'r Roial* i'r dim i'r slot adloniant hwyr, gan ei fod yn caniatáu i'r gynulleidfa gymdeithasu a llymeitian yn ôl ei harfer neu'i hangen cyn mynd i weld y sioe (yn wir, gorau oll pe bai wedi cael cyfle i ddod i rywfaint o'i hwyl ei hun cyn dechrau'r perfformiad). Roedd ymollyngdod hwyliog ar ran y gynulleidfa yn rhan bwysig o lwyddiant y sioe, a gwelwyd yr un pwyslais droeon yng ngwaith Bara Caws wedyn. Ychydig a wyddai'r cwmni ar y pryd, efallai, fod hwn yn gychwyn ar gyfres helaeth o sioeau mewn tafarndai neu glybiau cymdeithasol; diau mai pwysicach ym 1977 oedd sefydlu'r cwmni a denu sylw'r gynulleidfa at theatr a gyflwynwyd mewn cywair tra gwahanol i arfer Cwmni Theatr Cymru. Roedd awyrgylch y clybiau a'r tafarndai yn fedydd tân i actorion Bara Caws wrth iddynt geisio diddanu'r dorf a chymhwyso'r cyflwyniad i gwrdd â'r amgylchiadau. Nid oedd disgwyl i gynulleidfa'r clybiau ymateb yn barchus sylwgar, fel y gwnâi cynulleidfa'r theatrau rhanbarthol i ddrama ffurfiol. Yn yr un modd, nid oedd raid i Bara Caws gyfiawnhau sioe glybiau ar sail ei swyddogaeth addysgol neu werth esthetig, eithr rhaid oedd i'r sioe ddiddanu; a bu'r penderfyniad hwn i bwysleisio'r ffaith fod yr actorion at wasanaeth y gynulleidfa yn safiad arwyddocaol iawn ar ran y cwmni, ac yn arwydd pendant o'i wrthwynebiad i werthoedd awdurdodol, addysgol a 'hunaniaeth gyfreithlon' Cwmni Theatr Cymru.

Yn sgil llwyddiant *Croeso i'r Roial*, ymffurfiodd cnewyllyn o actorion y cwmni yn ystod 1978–9, sef Dyfan Roberts, Valmai Jones, Iola Gregory a Myrddin Jones, gyda Catrin Edwards yn gofalu am gerddoriaeth y sioeau.[18] Bu hwn yn gyfnod digon anodd i'r cwmni, gan y bu'n rhaid iddo geisio'i gynnal ei hun heb nawdd allanol o gwbl – 'gwneud pethau'n achlysurol mor aml â fedra ni heb grant' a wnâi'r cwmni yn ôl Valmai Jones: 'Pan wnaethom ni gais am grant doedden nhw ddim yn barod iawn i wrando arnon ni achos roedden ni wedi bod yn rhoi rhyw fudur wasanaeth cymuned yn barod ac wedi bod yn gwneud hynny yn rhad ac am ddim.'[19] Bu'n rhaid i'r actorion weithio ar brosiectau eraill liw dydd – gan gynnwys cynyrchiadau Cwmni Theatr Cymru hyd yn oed – er mwyn cael deupen llinyn ynghyd, a threfnu sioeau Bara Caws rhwng ymrwymiadau eraill. Cymhlethwyd y sefyllfa ymhellach gan i'r cwmni fynnu dwyn actor dieithr i fewn i'r *ensemble* canolog ym mhob sioe, 'i gadw ni'n ffresh'.[20] Ond er gwaethaf yr anawsterau hyn, cyflwynodd Bara Caws sawl sioe newydd yn ystod y cyfnod hwn mewn sawl arddull theatraidd, gan gynnwys sioe ieuenctid am arwr roc annisgwyl, *Anturiaethau Sel U. Lloyd*; sioe Nadolig, *Be' S'anti Santa?*; sioe i blant, *Hip Hip i Pippi*; a sioe ddychanol ar hawliau menywod, *Merched yn Bendant*. Yn y sioeau hyn cafwyd digrifwch, caneuon a dychan yn aml, ond mynnodd y cwmni eu bod hefyd yn trafod pynciau llosg y gymdeithas gyfoes, ac yn apelio at garfanau a esgeuluswyd yn y gorffennol, megis pobl ifainc. Crëwyd rhyfaint o gythrwfl o'r herwydd, gan fod 'neiniau na fyddai'n breuddwydio mynd i ddisgo' wedi mynychu *Anturiaethau Sel U. Lloyd* gan ddisgwyl sioe i'r gymuned gyfan, a chael eu byddaru; 'a gweinidogion yn gwylio rifiwiau cochlyd' – yn anfwriadol, megis – am yr un rheswm.[21] Ond y ddwy sioe a fu'n gyfrifol am sicrhau lle blaenllaw i Bara Caws yn theatr Gymraeg y cyfnod oedd *Bargen* a *Hwyliau'n Codi*, a gyflwynwyd ym 1979 ac a drafodai hanes diwydiannau Gwynedd ryw ganrif ynghynt.

Yn *Bargen* – a fu, yn ôl Myrddin ap Dafydd, 'yn gwmpawd i brif gyfeiriad Theatr Bara Caws fyth ar ôl hynny'[22] – portreadwyd treialon chwarelwyr Blaenau Ffestiniog ar droad yr ugeinfed ganrif ar adeg streiciau mawr y Penrhyn. Rhoddodd y sioe flas i'r gynulleidfa ar hanes y gymdeithas ddiwydiannol yng Ngwynedd a chyfle iddi werthfawrogi dylanwad y gymdeithas honno ar y Wynedd gyfoes, ond prif nodwedd y sioe oedd ei disgrifiad o'r berthynas rhwng y chwarelwyr a'r perchnogion. Cafwyd ynddi bortreadau dychanol deifiol o'r Arglwydd Penrhyn a'i deulu fel Saeson imperialaidd di-hid o deimladau'r Cymry, a phortreadau gwrthgyferbyniol o'r chwarelwyr hynny a lynodd at y streic a'r rheini a droes yn 'gynffonwyr' a dychwelyd at eu gwaith yn gynamserol. Yn sail i'r cyfan yr oedd ystyriaeth o amodau byw y naill garfan a'r llall (a ddangoswyd trwy gyfrwng dau ffrind bore oes, Wiliam a Richard, y naill yn gefnogwr a'r llall yn gynffonnwr), a chost y streic i'r rheini a ddaliai ati i wrthwynebu traha di-ildio'r meistri. Wrth weld teulu a cheraint Wiliam ar eu cythlwng oherwydd ei benderfyniad yntau i ddal ei dir (ac yn goroesi – yn eironig ddigon – trwy dderbyn rhoddion cudd oddi wrth Richard), câi'r gynulleidfa ofyn a oedd cyfiawnder yn werth y fath aberth a dioddefaint materol. Portread disentiment oedd hwn yn ei hanfod, felly, a astudiai effaith grymoedd economaidd ar werthoedd unigolyn o egwyddor; ac er bod cynhyrchiad Bara Caws yn cywasgu a symleiddio'r hanes yn eithafol, nid oedd *Bargen* yn brofiad hawdd ei wylio ar sawl cyfrif. Tipyn mwy deifiol a dicllon ei naws oedd *Hwyliau'n Codi*, a roddai flas ar dreialon bywyd morwyr Gwynedd yn y bedwaredd ganrif ar bymtheg, gan iddi feirniadu'r perchnogion llongau o Gymry pybyr Methodistaidd a wasgai werth pob ceiniog o'u llongwyr yn ddidrugaredd. Yn ôl Dyfan Roberts, 'Roedd ganddo ni gyd ryw syniad reit ramantus am y môr . . . Ond pan edrychon ni ar y ffeithiau buan iawn y sylweddolon ni yr anghyfiawnder oedd yn bodoli; y caledi roedd morwyr cyffredin y cyfnod yn ei ddiodde tra roedd rhyw ddiawlad yn pentyrru pres tua'r Borth yna ar eu traul nhw. A'r anghyfiawnder yma ddaeth drosodd yn y sioe.'[23] Fel *Bargen*, roedd hon yn sioe eithriadol gynnil ei harddull a nododd aberth y gweithwyr o ran eu buddiannau a'u diogelwch wrth iddynt geisio crafu bywoliaeth, ac a arddangosodd sgiliau perfformio'r actorion i'r eithaf oherwydd symlder a llymder y llwyfan. Ys dywedodd Marion Eames: 'Er mai dim ond ychydig focsus oedd y celfi ar y llwyfan, fe'm hyrddiwyd o dristwch i chwerthin, yr emosiynau ar drugaredd y cwmni yn llwyr. Dyma beth yw theatr.'[24]

Yr un, yn y bôn, oedd techneg y cwmni wrth gyflwyno'r naill sioe a'r llall. Trafodent ill dwy ddeunydd o ddiddordeb hanesyddol a chymdeithasol eang, deunydd a fu'n ganolog wrth ffurfio cymeriad y bobl yng nghymunedau chwarelyddol a morwrol gogledd Cymru. Hepgorent bortreadau cymeriadol manwl i raddau helaeth er mwyn cynnig gorolwg wrthrychol ar helyntion y gymdeithas, a defnyddient gymeriadau'r ddrama yn ffordd i ddynodi profiad hanesyddol y gymuned gyfan. Eto i gyd, nid oedd dim byd sych neu grach-academaidd am y cynyrchiadau hyn. Fe'u cyflwynwyd gydag afiaith ac asbri, gan symud yn llithrig o olygfa i olygfa – dyfais a amlygodd rôl y theatr fel ffordd o gysylltu digwyddiadau hanesyddol a wahanwyd gan flynyddoedd maith o amser. Nod Bara Caws wrth gynnig sioeau o'r fath, wrth gwrs, oedd ysgogi'r gynulleidfa i ystyried brwydr enbyd y gweithwyr yn erbyn y meistri – brwydr a oedd, yn ôl aml i sylwebydd ar y pryd, yn dal yn effro yng nghof llawer aelod o'r gynulleidfa. Cadarnhawyd y pwynt hwn gan Gareth Pritchard Hughes wrth iddo adolygu perffromiad o *Bargen* yn Rhosllannerchrugog. Awgrymodd fod cyswllt naturiol rhwng ymdrechion y chwarelwyr yng Ngwynedd a'r glowyr yn ardal y Rhos:

> Mewn gwlad fach rhennir yr un profiadau ymhob cwr o'r wlad a phob rhan o'r gymdeithas. Bu'r meistri tir a pherchnogion y pyllau glo a'r chwareli fel ei gilydd yn pwyso ar wynt y gweithwyr. Nid rhethreg gwag ac arwriaeth cadair freichiau mo'r profiadau ynglŷn â 1900–03 a gyflwynwyd mor wych gan y cwmni. Nid oedd yn rhaid pontio unrhyw fwlch rhwng y llwyfan a'r gynulleidfa.[25]

Cryfder y ddwy sioe oedd iddynt drafod digwyddiadau hanesyddol a fu'n allweddol bwysig wrth lunio cymeriad y gymdeithas gyfoes yng Ngwynedd, ac mewn ardaloedd diwydiannol y tu hwnt i'r sir. Roedd y cynyrchiadau hyn yn fwy na dramâu syml: fel y nododd Myrddin ap

Dafydd, roeddynt yn '[r]han o fytholeg byw ein cof fel pobol . . . rhan o chwedl ein creu yn y ganrif hon'.[26] Cyffyrddodd y ddau gynhyrchiad â chynulleidfaoedd ledled gogledd Cymru; ac o ganlyniad i'r ymateb cyfareddol a fu iddynt, enillodd Bara Caws le amlwg yn ymwybyddiaeth y cyhoedd fel cwmni poblogaidd a oedd yn llwyr ymroddedig i'w gymuned. Talwyd teyrnged i'r cwmni ddiwedd 1979 yn *Y Faner*: 'Dyma gwmni â'i wreiddiau yn gadarn yn naear Cymru,' meddid, ' . . . yn profi yn ei berfformiadau y gall deunydd Cymreig . . . fod yn afieithus o gyfoes ac yn wefr i gynulleidfa.'[27]

Denwyd y sylwadau hyn nid gan gynnwys hanesyddol a thechneg y perfformwyr yn unig, ond hefyd gan athroniaeth y cwmni. Wrth deithio'i gynyrchiadau o gymuned i gymuned yng ngogledd Cymru, creasai Bara Caws berthynas â nifer o gymdeithasau a threfnwyr lleol a sicrhâi fod perffromiadau'r cwmni yn cyfrannu'n sylweddol at hoen y gymdogaeth leol. Er gwaetha'r ffaith nad oedd y cwmni ei hun yn gyfoethog o ran arian ac adnoddau, âi elw ei berfformiadau at y gymdeithas leol, er mwyn cefnogi mwy o weithgarwch o'r fath neu er mwyn 'helpu achosion da lleol', fel y gwnaethai cwmnïau theatr amatur ers talwm. Yn ôl Bara Caws ei hun, cynigiai'r cwmni 'roi adloniant i bobl Gwynedd ac yn sgil hyn y cyfle i . . . godi arian a chael trafod a mwynhau cwmni eich gilydd'.[28] Bu'r fath drefniadaeth yn allweddol bwysig wrth ddarbwyllo'r gymdeithas fod y cwmni, beth bynnag fyddai cynnwys neu neges ei waith, yn gweithredu o blaid ac er budd y gymdeithas. Yn wir, darbwyllwyd ambell sylwebydd y medrai'r ymroddiad cymunedol hwn ar ran y cwmni newid y berthynas rhwng y theatr broffesiynol Gymraeg a'i chynulleidfa yn gyfan gwbl. Nododd Myrddin ap Dafydd, er enghraifft, fod symlrwydd a didwylledd *Bargen* yn tra rhagori ar unrhyw beth y gellid ei gyflwyno yn y theatrau rhanbarthol newydd:

> Theatr wahanol oedd hon, theatr oedd yn rhan o gymdeithas, yn bodoli er mwyn y gymdeithas honno, yn ddrych o orfoledd a chreithiau'r gymdeithas honno. Doedd dim ras-matás cefn llwyfan . . . dim prif actor a llyfrau llofnodion ond criw diwyd, tawel yn gwneud eu gwaith ac yna'n ymuno â'u cynulleidfa am baned a sgwrs ar ôl y perfformiad.
>
> Dros nos, aeth y theatrau mawr modern o frics a choncrit a godwyd ar sawl campws prifysgol yn ystod y saithdegau i edrych fel atomfeydd niwclear ar ôl y chwyldro gwyrdd.[29]

A thystiodd Valmai Jones yn ei thro fod llwyddiant sioeau cynnar y cwmni wedi adfer ei hunan-barch hithau fel actores broffesiynol

Gymraeg, am fod i'w swydd bellach bwrpas neilltuol i'r gymdeithas leol:

> Yn bersonol, roeddwn i wedi mynd i deimlo mai rhywbeth diffrwyth, dirym, oedd bod yn actor. Nad oedd yna ddim rhan iddo fo o fewn cymdeithas, ac ron i'n teimlo'n ddigon annifyr nad oedd neb yn nabod i ym Methesda. Dipyn o ffrîc on i – be da chi'n neud felly – actio. Cywilydd i ddeud o.
> Ond wedyn ar ôl sefydlu Bara Caws mae pobl yn gwybod pwy ydw i. Sdim rhaid i mi esgusodi'n hun. Dwi'n ran o gymdeithas – yn rhoi gwasanaeth i gymdeithas.[30]

Bu gwaith cynnar Bara Caws – rhwng 1977 a 1979 – yn gyfrifol am sefydlu'r cwmni fel un o'r rhai mwyaf difyr a pherthnasol yng Nghymru, ond bu hefyd yn ddangosydd o botensial a gwerth theatr gymunedol broffesiynol yn yr iaith Gymraeg. O'i gychwyn cyntaf ym mis Gorffennaf 1977, disgrifiodd y cwmni ei hun fel cwmni cymunedol, fel 'cwmni o artistiaid llawn-amser er mwyn creu theatr gymuned yng Ngwynedd',[31] a fynnai ymroi'n llwyr er mwyn cyflwyno gwasanaeth theatraidd i'w gynulleidfa leol – fel y dywedodd Myrddin Jones ym 1980, y gynulleidfa oedd 'bosys' Bara Caws.[32] Diau y bu diffiniad y cwmni o'i statws cymunedol yn help mawr iddo ymsefydlu yng Ngwynedd ar ddiwedd y 1970au, ond mae'n bwysig nodi bod nifer o theatrweithredwyr gweithgar ym Mhrydain ar y pryd yn arddel diffiniad tra gwahanol o'r 'theatr gymunedol'; ac mae'n werth sylwi ar eu diffiniad hwythau er mwyn cael gwell syniad o egwyddorion a daliadau Bara Caws yntau. Un o'r amlycaf o blith y theatrweithredwyr hyn oedd y gyfarwyddwraig Seisnig Ann Jellicoe, a weithiai yn ardal Lyme Regis. Hithau yn anad neb fu'n gyfrifol am symbylu'r mudiad theatr gymuned yn Lloegr, ac yn ei gwaith hi rhoddwyd rôl flaenllaw i aelodau'r gymuned fel actorion a dylunwyr yn y cynhyrchiad ei hunan. Cydweithiai'r brodorion hynny'n agos â'i gilydd dros gyfnod helaeth wrth geisio dyfeisio, paratoi a chyflwyno darn o theatr a oedd yn ymwneud â bywyd yn eu hardal hwy. Gwahoddid nifer o actorion neu ddramodwyr proffesiynol i gydweithio â'r criw lleol, ar yr amod mai'r criw lleol hwnnw a fyddai'n bennaf cyfrifol am lywio datblygiad y deunydd: gwasanaethu'r criw lleol oedd swyddogaeth yr artistiaid proffesiynol.[33] Yn ôl y fath ddiffiniad, nid 'theatr gymuned' a gyflwynwyd gan Bara Caws o gwbl, a chlywyd ambell sylwebydd Cymraeg yn mynegi amheuaeth gyffelyb ynghylch natur gymunedol gwaith Bara Caws. Awgrymodd un ohonynt, sef Gwynfor ab Ifor, fod y cwmni – er cystal ei waith yn gyffredinol – yn methu yn ei amcan i gyflwyno theatr gymunedol oherwydd 'mai'r un ydyw ei [actorion] ag actorion y theatr genedlaethol'.[34] Cydnabu fod y cwmni'n trafod materion a oedd o bwys yn y gymuned leol, a'i fod yn ceisio sicrhau llwyfannu ei berfformiadau mewn canolfannau lleol hygyrch a phwrpasol; ond, eto i gyd, pryderai nad oedd yr actorion eu hunain o reidrwydd yn aelodau o'r gymuned leol. Actorion proffesiynol oeddynt, yn ceisio crisialu neu gwmpasu peth o fywyd y gymuned leol ar lwyfan heb fod yn perthyn i'r gymuned honno o reidrwydd. Awgrymodd Gwynfor ab Ifor y dylai Bara Caws 'fwrw'i wreiddiau'n ddwfn i'r gymdeithas leol', er mwyn cynnig gwasanaeth cyfan i'r gymuned, a nododd fod actorion Bara Caws yn dueddol i fynd a dod, ac mai gwahanol actorion a welwyd bob tro yng nghyflwyniadau'r cwmni. Ofnodd fod y diffyg sefydlogrwydd hwnnw yn bygwth statws 'gymunedol' y cwmni: 'Wn i ddim', meddai, wrth ystyried y newid actorion a welwyd rhwng 1978 a 1979, 'a ddylid casglu . . . [b]od blwyddyn yn ormod o amser i aros mewn un "*gymuned*".' Credai y dylai Bara Caws sicrhau bod ei waith yn cyfoethogi profiad theatraidd y gymuned:

> O wneud hynny gallai ehangu i sawl cyfeiriad, – er enghraifft drwy geisio hyfforddi pobl ifanc mewn nifer o bentrefi i gymryd rhan yn y perfformiadau er mwyn sicrhau cnewyllyn o actorion profiadol at y dyfodol. Y mae rhai o sioeau'r Theatr Gymuned o fath y gellid yn hawdd eu haddasu i gynnwys cyfraniad gan bobl ifanc a phlant ysgol heb amharu dim ar eu rhediad.[35]

Mae'n amlwg nad 'theatr gymuned' yn yr ystyr fwyaf llythrennol gywir a gyflwynai Bara Caws i'w gynulleidfa, felly, eithr 'theatr amgen' neu 'theatr ymylol' – theatr a wrthwynebai holl waith ac ethos y brif ffrwd ac a geisiai gyflwyno materion gwahanol i'r arfer mewn ffordd wahanol i'r arfer. Er gwaethaf ymroddiad y grŵp i'r gymuned leol, ni chymerodd y cam olaf tuag at statws 'cymunedol' trwy ofyn i aelodau'r gynulleidfa lunio neu ymuno yn y gweithgarwch ar lwyfan. Gwir gynsail y fath theatr oedd gwaith John McGrath, nid Ann Jellicoe a'i 'community theatre'. Roedd y gwahaniaeth hwn rhwng gwaith cymunedol yn null Jellicoe a'r theatr amgen yn null John McGrath yn un pwysig, am fod iddo oblygiadau pendant o safbwynt perthynas Bara Caws â'i gynulleidfa. Er gwaethaf ymroddiad digamsyniol y cwmni i wasanaethu a phlesio'r gynulleidfa leol yng Ngwynedd, ni fynnai roi heibio'i awydd i'w blesio'i hunan hefyd, ac ni fynnai ychwaith fygwth disbyddu ei genhadaeth wleidyddol ddewisedig trwy roi'r awenau creadigol yn gyfan gwbl yn nwylo'r gynulleidfa. Roedd yn rhan o weithgarwch Bara Caws i gynnig arweiniad i'w gynulleidfa, gan ddangos iddi yr hyn y medrai cwmni theatr radicalaidd ei weledigaeth ei gyflawni yn y Gymru Gymraeg. Yn ddiddorol, felly, er iddo wrthwynebu polisïau artistaidd Cwmni Theatr Cymru, ac er iddo ymwrthod â'r rhwysg cenedlaethol hunanddyrchafol a oedd yn rhan gynhenid o weithgarwch y cwmni hwnnw, gwelwyd ym mherthynas Bara Caws â'i gynulleidfa leol elfennau a oedd yn reit debyg yn eu hanfod i'r hyn a feirniadai mor chwyrn yn achos Theatr Cymru. Yn hynny o beth, cwmni 'gwrthsafol' oedd Bara Caws, cwmni a wrthwynebai brif awdurdod y drefn bresennol ac a fynnai annog ei gefnogwyr a'i gynulleidfaoedd i ystyried dulliau gwahanol o gyflwyno theatr.

Sicrhaodd Bara Caws grantiau mwy sefydlog iddo'i hun yn sgil *Bargen* a *Hwyliau'n Codi* a llwyddodd i gael ei draed tano fel cwmni ar ôl 1980. Ond daeth tro ar fyd yn ei hanes yn ystod y cyfnod hwn. Tua 1980–2, aeth Cwmni Theatr Cymru i drafferthion ariannol difrifol, gan fethdalu'n derfynol ddechrau 1984. Fel sawl cwmni arall yng Nghymru, bu'n rhaid i Bara Caws ailystyried priodoleddau a phwrpas ei waith yn dra sydyn yn sgil tranc y cwmni cenedlaethol. Fel y nodwyd eisoes, roedd bodolaeth Cwmni Theatr Cymru yn rhan bwysig o strategaeth artistig a gwleidyddol Bara Caws, gan na ellid ymwybod ag ef fel cwmni 'gwrthsafol', ymylol a radical, mewn gwirionedd ond trwy gymharu ei waith â chynnyrch prif ffrwd y cwmni cenedlaethol. Gwrthwynebai Bara Caws genedlaetholdeb anhyblyg y Cwmni Theatr, am y credai fod hynny'n gwadu gwir brofiad y Cymry Cymraeg yn eu cymunedau lleol; ond dibynnai Bara Caws ar genedlaetholdeb Cwmni Theatr Cymru hefyd, er mwyn egluro ac amlygu ei bolisïau 'cymunedol' ei hun. Wedi 1984, a methdaliad Cwmni Theatr Cymru (ac yn sgil grym esgynnol ac adweithiol y llywodraeth Dorïaidd), bu'n rhaid i Bara Caws geisio darganfod ffurfiau theatraidd newydd o fynegi'i hunaniaeth ei hun. Yn ystod y cyfnod hwn roedd ffactorau eraill yn pwyso ar y cwmni hefyd. Roedd yr hinsawdd gymdeithasol a diwylliannol yng Nghymru a thu hwnt yn newid yn gyflym, gyda sefydlu S4C yn gyfrifol am greu fforwm poblogaidd newydd ac atyniadol i'r gynulleidfa Gymraeg, a chyda thwf sydyn y cwmnïau theatr ymylol newydd wedi tua 1981 yn newid y cydbwysedd symbiotig rhwng y cwmni cenedlaethol prif ffrwd a'i wrthwynebydd gwreiddiol. Er na fygythiwyd dyfodol Bara Caws gan fethiant Cwmni Theatr Cymru, roedd *raison d'être* gwreiddiol y cwmni, a sail ei arddull theatraidd arbennig, wedi'i ddileu. Rhaid oedd chwilio cyfeiriad a symbyliad newydd.

Daethpwyd o hyd i'r cyfeiriad newydd hwnnw wrth i grŵp *ensemble* gwreiddiol y cwmni ymwahanu, ac wrth i actorion newydd afael yn yr awenau, gan gynnwys Cefin Roberts a Bryn Fôn. Bu Roberts yn wyneb cyfarwydd yng nghynyrchiadau Bara Caws ers rhai blynyddoedd, ond cynyddu a wnaeth ei ddylanwad fel sgriptiwr, perffformiwr a chyfarwyddwr yn ystod blynyddoedd canol y 1980au. Daeth ei bartneriaeth sgriptio ag un o'r hoelion wyth gwreiddiol, Valmai Jones, a ddaliodd ati gyda'r cwmni trwy weddill y 1980au, yn ganolbwynt i waith Bara Caws yn ystod y cyfnod hwn. Roedd Bryn Fôn yn llai profiadol ar sawl cyfrif, ac, yn ddiddorol, ef oedd y cyntaf i ymwneud yn gyson â gwaith Bara Caws heb fod wedi bwrw prentisiaeth yn gyntaf oll fel aelod o Gwmni Theatr Cymru. Roedd natur ei ymwneud yntau â'r cwmni, felly, yn sylfaenol wahanol i eiddo Cefin Roberts a Valmai Jones, ac yn arwydd o ddiwedd cyfnod cychwynnol Bara Caws. Erbyn hyn, roedd y cwmni wedi bod wrthi'n ddigon hir i gael ei ystyried yn gwmni sefydledig, parhaol – yn wir, ar ôl tranc Theatr Cymru, Bara Caws oedd yr hynaf o blith y cwmnïau proffesiynol Cymraeg. Nid rhyw *enfant terrible* mohono bellach ym myd y theatr Gymraeg.

Wrth i bersonél y cwmni newid, newid hefyd a wnaeth natur ac ansawdd ei waith. Teimlai'r grŵp newydd fod rhaid adnewyddu gweledigaeth y cwmni, gan fod y gynulleidfa Gymraeg bellach yn disgwyl gwaith o fath arbennig gan Bara Caws, gwaith a bwysleisiai weledigaeth gymdeithasol neilltuol. Roedd perygl i'r fath weledigaeth ddechrau ymddangos braidd yn ystrydebol ac amherthnasol erbyn canol y 1980au, nid yn unig oherwydd difodiant Cwmni Theatr Cymru, ond oherwydd dyfodiad S4C a'r newidiadau economaidd a chymdeithasol a ddaeth yn sgil ail fuddugoliaeth etholiadol y llywodraeth Dorïaidd ym 1983. Eto i gyd, nid ar chwarae bach y newidiai Bara Caws arddull neu ffocws syniadol ei waith, gan fod ei wasanaeth i'r gymuned leol yn dibynnu ar yr ymddiried rhyngddo a'r gynulleidfa ac ar y dilyniant rhwng un cynhyrchiad a'r nesaf (neu, o leiaf, rhwng cynyrchiadau o'r un *fath* a'i gilydd). Cymharol geidwadol fu ei ymdrechion yn y blynyddoedd hyn i ymestyn cwmpas ei waith, ond difyr nodi hefyd fod hyd yn oed yr ymdrechion ceidwadol hynny'n denu ymateb chwyrn gan y gynulleidfa o bryd i'w gilydd.

Un o'r sioeau cyntaf i fentro i gyfeiriad newydd oedd y rifiw ddychanol *Zwmba!*, a welwyd gyntaf yn Eisteddfod Genedlaethol Abergwaun ym 1986. Nod y sioe hon oedd cyflwyno '[b]eirniadaeth lem ar y byd rygbi,' gan gyffwrdd â nifer o bynciau, 'megis ei berthynas â De Affrica, safle merched, gwrywgydiaeth ac yn y blaen'.[36] Sgriptiwyd *Zwmba!* gan Cefin Roberts a Bryn Fôn, a phenderfynasant geisio newid ffurf arferol y rifiw drwy osod golygfeydd amrywiol y sioe mewn cyddestun dramataidd ehangach, sef gweithgaredd clwb rygbi dychmygol, gan greu nifer o gymeriadau caricatur fel cyflwynwyr cyffredinol i'r digwydd. Trwy greu caricaturau o'r fath, sicrhaodd y sgriptwyr fod elfen o eironi yn ymyrryd yn y berthynas arferol â'r gynulleidfa, gan fod yr actorion yn cuddio y tu ôl i 'fasgiau' annaturiol a gwyrdroëdig y caricatur yn hytrach na chyflwyno'u beirniadaeth gymdeithasol yn agored a didwyll. Er i'r cwmni gyflwyno rifiw ddychanol yn ôl ei arfer, a phlesio'r garfan honno o'i gynulleidfa a fu'n gefnogol i'r fath waith ers blynyddoedd, roedd *Zwmba!* yn ei hanfod, oherwydd ei harddull theatraidd, yn ymosodiad ar werthoedd cymunedol traddodiadol y cwmni. Trwy ddefnyddio confensiwn theatraidd eironig a grotésg, awgrymai'r cwmni ei fod o fewn gallu'r gynulleidfa hithau i fod yn euog o'r un rhagfarn a diffyg chwaeth â'r cymeriadau.

Nid rhyfedd, felly, i *Zwmba!* ysgogi beirniadaeth lem ar y pryd, nid yn unig oherwydd ei chynnwys ond hefyd oherwydd y modd yr hysbysebwyd y sioe. Cwynodd ambell sylwebydd yn arw fod poster y sioe – a ddangosodd ddelwedd gartŵn o ddau ddyn lled-noeth, y naill ar gefn y llall – yn ddi-chwaeth ac anllad, gan iddo awgrymu gweithred wrywgydiol. Yn ei dro, plediodd y cwmni nad oedd hynny'n fwriad ganddo: 'Dydi'r poster ddim yn anfoesol o gwbl,' atebodd y cwmni, 'mae'n ddigon diniwed. Dim ond meddyliau rhai pobl . . . sy'n meddwl y gwaethaf bob tro, sy'n ei gwneud yn fudur.'[37] Yn ôl Bara Caws roedd y poster, a'r sioe ei hun, yn adlewyrchu ac yn dychanu rhagfarn mynychwyr clybiau rygbi yn erbyn gwrywgydiaeth, a mynnai eu bod ill dau yn y bôn 'yn gydnaws â neges sosialaidd Bara Caws'.[38] Pa beth bynnag oedd y gwirionedd yn yr achos hwn, roedd yn amlwg bod Bara Caws wedi cyrraedd y nod o ran adnewyddu'r berthynas â'i gynulleidfa. O gofio parch y cwmni at y mythau hynny a gynhaliai hunaniaeth y gymuned yn *Bargen* a *Hwyliau'n Codi*, a phortread solet y sioeau hynny o gymdeithas Gymreig draddodiadol wrywaidd, roedd *Zwmba!* a'i ymosodiad ar un arall o gonglfeini mythig gwrywdod Cymreig yn dipyn o sioc; ac o gofio'r dychan gofalus, cwbl bleidiol i achos y gymuned leol yn *Byw yn y Wlad* ddegawd ynghynt, roedd yr arddull eironig a grotésg yn *Zwmba!* yn ymosodiad mileinig ar lonyddwch meddwl y gynulleidfa gymunedol.

Ymhelaethwyd ar theatricaliaeth gymysg, ymosodol *Zwmba!* mewn nifer o sioeau eraill o'r un cyfnod, gan gynnwys *3½ Cainc* (neu *'Tair-Cainc-a-Hanner'*), a welwyd gyntaf yn Eisteddfod Genedlaethol Porthmadog 1987. Yn y sioe honno, amlinellwyd y cymeriadau yn y rhan gyntaf – sef Thomas Owen Thomas, cantor enwog, a'r 'Cymro proffesiynol', Arianwen Nicholas, athrawes ganol oed, 'yn cynhyrchu pasiantau blynyddol mewn ymdrech i gadw hen chwedlau Cymru'n fyw', a Gerallt ap Siencyn, gŵr ifanc 'yn protestio'n fythol dros statws yr iaith'[39] – ac aeth y cyfan yn ei flaen yn yr arddull ddychanol arferol. Ond yna, yn yr ail hanner, gwyrdrowyd arddull y sioe'n llwyr trwy gyflwyno cymeriad newydd i'r chwarae, sef John Jones, ysbryd o hen werinwr, a gyhoeddai fod eu hymdrechion oll i gynnal yr etifeddiaeth Gymraeg yn ddi-fudd. Yn glo ar y sioe, dringodd John Jones i bwynt uchaf un y set lwyfan – sef *'catwalk'* uchel a osodwyd ryw ddeg troedfedd uwchlaw byrddau'r llwyfan ei hun – a datgan 'fod y cyfan ar ben – fod ein cenedl wedi marw eisoes'. Aeth adolygydd y sioe, Llinos Ann Jones, yn ei blaen fel a ganlyn: 'Wedi iddo lwyddo creu awyrgylch llawn tensiwn, gan wneud i'r gynulleidfa deimlo'n anghyfforddus o euog, mae'n disgyn i'r llawr fel yr aberth olaf dros Gymru.'[40] Roedd y fath olygfa yn dipyn o syndod, bid siŵr, i'r sawl a ddilynai waith Bara Caws yn selog, gan fod yr anobaith llethol a fynegwyd yng ngweithred John Jones yn gwbl groes i'r optimistiaeth gynhyrchiol, gymundodol a nodweddai waith y cwmni fel arfer. Yn sicr, cafwyd awgrym o anobaith gan un o gyd-awduron y sioe, Valmai Jones, wrth iddi drafod dyfodol Bara Caws yn ystod cyfnod ymarfer *3½ Cainc*. Wrth asesu'r hinsawdd economaidd gyfredol a'i heffaith ar theatr a diwylliant, cwynodd fod 'y busnes pres yma yn rhoi rhyw bleit ar bob dim . . . Rwyf i'n ei gweld hi'n ddigalon. Does gen i ddim gobeithion, rwy'n ei gweld hi'n ddu iawn . . .' Ac wrth sôn am ddylanwad y cwmni ar weddill y theatr a'r gymdeithas Gymraeg, meddai:

> Y siom efallai yw – er ein bod ni wedi helpu pobl i sefydlu cwmnïau – nad yda ni ddim wedi dod â torraeth o bobl yn ein sgil ac fe fyddwn i wedi hoffi gweld dyfodiad cwmni o bobl ifanc sy'n dweud 'Bara Caws – *old hat*'. Hynna fuasa wedi bod yn grêt; fel na fuasai ein hangen ni. Ond y mae ein hangen ni gymaint ag erioed, os nad mwy . . .[41]

I Valmai Jones, roedd yr 'angen' hwnnw'n ernes o fethiant ar ran y cwmni – nid oedd wedi llwyddo i wthio pethau yn eu blaen, yn theatraidd neu'n gymdeithasol. Doedd fawr o ryfedd, felly, fod *3½ Cainc* ei hun yn taro nodyn anobeithiol, ac yn anghyfforddus o safbwynt ei thechneg theatraidd. Er bod ynddi yr un hagrwch ymosodol ag a welwyd yn *Zwmba!* flwyddyn ynghynt, bu'r newid o un cywair dramataidd i'r llall wrth symud o naill hanner y sioe i'r llall yn gwbl annisgwyl. Nododd Llinos Ann Jones fod 'arddull uniongyrchol bron yn Frechtaidd yr ail hanner yn sioc i'r llygad ac i'r glust' wedi ysgafnder rifiwaidd y rhan gyntaf: 'Nid oes yma yr un gân, na dawns na delwedd, dim ond pregeth foel oeraidd yn erbyn pob Cymro sy'n cyfrannu'n ddiarwybod at farwolaeth y genedl.'[42] Roedd yr oerni apocalyptaidd hwn yn gwbl groes i egwyddor gymundodol arferol Bara Caws, lle y ceid cymesuredd a chydbwysedd barn rhwng un cymeriad (y chwarelwr Wiliam yn *Bargen*, er enghraifft) a chymeriad arall (ei gyfaill bore oes, Richard, a droes yn gynffonwr) er mwyn cynnig rhyw fath o arweiniad i'r gynulleidfa. Beth bynnag fyddai neges arbennig unrhyw sioe, rhoddid cyfle i'r gynulleidfa bwyso a mesur y cyfan yn ebrwydd oherwydd ffurf y cynhyrchiad fel dadl i'w dyfarnu gan y gynulleidfa honno. Fodd bynnag, yn *3½ Cainc*, fel yn *Zwmba!*, tarfwyd ar y dadlau a'r dyfarnu drwy newid rôl yr actorion yn gyfan gwbl yn ystod y cyflwyniad a thanseilio hwyl cyfarwydd yr act gyntaf yn llwyr.

Roedd un arall o gynyrchiadau amlycaf y cyfnod yntau yn broblematig amwys i'r gynulleidfa, y tro hwn oherwydd natur ei leoliad a'r materion a drafodwyd ynddo. Aed â *Salem ar Sêl* ar daith o gylch capeli Cymru ddiwedd 1988, gan drafod dirywiad y grefydd ymneilltuol yng Nghymru a ffawd hen addoldai'r grefydd honno wrth iddynt gael eu cau a'u troi at ddibenion eraill. Roedd hon yn rhyw fath ar 'berfformiad mewn lleoliad penodol' ys dywedai cwmni Brith Gof am ei waith yntau ddiwedd y 1980au, ond nid dyma'r tro cyntaf i Bara Caws gyflwyno gwaith o'r fath – roedd y defnydd theatraidd o ofod parod yn *Salem ar Sêl* yn debyg i'r hyn a gafwyd rai blynyddoedd ynghynt wrth i *Zwmba!*, a'i syniad o glwb rygbi dychmygol, deithio ar hyd clybiau rygbi a phêl-droed y wlad. Yn y naill achos a'r llall, defnyddiwyd ymwybyddiaeth y gynulleidfa o awyrgylch ac arwyddocâd cymdeithasol y gofod fel ffordd o greu diddordeb a thensiwn theatraidd. Yn wir, yn ôl yr adolygydd Mared Lewis, roedd y broses o fynychu capel er mwyn gwylio *Salem ar Sêl* yn un arwyddocaol ynddo'i hun, am ei fod yn dod â phobl gapelaidd a digapel at ei gilydd o fewn un gynulleidfa i ystyried ffawd yr adeiladau hynny yr oedd canran sylweddol ohonynt eisoes wedi cefnu arnynt.[43] Rhannwyd y gynulleidfa gan ystyr y lleoliad, felly; ac er i'r naill garfan a'r llall wylio'r un darn o ddrama, nid oes dwywaith fod ergydion y sioe'n effeithio'n dra gwahanol arnynt. Yn y sioe ei hun, caiff capel Salem ei droi yn ganolfan gymunedol ar gyfer drwgweithredwyr ifainc gan fewnddyfodiad o Saesnes, gan ddenu gwahanol fathau o ymatebion oddi wrth y brodorion lleol. Gwelir y saer lleol (Stewart Jones) yn barod i ddifwyno'r celfi pren yn y capel er lles ei fusnes ei hun, er mawr bryder i Glyn (Huw Garmon), bachgen lleol a droes ei gefn ar ei fro a'i grefydd a symud i Gaerdydd, ond a sylweddolodd wrth ddychwelyd pa mor bwysig y mae etifeddiaeth gymdeithasol y capel iddo. Ond â'r gwrthdaro ganwaith gwaeth yn sgil dyfodiad Judy (a bortreadwyd yn hysteraidd-gomig gan Valmai Jones), y Saesnes a fynnai droi'r capel yn 'Alternative Education Centre'. Un o'r rheini a dderbyniai 'frwdfrydedd y Saesnes gyfeillgar yma heb frwydr' oedd Teifion, mab y saer, a adawai i'w blentyn fynychu'r *Centre* 'a gwneud lluniau "grandpa" a "nana" ac "Our Village" yno'.[44] Fel y dywed Mared Lewis yn ei hadolygiad: 'Er bod Judy . . . yn groes i bopeth y mae Salem yn ei gynrychioli, yr eironi yw mai dim ond Glyn sydd yn gwrthryfela yn erbyn ei dyfodiad.'[45] Cyfoethogwyd gwead theatraidd y sioe gan ei lleoliad hefyd. Yn ôl Mared Lewis, neidiodd cynhyrchiad Bara Caws rhwng dyfeisiau a greai barch at yr adeilad a'i swyddogaeth fel addoldy a dyfeisiau a ddigysegrai'r cyfan: er enghraifft, ymunodd y gynulleidfa 'i roi gwaedd fewnol wrth i'r llif hofran yn fygythiol uwch derw'r pulpud', a chafwyd hiwmor anghyfforddus wrth i Judy daflu coes amryliw 'dros ochr y pulpud mewn ystum "yoga" wrth i Margaret Williams Tŷ Capel edrych arni'n syfrdan'.[46] At hynny, tynnwyd y gynulleidfa ei hun i fewn i'r gweithgarwch wrth iddi chwarae rôl y dyrfa yn angladd Margaret Williams:

> Dan arweiniad credadwy Stewart Jones fel gweinidog, mae'r gynulleidfa yn cael ei hannog i gyd-ganu hoff emyn Mrs Williams, sef 'Cofia'n gwlad . . .' Dyna foment fwyaf ysgytwol y ddrama . . . wrth i bawb gael eu huno, yn gymeriadau, yn actorion ac yn aelodau o'r gynulleidfa i ganu'r emyn yn sicr ddiffuant os nad yn gaboledig. Cythruddir pawb wrth i Judy ffrwydro i mewn drwy'r drws dan chwibanu a rhoi taw ar sancteiddrwydd y sefyllfa. Mae arwyddocâd symbolaidd i'r weithred, yn amlwg, ond mae'n olygfa ingol bersonol yn ogystal.[47]

Sioe ag iddi fin diamheuol oedd *Salem ar Sêl*, felly, un a ddygodd anghredinwyr cyfoes o Gymry – fel yr adolygydd ei hun yn yr achos hwn – i mewn i gapel, ac a atgyfnerthodd eu hymwybyddiaeth o le blaenllaw y capel yn ffurfiant a ffyniant y gymdeithas Gymraeg ei hiaith. Roedd ing personol yr adolygydd, er nad oedd hithau'n fynychwraig reolaidd yn brawf fod hwn yn gynhyrchiad poblogaidd soffistigedig a weithiai ar fwy nag un gwastad. Diddorol yw nodi hefyd ei bod hithau, fel adolygydd *3½ Cainc*, yn sôn am ei heuogrwydd wrth wylio gwaith Bara Caws. Nid oes dwywaith nad oedd yr euogrwydd hwnnw wrth wraidd ergyd y ddwy sioe fel ei gilydd, ac yn arwydd fod Bara Caws wedi symud gryn bellter o'r feirniadaeth gymdeithasol gadarnhaol a nodweddai *Bargen* a *Hwyliau'n Codi*: bellach, y gynulleidfa ei hun a oedd dan y lach, nid y system.

A'r un yn y bôn oedd ergyd *Siarad Hefo'r Wal*, a aeth ar daith o gylch Cymru yng ngwanwyn 1990. Testun y sioe hon oedd torpriodas, ac fe'i cyflwynwyd drwy gyfrwng cystadleuaeth fel *game-show* deledu, gyda'r cyflwynydd amlrywiol (sef Cefin Roberts, a bortreadodd holl isgymeriadau'r sioe hefyd) yn rhoi dogn cyfartal o nwyd, cariad ac arian i'r ddau bartner ar ddechrau'r gêm, a chynnig sylwadau crafog wrth i'r garwriaeth rhyngddynt ddirywio o ganlyniad i anghydbwysedd anghenion y naill a'r llall. Roedd y penderfyniad i gyflwyno sioe am bwnc llosg cymdeithasol, a phwnc digon sensitif hefyd, ar ffurf gêm deledu yn ddyfais eironig ynddi'i hun, ond ymestynnwyd y trosiad o garwriaeth fel gêm i'r digwyddiad theatraidd hithau, trwy rannu'r gynulleidfa yn ddau hanner, a chyfeirio'r dynion i eistedd ar un ochr i'r llwyfan, a'r gwragedd ar y llall. Crëwyd perthynas gymhleth rhwng y gynulleidfa a'r actorion o ganlyniad i'r dyfeisiau hyn: awgrymodd ffurf a thelerau'r gêm, er enghraifft (sef dosbarthu dognau rhagbaratoëdig o gariad, serch ac arian), fod y berthynas rhwng y ddau brif gymeriad yn broses fecanyddol, ac eto anogwyd y gynulleidfa i ddeall a chydymdeimlo â'u profiad; a thrwy ddefnyddio ffurf y gêm deledu, cysylltwyd torpriodas â ffurf adloniannol ysgafn, gan greu gwrthdrawiad rhwng y llon a'r lleddf a awgrymodd, yn gwbl sinigaidd megis, fod mwynhad i'w gael o wylio ymwahaniad dirdynnol y gŵr a'r wraig. Er bod rhai o'r dyfeisiau hyn yn ysgogi rhyw fath o ddieithriad Brechtaidd – er enghraifft, ceisiodd yr actorion bortreadu'r prif gymeriadau fel 'enghreifftiau' o ŵr a gwraig yn hytrach na chymeriadau 'crwn', byw – nid oedd yr elfen wleidyddol yn y sioe yn arbennig o amlwg ychwaith, a chwynodd Annes Glyn fod pesimistiaeth *Siarad Hefo'r Wal* yn drech na'r dadansoddiad o broblemau priodasol, ac yn sicr yn drech na'r elfen o hiwmor yn y sioe. Fe'i disgrifiodd fel 'noson o hanner-gwên yn hytrach na chwerthin llond bol wrth i sawl sylw crafog gyrraedd y nod yn effeithiol'.[48] Diau fod hynny'n arwydd fod y sioe wedi llwyddo i gyrraedd ei nod, ond roedd hefyd yn cadarnhau'r newid, neu hyd yn oed y dirywiad, yn y berthynas rhwng y cwmni a'i gymuned. Denai Bara Caws gynulleidfa deyrngar, frwdfrydig ar ddiwedd y 1970au drwy gyflwyno gwasanaeth theatraidd a oedd yn boblogaidd a radical; erbyn diwedd y 1980au, ymddangosai fel pe bai'r cwmni wedi chwerwi rhywfaint ac yn cyflwyno ambell sioe arbrofol o weledigaeth sinigaidd a phesimistaidd. Yn wir, yn *Siarad Hefo'r Wal*, gellir dadlau bod Bara Caws wedi negyddu elfen gymunedol y sioe yn gyfan gwbl drwy wahanu aelodau'r gynulleidfa yn ôl rhyw yn hytrach na chaniatáu iddynt weithredu fel cymuned o wylwyr cymysg. Yn sicr, nid oedd yr un ddelfrydiaeth frwdfrydig yng ngwaith y cwmni erbyn diwedd y 1980au, a hynny mae'n debyg am fod y gymdeithas Gymraeg wedi newid yn sylweddol rhwng 1977 a 1990, ac am fod anallu llwyr y theatr wleidyddol i atal grym a gormes y llywodraeth Doriaidd wedi'i brofi drosodd a thro.

Roedd yn bryd cael newid arall yng nghyfeiriad a chynheiliaid y cwmni. Ar ddechrau'r 1990au, prinhau wnaeth cyfraniad Cefin Roberts a Valmai Jones, a gwelwyd criw newydd yn gafael yn yr awenau, criw a gynhwysodd actorion megis Maldwyn John, Merfyn Jones, Catherine Aran ac Eilir Jones, cyfarwyddwyr megis Tony Llywelyn a Dyfed Thomas, a dramodwyr megis Twm Miall.[49] Bu'r olaf yn gyfrannwr amlwg iawn i gynyrchiadau'r 1990au cynnar, gan ysgrifennu chwe drama i'r cwmni rhwng 1992 a 1995, a hynny ar adeg pan oedd arlwy Bara Caws yn dra amrywiol: yn wir, bron na ellid ei ystyried fel 'awdur preswyl' o fath i'r cwmni yn ystod y blynyddoedd hyn. Mae'n arwyddocaol fod y cwmni wedi troi at ddramodydd unswydd fel Miall, yn ogystal â chyfarwyddwyr ac actorion unswydd, am fod hynny'n arwydd o newid o ran gweithgarwch *ensemble* y cwmni. Ni welwyd sioeau fel *Bargen*, a ddyfeisiwyd ar y cyd gan aelodau'r cwmni, yn ystod y 1990au cynnar (yn wir, yr unig sioe trwy'r degawd cyfan a ddyfeisiwyd gan y cwmni yn y modd 'traddodiadol' oedd *Bargen* ei hun, a adferwyd ym 1998 er mwyn dathlu un mlynedd ar hugain o weithgarwch ar ran Bara Caws). Daliai'r cwmni wrth ei egwyddorion cydweithredol o ran ei weinyddiaeth, wrth gwrs, ond nid oedd yn cydweithio a chyd-ddyfeisio gwaith fel y gwnaethai yn y gorffennol. Yn hynny o beth, roedd un o brif nodweddion gwreiddiol Bara Caws wedi'i cholli, colled a bwysleisiodd gymaint o newid a fu ym myd y theatr Gymraeg yn ystod y 1980au, wrth i fwy a mwy o sgriptwyr ac actorion droi at y teledu am gynhaliaeth broffesiynol, gan neilltuo cyfran fechan yn unig o'u hamser a'u hegni i wasanaethu'r gynulleidfa fyw.

Mae'n werth sylwi ar beth o gynnyrch Twm Miall ar gyfer Bara Caws yn ystod y 1990au, gan ei fod ef yn un o'r cyfranwyr mwyaf cyson i'r cwmni ond hefyd am ei fod yn dangos sut y datblygodd un o gonglfeini gwaith y cwmni yn ystod y cyfnod hwn, sef y sioe glybiau. Bu Miall yn gyfrifol am bump o'r rhain rhwng 1991 a 1997, yn ogystal â dwy ddrama (ychydig) fwy syber, sef *Siarad ar eu Cyfer* ym 1993 a *Cyw Dôl* ym 1995. Ei sioe glybiau gyntaf ar gyfer Bara Caws oedd *Deial 999* ym 1991, sioe a ddychanai ymdrechion yr heddlu i ddod o hyd i fomwyr tai haf yng Nghymru yn sgil helynt arestio Bryn Fôn, Myrddin Jones a Dyfed Thomas – ill tri yn gyn-aelodau Bara Caws. Roedd hwn yn bwnc digon difrifol ar sawl golwg, ac yng nghanol comedi'r sioe cafwyd nifer o olygfeydd myfyriol lle y gofynnai'r actorion i'r gynulleidfa feddwl am agwedd neilltuol ar y broblem. Dilynwyd *Deial 999* gan *Tweileit Zôn* ym 1992. Fel nifer fawr o'r sioeau clwb a gyflwynwyd gan Bara Caws ar hyd y blynyddoedd, roedd hon eto yn syml iawn o ran stori: profiadau Ifan Ifans, ceidwad ceudy Trefanwy, a gafwyd, a hanes ymyrraeth Cwmni Crap Tree o Loegr yng ngweinyddiaeth y geudy. Fodd bynnag, o'r braidd fod y stori'n ganolog i'r profiad theatraidd. Fel y nododd Gwawr Maelor, 'cwsmeriaid amryfal llawr y lafytri gyda'u harferion a'u hantics gwteraidd ac Ifan Ifans yn deud a gwneud ei ddeud yn eu canol nhw i gyd' oedd sylwedd (os sylwedd hefyd) y sioe.[50] Ym 1994, roedd Miall yn ei ôl gyda *Rhosyn a Rhych*, sioe a seiliwyd mewn capel a drowyd yn 'siop gariadon' (i ddyfynnu mwythair hyfryd Melfyn Thomas yn *Theatr*), 'lle mae cyfrifiadur yn gyfrifol am ddarganfod y frân gywir i bawb'. Disgrifiwyd y sioe hon gan Thomas fel 'cynhyrchiad sydd yn gyfaddawd rhwng Benny Hill a'r Blaid Geidwadol – rhyw fath o *Carry On Back To Basics*'.[51] Adleisiwyd y sioe hon ym 1996, yn *Un Bach Arall*, a soniodd am fenter fasnachol arall – sef tafarn a geisiodd ei hadfywio'i hun er mwyn denu mwy o gwsmeriaid. Unwaith eto, manteisiwyd ar y thema hon er mwyn cyflwyno nifer o olygfeydd cochlyd a chymeriadau amheus ar y naw. A'r flwyddyn ganlynol – er y bu'n rhaid dwyn cryn berswâd arno – gwelwyd sioe glwb Twm Miall (y tro hwn wedi'i chydsgriptio ganddo yntau a Bryn Fôn) yn ei hôl am y tro olaf gyda *Y Swejan a'r Smacyrs*, sioe a soniodd unwaith yn rhagor am unigolyn, Purs Vivian Cadwaladr, a fentrodd ar ei liwt ei hun i fyd masnach. Unwaith eto, roedd elfen rywiol amlwg i'r fasnach honno ond y tro hwn, prif ergyd y plot oedd fod arian Cadwaladr wedi'i ddwyn gan ei fab bychan er mwyn i hwnnw brynu cyffuriau.

Wedi rhoi peth o gefndir pob un o'r sioeau hyn, mae'n werth nodi i sawl adolygydd sylwi mai namyn ffrâm – a honno'n ddigon simsan – oedd stori'r sioeau clwb, 'rhyw sgerbwd ar gyfer hongian cyfres o sgetsus a jôcs', yn ôl Mared Lewis Roberts.[52] Yn *Deial 999*, er enghraifft, roedd cyfran helaeth o hwyl y sioe yn gochlyd, ac yn aml yn gwbl amherthnasol i'r pwnc: roedd hyn yn arbennig o wir am yr olygfa garu gofiadwy rhwng dau gi heddlu (pypedau menig ill dau) i gyfeiliant yr enwog gân *'Je t'aime . . . moi non plus'* gan Serge Gainsbourg a Jane Birkin. Rhyw esgus o sefyllfa er mwyn cyflwyno cymeriadau stoc oedd y sioe glybiau, ac, fel y nodwyd eisoes, roedd tuedd Miall i ailadrodd sefyllfaoedd o un i'r nesaf, a'r obsesiwn â gweithgareddau mwyaf sylfaenol y corff, yn cymell yr un math o gymeriadau dro ar ôl tro. Cwynodd ambell sylwebydd yn dost am yr ailadrodd hwnnw a'r diffyg sylwedd a ddaeth yn ei sgil. Er enghraifft, wrth adolygu *Un Bach Arall* ym 1995, aeth Meg Elis i'r afael â hiwmor dirywiedig y sioe, ynghyd â diffyg pwrpas y cymeriadu, 'ac eithrio creu chwythiad o chwerthin pan fyddai'r plot yn gwegian':

> Yn anffodus, mae'n amlwg fod Twm Miall . . . wedi penderfynu mai'r hyn fyddai'n achub y sioe . . . fyddai pob stereoteip blinedig a drotiwyd gerbron cynulleidfa erioed. Dyma nhw'n dwad: dynion wedi gwisgo fel merched (a'r mwstash yn codi chwerthiniad ychwanegol); yr alcoholig (a chwareir yn gyfan gwbl am laff – dim awgrym o gwbl o drasiedi'r clefyd Cymreig hwn); y cadi-ffan . . . a'r caricatur o ffermwyr . . .[53]

I'r sawl a fynnai chwilio am rinweddau dramataidd traddodiadol neu ddyfeisgarwch arloesol yn y sioeau hyn, mae'n debyg mai'r blinder hwn fyddai'r unig ymateb teilwng erbyn 1995. Serch hynny, roedd mwy i'r sioeau hyn nag adloniant gwag yn unig, fel y nododd Melfyn Thomas ym 1994 wrth adolygu *Rhosyn a Rhych*, pan soniodd am sioe glybiau Bara Caws fel rhan o '[d]raddodiad modern o ddatblygu'r anterliwt yng Nghymru'.[54] Ar sawl cyfrif, roedd y disgrifiad hwn yn llygad ei le: roedd yr anterliwt hithau, yn ei chyfnod, yn ffurf a ddilornid fel gweithred wag a disylwedd gan rai carfanau yn y gymdeithas gan iddi drafod a dychanu rhywioldeb yn y modd mwyaf anghymedrol yn aml. Roedd hefyd yn ffurf ailadroddus ar y naw, yn ddibynnol ar gymeriadau a sefyllfaoedd stoc – waeth pa beth fyddai hanfod y plot, yr un fyddai'r cymeriadau, a'r un yn y bôn fyddai eu cenadwri hefyd. Nid yn ôl ei rhinweddau dramataidd neu lenyddol y gweithredai'r anterliwt mewn gwirionedd, eithr yn ôl ei nodweddion *defodol*. Drama ddefodol, dathliad o ffrwythlondeb natur (gan gynnwys dyn) ydoedd yn ei hanfod, ac nid oedd ei chynnwys dychanol cyfoes ond ffordd newydd o gyflwyno'r un hen stori am farwolaeth ac ailenedigaeth, hau a medi. Yn hynny o beth – heb fynd dros ben llestri, gobeithio – gellid ystyried y sioe glwb hithau fel defod theatraidd yn yr un modd yn union ag y trafodir yr anterliwt. Er gwaethaf cwynion o'r math a leisiwyd gan Meg Elis (a rhaid nodi ei bod yn ôl ei haddefiad ei hun yn ddigon atebol i'r math hwn o waith), roedd creu deunydd newydd ar gyfer y sioe glybiau ymron yn gwbl ddiangen am fod ei hiwmor bas, bras ac ansoffistigedig yn apelio'n uniongyrchol at y gynulleidfa. Nid oherwydd diffyg chwaeth neu ddiffyg crebwyll am bethau uwch y gwnâi hynny, ond oherwydd iddi ryddhau ofnau cynhenid y bod cymdeithasol ynglŷn â rhyw a rhywioldeb, neu ynghylch y busnes o garthu'r corff, ac yn y blaen. Ategwyd y farn honno i raddau helaeth gan Iwan Edgar, yntau'n adolygu *Un Bach Arall* ym 1996. Yn hytrach na sylwi ar y sioe yn unig, treuliodd gryn amser, meddai, yn gwylio'r gynulleidfa; a gwelodd lawn cymaint i ryfeddu ato yn y gynulleidfa honno ag a welid ar y llwyfan. Am y rheswm hwnnw, mae'n werth dyfynnu'n weddol helaeth o'i adolygiad. 'Sylweddol ganol oed ifanc' oedd y gynulleidfa yng Nghricieth yn ôl Edgar, gan gynnwys 'athrawon a phobl felly':

> A meddwl oeddwn faint oedd yr oes wedi newid o weld pobl felly'n rhyw fwynhau eu hunain ar y rhyw-draethu di-baid. Etifeddion y seti pitj pein a'r Ysgol Sul . . . wedi clywed oglau ar eu dŵr. Wele gyson rywioldraethu a phidlennau amrywiol a chyda Fraser Cains yn stompio'n lled noeth, yn hunanymrwbio hefo gwn dŵr o goc blastig yn gwasgu gwlybaniaeth brwdfrydig dros y genhedlaeth honno fu gynt yn rhodio cynteddau'r Ysgolion Sabothol.
>
> Cnoi cil ar feddylfryd cenhedlaeth eto: meddwl bod clywed geiriau fel 'ffwcio' a 'choc' ar lwyfan yn rhoi rhyw deimlad o ymryddhau i'r to yma. A dichon mai dweud am y ddynoliaeth (ddim jesd y Cymry dosbarth canol/gweithiol) y mae poblogrwydd perffformiad yr un fath â hwn. Yn sicr dim newydd, ond yn amlwg yn plesio. Ia, peth cas yw grym y farchnad i'r rhai a fynno theatr ddyrchafol: ochneidied 'yr hen bwerau' unwaith eto petaen nhw haws.[55]

Oherwydd natur cynnwys y sioeau hyn, afraid eu strwythuro yn gelfydd fel dramâu gorffenedig. Yng ngwaith Twm Miall, nid cyrraedd uchafbwynt yn raddol trwy gydol y sioe a wnaed, ond pwnio'r gynulleidfa yn ddi-ben-draw â'r un deunydd nes peri iddi ymgolli'n llwyr. Fel y dywedodd Gwawr Maelor wrth adolygu *Tweileit Zôn*, 'doedd dim dal yn ôl . . . bombardiwyd y gynulleidfa gan bopeth o dan haul y gread oedd a wnelo â thoiletś a phreifats a phob dim felly, nes i un o'r gynulleidfa weiddi heb feddwl ynghanol pwl o chwerthin, "O! be 'di hwn eto!"'[56] Dengys hyn i ba raddau y medrai'r gynulleidfa ymollwng wrth wylio'r fath sioe – digon i ambell aelod, gyda help diod neu ddwy mae'n siŵr, ymateb yn anymwybodol lafar. Roedd hyn eto yn agwedd bwysig ar y sioe glybiau: o'r braidd fod y fath ymateb digymell, cwbl naturiol, i'w ganfod mewn unrhyw fath arall ar theatr yn y Gymraeg, heblaw efallai am theatr i blant ifainc. Nid oes dwywaith fod creu ymateb digymell o'r fath yn gymdeithasol bwysig, am ei fod yn caniatáu a hyrwyddo mynegiant unigol uniongyrchol o fewn sefyllfa gymunedol. A defnyddio ymadrodd Peter Brook yn ei gyfrol enwog *The Empty Space*, roedd hon yn 'rough theatre' ag iddi'r egni dilyffethair, digymrodedd a oedd yn gwbl allweddol er mwyn sicrhau theatr iachus.[57] Fel drama, mae'n bur debyg na oleuwyd neb gan *Tweileit Zôn*, ond fel digwyddiad theatraidd a ymwrthodai'n llwyr â ffug-barchusrwydd cymdeithasol a chwaeth ddyrchafol, ddosbarth canol, roedd hithau a'i thebyg yn dra arwyddocaol.

Er gwaethaf llwyddiant poblogaidd diamheuol y fath waith gerbron cynulleidfa gyfoes, fodd bynnag, rhaid ystyried perthynas y sioe glybiau amrwd â'r math o waith a gyflwynasid mewn clybiau gan Bara Caws flynyddoedd ynghynt. Yn sicr, ar y dechrau, er iddo greu gwaith a oedd ar sawl cyfrif yn ysgwyd ei gynulleidfa ac ymhell o fod yn sidêt, mae'n bur sicr na fyddai Bara Caws yn cyflwyno'r fath sioeau 'di-fudd', digenadwri. O'r dechrau'n deg, bu'r cwmni, er yn llwyr ymroddedig i weithio ym milltir sgwâr ei gynulleidfa ac i gydnabod ei chwaeth gynhenid, yn awyddus iawn i sicrhau bod yn ei waith ryw lun ar neges gymdeithasol. Fel y nodwyd droeon mewn datganiadau i'r wasg a chyfweliadau, roedd y cwmni'n benderfynol o gyflawni gwasanaeth cymdeithasol trwy gyfrwng y theatr. Nid oedd sioe glybiau'r 1990au yn 'gwasanaethu' ei chynulleidfa yn yr un modd o safbwynt cymdeithasol neu wleidyddol, am mai anodd os nad amhosibl oedd rheoli cynulleidfa glwb. Diau fod hynny'n rhan o ogoniant y ffurf, sef ei bod yn rhydd o bob math ar lyffethair ac yn creu perthynas o fath cwbl uniongyrchol rhwng y gynulleidfa a'r actorion; ac er nad oedd y berthynas honno'n gyforiog o syniadau aruchel, roedd eto'n un bwysig ar sawl cyfrif. Fel y dywedodd Twm Miall ei hun: 'Mae'n wir fod rhyw ffug-barchusrwydd wedi milwrio yn erbyn deunydd fel hyn ar adegau, ond fy mhrofiad i ydi fod pobl yn ei fwynhau o'n iawn pan gân' nhw fo, ac fel petaen nhw'n cael rhyddhad o fedru chwerthin yn gyhoeddus. Dwi'n siomedig nad oes dim un cwmni arall heblaw Bara Caws wedi cydio yn y peth.'[58]

Wrth gwrs, fel y nodwyd eisoes, nid sioeau clwb yn unig a sgriptiwyd gan Twm Miall ar gyfer Bara Caws yn ystod y 1990au;

cafwyd dwy sioe arall o'i eiddo hefyd, sef *Siarad ar eu Cyfer* a *Cyw Dôl*, y bu cryn ganmol arnynt yn y wasg am eu cymysgwch o hwyl a difrifoldeb. Roedd y fath waith yn nodweddiadol o arlwy Bara Caws yn ystod y cyfnod hwn: dramâu ar bynciau cymdeithasol y gellid eu cynhyrchu'n gymharol rad a'u teithio'n eang, gyda chast o ryw bum actor ar y mwyaf fel arfer. Fel cwmni teithiol graddfa fach y gweithiai'r cwmni erbyn hyn, felly, gyda'r 'ddrama gymuned' yn un rhan o'i arlwy yn unig. Er bod i gryn dipyn o'i gynnyrch ogwydd cymdeithasol pendant, ac er i'r cwmni adnabod ei gynulleidfa gystal os nad gwell nag unrhyw gwmni arall yng Nghymru, ni welid yn ei waith y nodweddion hynny a oedd mor amlwg yn y blynyddoedd cynnar – llunio sgriptiau ar y cyd, cynnig gwasanaeth amrywiol i gymdeithasau yn y gymuned yn ôl y gofyn, ac yn y blaen. Roedd egwyddorion y cwmni, fel yr oes ei hun, wedi newid. Ond roedd gan Bara Caws ddigon o waith i'w gyflawni wrth geisio cyflenwi'r angen am gynyrchiadau Cymraeg o unrhyw fath erbyn ail hanner y 1990au, gan fod cymaint o gwmnïau theatr proffesiynol wedi darfod erbyn hynny, ac eraill yn perfformio'n achlysurol yn unig. Roedd llai o weithgarwch yn gyffredinol yn y theatr Gymraeg, ac felly llai o le i unrhyw gwmni – yn enwedig un mor hirhoedlog â Bara Caws – i weithio ar yr 'ymylon'. Un o nodweddion mwyaf diddorol gwaith diweddar y cwmni (hyd at 1997) oedd y cyfle a roddwyd i ddramodwyr tra phrofiadol i gyflwyno'u gwaith, yn enwedig felly Meic Povey, y cyflwynwyd dwy o'i ddramâu ym 1993 a 1995, ac W. S. Jones, neu Wil Sam, y cyflwynwyd pedair o'i ddramâu rhwng 1995 a 1997. Un o brif nodweddion cyfraniad Povey oedd iddo gyfarwyddo'i waith ei hun ar gyfer Bara Caws, a hynny, yn achos ei ddrama *Diwedd y Byd* ym 1993, am y tro cyntaf erioed. 'Ailddarganfuwyd' Wil Sam fel dramodydd gan Bara Caws tua chanol y 1990au, wrth i'r cwmni gyflwyno *Y Wraig* a *Bobi a Sami* (i ddathlu pen-blwydd y dramodydd yn 75 oed ym 1995), *Llifeiriau*, drama newydd wreiddiol ym 1996, a fersiwn newydd estynedig o *Dinas Barhaus* ym 1997. Yn hynny o beth, dechreuodd Bara Caws wneud yn iawn am yr esgeuluso a fu ar waith Wil Sam. Er bod cwmnïau drama amatur yn dal i gyflwyno'i waith yn rheolaidd, ni welwyd ei ddramâu ar y llwyfan proffesiynol ers blynyddoedd, ond profodd y cynyrchiadau hyn pa mor gyfoethog theatraidd oedd ei weledigaeth a pha mor eang oedd apêl ei ddramâu, a hwythau – yn achos *Y Wraig* ac, i raddau hefyd, *Dinas Barhaus* – wedi'u cyhoeddi ers deng mlynedd ar hugain.

Theatr Gorllewin Morgannwg

Ffurfiwyd Theatr Gorllewin Morgannwg ym 1981, fel olynydd i gwmni theatr-mewn-addysg cyntaf yr ardal honno, Open Cast, a fu'n weithgar er 1976. Cwmni a weithiai bron yn gyfan gwbl trwy gyfrwng y Saesneg oedd Open Cast, ac mae'n ddigon tebyg mai dyna fyddai hynt Theatr Gorllewin Morgannwg yntau heblaw am benderfyniad Tim Baker, cyfarwyddwr y cwmni rhwng 1983 a 1997, i wasanaethu cynulleidfa Gymraeg yr ardal yn ogystal. O 1986, ymestynnodd y cwmni gwmpas ei waith trwy gyfrwng y Gymraeg, gan gyflwyno cyfres o gynyrchiadau teithiol bywiog a phoblogaidd. Daeth y cynyrchiadau hyn â'r cwmni i sylw cynulleidfa eang trwy dde Cymru yn gyntaf oll, ac yna'n ddiweddarach, trwy Gymru gyfan. Fe'u cyflwynwyd gan gnewyllyn o actorion sefydlog gan gynnwys Gwyn Vaughan, Derec Parry (Rhys Parry Jones), Manon Eames a Sara Harris-Davies, gyda Tim Baker yn gyfrifol am gyfarwyddo'r sioeau ac am gyfansoddi cerddoriaeth a chyflwyno cyfeiliant byw. Bu'r grŵp hwn, a'r fformat theatraidd a ddyfeisiwyd ganddo, yn dra llwyddiannus a phoblogaidd, gan greu proffil iddo'i hun yn y de a gyfatebai i Bara Caws yn y gogledd;[59] a chan weithio ar yr un sail ac ar yr un lefel â'r cwmni hwnnw ei hun maes o law. Yn wir, erbyn canol y 1990au, clywyd ambell sylwebydd yn haeru mai Theatr Gorllewin Morgannwg oedd y cwmni Cymraeg pwysicaf un, am ei fod 'wedi gosod y safon yng Nghymru' o safbwynt bywiogrwydd theatraidd a chrefft amlwg y perffformwyr.[60] Seiliwyd llwyddiant y cwmni ar gyfres o sioeau cymunedol rhwng 1986 a 1991 a dueddai i ddilyn yr un patrwm o flwyddyn i flwyddyn, gan ddenu cynulleidfaoedd niferus yn y broses. Ond beirniadwyd y cwmni hefyd am ddibynnu ar 'fformiwla' theatraidd dros gymaint o flynyddoedd; a diddorol yn hynny o beth yw ystyried y gwahaniaeth rhwng ymateb y cyhoedd ac ymateb adolygwyr y wasg Gymraeg i waith y cwmni. Ar ôl 1991, gwelwyd y cwmni yn newid cyfeiriad i raddau, ac yn arbrofi â gwahanol ddulliau theatraidd; ond hyd yn oed wedyn, yr un fu ei egwyddorion sylfaenol, sef cyflwyno theatr gorfforol, wleidyddol ei golygon a hygyrch ac ysgafn ei naws, a drafodai broblemau'r gymdeithas leol a chenedlaethol trwy gyfrwng comedi, dawns a chân.

Fel Bara Caws, roedd gan Gwmni Theatr Gorllewin Morgannwg brîff eang iawn: gwaith yn y gymuned, theatr mewn addysg a theithio sioeau trwy Gymru gyfan. Yn wir, roedd cryn debygrwydd rhwng y ddau gwmni o ran eu syniadaeth wleidyddol a'u hymroddiad i'r gymuned leol. Egwyddorion yr adain chwith oedd egwyddorion Bara

Caws a Theatr Gorllewin Morgannwg fel ei gilydd, a'r awydd i wasanaethu eu cymdeithas leol oedd yn symbyliad i'r ddau gwmni drwy'r rhan helaethaf o'u gyrfaoedd. Diau fod y profiad o weithio gyda Bara Caws wedi rhoi profiad gwerthfawr i Tim Baker wrth iddo geisio llunio rhaglen o theatr boblogaidd i gynulleidfa Gymraeg frodorol mewn ardal dra gwahanol ei chymeriad a'i hanes cymdeithasol. Gwelwyd syniadaeth adain chwith Theatr Gorllewin Morgannwg yn ffurf a chynnwys ei waith: yn y mwyafrif o'i sioeau ar ôl 1986 (sef y cynyrchiadau hynny y sylwir arnynt isod), cyflwynai'r cwmni neges gymdeithasol eglur a rybuddiai'r gynulleidfa rhag ymddiried yn ormodol yng ngwerthoedd y farchnad, ac a'i hanogai i gydweithredu'n gymunedol er mwyn gwrthsefyll gormes masnach ddiwreiddiedig.

Yn wahanol i Bara Caws, fodd bynnag, gweithiai Theatr Gorllewin Morgannwg yn y Gymraeg a'r Saesneg; a bu'r ffaith honno, ynghyd â chyd-destun cymdeithasol y cwmni ym mharthau gorllewinol y Gymru ddiwydiannol, yn ddigon i sicrhau bod i gynnyrch Theatr Gorllewin Morgannwg flas gwahanol iawn i'r hyn a geid gan y cwmni gogleddol. Fel y gwelwyd uchod, i bob pwrpas troes Bara Caws ei gefn ar rethreg a moesoli adain chwith tua chanol y 1980au, pan ddaeth yn amlwg fod y gymdeithas yn newid dan ddylanwad Thatcheriaeth; ond, ac yntau heb droi at weithio yn y Gymraeg tan 1986, pan oedd grym y Torïaid ar ei anterth, ni welwyd yr un dadrithiad gwleidyddol ar ran Theatr Gorllewin Morgannwg. Dal i lynu at ei feirniadaeth o'r farchnad rydd a'i sgil-effeithiau ar fywyd cymunedol wnaeth y cwmni hwnnw trwy gydol y cyfnod sydd dan sylw yn y gyfrol hon, ac roedd ei gynyrchiadau cyntaf trwy gyfrwng y Gymraeg yn fwy uniongred sosialaidd eu gweledigaeth o lawer na chynnyrch Bara Caws yn ystod yr un cyfnod (sef rhwng 1986 a 1991).

Daeth Theatr Gorllewin Morgannwg i sylw'r trwch o theatrgarwyr Cymraeg ym 1986, pan aeth ar daith trwy dde Cymru gyda'i sioe gymuned, *Man a Man*. Yn ôl hysbysiad *Y Cymro*, 'portread . . . ar ffurf rifiw' oedd *Man a Man*, 'sy'n adlewyrchu bywyd a marwolaeth pentref, Cefn Unman. Yn sioe fywiog, liwgar, egnïol a pherthnasol'.[61] Hysbyseb ydoedd hon, bid siŵr; ond roedd y nodyn anaddas o hwyliog a drawyd ynddi yn ernes o'r cymysgwch o'r dirdynnol boenus – sef 'marwolaeth' y pentref – a'r gobeithiol. Roedd y fath gymysgwch yn arwydd o'r traddodiad beirniadol sosialaidd y perthynai Theatr Gorllewin Morgannwg iddo: roedd yn ddyletswydd ar i'r cwmni gyflwyno sefyllfa broblematig a oedd yn berthnasol i gymunedau lleol ledled Gorllewin Morgannwg, ond roedd hefyd yn ddyletswydd arno ysgogi penderfyniad i frwydro yn erbyn grymoedd difaol y gymdeithas gyfoes, a darbwyllo'r gynulleidfa fod modd ennill y fath frwydrau yn y pen draw. Roedd yr un anogaeth i drefnu meddyliau a gweithredoedd i'w gweld yng nghynllun naratif y sioe, cynllun y gellid ei gymryd yn batrwm o waith Theatr Gorllewin Morgannwg rhwng 1986 a thua 1991. Fel y nodwyd eisoes, gosodwyd y sioe ym mhentref dychmygol Cefn Unman, pentref a gafodd, yn ôl un adroddiad, ei 'Westlandeiddio':

> Yn dilyn polisi bwriadol o ddiffyg buddsoddi gan y Llywodraeth, dirywiodd Cefn Unman, yn sgil cau'r pwll a'r diweithdra a ddeilliodd o hynny, i fod yn fan lle'r oedd yn 'haws dal gŵr na dal trên'. Ac yna, wedi i'w werth ar y farchnad agored ddisgyn cymaint â tho capel Siloam, fe'i prynwyd am geiniog a dime gan y megagwmni Americanaidd *Megabucks Inc.*, gyda chymorth 'Cuppies' y Bwrdd Twristiaeth a'i Gadeirydd cyfalafol, Owen Prys, a'r cynghorwyr lleol, dan arweiniad y sosialydd a'r saer rhydd, J. B. Protheroe.[62]

Roedd hwn yn bortread byw a dychanol o ddirywiad cymuned, ond roedd yn fwy na hynny hefyd; yn ei hanfod, roedd yn fodel Marxaidd o'r modd y gweithredai amryw garfanau'r dosbarthiadau llywodraethol er eu lles eu hunain ac yn erbyn buddiannau'r gymuned ddosbarth gweithiol. Gwrthodwyd buddsoddiad gan y llywodraeth fel rhan o gynllun economaidd a gwleidyddol i drosglwyddo'r gymuned 'fethedig' i ofal y sector breifat; daw'r cwmni hwnnw i mewn o'r tu allan, heb wybod dim oll am natur y gymuned, a heb hidio botwm corn am y fath ystyriaethau aneconomaidd; a gwelir y mân-fwrgeiswyr lleol, dan gochl sosialaeth, yn cydweithredu'n egnïol â'r cwmni er mwyn cronni elw iddynt eu hunain. Roedd i'r cynllun yr un ehangder cymdeithasol a'r un cydbwysedd gwrthrychol ag aml i senario yng ngwaith Brecht, ac fe'i cyflwynwyd yn yr un modd â chryn dipyn o waith diweddar yr Almaenwr hefyd, trwy gyfrwng deialog, ymson a chaneuon. Sefydlwyd gan hynny un o gonfensiynau amlycaf arall gwaith Theatr Gorllewin Morgannwg, sef dyblu cymeriadau gan yr actorion. Yn ôl adolygydd *Y Cymro*, Ieuan Llwyd Williams, er mai namyn pedwar actor a welid ar y llwyfan (sef Sara Harris-Davies, Manon Eames, Derec Parry a Gwyn Parry), roedd hon yn sioe â 'chast aneirif, yn bentrefwyr, cynghorwyr, twristiaid a thwristwyr, cyfalafwyr a iancs'. Ac yn begynau solet yng nghanol y llu ffigyrau cymdeithasol hyn ceid cymeriadau megis 'Brian Bevan a'i dad, tafarnwyr Pen-pwll, Edwina y ddynes ll'nau, Gwyneth, a hiraethai am ei dyweddi, Wayne, oedd yng nghwmni'r defaid yn y Falklands, Mrs Hughes a'r gweinidog

. . . Yr oedd i bob un ohonynt ei nodwedd gofiadwy'.[63] Digon hawdd ystyried y rhain yn gymeriadau ystrydebol, ond mynnai Llwyd Williams nad oedd hynny'n wir, a bod y cynhyrchiad yn '[b]ortread byw o gymuned mewn argyfwng'.[64] Mae'n dra thebyg mai oherwydd natur solet, ddadansoddiadol y cyd-destun dramataidd y llwyddodd y cynhyrchiad yn hynny o beth, ac aeth y cwmni ymlaen yn ystod y blynyddoedd canlynol i fanteisio ar yr un cynllun drosodd a thro.

Roedd portread Theatr Gorllewin Morgannwg o Gefn Unman, y pentref Cymreig di-nod ond nodweddiadol lle y digwyddai'r ddrama, hefyd yn elfen bwysig iawn yn llwyddiant y cynhyrchiad hwn ac o'r cynyrchiadau canlynol o'i eiddo. Fel yng nghynhyrchiad cyntaf Adran Antur Cwmni Theatr Cymru ym 1975, *Byw yn y Wlad*, gosodwyd y digwyddiadau mewn lleoliad dychymygol a oedd yn ddrych o'r math o gymuned y dymunai'r cwmni ei wasanaethu. Felly, yn *Byw yn y Wlad*, cymuned wledig werinol Popty-Bach a bortreadwyd, cymdogaeth dan bwysedd oherwydd mewnlifiad ac oherwydd y rheini oddi mewn i'r pentref na fynnai gyd-dynnu er lles pawb. Digon tebyg ar sawl cyfrif oedd pentref dychmygol Theatr Gorllewin Morgannwg yn *Man a Man*, ond bod cydlyniaeth y gymdeithas wedi dirywio i raddau, ac am fod rhai o'r nodweddion mwyaf gwerinol wedi'u hepgor. Daeth hyn yn nodwedd amlwg ar sioeau Theatr Gorllewin Morgannwg dros y blynyddoedd canlynol: er gwaetha'r ffaith fod y gymdeithas ddychmygol yn un draddodiadol yn ei hanfod, ni chafwyd awgrym yn y sioeau ei bod yn ddyletswydd genedlaethol, os nad braint yn wir, ar i drigolion cymunedau cyfatebol yn y Gymru gyfoes i lynu at yr hanfodion traddodiadol hynny. Mae'n debyg fod gwerthoedd y cymunedau cynrychioliadol hyn yn sioeau Theatr Gorllewin Morgannwg yn adlewyrchu sosialaeth hanesyddol yr ardal honno o Gymru, ynghyd â'r glastwreiddio o ran gwerthoedd cymunedol a welwyd yn sgil ei dirywiad economaidd graddol a dylanwad Thatcheriaeth y 1980au.

Y sioe Gymraeg nesaf i'w theithio'n genedlaethol oedd *Cris Croes Tân Poeth* ym 1987, a welwyd gyntaf yn yr Eisteddfod Genedlaethol ym Mhorthmadog. Unwaith eto, gosodwyd *Cris Croes Tân Poeth* mewn pentref dychmygol, sef Blaen-fy-Nhafod, ar set gymharol foel gan gast o bedwar yn cyflwyno toreth o wahanol gymeriadau. Hanfod y stori oedd bod y ffermwr lleol, Huw Puw, wedi colli pum dafad; ac, wrth iddo geisio dod o hyd iddynt, yn darganfod bod diflaniad ei braidd yn gysylltiedig â materion llawer mwy pellgyrhaeddol a sinistr. Ys dywedodd adolygydd y sioe, Dafydd Arthur Jones: 'Yng ngeiriau'r

Gweinidog Amddiffyn, "Mae gwybodaeth yn rym" ac fe eir ymlaen i balu celwyddau a rhaffu'r straeon mwya' anhygoel.'[65] Fel yn y sioe flaenorol, gweithredir y cynllwyn cudd gan gyfres o ffigyrau'n cynrychioli'r dosbarth llywodraethol, gan gynnwys plismyn, heddlu cudd, aelodau'r lluoedd arfog ac ambell wleidydd hefyd. Ymhelaethir ar thema ganolog *Man a Man* yn y sioe hon; sef dylanwad y 'grymoedd' cudd mewn cymdeithas dros fywyd pobl gyffredin, a'r modd y datgelir dichell yr awdurdodau o ganlyniad i benderfyniad unigolion cyffredin yn y gymdogaeth leol. Yng ngeiriau Dafydd Arthur Jones: 'Portreëdir y dyn bach diniwed yn sefyll (weithiau yn anymwybodol) yn erbyn grym gwladwriaeth ddichellgar. . . trwy gyfrwng chwerthin a chân fe'n hatgoffir dro ar ôl tro o baranoia pwysigion Llundain (a phob prifddinas arall o ran hynny) ynglŷn ag amddiffyn "cysegredigrwydd" cyfrinachau.'[66]

Er mor ddifrifol yn ei hanfod oedd thema'r sioe hon, fe'i cyflwynwyd unwaith eto mewn arddull hwylus gomig gyda llawer o ganeuon, '*routines*' dawns, a digrifwch corfforol. Fel yn *Man a Man*, ceisiai'r cwmni fanteisio ar ei dlodi cymharol o ran adnoddau materol trwy greu arddull theatraidd elfennol a ymdebygai ar sawl golwg i waith cynnar Bara Caws ddegawd ynghynt, yn ogystal ag i waith arloeswyr y theatr boblogaidd wleidyddol megis Bertolt Brecht, yr Eidalwr Dario Fo a'r traddodiad *commedia dell'arte* y deilliodd ei waith yntau ohono. Roedd Dario Fo yn fodel arbennig o bwysig ar gyfer gwaith Theatr Gorllewin Morgannwg, gan iddo ef, fel y cwmni Cymraeg, osod pwyslais ar naratif cryf ac eglur, cymeriadu deinamig, gwaith corfforol bywiog ar ran yr actor a dychan deifiol at ddibenion gwleidyddol. Ond yn yr elfen olaf hon – y bwysicaf efallai yng ngwaith Theatr Gorllewin Morgannwg fel cwmni 'theatr gymunedol *wleidyddol* o safon' [fy mhwyslais i] – y gwelid y gwahaniaeth mawr rhwng gwaith y cwmni Cymraeg a'r meistr Eidalaidd. Roedd Fo yn ffigwr tra dadleuol mewn sawl ffordd, yn enwedig felly o safbwynt ei gefnogaeth i'r Blaid Gomiwnyddol yn yr Eidal a'i wrthwynebiad i weithgarwch llwgr gan y llywodraeth, y Maffia, a'r Eglwys Gatholig (roedd rhai o'i berfformiadau unigol mwyaf athrylithgar yn gignoeth eofn eu dychan o'r pab ac o awdurdod trahaus ei eglwys): o'r herwydd, fe ddioddefodd ef, ynghyd â'i wraig a'i gydweithiwr, Franca Rame, ymosodiadau beirniadol a chorfforol tra mileinig – gan gynnwys ymosodiad rhywiol ar Rame gan neo-ffasgwyr. Ni chafwyd unrhyw beth mor herfeiddiol gan Theatr Gorllewin Morgannwg. Er i'r cwmni ddychanu'r mân-fwrgeisiaid hynny a gydweithiai byth a beunydd â gormeswyr ariannog y gymuned (yn wir, yr oedd llach y cwmni ar y cyfryw rai yn atgoffa dyn o'r gwawd a deflid at y stiwardiaid yn hen ddramâu troad yr ugeinfed ganrif), ac er bod sôn am bersonoliaethau amlwg o fyd gwleidyddiaeth hefyd yn *Cris Croes Tân Poeth* – 'cewri megis Peter Walker, Peter Wright a hyd yn oed Keith Best'[67] – roedd prif bwyslais y cwmni ar 'gymundod' fel arf gwleidyddol yn y pen draw, ac nid ar radicaliaeth bleidgar.

Adlewyrchwyd y cyfan hwn eto yn sioe'r cwmni ym 1989, sef *Vanessa Drws Nesa . . . Vive le Chwyldro*. Roedd 'chwyldro' yn thema amlwg mewn sawl ffordd ym 1989 am fod y flwyddyn honno'n ddauganmlwyddiant y Chwyldro Ffrengig, digwyddiad y talwyd cryn sylw iddo gan y wasg a'r cyfryngau poblogaidd yn ogystal â chan efrydwyr mwy difrifol ym meysydd hanes a gwleidyddiaeth. Er mai cyfeiriad comig oedd at 'chwyldro' yn nheitl sioe Theatr Gorllewin Morgannwg felly, roedd arwyddocâd cyfoes reit sylweddol iddo yn ystod y cyfnod hwn – a chynyddu wnaeth yr arwyddocâd hwnnw erbyn diwedd y flwyddyn yn sgil dymchweliad y system gomiwnyddol yn nwyrain Ewrop. Roedd teitl y sioe yn ernes reit glir o ymdriniaeth Theatr Gorllewin Morgannwg â'r deunydd. Fel ag erioed, stori am wraig mewn pentref nodweddiadol Gymreig a gafwyd, yn dangos sut y ceisiai honno frwydro yn erbyn awdurdod a llygredd unigolion yn y gymuned a fynnai weithredu er eu lles eu hunain yn hytrach nag er lles y gymuned gyfan. Pwysleisiwyd arwriaeth symbolaidd ei safiad trwy wrthgyferbynnu hwnnw â'i dinodedd fel person – 'Vanessa drws nesa', oedd hi, aelod cyffredin o'r cyhoedd a benderfynodd lynu at ei hegwyddorion er gwaetha'r ffaith fod manteision amlwg wrth eu rhoi heibio. Fel yn *Man a Man*, *Cris Croes Tân Poeth* a'r sioe a lwyfannwyd ym 1988, *Jeremeia Jones*, roedd celwyddau a chynllwyn ar ran yr awdurdodau, boed leol neu genedlaethol, yn thema ganolog yn y sioe; ond y tro hwn, cysylltwyd y cynllwyn â grym dilyffethair y farchnad rydd, wrth i gynghorydd llwgr lleol hyrwyddo'i fuddiannau ei hun trwy gladdu gwastraff cemegol yng ngwaelod llyn y pentref. Heriwyd ei ddichell gan Vanessa, ond trechwyd y cynghorydd a'i gyd-gynllwynwyr yn y pen draw trwy ymddangosiad drychiolaeth Arthuraidd ger y llyn. Roedd hwn yn uchafbwynt priodol ar gyfer sioe ysgafn ei naws, er i honno drafod pwnc a oedd ar lawer cyfrif yn un tra phwysig; ond roedd hefyd yn rhan o duedd a welwyd eisoes yng ngwaith Theatr Gorllewin Morgannwg, a throeon wedi hynny, i ddatrys anghydfod canolog ei sioeau trwy ddulliau ffantasïol neu anghredadwy. Roedd y symudiad hwn i fyd ffantasi yn fath ar *coup de théâtre*, a drawsffurfiai'r byd dramataidd, a disgwyliadau'r gynulleidfa hithau, yn llwyr; ond amlygai hefyd fethiant y cwmni i gwblhau'r weledigaeth gymdeithasol a ysgogid yn ei waith. Mynnai'r cwmni ddangos unigolion yn gwrthsefyll grym awdurdod, ond ni fedrai ddychmygu ffyrdd real o ddynodi buddugoliaeth yr unigolion hynny, ac felly i raddau helaeth – er gwaetha'r foeswers amlwg a amlinellid ar ddiwedd y sioeau – tanseiliai'i radicaliaeth ei hun. Yn y pen draw, roedd perygl i'r cwmni awgrymu wrth y gynulleidfa fod yr hwyl yn bwysicach neu'n fwy real na chasgliad y sioe, ac o safbwynt gwleidyddiaeth y cwmni, roedd hynny'n broblem sylweddol. Wedi dweud hynny, fel sioeau blaenorol Theatr Gorllewin Morgannwg, bu *Vanessa Drws Nesa* yn llwyddiant poblogaidd digamsyniol ac yn arwydd fod arddull nodweddiadol y cwmni bellach yn arddull boblogaidd go iawn o safbwynt ei heffaith ymarferol ar y gynulleidfa Gymraeg. Wrth sôn am y sioe fel un o uchafbwyntiau Eisteddfod Genedlaethol Llanrwst, canmol gwaith y cwmni a wnaeth yr adolygydd Ion Thomas: 'Y mae gan y cwmni rhyw arial, rhyw orohian nad yw'n gyffredin ar lwyfan. Trwy gyfuno amrywiaeth o gerddoriaeth, dychan, hiwmor, ffars, pantomeim a chwedl Arthur, cafwyd gwledd i'r llygad a'r glust. . . . Braint i unrhyw awdur fyddai cael y cwmni hwn i ymgymryd â'i waith.'[68]

Daeth tro ar fyd i'r cwmni ym 1990, gydag ymadawiad dau o aelodau sefydlog yr *ensemble* a fu'n gyfrifol am y sioeau llwyddiannus er 1987, sef Gwyn Vaughan a Derec Parry. Bu hon yn gryn ergyd, am fod cydbwysedd a chyd-ddealltwriaeth y grŵp hwn o berfformwyr yn rhan allweddol bwysig o lwyddiant Theatr Gorllewin Morgannwg ers i'r cwmni ddechrau perfformio ledled Cymru, ac am fod canmol mawr wedi bod ar fedrusrwydd y ddau hyn, yn enwedig felly Parry. Dal at yr arddull boblogaidd a sefydlwyd ganddo er 1987 a wnaeth y cwmni er gwaethaf yr ymadawiadau hyn, gan ddod â'r actores a'r ddiddanwraig brofiadol Gillian Elisa Thomas i mewn wrth ymyl Manon Eames a Sara Harris-Davies ar gyfer *Adar o'r Unlliw*. Hon oedd y chweched sioe i'r cwmni ei chyflwyno ar daith, a theg dweud mai cadarnhau ei hapêl boblogaidd a wnaeth ar y cyfan: fodd bynnag, clywyd ambell lais yn dechrau gresynu at weld yr un math o sioe gan y cwmni eto fyth. Dyma Sioned Webb yn ei hadolygiad yn *Barn*: 'os ydach chi'n ffan, popeth yn iawn. Os ydach chi'n disgwyl rhywbeth newydd, chewch chi ddim.'[69] Fel ag o'r blaen, cyflwynwyd *Adar o'r Unlliw* mewn arddull gorfforol egnïol a welai'r actorion yn newid cymeriadau yn aml ac yn creu sefyllfaoedd bywiog heb ond yr adnoddau mwyaf syml o ran set ac effeithiau technegol. Er gwaethaf ymadawiad Vaughan a Parry, roedd asbri'r chwarae eto'n un o gryfderau mawr y sioe hon, gyda nifer o ddyfeisiau – fel newid cyfnod o'r 1950au i'r presennol – ynghyd â'r cyd-ddeall arbennig a'r cydsymud rhwng y tair actores yn amlygu medrau perfformio'r cast. Roedd stori'r ddrama yn debyg iawn i'r hyn a gafwyd mewn sioeau blaenorol hefyd – unwaith eto, daethai 'rhyw gonsortiwm dieflig' i'r fro er mwyn ei datblygu a'i difwyno. Canolbwynt y plot oedd y cae a etifeddwyd gan y tri chymeriad canolog, lle y gorweddai crochan aur hudol o gyfnod Owain Glyndŵr. Doedd wiw i neb symud y crochan oddi yno rhag boddi'r pentref; ond erbyn ail hanner y sioe, yn ôl Sioned Webb, 'gwelwyd fod dwy o'r genod mewn trafferthion ariannol ac yn gwerthu eu rhan nhw o'r cae i'r drydedd. Beth wnâi honno â'r lle?'[70] Roedd y gwrthdaro hwn rhwng y rheini a fynnai 'ddatblygu' ardal er mwyn symud ymlaen a moderneiddio a'r rheini a fynnai warchod yr etifeddiaeth frodorol yn gyfyng-gyngor digon cyfarwydd mewn sioeau Cymraeg, a bu rhywfaint o feirniadu ar y stori o achos hynny ('"Sgript dda o stori bîg". Dyma ddwedodd un yn y bar wedyn. Perffformiad da o sgript bîg, meddwn innau.')[71] Unwaith eto, defnyddiwyd dyfais arallfydol er mwyn cynrychioli a chyfiawnhau awydd y gymuned frodorol i wrthsefyll grymoedd y farchnad a'r byd modern; a thra bod hon yn ffordd gyfleus a chynnil o awgrymu'r ymdeimlad o berthyn i ddarn neilltuol o dir, tueddai'r ddyfais honno i danseilio hygrededd yr ymdeimlad hwnnw (bu'r un peth yn wir yn sioe flaenorol y cwmni hefyd, sef *Gwartheg Gwyllt a Saeson*, pan frwydrai'r gymuned yn ôl yn erbyn yr awyrennau jet a hedfanai'n isel drostynt trwy adeiladu eu 'hawyren' eu hunain: er bod honno'n glasur o olygfa gomig, tynnodd oddi ar uniongyrchedd y broblem a chrediniaeth yr ateb iddi).

Daeth yn amser i Theatr Gorllewin Morgannwg newid cyfeiriad a datblygu gwaith o fath newydd, a'r cam cyntaf i'r cyfeiriad hwnnw fu ei gynhyrchiad ar gyfer Eisteddfod Genedlaethol Aberstywyth ym 1992, sef *Shirley Valentine*, cyfieithiad Manon Eames o ddrama Willy Russell. Perffformiwyd y sioe am y tro cyntaf yn Neuadd Goffa Tal-y-bont, ond bu'n rhaid aros am rai misoedd cyn iddi fynd ar daith. Erbyn hynny, roedd sioe 'wahanol' arall ar y gweill gan y cwmni, sef *Dawns y Dodo*, ac aed â'r naill a'r llall ar daith tua'r un cyfnod ar ddechrau 1993. Roedd y ddwy sioe hyn yn wahanol i waith blaenorol y cwmni ar sawl cyfrif. Ni chafwyd yma'r cyfnewid cymeriadau a'r gweithredu comig corfforol a fu'n nodwedd mor amlwg o'r sioeau blaenorol: monolog oedd *Shirley Valentine* (a berfformiwyd gan Sara Harris-Davies) a gyflwynai un cymeriad yn unig, a hynny mewn arddull realaidd; a sioe i ddau gymeriad yn unig – pâr priod yn cael eu haduno y tu hwnt i'r bedd – oedd *Dawns y Dodo*, eto mewn arddull gymharol realaidd ac unwaith eto yn sioe eithaf syber o'i chymharu â'r gwaith arferol. Cyfieithiad oedd *Shirley Valentine* o ddrama Saesneg oedd yn eithaf cyfarwydd i'r gynulleidfa oherwydd iddi gael ei pherfformio'n wreiddiol yn y West End yn Llundain ac am iddi gael ei chyfaddasu'n ffilm lwyddiannus dair blynedd ynghynt. Roedd hwn felly'n gynhyrchiad 'poblogaidd' o fath cwbl wahanol i'r arfer, am iddo adlewyrchu'r hyn a fu'n llwyddiannus yn y diwylliant poblogaidd Seisnig yn hytrach na cheisio creu portread o gymuned a phobl gyffredin yng Nghymru. Yr unig dro y gwnaed defnydd o ffynhonnell Saesneg gyffelyb oedd ym 1986 pan lwyfannwyd *A'r Gwynt i'r Drws Bob Bore*, trosiad Manon Eames o stori gartŵn Raymond Briggs am gyflafan niwclear, *When the Wind Blows*. Wedi dweud hynny, wrth gwrs, rhaid cydnabod bod *Shirley Valentine* yn bortread o gymeriad y medrai'r gynulleidfa gyffredin yng Nghymru uniaethu â hi, ond nid oedd yn bortread o gymuned gyfan nac yn esboniad lled-Frechtaidd – fel y sioeau blaenorol – ar y tensiynau a'r gystadleuaeth rhwng gwahanol garfanau economaidd y gymuned honno. Nid oedd yna broblem *gymdeithasol* wrth wraidd y ddrama hon, eithr problem bersonol y gellid uniaethu â hi fel aelod o'r gymdeithas (fe ellid efallai, wedi cryn ymdrech ddychmygol a deallusol, ddiffinio *Shirley Valentine* fel drama gymunedol, ond prin fod modd ei disgrifio fel darn o 'theatr wleidyddol' heb wthio'r diffiniad hwnnw y tu hwnt i'w bwynt eithaf). Drama ryngbersonol yn ei hanfod oedd cynhyrchiad arall Theatr Gorllewin Morgannwg yn ystod y cyfnod hwn, sef *Dawns y Dodo*; a hithau hefyd yn archwilio natur priodas. Fel yn *Shirley Valentine*, er bod dimensiwn cymdeithasol i'r gwrthdaro rhwng y cymeriadau (fel y dywedodd Ion Thomas am y cynhyrchiad, 'Materoliaeth y byd modern yw'r bwystfil sy'n rhwystro twf perthynas y ddau'[72]), byd caeedig oedd i'r ddrama hon eto. Gallai'r gynulleidfa uniaethu â gwewyr y ddau gymeriad pe dymunai, ond nid oedd yma broblem foesol gyfoes i'w hystyried fel a geid yng nghalon y sioeau blaenorol. Fel y sioeau hynny, roedd cerddoriaeth a dawnsio yn rhannau reit amlwg o'r profiad yn *Dawns y Dodo* hefyd; fodd bynnag, agweddau ar y digwydd *dramataidd* oedd y rheini yn *Dawns y Dodo*, gan fod y cymeriadau yn dawnsio gyda'i gilydd wrth hel atgofion am eu bywyd gynt. Roedd hyn yn dra gwahanol i'r *routines* yn y sioeau blaenorol, lle y tueddai'r actorion i ddiosg eu cymeriadau er mwyn cyfarch y gynulleidfa yn uniongyrchol; ac felly nid oedd fawr o debygrwydd rhwng *Dawns y Dodo* a'i rhagflaenwyr o'r safbwynt hwnnw hyd yn oed.

Eto i gyd roedd ambell agwedd – ac ambell broblem – yn cysylltu arddull draddodiadol y cwmni â'r ddwy sioe newydd. Fel yn y sioeau blaenorol, roedd yna elfen amlwg o ffantasi yn *Shirley Valentine* a *Dawns y Dodo*. Oherwydd mai monolog oedd *Shirley Valentine*, atgofion personol oedd trwch y deunydd, a'r cyfan yn ymddangos yn fwy ffantasïol fyth o ganlyniad i leoli'r siaradwraig yn ei chegin lom ymhell o leoliad ei charwriaeth ysgubol yng Ngroeg. Er gwaethaf hynny, roedd *Shirley Valentine* yn ddrama bositif iawn o ran ei chenadwri, a hynny'n rhannol oherwydd cysylltu'r elfen ffantasïol yn agos iawn â phrofiad canolog y ddrama. Nid ar sail dyfais achubol *deus ex machina* y gweithiai'r ffantasi yn *Shirley Valentine* (fel a gafwyd yn *Vanessa Drws Nesa*, er enghraifft), eithr ar lefel bersonol, emosiynol, ac o'r herwydd dyma'r enghraifft fwyaf llwyddiannus o ryngblethu ffantasi a realiti yng ngwaith Theatr Gorllewin Morgannwg hyd at y pwynt hwn. Ar y llaw arall, ffantasi bur oedd *Dawns y Dodo*, ag iddi naws felancolaidd amlwg. Drama ddadrithiol oedd hi, a gyflwynai'r berthynas rhwng y ddau brif gymeriad fel un fodlon ar yr wyneb, ond yn blethwaith o gymhlethdodau a thensiynau oddi tano. Fel y 'pentref Cymreig' bondigrybwyll yn y sioeau blaenorol, roedd y briodas yn *Dawns y Dodo* yn ffug-ddedwydd, a'r aduniad rhwng y ddau y tu draw i'r llen yn ddechreubwynt ac nid yn glo ar drafodaeth broblematig o'u perthynas. Eto i gyd, gan mai sioe boblogaidd oedd hon yn ei hanfod, ni fedrid gadael i'r broses o ddadrithio reoli'r digwydd yn llwyr, ac – fel y gwelwyd droeon yn y gorffennol – impiwyd diweddglo boddhaol o hapus arni. Fel nifer o'r sioeau blaenorol, roedd y berthynas rhwng y theatraidd-rithiol a'r cymdeithasol-real yn *Dawns y Dodo* yn un anodd dygymod â hi, a'r diweddglo yn annigonol fel ffordd o ddiorseddu chwerwder y dadrithiad ynddi.

Dychwelyd at yr arddull fformiwläig, i raddau helaeth, a wnaeth y cwmni ddechrau 1994 gyda'i sioe *Clustie Mawr Moch Bach*, a drafododd brofiadau pobl Abertawe yn ystod *blitz* yr Ail Ryfel Byd. Fel y sioeau eraill a gyflwynodd yn yr arddull hon, bu'r sioe yn llwyddiant poblogaidd digamsyniol, 'yn fwy llwyddiannus nag erioed, yn y de a'r gogledd fel ei gilydd' yn ôl Menna Baines.[73] Roedd *Clustie Mawr Moch Bach* yn gam newydd i'r cwmni hefyd, gan mai dyma'r tro cyntaf iddo fentro cyflwyno sioe deithiol genedlaethol a drafodai brofiad hanesyddol: cwbl ddychmygol fu deunydd y cwmni hyd at hynny. Yn ôl Keith Davies, fodd bynnag, nid oedd hynny'n ddigon i beri gwahaniaeth sylweddol rhwng y sioe hon a'r trwch o sioeau blaenorol. Achos siom oedd hynny yn ei dyb ef:

Byth er dyddiau *Cris Croes Tân Poeth, Jeremiah Jones* a *Vanessa Drws Nesa'* fformiwla yw hanfod poblogrwydd y cwmni . . . mae'n fformiwla lwyddiannus iawn. Ond ar adegau yn ystod y perfformiad hwn, yr oeddwn yn teimlo bod y fformiwla yn rheoli, yn gosod ei ffiniau ac yn cyfyngu ar ddatblygiad . . . elfennau digon cyfarwydd a welwyd yn *Clustie Mawr Moch Bach*. Y werin yn dioddef caledi ac yn goroesi (wrth gwrs), y cryf yn trechu'r gwan, elfen a ramant, diweddglo twt a hapus. Gallai'r nodweddion hyn ddisgrifio amryw o gynyrchiadau'r cwmni, ac o'r herwydd roedd y tyndra theatrig sy'n ddieithriad yn deillio o gyflwyno'r anghyfarwydd a'r annisgwyl yn mynd ar goll.[74]

Er gwaethaf hynny, mynnai Davies fod y sioe yn llwyddiant ysgubol, a hynny am fod gan y cwmni erbyn hyn ddealltwriaeth ddofn o ofynion a disgwyliadau ei gynulleidfa – 'y gynulleidfa go-iawn y maent yn ei gwasanaethu, nid y siwds theatraidd', ys dywedodd Keith Davies. O'r safbwynt hwnnw, diddorol cymharu *Clustie Mawr Moch Bach* â sioe Bara Caws, *Bargen*, am fod y naill a'r llall yn seiliedig ar brofiadau ffurfiannol bwysig ym mywyd eu cynulleidfa, ac yn dangos sut y bu i'r gymdogaeth leol ymdopi â digwyddiadau hanesyddol a effeithiai'n ddwfn ar bobl gyffredin. Defnyddiai'r ddwy sioe yr un ddyfais ganolog er mwyn amlinellu'r digwyddiadau hanesyddol, sef dyddiadur o'r gorffennol a ddarllenir gan gymeriad o'r presennol ac a gaiff ei animeiddio trwy weithredoedd yr actorion. Hanes personol oedd wrth wraidd y ddwy sioe, felly, er bod yr hanes hwnnw wedi'i gyflwyno mewn ffordd a amlygodd gyd-destun cymdeithasol – ac yn achos *Bargen*, economaidd – y gweithredu. Bu'r naill sioe a'r llall hefyd yn gysylltiedig â fformiwla theatraidd o fath. Fel y nodwyd eisoes, credai adolygydd *Clustie Mawr Moch Bach* fod y sioe honno'n dangos dychweliad Theatr Gorllewin Morgannwg at y fformiwla a fu'n dra llwyddiannus iddo yn y gorffennol. Yn yr un modd, roedd *Bargen* yn gyfrifol am lawnsio fformiwla 'cymunedol' Bara Caws yntau i raddau helaeth: gelwyd chwaer-sioe i *Bargen*, sef *Hwyliau'n Codi*, ychydig fisoedd yn ddiweddarach ym 1979, ac adleisiau cyson o'r un fformat droeon yn ystod y blynyddoedd canlynol, fel yn y sioe *O Syr Mynte Hi* ym 1983, a drafodai helyntion y miloedd o ferched Cymreig a fu'n gweithio fel morynion mewn tai bonedd.

Ond roedd elfen arall o bwys wrth wraidd *Clustie Mawr Moch Bach* hefyd – elfen a rannai gyda sioe nesaf Theatr Gorllewin Morgannwg, *Baled y Garreg Ddu* – sef eu bod ill dwy yn addasiadau o waith a gyflwynwyd eisoes gan y cwmni ar ffurf arall. Sioe Saesneg oedd *Clustie Mawr Moch Bach* yn wreiddiol, ac fel sioe theatr mewn addysg y gwelwyd *Baled y Garreg Ddu* am y tro cyntaf yn ôl ym 1990. Cyfaddaswyd ac ymestynnwyd y sioe wreiddiol honno er mwyn teithio'r ddrama trwy Gymru, ond yn ôl ambell sylwebydd roedd pedigri'r sioe fel prosiect theatr mewn addysg eto'n amlwg wrth wylio'r addasiad newydd: 'Mewn Theatr mewn Addysg', meddai Ion Thomas yn *Barn*, 'perthyn symlder i'r stori a'r cymeriadau. Gwelir y nodwedd honno yn amlwg iawn yn y cynhyrchiad hwn', a hynny oherwydd prinder yr 'hiwmor arferol, gyda chynildeb amlwg ar brydiau', ac oherwydd adeiledd anarferol ac anwastad y sioe, 'byr oedd y golygfeydd, a'r rheini'n niferus, wedi eu plethu at ei gilydd gan y faled . . . Tebyg y bydd rhai yn beirniadu strwythur, cerbyd neu fformiwla'r ddrama. Does dim o'i le ar hwnnw, ond y mae angen cig a gwaed ar gymeriadau'r dychymyg os ydynt am gipio'r gynulleidfa.'[75] Cyfarwyddwyd *Baled y Garreg Ddu* gan Carys Tudor, a dyma'r tro cyntaf iddi gyfarwyddo un o sioeau teithiol cenedlaethol y cwmni, er iddi fod yn rhan amlwg o dîm cynhyrchu Theatr Gorllewin Morgannwg ers blynyddoedd fel cynllunydd. Mae'n debyg bod sioe a lwyfannwyd eisoes yn brosiect priodol er mwyn cynnig cyfle i gyfarwyddwraig newydd, ac o'r safbwynt hwnnw, yn ogystal ag o safbwynt cyfaddasu deunydd a fu eisoes ar lwyfan, dangosodd Theatr Gorllewin Morgannwg, yng ngeiriau Menna Baines, pa mor bwysig oedd 'ailgylchu' ei adnoddau yng nghanol y 1990au: 'Er bod y cwmni'n derbyn nawdd gan Gyngor y Celfyddydau, y Sir, y Swyddfa Gymreig a BP,' meddai, 'mae'r gallu i ailgylchu yn gynneddf werthfawr mewn dyddiau o gyni ariannol.'[76]

Roedd 1994 yn flwyddyn arwyddocaol i'r sawl a gyflwynai sioe am fywyd mewn cymdeithas lofaol, am ei bod yn ddeng mlynedd union ers cychwyn streic y glowyr 1984–5. O gofio hynny, ni fedrid peidio ag ystyried effaith y streic ei hun ar y gymdeithas leol, a chrebachiad enbyd y diwydiant – a oedd yn dal i fynd yn ei flaen – yn ystod y degawd hwnnw. Wrth addasu'r sioe theatr-mewn-addysg wreiddiol, talodd y cwmni sylw neilltuol i'r cyfnod diweddar yn hanes y diwydiant glofaol, gan olrhain hanes un teulu o droad y ganrif hyd at flwyddyn y streic, 1984. Eto i gyd, nid sioe hanes oedd *Baled y Garreg Ddu* fel y cyfryw ond stori am y tensiwn rhwng dau frawd a garai'r un ferch – unwaith eto, fe gofir bod thema gymharol debyg yn sioe Bara Caws, *Bargen* – gyda hynt y gymdeithas lofaol yn gefnlen i'r cyfan. Glöwr oedd y naill frawd, un a wasanaethai'r diwydiant yn ddyfalddof ac a arhosai yn y cwm; ond derbyniasai'r llall addysg, ac ymadael â'r cwm er mwyn dod o hyd i waith mwy proffidiol. Y dilema i'r ferch oedd dewis rhwng y glöwr darostyngedig, tlawd neu'r brawd llewyrchus, dewis a greai densiwn theatraidd diddorol rhwng statws economaidd – yn hytrach na statws hanesyddol – y glöwr a'i frawd dosbarth canol. Felly, er i'r sioe ramantu i ryw raddau wrth gyflwyno portread o'r gymdeithas ddiwydiannol, fel y gweddai mae'n debyg i faled, ni chollwyd y dimensiwn cymdeithasol yn llwyr, yn enwedig am fod un o gymariaethau canolog y ddrama, rhwng dirwasgiad y 1930au a chyfnod streic y 1980au, yn dangos sut y medrai menywod y 1980au gymryd rôl lawer mwy amlwg na'u chwiorydd yn y 1930au wrth ymateb i argyfwng y gymdeithas.

Eto i gyd, tamaid i aros pryd oedd y sioe hon o'i chymharu â'r wledd o sioe a gyflwynwyd yn ei sgil, sef yr anferthol *Combrogos*, a gyflwynwyd yn Eisteddfod Genedlaethol Abergele 1995. Roedd fel pe bai Theatr Gorllewin Morgannwg wedi bod yn gweithio tuag at y sioe hon ers tro byd, gan ei bod yn cydblethu nifer o'r elfennau amlycaf yng ngwaith y cwmni a'u chwyddo'n sylweddol. Disgrifiwyd *Combrogos* fel 'opera werin' gan y cwmni,[77] ac fel 'rhywbeth tebyg i *Les Miserables* Cymraeg . . . ond heb y chwyldro' gan Jon Gower.[78] Yn sicr, roedd hon yn sioe dipyn mwy o faint nag a ddisgwylid fel arfer gan y cwmni, a hynny o safbwynt cwmpas syniadol y deunydd yn ogystal â nifer yr actorion yn y cast, ac yn y blaen. Meddai Tim Baker:

> Nid oes lleoliad nac amser i hanes ein Combrogos. O'r gogledd i'r dwyrain, o'r de i'r gorllewin, yr un oedd profiad y gwerinwr o Gymro a'i deulu: ganrifoedd yn ôl, blynyddoedd yn ôl, a ddoe . . . Bu gorthrwm a thlodi ymhob cornel o'n gwlad: a daeth hanes Abram a'i deulu [cymeriadau canolog y sioe], a'i "genhedlaeth fawr" ddim eto i ben.[79]

Fel y gwelir, nid oedd hon yn sioe a ganolai ar brofiad parthau Gorllewin Morgannwg yn unig, ond edrychai yn hytrach ar y berthynas oesol, fel y gwelai Baker hi, rhwng y gweithiwr Cymraeg darostyngedig a'r system a'i gormesai. Gwerthfawrogodd Jon Gower y dehongliad hwnnw'n fawr, gan bwysleisio sut y cyflwynai'r sioe hanes y werin Gymreig i'w chynulleidfa – cam pwysig yn ei dyb ef, 'gan ein bod wedi'n bwydo yn rhy hir gan fersiwn rhywun arall o'n hanes ni ein hunain'.[80]

Roedd y sioe ar raddfa fawr, yn para teirawr a mwy, ac yn cynnwys band cerddorol byw, set 'wedi ei chynllunio gyda gweledigaeth yn ymylu ar y symffonig gan Carys Tudor', a chast o chwech – tipyn mwy nag arfer i Theatr Gorllewin Morgannwg. Ac, er mai trwy gyfrwng hanes teulu y cyflwynwyd naratif y sioe, nid oedd hynny'n cyfyngu nemor ddim ar gwmpas y stori. Dyma waith yn llinach sioeau megis *Six Men of Dorset* gan gwmni 7:84, neu *Gwaed neu Fara* gan Brith Gof, eithr ei fod hefyd yn meddu ar rwysg y ddrama-gerdd gyfoes. Cywasgai'r ddrama ddeunydd hanesyddol amrywiol ac eang i un cynhyrchiad a gynrychiolai ddarostwng a gwadu hawliau a dynoliaeth y werin:

> Gwelwn yr hen ffyrdd o drefnu tir ac eiddo yn cael eu disodli gan ffyrdd newydd – deddfau newydd wedi eu sgrifennu gan y tirfeddianwyr i siwtio'r tirfeddianwyr. A chyfraith newydd i amddiffyn eiddo, fel bod y tyddynwyr yn wynebu carchar am ddwyn cwningen neu lond llaw o gnau oddi ar y coed. Ac mae sawl annhegwch arall. Dynion yn cael eu gorfodi, dan fygythiad, i ymuno â byddin i ymladd rhyfel rhywun arall. Neu'r gosb newydd i'r rhai a dorrai'r gyfraith – eu halltudio i ben draw'r byd a Botany Bay, hynny yw os nad oeddent wedi marw ar y fordaith hir.[81]

Er gwaethaf brwdfrydedd Jon Gower, fodd bynnag – a ymhyfrydai mewn 'perfformiad llawn egni a chaneuon cofiadwy gan y cwmni brwdfrydig hwn' – clywyd ambell gŵyn ynglŷn â'r sioe, nid oherwydd diffyg techneg neu ddiddordeb theatraidd, ond oherwydd diniweidrwydd naïf ei gwleidyddiaeth. Credai Meg Elis, er enghraifft, fod *Combrogos* yn gorgyffredinoli wrth gyflwyno'r 'Cymry *as victims'*, a bod hynny'n duedd gyffredinol ar ran y cwmni yn ei waith mwy diweddar. Wrth adolygu sioe ganlynol y cwmni, *I'r Byw*, nododd fel y bu iddi syrffedu braidd ar ddiffyg cymesuredd a gordeimladrwydd portreadau Gorllewin Morgannwg o ddioddefaint y werin:

> 'Rhy hir, rhy wasgarog, dweud dim byd newydd.' . . . ailbobi geiriau Rhydwen Williams, Richard Llewellyn – a Rhys Davies yn anad neb . . . Yr ydw i wir yn ystyried mynd â'r cwmni i gyfraith dan y Ddeddf Disgrifiadau Masnach am honni bod y perffomiad hwn yn 'edrych yn ôl er mwyn edrych ymlaen.' Does yma ddim edrych ymlaen: consuriwyd y gorffennol yn gywrain ddigon, ond gwelsom hyn oll o'r blaen.[82]

Rhaid nodi, er gwaethaf y feirniadaeth hon, fod Elis yn ei hadolygiad yn dal i ddatgan nad oedd yna 'fawr o sail i wir bryder, gan sicred cred rhywun yn Theatr Gorllewin Morgannwg'; ond mae'n bosibl fod Tim Baker, i enwi ond un o ffyddloniaid y cwmni, fel pe bai'n cydnabod ergyd beirniadaeth Meg Elis, gan iddo benderfynu gadael y cwmni ym 1997, a mynd wedi hynny i weithio fel dirprwy gyfarwyddwr artistig i Glwyd Theatr Cymru yn yr Wyddgrug. Er i Theatr Gorllewin

Morgannwg newid ei arlwy, ei ffurf ac i ryw raddau, ei bolisïau artistig yn ystod y 1990au, roedd y gynulleidfa a'r adolygwyr hwythau, yn sgil llwyddiant ysgubol y chwe sioe gyntaf a deithiwyd yn genedlaethol, fel pe baent yn gwbl benderfynol o ystyried gwaith y cwmni yn ôl 'y fformiwla' gyfarwydd. Roedd hynny'n arwydd o lwyddiant a methiant Theatr Gorllewin Morgannwg, a hefyd o'r her a wynebai unrhyw gyfarwyddwr neu gwmni cydweithredol yn y Gymru gyfoes. Ar y naill law, roedd fformiwla'n beth manteisiol iawn i gwmni theatr Cymraeg am ei fod yn sicrhau bod y gynulleidfa yn gwbl ymwybodol o bolisïau ac arddull y cwmni, ac yn ymwybod â dilyniant ei waith: gwelwyd nifer o gwmnïau Cymraeg tra phwysig cyn 1987 (megis cwmni Theatrig, a drafodir yn y bennod nesaf) yn mynnu osgoi gweithredu fformiwläig o unrhyw fath, ac yn talu pris uchel iawn am hynny o safbwynt cefnogaeth y gynulleidfa Gymraeg yn ei chrynswth. Ar y llaw arall, roedd fformiwla'n anfanteisiol a difaol am ei fod, er gwaethaf ystwythder techneg a hyblygrwydd arddull y cwmni yn ei osod 'mewn slot', ys dywedai Tim Baker ei hun am Theatr Gorllewin Morgannwg: 'Dwi yn poeni weithiau ein bod yn cael ein gosod mewn slot,' meddai ym 1994, 'fel y cwmni sy'n canu lot neu'n gwneud *sequences*. Wnaethon ni ddim penderfynu bod yn slic fel y cyfryw; y gwir yw y gwnawn ni unrhyw beth er mwyn cyflwyno'r stori yn y ffordd fwyaf effeithiol.'[83] Er gwaethaf dadl Baker, fodd bynnag, ni fedrai'r cwmni ymryddhau o'r fagl a greodd iddo'i hun hyd at 1997; ond haedda sylw serch hynny am ddenu cynulleidfa niferus a chyson i'w waith, camp a oedd yn nhyb ambell sylwebydd y tu hwnt i allu unrhyw gwmni erbyn hynny.

Nodiadau

[1] Y 'Blue Blouse' fel y'i gelwid yn Saesneg. Talfyriad o'r termau 'Agitation-Propaganda' yw *agitprop*.
[2] Erbyn diwedd y 1930au, er enghraifft, cyhuddwyd Meyerhold – un o brif artistiaid y chwyldro – o'r pechod mwyaf un yn erbyn realaeth sosialaidd, sef ffurfiolaeth. Fe'i harestiwyd ym 1940, ei garcharu a'i ddienyddio.
[3] John McGrath, *The Cheviot, The Stag and the Black, Black Oil* (Breakish: West Highland Publishing Co., 1975).
[4] Gweler rhagarweiniad Elan Closs Stephens i Theatr Bara Caws, *Bargen* (Llanrwst: Carreg Gwalch, 1995), 14–16; a John McGrath, *A Good Night Out* (Llundain: Eyre Methuen, 1981).
[5] Wilbert Lloyd Roberts, 'Nodiadau Golygyddol', *Llwyfan* (Haf, 1968), 3.

[6] Dyfan Roberts yn 'Nid Ffyr Minks a Bocsys Siocled Ddylai'r Theatr Fod', *Y Cymro*, 22/1/80, 12.
[7] Tim Baker yn Menna Baines, 'Cwmni ar y Groesffordd', *Theatr* (atodiad yn *Barn*, Mehefin, 1996), 35.
[8] Ibid.
[9] Valmai Jones yn 'Nid Ffyr Minks a Bocsys Siocled', 13.
[10] Gwynfor ab Ifor a Gareth Pritchard Hughes, 'Bara Caws yn Cymuneda', *Y Faner*, 27/4/79, 20.
[11] Myrddin ap Dafydd, 'Cam yn Nes at y Bobl', *Y Faner*, 23/11/79, 9.
[12] Aelodau eraill y cwmni oedd Grey Evans, Gwyn Parry, Iestyn Garlick a Cenfyn Evans.
[13] Dyfan Roberts, 'Ifan a'r Actorion', *Llwyfan* (Gwanwyn/Haf, 1976), 18.
[14] Gweler 'Theatr Cymru, Theatr Pawb – Tybed?', *Y Faner*, 9/2/79, 8–9.
[15] Roberts, 'Ifan a'r Actorion', 19.
[16] Wilbert Lloyd Roberts, cyfweliad â'r awdur, Chwefror 1990.
[17] Siôn Eirian, 'Anturio yn y Theatr', *Y Faner*, 22/4/77, 189.
[18] Dyfed Thomas, Stewart Jones, Mari Gwilym a Sharon Morgan oedd yr actorion eraill yn *Croeso i'r Roial*.
[19] Valmai Jones yn 'Nid Ffyr Minks a Bocsys Siocled', 12.
[20] Ibid., 13.
[21] ap Dafydd, 'Cam yn Nes at y Bobl', 9.
[22] Myrddin ap Dafydd, 'Bara Caws a'u Bargen', *Theatr* (atodiad yn *Barn*, Hydref, 1998), 4.
[23] Dyfan Roberts yn 'Nid Ffyr Minks a Bocsys Siocled', 12.
[24] Marion Eames, '1979: Pethau sy'n Aros yn y Cof', *Y Faner*, 18/1/80, 6.
[25] ab Ifor a Hughes, 'Bara Caws yn Cymuneda', 21.
[26] Myrddin ap Dafydd yn y rhagair i Theatr Bara Caws, *Bargen*, 6.
[27] Nodyn golygyddol, *Y Faner*, Rhifyn Nadolig 1979, 7.
[28] Hysbysrwydd y cwmni: codwyd o ab Ifor a Hughes, 'Bara Caws yn Cymuneda', 20.
[29] ap Dafydd yn Theatr Bara Caws, *Bargen*, 6–7.
[30] Valmai Jones yn 'Nid Ffyr Minks a Bocsys Siocled', 12.
[31] 'Sioe Deilwng o'r "Roial" gan Theatr Bara Caws', *Y Cymro*, 26/7/77, 19.
[32] Myrddin Jones yn 'Nid Ffyr Minks a Bocsys Siocled', 13.
[33] Gweler Ann Jellicoe, *Community Plays* (Llundain: Methuen, 1987), neu Ewart Alexander, 'A Community Drama' yn Anna-Marie Taylor (gol.), *Staging Wales* (Caerdydd: Gwasg Prifysgol Cymru, 1997), 76–84.
[34] ab Ifor a Hughes, 'Bara Caws yn Cymuneda', 20.
[35] Ibid.
[36] Dyfyniad o eiriau Bryn Fôn yn 'Cyhuddo "Zwmba" o fod yn Ddi-chwaeth', *Y Cymro*, 30/7/86, 3.
[37] 'Noethni'r Zwmba', *Y Cymro*, 23/7/86, 7.
[38] 'Cyhuddo "Zwmba" o fod yn Ddi-chwaeth', 3.
[39] Llinos Ann Jones, 'Bysedd Bara Caws yn Mowldio Cyflwyniad Gwreiddiol', *Y Cymro*, 26/8/87, 7.
[40] Ibid.
[41] 'Pa Ddyfodol i Hen Ŵr y Theatr Gymraeg?', *Y Cymro*, 29/7/87, 9.
[42] Jones, 'Bysedd Bara Caws', 7.

43 Mared Lewis, 'Lot 103 – Quaint Welsh Chapel', *Barn* (Rhagfyr, 1988), 42.
44 Ibid.
45 Ibid.
46 Ibid.
47 Ibid.
48 Annes Glyn, 'Cefin yn y Canol', *Golwg*, 11/1/90, 26.
49 A adwaenid hefyd fel yr actor Llion Williams.
50 Gwawr Maelor, 'Meiddio Dweud', *Barn* (Mai, 1992), 36.
51 Melfyn Thomas, 'Y Jôc yn Deyrn', *Theatr* (atodiad yn *Barn*, Mawrth 1994), 38.
52 Mared Lewis Roberts, 'Sioe Biws Wallgo', *Theatr* (atodiad yn *Barn*, Mehefin, 1997), 38.
53 Meg Elis, 'Chwarae Saff – a Da', *Theatr* (atodiad yn *Barn*, Medi, 1995), 28.
54 Thomas, 'Y Jôc yn Deyrn', 38.
55 Iwan Edgar, 'Un Bach Arall (Eto)', *Barn* (Chwefror, 1996), 22.
56 Maelor, 'Meiddio Dweud', 36.
57 Gweler Peter Brook, *The Empty Space* (Llundain: MacGibbon & Kee, 1968), 71: 'The Rough Theatre has apparently no style, no conventions, no limitations, . . . The Rough Theatre deals with men's actions, and . . . it is down to earth and direct.'
58 'Chwysu i Greu Chwerthin', *Theatr* (atodiad yn *Barn*, Mehefin, 1997), 29.
59 Yn y cyswllt hwn, mae'n werth nodi bod Sara Harris-Davies a Tim Baker wedi gweithio i Bara Caws yn ystod y 1980au cynnar.
60 Ion Thomas, 'Derbyn y Drefn', *Theatr* (atodiad yn *Barn*, Mai, 1994), 27.
61 'Anelu am y Dwbwl', *Y Cymro*, 23/7/86, 8.
62 Ieuan Llwyd Williams, 'Portread Byw a oedd yn Osgoi'r Ystrydebol', *Y Cymro*, 5/3/86, 10.
63 Ibid.
64 Ibid.
65 Dafydd Arthur Jones, 'Cris Croes Tân Poeth', *Barn* (Medi, 1987), 341.
66 Ibid.
67 Ibid. Peter Walker AS oedd Ysgrifennydd Gwladol Cymru ar y pryd; Peter Wright oedd awdur *Spycatcher*, yr hunangofiant dadleuol a waharddwyd gan y llywodraeth; ac roedd Keith Best yn aelod seneddol dros Ynys Môn.
68 Ion Thomas, 'Theatr y Maes', *Barn* (Medi, 1989), 7, 8.
69 Sioned Webb, 'Iawn os Ydach chi'n Ffan . . .', *Barn* (Tachwedd, 1991), 40.
70 Ibid.
71 Ibid.
72 Ion Thomas, 'Dau Gymeriad – a Mwy', *Barn* (Mawrth, 1993), 17.
73 Baines, 'Cwmni ar y Groesffordd', 34:
74 Keith Davies, 'Celfyddyd sy'n Adloniant', *Theatr* (atodiad yn *Barn*, Rhagfyr, 1993/ Ionawr, 1994), 56.
75 Thomas, 'Derbyn y Drefn', 27.
76 Baines, 'Cwmni ar y Groesffordd', 34.
77 Ibid., 36.
78 Jon Gower, 'Pegynau a Pherthyn', *Theatr* (atodiad yn *Barn*, Medi, 1994), 37.
79 Ibid.
80 Ibid.
81 Ibid.

[82] Meg Elis, 'Bogail-syllu ar Lwyfan', *Theatr* (atodiad yn *Barn*, Hydref, 1996), 29.
[83] Baines, 'Cwmni ar y Groesffordd', 37.

1. Yr Ifanc a Ŵyr: yr anterliwt *Dyrchafiad Dyn Bach* gan John Glyn Owen, addasiad gan Arad Goch o sioe wreiddiol Cwmni Cyfri Tri (Llun: Keith Morris)

2. Cadw'r Chwedlau'n Fywiog: *Taliesin* gan Arad Goch (Llun: Keith Morris)

3. Yr 'Hen Ŵr' ar ei Newydd Wedd?: *DJ Ffawst* gan Bara Caws
(Llun: Keith Morris)

4. Dychanu'r Gymru Newydd: cynhyrchiad Dalier Sylw o ddrama Geraint Lewis, *Y Groesffordd* (Llun: Keith Morris)

5. Diwedd yr Ŵyl: cynhyrchiad Hwyl a Fflag o ddrama Iwan Llwyd, *Hud ar Ddyfed* (Llun: Keith Morris)

6. Y Brif-ffrwd yn ei Gogoniant: *Awê Bryncoch* gan Mei Jones, cynhyrchiad Cwmni Theatr Gwynedd (Llun: Keith Morris)

7. Y Clasurol Cymreig: *Hamlet* gan Theatrig
(Llun: Keith Morris)

8. Nyni yw'r Peiriannau: estheteg ddiwydiannol Brith Gof yn y sioe *Haearn*
(Llun: Pete Telfer)

2

Atgyfodi Theatr Cymru: Theatrig a Chwmni Theatr Gwynedd

Er gwaethaf cyfodiad sydyn y cwmnïau bychain, ymylol yn ystod y 1980au cynnar, ac er gwaethaf tranc Cwmni Theatr Cymru ym 1984, nid aeth yn nos ar y theatr brif ffrwd broffesiynol. Yn wir, ym mlynyddoedd canol y 1980au, gwelwyd dau gwmni'n ymffurfio a fynnai atgyfodi'r theatr honno, fel petai, drwy geisio etifeddu cynulleidfa Cwmni Theatr Cymru. Mynnai'r naill, sef Theatrig, ddatblygu'r math o waith a gyflwynwyd gan Gwmni Theatr Cymru rhwng 1982 a 1984 dan gyfarwyddyd artistig Emily Davies, tra bod y llall, sef Cwmni Theatr Gwynedd, â'i fryd ar adfer y math o waith a gyflwynwyd cyn 1982, pan oedd y cwmni dan gyfarwyddyd Wilbert Lloyd Roberts.

Dengys hynt a helynt gwrthgyferbyniol Theatrig a Chwmni Theatr Gwynedd pa mor rhanedig oedd y gynulleidfa erbyn tua chanol y 1980au, ond dengys hefyd sut y glynodd y mwyafrif at y gwerthoedd bwrgeisaidd a oedd wrth wraidd gweithgarwch a swyddogaeth hanesyddol Cwmni Theatr Cymru. Daeth hynny'n amlwg wrth i Theatrig a Chwmni Theatr Gwynedd ddatblygu i gyfeiriadau gwahanol iawn, a chael llwyddiant o fath gwahanol iawn wrth wneud hynny: llwyddiant artistig yr arloeswr digymrodedd a gâi Theatrig, a llwyddiant poblogaidd y cwmni a fynnai wasanaethu'i gymuned a gâi Cwmni Theatr Gwynedd. Er gwaethaf y gwahaniaeth hwn, fodd bynnag, roedd arlwy dramataidd y naill gwmni a'r llall yn debyg iawn i'w gilydd. Cyflwynai Theatrig ddramâu clasurol y theatr Ewropeaidd, ynghyd â rhai o 'glasuron' y traddodiad theatr Cymraeg ac ambell ddrama newydd o sylwedd a safon; a hynny mewn arddull flaengar (yng nghyd-destun y theatr Gymraeg) yn deillio o waith Bertolt Brecht. Bu rhai o gynyrchiadau'r cwmni yn dra llwyddiannus o safbwynt artistaidd, ac yn ysbrydoliaeth i nifer o gwmnïau ifainc ar y pryd, ond ni lwyddodd cystal o ran denu cynulleidfa gyffredinol, a daeth ei weithgarwch i ben yn gynamserol ym 1990. Cyflwynai Cwmni Theatr Gwynedd yr un arlwy yn union â Theatrig yn y bôn – sef dramâu clasurol, dramâu Cymraeg a dramâu newydd – ond bu'n fwy llwyddiannus o lawer o safbwynt poblogaidd, a daethpwyd i'w gyfri'n weddol fuan fel math ar gwmni theatr cenedlaethol *de facto*. Rhoddwyd mwy o fri ar ei weithgarwch yntau nag a roddwyd ar waith Theatrig gan drwch y gynulleidfa Gymraeg; ac mae'r rhesymau pam y tueddwyd i fabwysiadu'r naill fel cwmni cenedlaethol a pham y gwrthodwyd y llall yn dadlennu cryn dipyn ynghylch natur a chyflwr y theatr Gymraeg yn ystod y 1980au a'r 1990au.

Cwmni â'i wreiddiau'n ddwfn yn ei fro ei hun oedd Cwmni Theatr Gwynedd, cwmni a weithredai ar sail adnabod ei gynulleidfa'n fanwl. Roedd nifer o'r prif ffigyrau yn y cwmni yn rhai a fu'n byw yng nghyffiniau Bangor a gweithio yn Theatr Gwynedd ers blynyddoedd, ac yn gyfarwydd iawn â hanes a gweithgarwch y ganolfan honno. Adnabyddai'r rhain gynulleidfa Theatr Gwynedd yn llwyr, a gwyddent, megis at y sillaf olaf, beth fyddai'n debyg o ddenu a difyrru'r gynulleidfa honno. Er iddo fod yn gwmni cenedlaethol o fath, felly, roedd Cwmni Theatr Gwynedd hefyd i raddau helaeth iawn yn gwmni ei filltir sgwâr ei hun. Ar ben hynny roedd yn gwmni â'i wreiddiau yn ddwfn yn y system theatr ranbarthol Brydeinig. O ran ei arddull theatraidd a'i swyddogaeth gymdeithasol gyffredinol, nid oedd fawr o wahaniaeth rhyngddo a theatrau *rep* rhanbarthol Lloegr, neu hyd yn oed y West End yn Llundain: roedd yn ganoledig, yn broffesiynol ac yn 'gyfreithlon'. Ond, boed yn lleol-Gymraeg neu'n rhanbarthol-Brydeinig, roedd hwn yn ei hanfod yn gwmni a apeliai at gynulleidfa fwrgeisaidd, un a fynnai weld theatr 'o safon uchel' (fel pe bai 'safon' yn bod heb werthoedd neu syniadaeth gymdeithasol neilltuol i'w chanlyn), ac un a fynnai fod y theatr yn fesur o gynnyrch gorau'r fro estynedig a wasanaethwyd gan Theatr Gwynedd. Roedd ei fwrgeisiaeth yn rhan annatod o etifeddiaeth y cwmni. Dilynai draddodiad cynhenid y theatr yng Ngwynedd fel y gwelwyd hwnnw yng nghynnyrch gorau theatr amatur y 1950au a'r 1960au (roedd cwmnïau amatur hanesyddol nodedig yn nalgylch Theatr Gwynedd, gan gynnwys cwmni Theatr Fach Llangefni, Cwmni'r Gegin yng Nghricieth a Chwmni Theatr Eryri yng Nglynllifon); yng nghynnyrch rhai o'r sefydliadau eraill a ddylanwadodd ar dwf y ddrama Gymraeg yn yr ardal, fel y BBC o'i stiwdio ranbarthol ym Mrynmeirion, Bangor; ac yng nghynnyrch Cwmni Theatr Cymru yn ystod y 1960au a'r 1970au. Yn wir, bu'r ddau sefydliad diwethaf yn allweddol bwysig wrth roi gwedd fwrgeisaidd ar y theatr Gymraeg gan iddynt gymryd anian gymdeithasol gynhenid y theatr amatur – y cynhesrwydd bondigrybwyll hwnnw a ddynodai bresenoldeb cymdeithas hunangynhaliol, 'organaidd' – ac impio arni werthoedd y dosbarth canol, gan gynnwys parch at y testun dramataidd drwy ei berfformio'n 'syth', sylw arbennig i lefaru'r Gymraeg yn goeth fel pennaf cyrhaeddiad y cyfrwng, ac yn y blaen. Wrth ddod â'r ddwy agwedd hon at ei gilydd, crëwyd gweithgarwch proffesiynol yn y theatr Gymraeg a haerai gynrychioli gorau'r genedl. Bu Cwmni Theatr Gwynedd yn llwyddiant pendifaddau gerbron cynulleidfa a fynnai wisgo gwerthoedd y dosbarth canol fel lifrai oesol gwir Gymreictod; a phan amddifadwyd y dosbarth hwnnw o'i ddewis theatr ym 1984, mater o amser yn unig oedd cyn i aelodau'r cyfryw ddosbarth ddod at ei gilydd i ailgodi'r to. Molawd i seiri'r gymdeithas honno oedd cynhyrchiad cyntaf Cwmni Theatr Gwynedd ym 1986, sef *O Law i Law* gan T. Rowland Hughes, a chymaint fu ei lwyddiant fel arwyddnod i'r fenter nes iddo orseddu Cwmni Theatr Gwynedd yn gwmni prif-ffrwd teithiol 'cenedlaethol' i'r Gymru Gymraeg ymron yn syth.

Roedd Theatrig yn dra gwahanol. Ar un olwg, prin fod y cwmni'n bodoli fel sefydliad ffurfiol o gwbl. Yn achlysurol y dôi'r aelodau at ei gilydd, pan fyddai arian ar gael ar gyfer cynhyrchiad a phan fyddai actorion y cwmni ar gael i'w cyflogi; ac ni feddai'r cwmni ei system weinyddol barhaol ei hun. Fel Cwmni Theatr Gwynedd, codasai Theatrig o grombil Cwmni Theatr Cymru yn wreiddiol, gan mai wrth weithio i'r cwmni hwnnw y daeth y mwyafrif o aelodau blaenllaw Theatrig at ei gilydd am y tro cyntaf. Eto, yn wahanol iawn i Gwmni Theatr Gwynedd, ni fu'r berthynas hanesyddol rhwng Cwmni Theatr Cymru a Theatrig yn ernes o statws poblogaidd a gwerthoedd bwrgeisaidd y cwmni, gan fod y cynyrchiadau a ddaeth ag aelodau Theatrig ynghyd ymysg y rhai mwyaf dadleuol ac arbrofol a gyflwynwyd erioed gan y cwmni cenedlaethol, cynyrchiadau megis *Tŷ ar y Tywod* gan Gwenlyn Parry a *Tair Chwaer* gan Anton Tsiecof, ill dau ym 1983. Achos y dadlau a'r arbrofi yn y naill gynhyrchiad a'r llall oedd gweledigaeth y cyfarwyddwr ifanc Ceri Sherlock, a geisiodd wyrdroi'r arddull theatraidd a ddisgwyliai'r gynulleidfa Gymraeg gan ei chwmni cenedlaethol, a chodi cwestiynau sylfaenol ynglŷn â pherthynas y gynulleidfa â'r testunau ac â'r theatr brif ffrwd yn ei chrynswth. Ceisiai'r cynyrchiadau hyn ysgogi ymateb effro ac ymroddgar gan y gynulleidfa, ac ymwybyddiaeth ar ei rhan o'i chyfrifoldeb, o flaen dim arall, i *adeiladu* ystyr y profiad theatraidd yr oedd hithau'n rhan ohono. Nid *pecyn* unffurf a chyson ei arddull oedd y digwyddiad theatraidd yn ôl Sherlock ond *profiad* cyfansawdd a adlewyrchai gymhlethdod a diffyg undod profiad yr unigolyn yn y byd go iawn: nid lle i ddianc rhag y byd oedd y theatr, ond lle i gyffroi 'darlleniad' newydd o ddigwyddiadau'r byd. Er mwyn creu theatr a weithredai ar y sail hon, roedd yn rhaid i Sherlock geisio annog y gynulleidfa Gymraeg i weithredu fel 'darllenwyr' realiti – hynny yw, fel pobl a oedd yn ymwybod â realiti fel problem i'w dehongli a'i datrys – yn hytrach nag fel bwrgeiswyr a adnabyddai realiti fel ag yr oedd yn rhinwedd eu 'synnwyr cyffredin' cynhenid, digyfnewid. Yn ôl cyfaddefiad Ceri Sherlock ei hun, methiant fu'r ymgais honno ar y cyfan, gan fod holl strwythur y theatr Gymraeg wedi'i chreu er mwyn hyrwyddo gwerthoedd bwrgeisaidd; ac o'r herwydd nid oedd gobaith i'r gynulleidfa yn ei chrynswth dderbyn Theatrig fel cwmni cenedlaethol i'r un graddau â Chwmni Theatr Gwynedd. Fodd bynnag, llwyddodd Theatrig i ddarbwyllo rhyw gyfran o'r gynulleidfa Gymraeg o werth ei weledigaeth, a bu'r cefnogwyr hynny'n hynod frwd a ffyddlon i gynyrchiadau'r cwmni rhwng 1984 a 1990. Yng ngwaith Ceri Sherlock, gwelsant ddyfeisgarwch, deifioldeb a thrylwyredd wrth ddehongli dramâu clasurol nas cafwyd o'r blaen gan gyfarwyddwr Cymraeg; a hyd yn oed pe na bai gweledigaeth Theatrig yn boblogaidd, credent fod y cwmni'n werth ei gefnogi am ei fod yn berthnasol i'r oes gyfoes.

Yn fras, megis, dyna'r gwahaniaeth rhwng y ddau gwmni. Eironi'r sefyllfa, wrth gwrs, oedd fod y ddau a fu'n gyfarwyddwyr ar Theatrig a Chwmni Theatr Gwynedd hyd at 1997 i raddau helaeth yn cydnabod ac arddel yr un math ar safonau theatraidd. Roedd y naill, sef Ceri Sherlock, er nad yn academydd o ran galwedigaeth, yn sicr yn 'academaidd' o ran ei ffordd o ddarllen a dehongli dramâu: tra'n cyfarwyddo, ni pheidiodd â defnyddio'r sgiliau a'r egwyddorion hynny y bu'n eu meithrin wrth raddio mewn diwinyddiaeth (gyda diddordeb arbennig yng Ngroeg y Testament Newydd). Bu'r llall hefyd, sef Graham Laker, cyfarwyddwr sioeau Cwmni Theatr Gwynedd rhwng 1986 a 2001, a'i gyfarwyddwr artistig parhaol rhwng 1990 a 1997, yn ddarlithydd drama yng Ngholeg Prifysgol Gogledd Cymru Bangor cyn iddo fentro ar gyfarwyddo fel galwedigaeth. Fel Sherlock, roedd Laker yn gyfarwyddwr o arddeliad. Credai fod cyfarwyddo'n alwedigaeth lawn ynddi'i hun, ac ni fuasai ef na Sherlock yn ymwneud â'r theatr mewn unrhyw faes proffesiynol arall erioed (fel actorion neu ddylunwyr, er enghraifft) – arfer a aethai'n fwyfwy prin erbyn tua chanol y 1980au. Oherwydd hynny, tueddai'r naill a'r llall i ymneilltuo oddi wrth y gymdeithas Gymraeg i ryw raddau: treuliai Sherlock gryn dipyn o'i amser yn Lloegr yn cyfarwyddo dramâu ac operâu i amryw gwmnïau yno, tra bod Laker, er iddo ddysgu Cymraeg ac ymhyfrydu yn nhraddodiad y ddrama Gymraeg (a aethai'n anghofiedig gan lawer i Gymro glân), yn ddrwgdybus o gefnogaeth anfeirniadol i'r 'pethe' Cymraeg ac yn gyndyn i uniaethu'n llwyr â'r gynulleidfa a wasanaethid gan Theatr Gwynedd ym Mangor. Credai'r naill a'r llall fod gweithio yn y theatr yn gofyn gwrthrychedd yn ogystal ag ymroddiad i wasanaethu cynulleidfa, a chredent hefyd fod rhaid diwyllio a herio'r gynulleidfa honno o bryd i'w gilydd. Roedd hynny'n rhan amlwg o waith Ceri Sherlock; ac er nad âi ati'n fwriadol i gyffroi'r gynulleidfa, roedd cymhlethdod ac oblygiadau syniadaethol ei ddehongliad o ddramâu Cymraeg a chlasurol yn dueddol o ennyn dadleuon beth bynnag. Roedd Graham Laker yntau yn gyfarwyddwr a fynnai ehangu profiad y gynulleidfa Gymraeg brif ffrwd; ac er y gwelwyd ef yn cyfaddawdu droeon ar y mater hwn wrth gyflwyno gwaith poblogaidd ei naws ar gyfer Cwmni Theatr Gwynedd, mae'n werth nodi mai un o brif nodweddion gyrfa Laker oedd y ffaith iddo fod yr un mor drwyadl ac ymroddedig i'w grefft wrth gyfarwyddo *Awê Bryncoch* ag ydoedd wrth gyfarwyddo *Y Cylch Sialc* gan Brecht, neu *Y Gelli Geirios* o waith Tsiecof; a diau fod hynny ynddo'i hun yn wers theatraidd o fath i'w gynulleidfa. Dylid cofio hefyd y bu'n rhaid i Sherlock yntau gyflwyno cryn dipyn o waith poblogaidd nad oedd wrth ei fodd yn ystod ei yrfa; eithr yn Lloegr y gwnaeth hynny gan mwyaf, er mwyn ennill bywoliaeth rhwng y cynyrchiadau hynny y rhoddai bwys arnynt fel artist, sef cynyrchiadau'r Actors' Touring Company, gwaith operatig a chynyrchiadau cwmni Theatrig.

Gwelwn, felly, mai yn y modd y derbyniwyd eu gwaith gan y gynulleidfa y ceid y gwahaniaeth mawr rhwng Theatrig a Chwmni Theatr Gwynedd, ac nid ym mhroffil a gweledigaeth eu cyfarwyddwyr fel unigolion. Gwraidd y gwahaniaeth rhwng y ddau gwmni oedd diffyg parodrwydd y gynulleidfa Gymraeg yn ei chrynswth i dderbyn theatr a fynnai fod y berthynas rhwng darllenydd a thestun – a chan hynny, rhwng cynulleidfa a drama – yn un broblematig yn ei hanfod. Er bod aelodau'r gynulleidfa Gymraeg, bid siŵr, yn ddigon parod i dderbyn nifer o syniadau reit soffistigedig am gyflwr y byd modern wrth wylio rhaglenni teledu neu wrth wylio ffilmiau Seisnig, nid oeddynt fel petaent yn fodlon cydnabod y cymhlethdodau hynny wrth iddynt wylio darnau o theatr yn eu hiaith eu hunain. Mynnent ddal eu gafael yn hytrach ar y gwerthoedd treuliedig hynny a fu'n rheoli swyddogaeth gymdeithasol a diwylliannol y theatr Gymraeg ers cenhedlaeth a mwy.

Theatrig

Pan fethdalodd Cwmni Theatr Cymru ym 1984, wynebai darparaelodau Theatrig her aruthrol. Roeddynt eisoes wedi cydweithio ar ddau gynhyrchiad dan gyfarwyddyd Ceri Sherlock ac wedi'u cyffroi yn ddirfawr wrth wneud hynny. Bellach, heb gwmni a ymroddai i gynhyrchu'r fath waith, roedd yn rhaid penderfynu datblygu'r hyn a ddechreuwyd ganddynt ar eu liwt eu hunain neu roi'r gwaith hwnnw heibio'n llwyr. Ymrwymasant felly i gydweithio fel cwmni (a elwid yn gwmni P:84 ar y dechrau) er mwyn cyflwyno cyfres o ddarnau byrion ar gyfer Eisteddfod Genedlaethol Llanbedr Pont Steffan, a cheisio trefnu prosiectau pellach ar sail y fenter honno.

Roedd y grŵp hwn wedi cydweithio er 1983,[1] pan dderbyniodd Ceri Sherlock wahoddiad oddi wrth gyfarwyddwr artistig Cwmni Theatr Cymru, Emily Davies, i baratoi nifer o gynyrchiadau arbrofol eu naws. Bwriad Davies oedd adnewyddu Cwmni Theatr Cymru trwy greu rôl a phroffil newydd iddo, ac i'r perwyl hwnnw, rhoddodd rwydd hynt i Sherlock a'i actorion greu rhywbeth newydd ac annisgwyl. Ffrwyth y fenter hon, fel y nodwyd eisoes, oedd addasiad o *Tŷ ar y Tywod* gan Gwenlyn Parry, a *Tair Chwaer*[2] gan Tsiecof, dau gynhyrchiad a ysgogodd lu o wahanol fathau ar ymateb, gan gynnwys cefnogaeth frwd ('Mor braf ydoedd cael . . . perfformiad graenus a chynhwysfawr a hynny gan gwmni o actorion ifanc a phrofiadol', meddai un llythyrwr yn *Y Cymro*),[3] dryswch a chondemniad ('fedrwn i ddim yn fy myw ddilyn unrhyw stori' / 'Buasai'n well imi fod wedi aros gartref i wneud y smwddio', medd un arall),[4] neu'r cyfan, yn gymysg oll i gyd, fel yn achos adolygydd *Y Cymro*, Glyn Evans:

> Cymeradwyai'r ddynes a eisteddai wrth fy ochr i fel pe bai'n mynd i fod heb ddwylo 'fory. Soniodd rhywun arall mai 'rybish' oedd y peth . . . synnwn i nad oedd y ddwy yn iawn.[5]

Cyffrowyd Sherlock gan y profiad o gyflwyno'r dramâu hyn, ac, er gwaetha'r elfen negyddol yn ymateb y gynulleidfa, mynnodd weithio yn yr un ffordd wrth gyflwyno cynyrchiadau Theatrig, yn y gobaith y deuai mwy a mwy o aelodau'r gynulleidfa i werthfawrogi techneg y cwmni a'r egwyddorion y tu ôl i hynny.

Cyflwynwyd tair drama gan gwmni P:84 yn Eisteddfod Llanbedr Pont Steffan, sef *Julia*[6] gan Strindberg, *Yr Arth*[7] gan Tsiecof, a darlleniad o ddrama Gymraeg newydd, sef *Bivouac* gan Meirion Pennar. Ystyrir *Julia*, y ddrama a ddewiswyd i'w theithio yn ystod yr hydref canlynol dan enw Theatrig, yn un o glasuron y ddrama naturiolaidd Ewropeaidd; ond yng nghynhyrchiad Sherlock tanseiliwyd yr arddull naturiolaidd ddisgwyliedig, ynghyd â'r gwerthoedd cymdeithasol a oedd yn sail i'r ddrama, trwy leoli'r cynhyrchiad ym marchnad wartheg Llanbedr Pont Steffan.[8] Nod Sherlock oedd rhoi sioc i'r gynulleidfa, a'i chymell i ystyried y ddrama mewn ffordd gwbl newydd. Yn benodol, mynnai herio'r syniadau arferol am y berthynas rhwng y dramodydd a'i ddeunydd, a hefyd am y gwerthoedd ac arferion sathredig hynny a oedd yn sail i'r theatr brif-ffrwd gonfensiynol. Oherwydd anghydnawsedd y gofod dewisedig, gorfodwyd i'r gynulleidfa ailystyried natur y ddrama, y berthynas garwriaethol a chymdeithasol rhwng Jean (Richard Elfyn) a Julia (Rhian Morgan), ac arwynebolrwydd dehongliad confensiynol y theatr brif ffrwd o ddramâu mawr y mudiad naturiolaidd. Yn hynny o beth, soniodd Sherlock am ei fwynhad o glywed llefaru iaith goeth y ddrama, a gweld moesau ac *angst* bwrgeisaidd y cymeriadau yn cael ei gyflwyno 'o fewn hoglau *piss* a chachu' gwartheg.[9]

Collwyd yr elfen ddeifiol hon pan deithiodd y ddrama i theatrau ledled Cymru rai misoedd yn ddiweddarach,[10] ond, er gwaethaf hynny, roedd olion techneg theatraidd Ceri Sherlock i'w gweld o hyd. Dynododd set y cynhyrchiad gegin ym mhlasdy Julia, ac roedd arni nifer o gelfi naturiolaidd – bwrdd a chadeiriau cegin, llestri a stôf go iawn, ac yn y blaen. Ond methodd y set â chyrraedd hyd at ymylon y llwyfan, a dinoethwyd ochrau'r llwyfan a'r awditoriwm er mwyn datgelu'r holl offer a gedwid yno. Sicrhawyd gan hynny fod anghydnawsedd sylfaenol rhwng realiti ymddangosiadol y gegin a'r ffaith amlwg mai set theatraidd oedd y cyfan – ni allai'r gwyliwr anwybyddu'r naill elfen na'r llall. Fel yn y farchnad yn Llanbedr, ceisiai Sherlock – ynghyd â'i gynllunydd, Richard Aylwin – greu llwyfan a gyfosodai ddau wahanol fath ar realiti, ac a gymhellai'r gynulleidfa i ymateb yn oddrychol a gwrthrychol, yn emosiynol ac yn ddeallusol, i'r cynhyrchiad.

Roedd techneg Ceri Sherlock yn drwm dan ddylanwad gwaith Brecht a'i 'ddisgynyddion' yn y theatr gyfoes Almeinig, megis Peter Stein a Ruth Berghaus. Yng ngwaith Brecht, cafwyd ymdrech gyson i ysgogi'r un 'gweld cymhleth' ag a geid yn *Julia* gan Theatrig, trwy greu gwrthgyferbyniad cyson rhwng y gweithredoedd ar y llwyfan a'u cyd-destun theatraidd a chymdeithasol. Credai Ceri Sherlock fod yr egwyddor hon yng ngwaith Brecht, a'r technegau a greodd er mwyn ei chyflawni (gan gynnwys yr enwog *Verfremdungseffekt*), yn rhoi iddo statws uchel iawn ymhlith cyfarwyddwyr ac arloeswyr theatraidd yr ugeinfed ganrif. Ond nid ar sail ei ddyfeisgarwch technegol yn unig yr edmygai Brecht, eithr ar sail ei gred ym mhotensial a phwysigrwydd theatr fel ffurf ar gelfyddyd. I Brecht, roedd y theatr yn amgenach peth o dipyn na chyfrwng adloniant; roedd hefyd yn fodd i ddatgelu ac ymwybod â holl gymhlethdod a chyffro realiti cymdeithasol. Dim ond yn y theatr, tybiai Brecht, y gellid canfod y realiti hwnnw mewn gwirionedd, ond er mwyn gwneud hynny, rhaid oedd ymwrthod â rhai o draddodiadau hanesyddol y theatr – yn enwedig felly'r egwyddorion Aristotelaidd hynny a fu wrth wraidd y ddrama glasurol a'r ddrama drasig ers canrifoedd – a cheisio ymwybod â'r cyfrwng mewn ffordd newydd. Roedd dwy elfen yn hanfodol bwysig er mwyn gwneud hynny: yn gyntaf oll, rhaid creu 'dieithriad' o ryw fath a ysgogai weld cymhleth ar ran y gynulleidfa; ac yn ail, rhaid *amrywio'r* technegau a'r ffurf theatraidd a ddefnyddid yn gyson. Datblygwyd y ddwy egwyddor hyn yng ngwaith Brecht wrth iddo hyrwyddo agenda radical-aidd adain chwith a cheisio gwrthsefyll dylanwad difaol Natsïaeth ar ddiwylliant a gwleidyddiaeth yr Almaen. Yn ei ddramâu, cyfosodai ddeialog, monolog a chân, gan gyflwyno bywyd ei gymeriadau fel cyfres o ddadleuon cymdeithasol deinamig yn hytrach nag fel profiad unffurf, cytbwys a gorffenedig. Amrywiodd ffurf ei waith yn sylweddol yn ystod ei yrfa, gan ddefnyddio neu ddyfeisio pa ffurf bynnag a oedd yn briodol ar gyfer amgylchiadau cymdeithasol a gwleidyddol yr oes; o fynegiadaeth nihilistaidd *Baal* (1922), i theatr epig wrth-Aristotelaidd yr *Opera Pisyn Tair* (1928), i *Lehrstück* neu 'ddramâu dysgu' y 1930au cynnar, i'r hyn a elwid yn 'barablau' theatraidd ei gyfnod olaf, gan gynnwys *Person Da Setswan* (1940) ac *Y Cylch Sialc* (1949). Fel y dywed Terry Eagleton, bwriad Brecht oedd dangos i'r gynulleidfa fod bywyd go iawn, a'r theatr hithau, yn brofiadau anghyson, pragmataidd a dadleuol:

> Brecht's practice is not to dispel the miasma of 'false consciousness' so that we may 'fix' the object as it really is, it is to persuade us into living a new discursive and practical relation to the real. 'Rationality' for Brecht is thus indissociable from scepticism, experiment, refusal and subversion.[11]

Yn yr un modd, ni ellir dweud bod 'arddull' fel y cyfryw i waith Ceri Sherlock yntau: cyfres o egwyddorion oedd ganddo, ymrwymiad i greu gwrthgyferbyniad effeithiol, digamsyniol rhwng cynnwys y ddrama a lwyfennid a'r technegau a ddefnyddid er mwyn gwneud hynny. Ar un olwg yn y cyd-destun Prydeinig, nid oedd fawr newydd yn hyn. Roedd syniadau Brecht wedi dylanwadu'n sylweddol ar gwmnïau theatr yn Lloegr a'r Alban ers canol y 1950au o leiaf, pan welwyd cwmni Brecht, y Berliner Ensemble, yn perfformio yn Llundain wythnosau'n unig ar ôl ei farwolaeth ef ei hun; a chafwyd ambell gynhyrchiad o ddramâu Brecht yng Nghymru hefyd, gan gynnwys cynhyrchiad amatur nodedig yn Theatr Fach Llangefni o'r ddrama *Mother Courage and her Children* ym 1957. Ond roedd difrifoldeb Sherlock wrth fabwysiadu egwyddorion theatraidd Brecht, a'i gred fod y rheini'n fodd i ddatgloi ystyr theatraidd rhai o ddramâu mwyaf y traddodiad Ewropeaidd, yn syfrdanol newydd ac yn her ddigamsyniol i'r gynulleidfa Gymraeg. I'r perwyl hwnnw, mynnodd Sherlock mai fel trosiad cyfoes o'n ffordd o ganfod y byd, ac fel arf i gymell y gynulleidfa i weld y byd mewn ffordd newydd, y dylid defnyddio'r theatr, ac nid fel sefydliad cymdeithasol a fyddai'n dilysu neu 'gyfreithloni' un olwg neilltuol ar y byd. Fel yr awgryma Terry Eagleton uchod, roedd theatr i Brecht yn ffordd o weld y byd yn ei grynswth, o gynrychioli ac ysgogi holl gynnwrf, dryswch a dyfeisgarwch y broses o ymwybod â realiti. Dyheai Sherlock am greu theatr a gyflawnai'r un swyddogaeth â theatr Brecht ei hun, a gresynai fod Cymru yn genedl na ddysgodd barchu'r cyfrwng yn llawn. 'Rhaid cofio', meddai mewn cyfweliad ym 1991, 'fod theatr yn ffordd o fynegi, ffordd unigryw o fynegi teimladau dyn';[12] ac fe ymdynghedodd o blaid 'theatr fel rhywbeth pwysig, hanfodol, i ddatblygiad ein syniad ni o berson Cymraeg'. Ychwanegodd mai'r broblem fwyaf i theatrgarwyr Cymraeg oedd '[nad oedd] *rhaid* i'r theatr Gymraeg . . . does dim *rhaid* bod dyn yn mynegi drwy'r theatr i fod yn Gymro'.[13] Yn hynny o beth, nid oes dwywaith mai fel 'prosiect' hunaniaeth y dehonglwyd Theatrig gan Ceri Sherlock a'i gyd-aelodau.

Tua diwedd 1985, troes Theatrig at un o 'glasuron' y llwyfan Cymraeg, sef *Blodeuwedd* gan Saunders Lewis. Fel yn *Julia*, rhoddwyd gwedd newydd ar y ddrama hon er mwyn pwysleisio rhai o'i nodweddion pwysicaf o safbwynt theatraidd. Rhannwyd *Blodeuwedd* yn ddwy er mwyn adlewyrchu'r ffaith fod y ddwy act gyntaf wedi eu cyfansoddi ym 1923 a 1925, a'r ddwy act olaf heb eu cwblhau tan 1948. Credai Ceri Sherlock fod y bwlch yn hanes cyfansoddi'r ddrama yn un arwyddocaol am fod cymaint wedi digwydd rhwng 1925 a 1948 a fu o bwys i

Saunders Lewis ei hun ac i'r byd – ffurfio'r Blaid Genedlaethol, llosgi'r ysgol fomio a'i garcharu am naw mis, a'r Ail Ryfel Byd. At hynny, credai fod arddull ddramataidd hanner cyntaf *Blodeuwedd* yn wahanol yn ei hanfod i'r ail. Roedd iddi ffresni a chryn ddyfeisgarwch ym 1925, yn adlewyrchu arbrofion blaengar yr oes, megis rhai W. B. Yeats wrth iddo yntau roi gwedd y theatr Siapaneaidd ar chwedlau hynafol Iwerddon; ond erbyn 1947, roedd Lewis wedi chwerwi i raddau helaeth gan iddo deimlo bod ei genadwri fel gwleidydd a llenor wedi'i gwrthod yn llwyr gan y Cymry, a chan fod beiddgarwch arbrofol ac optimistiaeth gymharol y 1920au bellach yn debycach i naïfrwydd a hunan-dwyll. O wybod hyn, credai Ceri Sherlock mai dibwys oedd ceisio ymwybod â *Blodeuwedd* fel cyfanwaith unffurf, ac, er mwyn pwysleisio'r ffaith honno, gwelwyd newid sylweddol yn arddull y llwyfannu hanner ffordd drwy gynhyrchiad Theatrig.

Cyflwynwyd hanner cyntaf y ddrama ar lwyfan isel, cymharol foel, mewn arddull a ymdebygai i'r theatr Siapaneaidd *Kabuki*. Daethpwyd ag elfennau coreograffig dwyreiniol eu naws i mewn i'r digwydd hefyd, fel y ddawns gan ffigwr anhysbys mewn gwisg euraid a ymgorfforai'r nwyd a dyfodd rhwng Blodeuwedd (Betsan Llwyd) a Gronw Pebr (Richard Elfyn). Roedd ail hanner y cyflwyniad dipyn yn fwy realaidd ei naws: er enghraifft, defnyddiwyd coed a phlanhigion go iawn i ddynodi'r goedwig a dyfasai oddeutu a thu ôl i'r cawg lle y lleddir Llew Llaw Gyffes; ac, ar ei ddychweliad o'r 'meirw' yn Act IV, gwisgwyd Llew mewn siwt gyfoes, barchus-Biwritanaidd yr olwg, dyfais drawiadol a roddai deimlad o gyfnod hanesyddol a chyddestun cymdeithasol penodol i'r gweithredu am y tro cyntaf. Bu'r newid sydyn hwn yn arddull weledol *Blodeuwedd* rhwng yr hanner cyntaf a'r ail hanner yn gyfrifol am greu gwrthgyferbyniad amlwg; ac o ganlyniad, fel yn *Julia*, cymhellwyd y gynulleidfa i werthfawrogi'r ddrama ei hun a'r dehongliad theatraidd ohoni ar yr un pryd.

Blodeuwedd oedd y ddrama glasurol Gymraeg gyntaf i'w chyflwyno gan Theatrig, ac roedd hynny ynddo'i hun yn gam pwysig, am iddo ddangos sut y mynnai'r cwmni adolygu rhai o ddramâu Cymraeg mwyaf adnabyddus yr ugeinfed ganrif, a'u cymharu â chlasuron modern Ewrop. Awgrymai'r cynhyrchiad hwn o'i ddrama enwocaf fod Saunders Lewis yn ffigwr o bwys ar lefel Ewropeaidd, a bod i'w ddrama aeddfedrwydd a meistrolaeth dechnegol i'w cymharu â *Julia* August Strindberg. Awgrymai hefyd fod y ddrama'n ddigon gwydn o safbwynt theatraidd i wrthsefyll adolygiad radical yn null Brecht. Bu beiddgarwch a radicaliaeth Theatrig yn hyn o beth yn gaffaeliad mawr i'r theatr Gymraeg, am iddo awgrymu bod hyder a menter y theatr ar gynnydd, a bod yr amser wedi dod i hawlio lle iddi ymhlith theatrau cyfoes Ewrop a'r byd. Bu *Blodeuwedd* hefyd yn gynhyrchiad pwysig oherwydd amseriad y cynhyrchiad ei hun. Ychydig wythnosau cyn cychwyn ar y daith, bu farw Saunders Lewis, ac o ganlyniad denodd y ddrama gynulleidfaoedd sylweddol ar hyd a lled y wlad – yn wir, *Blodeuwedd* (ynghyd â *Godot*, a gyfarwyddwyd gan Rhys Powys ym 1988)[14] oedd cynhyrchiad mwyaf poblogaidd y cwmni yn ôl maint y gynulleidfa. Wrth gwrs, roedd cynhyrchiad Theatrig yn amgenach peth na theyrnged amserol i'r dramodydd, ond rhaid nodi bod y cyd-ddigwyddiad hwn wedi rhoi hwb sylweddol i gynhyrchiad Theatrig yn Hydref–Tachwedd 1985, am fod y gynulleidfa yn barod i adolygu ac ailystyried gwaith Saunders Lewis yn sgil ei farwolaeth, ac yn barod hefyd i ystyried ei gyfraniad a'i gymunrodd i'r theatr Gymraeg.

Ni allai'r gynulleidfa a welodd y ddau gynhyrchiad hyn o eiddo Theatrig – sef *Julia* a *Blodeuwedd* – fethu â sylweddoli bod y cwmni hwn yn wahanol iawn ei amcanion a'i weledigaeth i'r rhan fwyaf o gwmnïau proffesiynol Cymraeg. Rheolwyd y naill gynhyrchiad a'r llall yn llwyr gan weledigaeth y cyfarwyddwr, ac ymwrthododd y ddau â'r parch ymhongar hwnnw a roddir fel arfer i'r clasuron yn y theatr brif ffrwd fwrgeisaidd. Ymosodai'r ddau gynhyrchiad ar werthoedd y brif ffrwd, gan awgrymu'n gryf fod y theatr honno'n twyllo'i chynulleidfa i dderbyn y cyfan a welai fel rhyw fath ar synnwyr cyffredin theatraidd, nad oedd modd na phwrpas ei feirniadu am nad oedd unrhyw ffordd arall o weithredu i'w chael. Ymddangosai arddull a gwerthoedd y brif ffrwd yn oesol ac anochel am iddynt wadu dilysrwydd pob math arall ar theatr. Bu Ceri Sherlock yn arbennig o feirniadol o Gwmni Theatr Cymru yn y cyswllt hwn, gan haeru ei fod yntau, trwy gydol ei yrfa, wedi bodloni ar gyffredinedd arwynebol a hunangyfiawn, gan 'golli cysylltiad â realiti bywyd yn gyffredinol, a throi'n addas ar gyfer mynegi realiti y theatr yn unig'.[15] Rhyfedd nodi'r pwynt olaf hwn ar un olwg, a Theatrig yn gwmni a grëwyd er mwyn ceisio etifeddu cynulleidfa Cwmni Theatr Cymru a cheisio diwygio a datblygu ei phrofiad o'r theatr. Fodd bynnag, fel y gwelir eto maes o law, ni fu Theatrig yn llwyddiannus yn hyn o beth, ac, erbyn 1991, roedd Sherlock yn ddigon chwerw am y gwerthoedd a waddolwyd i'r theatr Gymraeg gan y cwmni cenedlaethol:

> Fe ddylai fod wedi bod yn help. Doedd e ddim yn help, oherwydd . . . bod Cwmni Theatr Cymru wedi gweithio ar sentimentalrwydd amatur y

theatr yng Nghymru, ac wedi gweithio ar amcan y *lowest common denominator* o ran bwydo'r gynulleidfa efo adloniant....[16]

Diddorol, yn sgil y feirniadaeth hon, yw ystyried sut y ffurfiwyd ac yr ymgorfforwyd polisi artistig y ddau gwmni hyn gan waith a gweledigaeth eu cyfarwyddwyr. Wrth gymharu statws Ceri Sherlock a Wilbert Lloyd Roberts o fewn eu cwmnïau eu hunain, gwelir cryn debygrwydd rhyngddynt ar sawl golwg: yn sicr, yn ystod dyddiau cynnar y naill gwmni a'r llall, gweledigaeth y cyfarwyddwr oedd craidd a chrynswth eu gweithgarwch. Ond ni weithient yn yr un ffordd o gwbl, ac mae'n debyg y byddai'r naill a'r llall yn feirniadol o egwyddorion ei gilydd ar sawl cyfrif. Yn sicr, roedd cefndir artistig y ddau yn wahanol iawn i'w gilydd. Cyn ymuno â Chwmni Theatr Cymru, treuliasai Ceri Sherlock brentisiaeth fel cyfarwyddwr cynorthwyol gyda Chwmni Opera Cenedlaethol Cymru, a bu ei gyfnod gyda'r cwmni opera yn gaffaeliad mawr iddo fel cyfarwyddwr, am iddo gydweithio â nifer o gyfarwyddwyr rhyngwladol o bwys yn y maes hwnnw, gan gynnwys y Romaniad enwog, Andrei Serban. Fodd bynnag, y ddau gyfarwyddwr a fu fwyaf dylanwadol arno, heb os, oedd y rheini a ddatblygodd waith Bertolt Brecht yn yr Almaen, sef Ruth Berghaus, cyfarwyddwr y Berliner Ensemble wedi marwolaeth Brecht, a Peter Stein, cyfarwyddwr athrylithgar y Schaubühne yng ngorllewin Berlin. Roedd Stein yn anterth ei nerth fel cyfarwyddwr ar ddechrau'r 1980au, ac wedi llywio ei gwmni trwy ddegawd o arbrofi radicalaidd o ran gweinyddiaeth ymarferol a gweledigaeth gelfyddydol. Gweithiai'r Schaubühne fel cwmni cydweithredol sosialaidd, ac o ganlyniad cymerai agwedd ymwthiol tuag at y testunau a gyflwynai a'r modd o'u cyflwyno. Pan aeth Sherlock i'r Schaubühne am gyfnod fel 'Hospitant' (ymwelydd gwadd) yn ystod cynhyrchiad Peter Stein o *Tair Chwaer* gan Tsiecof ym 1984, bu crefft a deallusrwydd yr Almaenwr, ynghyd â'i gymhwysiad beiddgar o syniadau Brecht, yn ysbrydoliaeth ddigamsyniol iddo; a gwelwyd Sherlock yn arddel a chymhwyso nifer o'r arferion a'r dyfeisiau a welsai yn y Schaubühne wrth baratoi cynyrchiadau cwmni Theatrig. Ar y llaw arall, yn y BBC y cafodd Wilbert Lloyd Roberts ei hyfforddi fel cyfarwyddwr, yn yr Adran Ddrama Gymraeg ym Mrynmeirion, Bangor. Wrth weithio gyda'r BBC, cafodd Lloyd Roberts ei drwytho yn y gwerthoedd hynny a oedd yn sail i gynnyrch dramataidd y gorfforaeth, sef naturioldeb lleferydd a glendid mynegiant, ac ymwybyddiaeth o safonau dramataidd 'clasurol' a ddeilliai o waith gorau'r theatr Shakespearaidd yn Lloegr – yn sicr, nid ysgogwyd Lloyd Roberts i feddwl am y theatr fel arf gwleidyddol neu ddrych o brofiad ymwybodol yr unigolyn.[17] Wrth amlinellu polisïau cynnar Cwmni Theatr Cymru yn ystod y 1960au, er enghraifft, gosododd bwyslais arbennig ar lendid mynegiant a lleferydd ei actorion, ac ar ddefnydd llafar 'clasurol' o'r iaith; ac roedd ymgais i greu iaith 'glasurol' a oedd yn naturiol ond eto'n dderbyniol gan y genedl gyfan yn fater o gryn bwys i ddarlledwyr radio'r BBC.[18] Roedd y pwyslais ar leferydd hefyd yn adlewyrchu uchelgais gymdeithasol fwrgeisaidd, ac awydd y dosbarth hwnnw i geisio 'safon' unffurf ym mhopeth heb gydnabod bod safonau o'r fath yn annatod glwm wrth werthoedd cymdeithasol neilltuol.

Gwelir, felly, sut yr arweiniwyd y naill gyfarwyddwr a'r llall i gyfeiriadau celfyddydol tra gwahanol oherwydd eu cefndir proffesiynol ac oherwydd eu dehongliad o rôl gymdeithasol y theatr. Amlygwyd y gwahaniaeth hwnnw unwaith eto ym mis Chwefror 1987, pan lwyfannwyd addasiad Theatrig o ddrama fawr Ibsen, *Peer Gynt*. Yn *Peer Gynt*, dangosodd Ceri Sherlock ei awydd i drin dramâu clasurol y traddodiad modern Ewropeaidd mewn ffordd radical a herfeiddiol, yn union fel y gwnaethai'r rheini a edmygai fwyaf, sef Brecht a Peter Stein. Roedd dylanwad Stein ar gynhyrchiad Theatrig o *Peer Gynt* yn arbennig o bwysig, gan ei fod ef ei hun wedi cyfarwyddo fersiwn arloesol o'r ddrama honno ar ddechrau ei yrfa gyda'r Schaubühne ym 1971. Roedd y cynhyrchiad hwnnw gan Stein yn un anferthol ei hyd – tua chwe awr a hanner, wedi rhannu dros ddwy noson – ond yn gymharol syml ei arddull, gan fod y cyfarwyddwr wedi trin y ddrama fel stori antur o flaen dim arall. Roedd iddo elfen gref o feirniadaeth wleidyddol hefyd, am fod Stein wedi gweld yng nghymeriad a thaith bywyd Peer Gynt holl hunan-dyb a hunan-dwyll y mân-fwrgeisydd, a gwacter ystyr affwysol bywyd dyn o dan y system gyfalafol. Fel cynhyrchiad Stein, roedd *Peer Gynt* Ceri Sherlock ar gyfer Theatrig yn un hirfaith: parai'r cynhyrchiad bedair awr a mwy, a gosodwyd yr un pwyslais ynddo ar deithio ag a welwyd yng nghynhyrchiad y Schaubühne. Adlewyrchwyd taith bywyd Peer yng nghynhyrchiad Theatrig trwy rannu'r ddrama yn ddelweddau (33 ohonynt i gyd), dyfais a adleisiai'r modd y strwythurwyd cynhyrchiad Stein yntau, gyda'i episodau anturiaethus a gyhoeddwyd i'r gynulleidfa dros uchelseinydd. Yn ôl Ceri Sherlock, roedd y syniad o deithio yn elfen bwysig ymhob un o'r delweddau a gyflwynwyd yng nghynhyrchiad Theatrig:

Roedd yn rhaid darganfod pethau rhwydd iawn i *Peer Gynt*, a dyna un o ragoriaethau'r ddrama . . . ei bod hi fel stori blant. 'Rown i'n meddwl ei fod e'n angenrheidiol i ddarganfod dull dramatig rhwydd iawn y buasai plant yn gallu ei ddilyn.[19]

Fel y nodwyd eisoes, roedd cynhyrchiad Theatrig o *Peer Gynt* yn un hirfaith o'i gymharu â'r rhan fwyaf o gynyrchiadau proffesiynol Cymraeg, ac yn chwyldroadol newydd o'r herwydd, am na feiddiai'r mwyafrif o gwmnïau fygwth llethu eu cynulleidfa â chynhyrchiad mor anferthol. Yn wir, talodd Theatrig ei hun bris uchel am ei fenter yn yr achos hwn: er bod y cynhyrchiad yn llwyddiant digamsyniol ar lefel gelfyddydol, ni fu *Peer Gynt* yn llwyddiant o safbwynt cynulleidfaol. Roedd y cwmni wedi gobeithio manteisio ar lwyddiant poblogaidd *Blodeuwedd* ym 1985 wrth gyflwyno drama Ibsen, ond nid felly y bu – bu cynulleidfaoedd *Peer Gynt* yn isel ymhobman, ac yn drychinebus o isel mewn rhai mannau. Profodd y cynhyrchiad i Ceri Sherlock nad oedd Theatrig wedi etifeddu cynulleidfa Cwmni Theatr Cymru, fel y gobeithiwyd: enillasai Theatrig gynulleidfa iddo'i hun wrth gyflwyno *Blodeuwedd*, ond fe'i collodd drachefn erbyn cyflwyno *Peer Gynt*.

Ar yr un pryd, cododd problem arall i boeni'r cwmni, un a ddeilliodd o lwyddiant artistig rhai o'i gynyrchiadau blaenorol. Erbyn diwedd y 1980au, aethai'n anos i'r cwmni ymgynnull fel uned, gan fod actorion Theatrig, a Ceri Sherlock ei hun, yn ennill enw da iddynt eu hunain fel theatrweithredwyr dyfeisgar ac ymroddedig. Treuliai Sherlock fwy o'i amser nag erioed o'r blaen yn Lloegr, a gwelid rhai o brif actorion Theatrig – megis Alun Elidyr, Rhian Morgan a Richard Elfyn – yn fwyfwy aml mewn cynyrchiadau gan gwmnïau eraill neu mewn cyfresi teledu. Roedd hyn yn fater o gryn bwys, am mai un o brif nodweddion Theatrig oedd ei ymroddiad i waith *ensemble*. O'r cychwyn cyntaf, bu'r syniad o waith *ensemble* yn dra phwysig i'r cwmni, am mai fel grŵp cydsyniol clòs y daeth at ei gilydd yn y lle cyntaf, ond ni fu modd datblygu'r awydd sylfaenol hwn i weithio fel *ensemble* am nad oedd adnoddau i ariannu cwmni parhaol o'r fath. Bu'n rhaid i Theatrig addasu ei weithgarwch a'i bersonél, felly, er mwyn ceisio cynnal cydberthynas ac ysbryd y grŵp gwreiddiol. Dyma ddisgrifiad Theatrig ohono'i hun ym 1987:

> Ffurfiwyd THEATRIG . . . ar gyfer cyflwyno dehongliadau o glasuron theatr y byd yn yr iaith Gymraeg, cyflwyno dramâu Cymraeg o bwys ac i ddatblygu gwaith casgliad gweddol anffurfiol o actorion . . .[20]

Ac mewn datganiad arall, y tro hwn ym 1990, nodwyd mai:

> Cwmni i arbrofi'r syniadaeth o *ensemble* yw Theatrig. Gan ddefnyddio'r clasuron drwy'r Gymraeg, i herio gweithwyr theatr a chynulleidfaoedd ac ymledu profiad y naill a'r llall o'r theatr Ewropeaidd, nod Theatrig yw i gyfoethogi a miniogi'r traddodiad cynhenid o actio, 'sgwennu a pherfformio.[21]

Sylwer yn y naill achos a'r llall nad oes datganiad uniongyrchol mai grŵp *ensemble* oedd Theatrig, am nad oedd hynny'n ymarferol bosibl. Fel Cwmni Theatr Cymru yn ei gyfnod yntau, bu'n rhaid i Theatrig gyfaddawdu ar y mater pwysig hwn, gan gyflogi pa actorion bynnag y medrai o'i gnewyllyn gwreiddiol, a chyflwyno actorion eraill nawr ac yn y man er mwyn ehangu'r *ensemble*, heb beryglu'i statws fel grŵp yn rhannu'r un egwyddorion a'r un weledigaeth. Crëwyd sawl 'haen' i *ensemble* cwmni Theatrig, felly, sef yr actorion hynny a oedd yn aelodau sefydlog o'r cwmni, ynghyd â nifer o actorion a welwyd yn weddol aml yng nghynyrchiadau'r cwmni, ac actorion newydd neu ddieithr. Dim ond Alun Elidyr, Richard Elfyn, Trefor Selway a Rhian Morgan oedd yn aelodau gwirioneddol sefydlog o *ensemble* Theatrig; ac, er bod nifer o actorion eraill wedi ymddangos fwy nag unwaith yng nghynyrchiadau'r cwmni, megis Clive Roberts, Iola Gregory, Judith Humphreys, Nic Ros, Eryl Phillips a Rhys Powys, bu Theatrig dan yr un pwysau â Chwmni Theatr Cymru wrth geisio creu arddull actio gytbwys a chyson. Er hynny, mynnai Ceri Sherlock fod yr egwyddor o weithio fel *ensemble* yn hynod o bwysig:

> . . . dw i ddim yn credu fod theatr yn perthyn efo'r unigolyn:. . . mynegiant . . . cymuned o unigolion ydy theatr, ac felly dyna pam mae'n rhaid i *ensemble*,. . . mae'n rhaid i egwyddor, mae'n rhaid i feddylfryd fod yn hanfodol yn y theatr, yn hytrach na bod yn eiddo person unigol.[22]

Er gwaethaf methiant Theatrig i ddenu cynulleidfa helaeth i *Peer Gynt*, glynodd Sherlock at ei bolisïau a'i gredoau gwreiddiol, a'u defnyddio i archwilio un o 'glasuron' poblogaidd mwyaf diweddar y theatr Gymraeg, sef *Y Tŵr* gan Gwenlyn Parry. Bu'r cynhyrchiad gwreiddiol o'r *Tŵr* gan Gwmni Theatr Cymru ym 1978 yn llwyddiannus iawn, ac fe'i clodforwyd am ei flaengarwch wrth gymysgu darnau ffilm â gweithredu byw, ac wrth wneud defnydd crefftus o golur i heneiddio'r actorion (sef John Ogwen a Maureen Rhys).[23] Roedd cynhyrchiad Theatrig yn wahanol mewn sawl ffordd, ond yn ddi-os roedd ysgogi cymhariaeth rhwng y cynhyrchiad gwreiddiol a'i gynhyrchiad yntau yn rhan o fwriad Ceri Sherlock ym 1987. Y gwahaniaeth amlycaf rhwng y ddau gynhyrchiad oedd y ffaith fod Theatrig yn defnyddio chwe actor i bortreadu'r ddau yn y ddrama (sef Richard Elfyn a Nia Caron, Clive Roberts a Iola Gregory, a David Lyn a Lisabeth Miles), gan newid yr actorion bob tro yr esgynnai'r cymeriadau o un llawr i'r llall. Golygai hyn fod dilyniant amserol y ddrama a'i harwyddocâd theatraidd yn dra gwahanol i'r hyn a gafwyd yng nghynhyrchiad Cwmni Theatr Cymru. Yn hwnnw, deilliodd cryn dipyn o'r diddordeb theatraidd o'r ffaith fod yr actorion yn cyfleu'r broses o heneiddio, a chan mai'r un actorion a ddefnyddiwyd ar y tri llawr, crëwyd teimlad o arswyd a chlawstroffobia. Yng nghynhyrchiad Theatrig, fodd bynnag, crëwyd argraff gwbl wahanol. Rhwystrwyd y gynulleidfa rhag uniaethu mor llwyr â'r cymeriadau, ond rhoddwyd cyfle iddi ystyried y gwahaniaeth rhwng tair cenhedlaeth o actorion Cymraeg, o ran eu dealltwriaeth o swyddogaeth yr actor yn y theatr, ac o ran eu hoedran a'u henaint corfforol hwy eu hunain. At hynny, crebachodd y gofod chwarae yn raddol yng nghynhyrchiad Theatrig, er mwyn adlewyrchu'r profiad clawstroffobig o wanhau'n gorfforol, ac er mwyn awgrymu bod eu dyfodol yn y byd hwn yn graddol ddiflannu wrth i'r cymeriadau heneiddio. Unwaith eto, *dehongliad theatraidd* o'r profiad dramataidd a gafwyd gan Ceri Sherlock, nid *ymgorfforiad* o'r profiad yn ôl confensiynau theatraidd cyfredol.

Derbyniad llugoer a gafodd cynhyrchiad Theatrig o *Y Tŵr* gan yr adolygwyr. Fe'i beirniadwyd yn anad dim am fethu â sicrhau bod pob un o'r actorion wedi meistroli ieithwedd cymeriadau Gwenlyn Parry, a'u defnydd nodweddiadol o dafodiaith Arfon. Ychydig o sylw a roddwyd i ymdrechion Ceri Sherlock i ailddehongli'r ddrama, ac ymddengys nad oedd pwrpas y dehongliad newydd yn glir i bawb. Yn sicr, dehongli effaith yr addasiad ar y ddrama a wnaeth Gareth Wiliam Jones yn *Barn*, ac nid ystyried ansawdd cynhenid y profiad theatraidd:

> trwy ddatgymalu'r ddrama dinistriwyd un o brif themâu'r gwaith. Onid yw pawb sy'n dringo'r tŵr yn dod â rhywfaint o'u gorffennol gyda hwynt? Onid, ys dywedodd Wordsworth, 'Y plentyn yw tad y dyn'? Er i Sherlock geisio cyfleu hynny trwy blethu'r cenedlaethau o dro i dro, methiant ar y cyfan oedd yr arbrawf.[24]

Credai Jones fod *Y Tŵr* yn gynhyrchiad 'ceidwadol diogel' o'i gymharu â rhai o sioeau blaenorol y cwmni, a'i fod yn ddiweddariad o'r testun gwreiddiol yn hytrach nag yn ailddehongliad sylfaenol ohono. Diau fod hynny'n siom i Theatrig, gan fod llwyddiant y cynhyrchiad hwn yn allweddol bwysig i broffil cyhoeddus y cwmni, ac i'w berthynas â'r gynulleidfa Gymraeg yn ei chrynswth. Unwaith eto, yn sgil *Y Tŵr*, cododd sawl cwestiwn digon annifyr ynghylch ymgais sylfaenol Theatrig i etifeddu'r gynulleidfa a fu'n deyrngar i Gwmni Theatr Cymru: a oedd y gynulleidfa Gymraeg yn ymddiddori'n ddigonol yn y theatr fel ffurf gelfyddydol gyfoes i sicrhau llwyddiant 'prosiect' Theatrig? A roddodd Theatrig ormod o bwysau ar theatr fel profiad unigolyddol a rhy ychydig ar theatr fel defod gymdeithasol? Yn sicr, wrth i'r 1980au fynd rhagddynt, ac wrth i Theatrig ddal ati i greu cyflwyniadau radical, ymddangosodd fel pe bai arbrofion Ceri Sherlock yn apelio fwyfwy at gynulleidfaoedd dethol yn hytrach na'r gynulleidfa Gymraeg eang a fagwyd yn wreiddiol gan Gwmni Theatr Cymru; ac wedi sefydlu Cwmni Theatr Gwynedd ym 1986, daeth yn amlwg mai'r cwmni hwnnw, ac nid Theatrig, oedd yn etifedd i drwch cynulleidfa Cwmni Theatr Cymru.

Os bu'r ymateb beirniadol i *Y Tŵr* yn siom i Ceri Sherlock, nid effeithiodd hynny ar ei ymroddiad i gyflawni ei bolisi artistig canolog nac ar ei uchelgais fel cyfarwyddwr. Yn Eisteddfod Genedlaethol Casnewydd ym 1988, cyflwynodd Theatrig ddehongliad o ddrama fawr William Shakespeare, *Hamlet*. Roedd hwn yn gam beiddgar iawn i'r cwmni, gan ei fod yn wynebu dwy broblem ddigon sylweddol wrth gyflwyno'r ddrama hon: yn gyntaf oll, roedd *Hamlet* yn her o'r radd flaenaf o safbwynt technegol ac artistaidd, ac yn ddrama eang iawn ei gweledigaeth theatraidd. Anodd iawn fyddai creu fersiwn cyfoes, radical ohoni heb esgeuluso neu anwybyddu peth o'i chyfoeth cynhenid. Yn ail, nid oedd yn ddrama hawdd ei gwerthfawrogi, ac nid oedd yn debygol o ddenu cynulleidfa fawr o blith caredigion cyffredin y theatr Gymraeg. Fodd bynnag, roedd *Hamlet* yn ddrama ddelfrydol i Theatrig ac i Ceri Sherlock, gan ei bod yn ymdrin yn fanwl â'r broses o weld ac o ddehongli'r byd, ac yn trafod gallu'r theatr i helpu (a rhwystro) y dehongliad hwnnw. Fel cynifer o gynyrchiadau Theatrig hyd yma, roedd elfen *fetatheatraidd*[25] gref yn perthyn i *Hamlet*, a cheisiodd Sherlock bwysleisio'r elfen honno yn ei ddehongliad o'r ddrama. Gwnaeth hynny drwy arddangos dyfeisiau'r cyflwyno yn gwbl agored, a thrwy ddehongli rôl Horatio (Rhys Powys) fel cymeriad 'cynulleidfaol', a safai gan amlaf ar ymylon y llwyfan neu yn y gynulleidfa, ac a wisgai sbectol er mwyn amlygu'r weithred o wylio ac o geisio creu ystyr o'r digwyddiadau ar y llwyfan. Er mwyn llwyddo i ddeall arwyddocâd y fath ddyfeisiau, fodd bynnag, roedd gofyn i'r gynulleidfa ymateb i iaith neu 'gôd' theatraidd y cyflwyniad. Nododd Ceri Sherlock ei hun fod y côd theatraidd hwnnw wedi bod yn anodd ei ddyfeisio a'i gyflwyno'n eglur – yn wir, ofnai na fu'n llwyddiannus wrth geisio cyfleu telerau'r côd i'r gynulleidfa.[26] I ryw raddau, dyma hanfod y broblem a wynebodd Sherlock trwy gydol ei yrfa fel cyfarwyddwr Theatrig. Anodd iawn oedd newid daliadau'r gynulleidfa Gymraeg ynglŷn â chôd 'naturiol' y theatr – mynnai'r gynulleidfa honno mai'r unig gôd theatraidd go iawn oedd hwnnw a seiliwyd ar arddull naturiol y brif ffrwd fwrgeisaidd. Wrth geisio herio'r syniad hwn, gobeithiai Theatrig feithrin y gynulleidfa draddodiadol yn ei chyfanrwydd a newid ei chwaeth yn raddol, ond, yn hytrach, profodd y cwmni nad oedd na chynulleidfa na chefnogaeth ariannol gyson i'w gais, ac ar y gorau, bu'n rhaid iddo geisio cyflawni'r un dasg o arloesi ar ran celfyddyd y theatr gyda phob cyflwyniad o'i eiddo.

Wedi 1988, daeth newid sylweddol i ran Theatrig wrth i Ceri Sherlock gyflwyno awenau'r cyfarwyddwr i Rhys Powys, un o actorion mwyaf amlwg y cwmni yn ystod y blynyddoedd diweddar. Cyfarwyddodd Rhys Powys dri chynhyrchiad i Theatrig, sef *Godot*, *Adwaith* ac *Anfadwaith*, y naill yn addasiad o ddrama Samuel Beckett, *Waiting for Godot*, a'r ddau arall yn sioeau hunanddyfeisiedig.

Aed â *Godot* ar daith trwy Gymru yn ystod hydref 1988, ac, ar y cyfan, bu'n gynhyrchiad llwyddiannus iawn. Cyfaddaswyd drama Beckett gan Rhys Powys ei hun, ac fe'i cyflwynwyd gan Nic Ros ac Alun Elidyr. Roedd yn gyfaddasiad beiddgar ac eofn ar sawl cyfrif, am i'r cyfarwyddwr benderfynu diweddaru'r testun gwreiddiol yn sylweddol, a seilio'i ddehongliad theatraidd yn gyfan gwbl ar y diweddariad hwnnw yn hytrach nag ar fersiwn gwreiddiol Beckett. Er enghraifft, newidiwyd ansawdd y ddau brif gymeriad o'r hen glowniau musgrell arferol, i ddau bync-rocar ifanc 'mewn lledr du a chrys "T" rhacsiog, gydag Estragon yn enwedig yn dwyn Sid Vicious i gof'.[27] O ganlyniad i'r dewis hwn, nid oedd gan y cymeriadau yn *Godot* yr un gwendidau corfforol â chymeriadau'r testun gwreiddiol, ond yn hytrach roeddynt yn gymharol heini a hyblyg. Yn wir, modelwyd rhai agweddau ar eu symudiadau ar fwncïod, a hwyluswyd yr argraff hon wrth iddynt ddringo dros y goeden fetel fawr a throellog a oedd yn brif nodwedd ar y set. Fel mwncïod mewn sŵ, roedd y goeden artiffisial hon yn gynefin iddynt, ond nid oedd ganddynt ddim i'w wneud neu'i gyflawni yn y cynefin hwnnw, heblaw cael eu gwylio gan gynulleidfa. Datblygwyd y gyffelybiaeth hon rhwng y gofod theatraidd a chaets mwnci drwy osod y cymeriadau yn eu lle cyn i'r gynulleidfa ddod i mewn i'r theatr, a'u gadael yno yn llonydd wedi'r diwedd, heb gydnabod cymeradwyaeth y gynulleidfa o gwbl.

Trwy ddiweddaru'r ddrama fel hyn, mynnai Powys ddehongli *Godot* fel beirniadaeth gymdeithasol gref, yn hytrach na chlasur abswrd oesol, i'w ddehongli yn ôl y confensiwn 'oesol' a sefydlwyd gan y cynhyrchiad cyntaf ym 1955. Trwy ddehongli Estragon a Vladimir fel dau gymeriad o ymylon y gymdeithas ifanc gyfoes, cymhellwyd y ddau actor i uniaethu â'u cymeriadau – techneg ddigon cyffredin mewn sawl math ar theatr, ond un nas defnyddid yn aml iawn wrth gyflwyno cynnyrch y theatr abswrd. O ganlyniad, roedd creulondeb Beckett wrth ddatgelu gwendid neu aneffeithioldeb cynhenid y cymeriadau gymaint yn fwy amlwg a phoenus. Roedd yr un creulondeb i'w deimlo ym mherthynas y ddau gymeriad arall yn y ddrama hefyd, sef Pozzo, y meistr sadistaidd, a'i gaethwas mud Lucky. Ar y gorau, mae gormes Pozzo ar Lucky yn gwbl ffiaidd, ond rhoddwyd tro i'r gyllell yng nghynhyrchiad Theatrig trwy gyflwyno Pozzo fel hen ddyn (sef Ronnie Williams) a Lucky fel merch ifanc (Judith Humphreys) gan awgrymu elfen o drais rhywiol ar ran Pozzo o ganlyniad. Wrth gwrs, mae elfen gomig gref yn nhestun gwreiddiol Beckett, ac ni fu dehongliad Rhys Powys yn brin o gomedi; ond er bod doniolwch yn *Godot*, nid oedd natur yr addasiad yn cymell chwerthin iach, am ei fod yn trin pynciau tabŵ fel trais rhywiol, ac am ei fod yn cymell y gynulleidfa i weld difaterwch a diffyg urddas cymeriadau cyffredin a chyfoes.

Gwelir, felly, fod Rhys Powys wedi cymhwyso'r testun gwreiddiol ac wedi defnyddio dyfeisiau theatraidd beiddgar er mwyn trafod arwyddocâd cyfoes y ddrama. Yn hynny o beth, gellir haeru bod ei dechneg a'i weledigaeth theatraidd yn debyg i dechneg a gweledigaeth Ceri Sherlock. Fodd bynnag, roedd sawl agwedd ar ei gynhyrchiad o *Godot* yn dangos bod ei werthoedd a'i ddiddordebau theatraidd yn dra gwahanol i lawer o gynyrchiadau Sherlock. Yn gyffredinol, roedd Sherlock yn llawer mwy awyddus i greu gwaith chwaethus a hardd ar lwyfan. Roedd harddwch gweledol ei gynyrchiadau yn bwysig iawn, a, hyd yn oed mewn cynhyrchiad fel *Peer Gynt*, a ddefnyddiai effeithiau gweledol syml ac elfennol iawn, ceisiodd ddenu sylw a diddordeb y gynulleidfa trwy roi gwledd i'r llygaid. Ar y llaw arall, ceir yr argraff fod Powys yn fodlon hepgor harddwch gweledol ar y llwyfan yn llwyr er mwyn sicrhau bod y profiad theatraidd yn un priodol. Nid oedd dim oll yn hardd yn *Godot*, a hynny er gwaetha'r ffaith fod Beckett ei hun weithiau'n rhoi cyfle i gyfarwyddwr ddefnyddio effeithiau gweledol a adleisiai hen harddwch *kitsch* ac aflêr y theatr *vaudeville*. Roedd gweledigaeth Rhys Powys hefyd yn fwy eironig a dychanol nag eiddo Ceri Sherlock. Yn *Godot*, er enghraifft, gwnaeth yn fawr o'i gyfle i darfu ar y perfformiad, ac atal rhediad y digwydd yn gyfan gwbl pan adawodd Vladimir y llwyfan yn ystod yr act gyntaf:

Vladimir: I'll be back.
He hastens towards the wings.
Estragon: End of the corridor, first on the left.
Vladimir: Keep my seat.
Exit Vladimir.[28]

Yn y rhan fwyaf o gynyrchiadau, deellir mai'r cymeriad sy'n ymadael â'r llwyfan yn y fan hon, ac mai jôc ar ran Estragon a Vladimir yw'r cyfeiriadau at leoliad ei gyrchfan. Ond yng nghynhyrchiad Powys, bwriwyd mai'r *actor* ei hun a ymadawai â'r llwyfan, gan atal rhediad y cynhyrchiad yn llwyr. Bu'n rhaid i'r actorion eraill – a'r gynulleidfa hithau – ddisgwyl amdano, gan fân-siarad yn fyrfyfyr ymysg ei gilydd hyd nes iddo ddychwelyd. Roedd hyn yn ddyfais feiddgar, ond eto, yn ei ffordd ei hun, roedd yn asio'n berffaith â gweddill y cynhyrchiad ac â gweledigaeth theatraidd Beckett. Yn wahanol i Sherlock, roedd Rhys Powys yn fwy hyblyg o ran ei fynegiant o safbwyntiau gwleidyddol yn ei waith, ac felly'n fwy parod i danseilio'r weithred theatraidd ei hun a gadael i'r gynulleidfa ymateb yn ôl ei mympwy ei hun i'r hyn a welent. Ymhyfrydai mewn ôl-foderniaeth, a chredai felly nad oedd pwrpas i lywio ffurf cynhyrchiad ar ran y gynulleidfa, gan fod pob aelod o'r gynulleidfa honno'n siŵr o ailbrosesu'r deunydd yn ei ffordd ei hun beth bynnag.[29] Gwrthodai Powys y syniad o gyfanwaith artistig hefyd, gan fynnu cymell y gynulleidfa i ddethol o blith y delweddau a gyflwynwyd iddynt a chreu naratif ar sail y detholiad hwnnw. I'r perwyl hwnnw, roedd yn ddigon hapus gorlwytho'r gynulleidfa â delweddau a phrofiadau er mwyn gorfodi ymateb. Dyma farn adolygydd *Godot*:

Roedd tempo'r syniadau newydd a daflwyd atom yn mynd yn drech na dyn weithiau – ni chafwyd eiliad i dreulio arwyddocâd unrhyw beth ... pe bawn i'n mynd eilwaith, mae'n ddigon posib y byddwn i'n dweud yr un peth â'r Bonwr Joe Strummer: 'everything I've ever said is rubbish ...' am yr adolygiad hwn.[30]

Aed â'r rhesymeg ôl-fodern gam ymhellach yn y ddau gynhyrchiad nesaf a gyfarwyddodd Rhys Powys ar ran Theatrig, sef *Adwaith* ac *Anfadwaith*. Yn y rheini, cymerodd y cwmni bedwar ansoddair ar ddeg o sgript *Godot*, a chreu sioe hunanddyfeisiedig allan ohonynt. Fel y rhan fwyaf o sioeau Theatrig, roedd *Adwaith* ac *Anfadwaith* yn seiliedig ar destun clasurol – sef *Godot* – ond bod y berthynas rhwng y testun a'r gweithredu ar y llwyfan bron yn amhosibl ei chanfod yn yr achos hwn. Fe'u dyfeisiwyd gan y cyfarwyddwr a'i actorion, sef Alun Elidyr a Nic Ros unwaith eto, a chynhwysodd y sioe fonologau, caneuon, darnau o fideo, gemau cynulleidfaol a chystadlaethau, wedi'u trefnu'n gymharol fympwyol. Dadl Rhys Powys wrth gyflwyno *Adwaith* oedd fod mympwy llawn cystal ag unrhyw ddull arall o drefnu deunydd dramataidd yn yr oes gyfoes, a bod clytwaith digyswllt o ddelweddau bellach yn adlewyrchiad digon derbyniol o brofiad ymwybodol a dychmygol dyn. Yn hynny o beth, dylanwadwyd arno gan grwpiau theatr *avant-garde* ôl-fodern fel y Wooster Group o Efrog Newydd, a ddaeth yn enwog erbyn y 1980au cynnar wrth gyflwyno sioeau hynod feiddgar ond digyswllt o safbwynt naratif, fel *L.S.D. (Just the High Points)*, lle y perfformiwyd fersiwn tra chywasgedig o ddrama Arthur Miller, *The Crucible*.[31] Fel y grŵp hwnnw, ni theimlai Rhys Powys fod unrhyw bwrpas ceisio saernïo *Adwaith* fel cyfanwaith gorffenedig, gan fod profiadau cyfan o'r fath yn ymddatod bron yn syth wrth iddynt gael eu prosesu yng nghof a dychymyg y gynulleidfa, a bod taclusrwydd cyfanwaith yn gam gormesol yn erbyn dychmyg dilyffethair yr unigolyn.

Llwyfannwyd *Adwaith* am y tro cyntaf yn Eisteddfod Genedlaethol Llanrwst ym 1989, ac aed â'r sioe ar daith yn ystod yr hydref; addasiad o *Adwaith* oedd *Anfadwaith*, ac unwaith yn unig y cyflwynwyd hi, ym mar Theatr Gwynedd ym Mangor yn ystod gŵyl awduron Hwyl a Fflag ym 1990.[32] Roedd cyflwyno *Godot* wedi darbwyllo Rhys Powys y gellid cyflwyno gwaith arbrofol, ôl-fodern ei (ddiffyg) adeiladwaith i gynulleidfa Gymraeg heb ddiflasu neu ddrysu'r gynulleidfa honno. Ond digon tila fu ymateb yr adolygwyr. Poenwyd Eurig Wyn gan y teimlad fod 'y cyswllt rhwng y gwahanol elfennau . . . yn rhy llac':

> Rhaid i ddrama fod yn fynegiant gonest o awydd dyn i wynebu realiti bywyd. Hyd yn oed os mae dihangfa i abswrdiaeth yw hynny . . . rhaid i'r mynegi fod yn grwn a chelfydd.[33]

Pennaf arwyddocâd y ddwy sioe hon, efallai, oedd y ffaith eu bod yn rhan o ymdrech Ceri Sherlock i ddatblygu gwaith Theatrig heb ei fod ef ei hun yn gysylltiedig â'r prosiect. Erbyn diwedd y 1980au, roedd yntau'n gweithio'n fwyfwy aml y tu allan i Gymru fel cyfarwyddwr artistig i'r Actors' Touring Company, ac roedd actorion Theatrig hwythau yn gweithio'n fwyfwy aml ar deledu ac i gwmnïau theatr eraill; ac felly anodd oedd i'r cwmni ymgynnull yn rheolaidd. Tua diwedd y 1980au awgrymodd Cyngor Celfyddydau Cymru y gallai Theatrig ymsefydlu fel cwmni preswyl (ar y cyd â Theatr Crwban) yng Nghanolfan y Celfyddydau Aberystwyth, ond oherwydd amryfal ymrwymiadau'r aelodau a diffyg nawdd digonol, ni ddaeth dim o'r fenter. Gobeithiai Sherlock, felly, y medrid cynnal ac ehangu proffil a dilyniant Theatrig trwy feithrin cyfarwyddwyr newydd o blith aelodau'r cwmni (fel Rhys Powys ac Eryl Phillips) a throsglwyddo'r awenau iddynt hwy bob hyn a hyn. Ond methiant fu'r cynnig hwnnw hefyd, gan fod Cyngor y Celfyddydau yn anfodlon ariannu Theatrig heb fod Ceri Sherlock yn rhan flaenllaw o'r cwmni. Ar yr adeg hon hefyd, roedd cynllun newydd ar y gweill gan y Cyngor i resymoli ei system nawdd trwy ariannu tri chwmni prif ffrwd ar sail grantiau refeniw blynyddol, a gadael i unrhyw gwmni arall weithio ar sail grantiau prosiect tymor byr yn unig. Aethai Sherlock yn fwyfwy rhwystredig ynglŷn â'r diffyg arian i gynyrchiadau Theatrig, gan ddadlau mai amhosibl oedd creu theatr radical o bwys ar lwyfannau'r theatr brif ffrwd yng Nghymru heb arian sylweddol. Serch hynny, aeth grantiau newydd y Cyngor at Gwmni Theatr Gwynedd a Hwyl a Fflag ym Mangor ac i gwmni newydd Dalier Sylw yng Nghaerdydd, ac felly go brin fod gan Theatrig unrhyw obaith i neilltuo pwll o arian sylweddol iddo ef ei hun. Yn y pen draw, bu hynny'n ddigon i roi'r ergyd farwol i Theatrig, a phenderfynwyd atal ei weithgarwch: ond gan na fu iddo weinyddiaeth ffurfiol fel y cyfryw erioed, ni chwalwyd Theatrig, a gwelwyd ambell gynhyrchiad dan enw'r cwmni yn ysbeidiol yn ystod y 1990au, a hyd yn oed mor ddiweddar â 1998, gan gynnwys *Siwan* ym 1990, *Melltith y Mamau* ym 1995, ac *Y Coed* ym 1997–8. At hynny, gwelwyd nifer o gynyrchiadau eraill gan Ceri Sherlock yn ystod y 1990au, nifer ohonynt yn cynnwys rhai o actorion mwyaf nodedig Theatrig ar hyd y blynyddoedd, megis *Serch yw'r Teyrn* (cyd-gyflwyniad Theatrig/Hwyl a Fflag, 1990) *Y Bacchai* (Dalier Sylw, 1991), *Faust: Rhan I* (Adran Ddrama Prifysgol Aberystwyth, gydag Alun Elidyr, 1992) ac *Y Gosb Ddiddial* (Cwmni Theatr Gwynedd, 1992).

Cwmni Theatr Gwynedd

Bu dau ddigwyddiad yn sail i sefydlu Cwmni Theatr Gwynedd. Y naill oedd methdaliad alaethus Cwmni Theatr Cymru ym 1984, a'r llall oedd penderfyniad Cyngor Celfyddydau Cymru ym 1981 i dorri'r grant i'r theatrau rhanbarthol hynny nad oeddynt yn gartref i gwmni theatr preswyl. Ers sefydlu'r theatrau rhanbarthol ar ddechrau'r 1970au, bu nifer ohonynt yn gyfrifol am gynnal eu cwmni preswyl eu hunain, gan gynnwys Theatr Clwyd, Theatr y Sherman yng Nghaerdydd, Theatr y Werin yn Aberystwyth a Torch Theatre yn Aberdaugleddau. Ond ni chafwyd cwmni o'r fath yn Theatr Gwynedd, Bangor: er iddi fod yn ganolfan o fath i Gwmni Theatr Cymru ers ei hagor ym 1974, ac er i Gyngor y Celfyddydau geisio cymell priodas ffurfiol rhwng y cwmni a'r theatr, ni fu erioed yn *gartref* i Theatr Cymru fel cwmni preswyl. Pan gyhoeddwyd polisi Cyngor y Celfyddydau i dorri'r grant i theatrau heb gwmni preswyl, bu'n rhaid i gynheiliaid Theatr Gwynedd weithredu ar fyrder, gan fod y Cyngor eisoes wedi cwtogi'r cymhorthdal i'r theatr o £85,000 ym 1981 i £35,000 ym 1984, gyda'r bwriad o'i ddileu yn gyfan gwbl ym 1986 pe na bai cwmni preswyl yn ymsefydlu erbyn hynny. Heb gynhaliaeth ariannol y Cyngor, byddai'n nos ar Theatr Gwynedd; a'r unig benderfyniad y medrid ei gymryd er mwyn ei gwarchod fel canolbwynt i ddatblygiad y theatr Gymraeg yng Ngwynedd oedd sefydlu cwmni preswyl.

Er mai ymateb i argyfwng ydoedd i bob golwg, felly, bu'r penderfyniad i sefydlu Cwmni Theatr Gwynedd yn amserol. Ar ôl methdaliad Cwmni Theatr Cymru, deuai'r cwmni newydd fel gwaredigaeth i'r rheini a gwynai fod y theatr Gymraeg yn amddifad heb gwmni prif ffrwd sylweddol ei faint; deuai â gobaith hefyd i'r actorion hynny yng nghyffiniau Bangor a fu'n gysylltiedig ers blynyddoedd â Chwmni Theatr Cymru ac nad oeddynt bellach yn gweithio ar y llwyfan Cymraeg o gwbl; a rhoddai'r cwmni newydd gyfle i'r genhedlaeth o actorion a gafodd brentisiaeth yn y cwmnïau ymylol wedi 1977 brofi eu crefft ar y prif lwyfannau. Daethpwyd â'r holl elfennau hyn at ei gilydd wrth sefydlu Cwmni Theatr Gwynedd, gan roi cyfeiriad newydd i dwf y theatr broffesiynol ym Mangor a thrwy Gymru benbaladr. Troes argyfwng Theatr Gwynedd yn gyfle euraid i sefydlu cwmni proffesiynol prif ffrwd Cymraeg newydd yng Ngwynedd ac i wasanaethu'r gynulleidfa a fu'n ffyddlon i Gwmni Theatr Cymru yn y gorffennol.

Roedd gweithgarwch Cwmni Theatr Gwynedd yn ymdebygu ar sawl cyfrif i weithgarwch Theatr Cymru yn ei oes yntau. Penderfynwyd y dylai'r cwmni newydd gyflwyno rhaglen amrywiol o waith, gan gynnwys dramâu gorau'r traddodiad Cymraeg, dramâu newydd gwreiddiol ac addasiadau o ddramâu clasurol o dramor. Penderfynwyd hefyd y dylai'r cwmni deithio'i gynnyrch ledled Cymru yn rheolaidd (er nad ym mhob achos), gan ganolbwyntio ar y rhwydwaith o theatrau rhanbarthol. Yn debyg i Theatr Cymru, penderfynodd Cwmni Theatr Gwynedd gyflwyno sioeau ysgafn poblogaidd fel *Awê Bryncoch* (addasiad llwyfan Mei Jones o'i gomedi sefyllfa *C'Mon Midffîld*) neu'r fersiwn cerddorol o *Enoc Huws*, am yn ail â champweithiau trymion clasurol fel *Ddoe yn Ôl* o eiddo Ibsen, *Y Werin Wydr* gan Tennessee Williams, neu *Y Gosb Ddiddial* gan Lope de Vega. Fel Theatr Cymru eto, roedd gan Gwmni Theatr Gwynedd egwyddorion pendant o ran diogelu a datblygu theatr yn y Gymraeg ar y prif lwyfannau: nododd Graham Laker mai un o'i brif gymelliadau fel cyfarwyddwr theatr Cymraeg oedd ceisio atal y ddrama Gymraeg rhag cael ei gwthio o'r neilltu i'r theatrau stiwdio (polisi a fyddai wedi plesio Wilbert Lloyd Roberts, bid siŵr, gan iddo yntau ddatgan mai un o brif ddyletswyddau cyfarwyddwr theatr Cymraeg oedd gwarchod buddiannau'r iaith fel cyfrwng cydnabyddedig i gelfyddyd y llwyfan).[34] Ac fel Cwmni Theatr Cymru, mynnai Cwmni Theatr Gwynedd fod ganddo ddyletswydd i osod safon a chynnig profiadau newydd i actorion a dramodwyr proffesiynol y Gymru Gymraeg. Ym marn Graham Laker, er enghraifft, nid digon oedd boddhau cynulleidfaoedd a chydweithwyr, rhaid oedd cynnig arweiniad ac esiampl iddynt. Golygai hynny lwyfannu dramâu o'r tu allan i'r traddodiad Cymraeg nad oeddynt mor boblogaidd ymysg y gynulleidfa gyffredinol: 'oni bai fod dramodwyr neu ddarpar-ddramodwyr yn medru gweld ystod eang o waith,' meddai, 'fe fydd pawb yn ysgrifennu dramâu teledu neu ddramâu John Gwilym Jones-aidd ... un o'r problemau sydd gennym ni yn y theatr Gymraeg yw nad ydym ni fel arfer yn cynnig sialens fawr i'r actorion.'[35] Yn fras, felly, er nad oedd unrhyw gyswllt ffurfiol rhwng Cwmni Theatr Cymru a Chwmni Theatr Gwynedd – yn wir, oherwydd hynodion system grantiau Cyngor Celfyddydau Cymru, gallai'r ddau gwmni fod wedi cydfodoli a chystadlu am nawdd cyhoeddus pe bai'r naill wedi goroesi – roedd cryn debygrwydd rhyngddynt o ran arlwy, polisïau artistig ac amcanion cymdeithasol. I'r graddau hynny, roedd Cwmni Theatr Gwynedd yn 'blentyn' Theatr Cymru. Nid oedd hynny'n fawr o syndod a dweud y gwir, am fod y cof am waith gorau Cwmni Theatr Cymru'n dal yn effro iawn yn y Gymru Gymraeg, yn enwedig felly yng Ngwynedd, yng nghanol y 1980au; ac am fod Theatr Cymru yn fodel defnyddiol iawn – yr unig fodel, bid siŵr – o gwmni theatr *prif ffrwd* Cymraeg ei iaith a ddenai gynulleidfa boblogaidd, niferus. I gwmni a fynnai greu theatr brif ffrwd, a denu cynulleidfa brif ffrwd, roedd dilyn ôl traed Cwmni Theatr Cymru yn anochel.

Ond beth yn union yw'r theatr brif ffrwd? At ddiben y drafodaeth hon, bwriaf fod i'r brif ffrwd dair prif nodwedd; sef poblogrwydd, hygyrchedd a safon. Rhaid cael y tair ohonynt gyda'i gilydd er mwyn sicrhau statws prif ffrwd, ac yn fwy na hynny, rhaid eu cyfuno mewn ffordd arbennig er mwyn llwyddo i ymgorffori'r gwerthoedd hynny a ystyrid yn brif ffrwd.

Mae statws poblogaidd yn anorfod i'r theatr brif ffrwd: oni bai iddi ddenu cynulleidfa niferus a chyson, ni fyddai sail iddi o gwbl. Un o'r pethau pwysicaf a hawlia'r theatr brif ffrwd amdani hi'i hun yw ei bod yn gwasanaethu cynulleidfa a'i *dewisodd hi o'i gwirfodd*, a'i bod yn cynrychioli gweledigaeth neu leisio barn y gynulleidfa honno. Wrth gwrs, yn aml iawn – ac yn sicr yn y cyd-destun Cymraeg – roedd y ffurf a ddiffiniwyd fel ffurf brif ffrwd wedi'i phenderfynu eisoes, roedd y peth yn *fait accompli*, ac ni châi'r gynulleidfa gyfle i drafod neu adolygu'r diffiniad hwnnw. Dywedid yn aml, er enghraifft, mai ffurfiau theatraidd a adlewyrchai gynnyrch y theatr ranbarthol Seisnig neu theatr y West End oedd y rhai prif ffrwd, a diau nad y gynulleidfa Gymraeg fu'n gyfrifol am ddewis a dilysu'r ffurfiau hynny! Fodd bynnag, derbynnir y ffurf brif ffrwd fel arfer am fod y mwyafrif yn y fath sefyllfa yn bwrw bod y ffurf honno'n ganlyniad i ewyllys boblogaidd a fynegwyd rywbryd, yn rhywle, gan gynulleidfa debyg iddi hi ei hun; ac ni raid ymholi am anian neu amgylchiadau'r gynulleidfa honno. Ac felly, mae *traddodiad theatraidd* hefyd yn rhan bwysig iawn o'r brif ffrwd, ynghyd â ffurfiau theatraidd neilltuol a ddatblygwyd er mwyn ymgorffori'r traddodiad hwnnw. Unwaith eto, yn achos y theatr brif ffrwd Gymraeg, traddodiad y theatr ranbarthol Seisnig a'r West End oedd yn sail i'r arddull a awdurdodwyd.

Yn ogystal â bod yn boblogaidd, rhaid i'r theatr brif ffrwd fod yn hygyrch. Hynny yw, rhaid iddi adlewyrchu natur y ffurfiau dramataidd mwyaf cyffredin a mwyaf uniongyrchol eu heffaith a geir yn y gymdeithas, fel bod iddi gynulleidfa eang ei phroffil cymdeithasol. Ni all y theatr brif ffrwd fod yn agored i un dosbarth cymdeithasol yn unig, eithr rhaid iddi fod, ar ryw lefel neu'i gilydd, yn agored i bawb (neu ymddangos felly o leiaf!). Yng Nghymru Gymraeg y 1980au a'r 1990au, cafwyd dwy ffurf ddramataidd bwerus iawn a oedd, ill dwy, yn rhannu'r un nodweddion o ran eu hapêl at y gynulleidfa, sef y ddrama lenyddol a'r ddrama deledu. Yn achos y naill a'r llall, nid oedd rhaid i'r gynulleidfa ymholi am ei pherthynas â'r cyfrwng wrth geisio rhoi ystyr i'r profiad dramataidd, eithr fe'i gwahoddwyd i ymddiried yn llwyr yn y rhith a grëwyd wrth gynrychioli'r deunydd. Mewn geiriau eraill, ni chymerai'r gynulleidfa y cam enfawr hwnnw y ceisiai Ceri Sherlock ei gymell wrth gyfarwyddo cynyrchiadau Theatrig, sef ystyried, drosodd a thro, *sut yr adeiledid y profiad ger ei bron*. Er gwaethaf holl arbrofi theatraidd yr ugeinfed ganrif, theatr y 'bedwaredd wal' – theatr y rhith gorffenedig – a deyrnasai yn y Gymru Gymraeg, a hynny'n bennaf oherwydd arfer y mwyafrif o feunyddiol wylio sgrîn deledu.

Yn olaf, rhaid i'r theatr brif ffrwd fod yn 'safonol'. Nid rhaid iddi fod yn effeithiol, nac ychwaith yn ddifyr, eithr rhaid i'r gynulleidfa fedru mesur cyrhaeddiad y perfformiad yn erbyn rhyw fath ar egwyddor neu fodel y gwyddys amdano ymlaen llaw. Wrth gwrs, anodd iawn yw olrhain y safonau a arddelid gan y gynulleidfa Gymraeg i'w ffynonellau hanesyddol – ac, wrth gwrs, rhaid addef bod y cysyniad o safon, i ryw raddau o leiaf, yn beth personol: ond pa ffordd bynnag y caiff ei ddiffinio, mae'n anorfod yn y theatr brif ffrwd fod y gynulleidfa rywsut yn teimlo bod y cwmni wedi cyrraedd 'y safon', a bod hynny'n ddigon ynddo'i hun i gyfiawnhau'r digwyddiad. Cyd-ymwybyddiaeth o safon y cynnyrch a ddaw â'r gynulleidfa at ei gilydd a chreu ymdeimlad o gymundod. Unwaith eto, yn y ffurfiau hynny a gyfrifir yn enghrefftiau amlwg o'r brif ffrwd, megis theatr y West End, ceir rhyw fath ar ymdeimlad o'r hyn sydd yn safonol yn y gweithredu hyd yn oed lle nad yw'r gweithredu ei hun wrth fodd y gynulleidfa. Ffordd o *awdurdodi'r weithred* yw'r ystyriaeth o'i safon, nid mater o greu apêl uniongyrchol.

Diau fod modd dadlau am hyn oll, ond gobeithiaf y deil y diffiniad hwn yn ddigonol i'n galluogi i drafod Cwmni Theatr Gwynedd fel enghraifft o gwmni theatr prif ffrwd Cymraeg. O'i gynhyrchiad cyntaf oll yn Nhachwedd 1986, sef addasiad John Ogwen o nofel T. Rowland Hughes, *O Law i Law*, amlygai'r cwmni y nodweddion hynny a nodwyd uchod fel rhai prif ffrwd cynhenid. At hynny – i ddychwelyd at bwynt cynharach – roedd y cynhyrchiad hwn hefyd yn frith o nodweddion a adleisiai waith Cwmni Theatr Cymru ac nid oes dwywaith y bu'r naill ffaith a'r llall yn rhan o lwyddiant y cynhyrchiad yn y pen draw. Yn sicr, bu *O Law i Law* yn gynhyrchiad poblogaidd: denwyd tua deng mil o bobl i'w gweld, yn Theatr Gwynedd ac ar daith; hynny'n gyfartaledd o 360 i bob perfformiad a roddwyd, neu oddeutu 90 y cant o'r gynulleidfa bosibl. Roedd hynny ynddo'i hun yn ddigon i roi cryn awdurdod i

Gwmni Theatr Gwynedd fel un o brif gynrychiolwyr y theatr Gymraeg am flynyddoedd wedyn. Ond ni fesurwyd poblogrwydd *O Law i Law* yn ôl niferoedd yn unig, ond hefyd yn ôl brwdfrydedd yr ymateb a fu iddi. Sylwodd Robat Trefor, adolygydd *Barn*, ar yr ymateb hwnnw, gan bwysleisio fel yr uniaethai'r gynulleidfa yn llwyr â'r deunydd ger ei bron:

> Caffaeliad mawr yn y theatr yw cael y gynulleidfa o'ch tu. Pobl mewn oed oedd hi fwyaf yn Theatr Gwynedd; llawer ohonynt yn adnabod y nofel, a llawer mwy ohonynt yn adnabod y gymdeithas a geir ynddi ac yn rhannu gweledigaeth y gymdeithas honno ohoni'i hun, gweledigaeth arwrol Rowland Hughes. Clywid yr adnabod hwnnw yn y smic lleiaf a gaed ganddi ar y noson.[36]

Cafodd y sioe effaith ryfeddol ar y gynulleidfa a'i gwelodd. Ym 1998, ddeuddeng mlynedd yn ddiweddarach, soniodd Dafydd Thomas, rheolwr Theatr Gwynedd, fel yr oedd y brwdfrydedd a ysgogwyd gan y sioe yn glir yn ei gof o hyd, ynghyd â'r modd y syfrdanwyd 'rheolwyr theatrau di-Gymraeg yng Nghlwyd, Aberystwyth a Chaerdydd' gan yr ymateb hwnnw.[37] Diau mai un o'r rhesymau pennaf am hynny oedd fod nifer fawr o aelodau'r gynulleidfa yn gyfarwydd â'r nofel, neu, fel y nododd Robat Trefor, yn 'rhannu gweledigaeth y gymdeithas' a bortreadid ynddi. Roedd byd y sioe yn un y medrai'r gynulleidfa ymwybod ag ef yn gwbl uniongyrchol – o ran ei chynnwys, roedd yn gwbl hygyrch. Ar ben hynny, roedd yn hygyrch ei thechneg theatraidd; a dyma lle bu'r berthynas hanesyddol agos rhwng Cwmni Theatr Gwynedd a Theatr Cymru yn gaffaeliad mawr iddi. Ymron heb eithriad, roedd aelodau'r cast – John Ogwen, J. O. Roberts, Grey Evans, Beryl Williams, ac eraill – yn adnabyddus i'r gynulleidfa oherwydd eu gwaith gyda Chwmni Theatr Cymru dros y blynyddoedd (a hefyd, wrth gwrs, trwy eu hymddangosiadau mynych ar deledu ers hynny). Roedd cynllunydd y set yntau, sef Martin Morley – y bu cryn ganmol ar ei waith – yn un arall a weithiodd droeon i Gwmni Theatr Cymru yn ystod y 1970au a'r 1980au. Yn ogystal, roedd gwerthoedd cyffredinol y sioe'n adlewyrchu'r elfennau hynny a fu'n rhan amlwg o waith Theatr Cymru drwy'r blynyddoedd: parch at y testun gwreiddiol; symledd ac uniongyrchedd o ran strwythur naratif; ac anogaeth, trwy gyfrwng y pethau hynny, ar i'r gynulleidfa uniaethu â'r profiad a gyflwynid yn y ddrama trwy gydymdeimlo â'r prif gymeriad. Gwyddai'r gynulleidfa pa safonau i'w disgwyl oddi wrth y cast a'r cynhyrchiad ei hun, a daethpwyd â'r dorf at ei gilydd fel un i gydgyfranogi yn y digwydd.

Roedd *O Law i Law* yn ddewis penigamp ar gyfer cynhyrchiad cyntaf Cwmni Theatr Gwynedd. Nid rhyfedd i'r sioe lwyddo i ddenu cynulleidfa mor niferus ym Mangor: perthynai cynulleidfa Theatr Gwynedd yn agos i gymdeithas y chwarel, ac uniaethai â gwerthoedd y gymdeithas honno; ac ymestynai'r sioe ei hun yr hen arfer hwnnw o greu llwyddiant poblogaidd yng Nghymru trwy 'ganu cân fwyn i nain' (ys dywedai D. T. Davies am nofelau Daniel Owen).[38] Fodd bynnag, nid ar gyfer cynulleidfa Theatr Gwynedd yn unig y cyflwynwyd y sioe hon; o edrych ar y ffigyrau mynediad, gwelir bod y cynulleidfaoedd ar ei thaith genedlaethol *yn uwch* hyd yn oed na'r hyn a gafwyd ym Mangor. Mae'n amlwg fod cryn gydymdeimlad â thema'r ddrama ledled Cymru, gan fod sawl ardal yng Nghymru wedi bod yn hanesyddol ddibynnol ar un prif ddiwydiant, boed hwnnw'n llechi, yn lo, yn dunplad neu'n amaeth, ond credai Graham Laker fod rheswm arall – rheswm penodol theatraidd – dros lwyddiant y cynhyrchiad ar daith, sef bod y gynulleidfa Gymraeg erbyn 1986 'yn awyddus i weld sioeau ag iddynt sglein gorffenedig a chastiau mawr',[39] theatr o fath nas cyflwynid gan y mwyafrif o'r cwmnïau newydd oherwydd eu hymrwymiad i weithio mewn meysydd eraill a dulliau gwahanol. *O Law i Law* oedd y cynhyrchiad cyntaf o'i fath ers rhai blynyddoedd, ers tranc Cwmni Theatr Cymru yn wir, ac addawai'r cynhyrchiad newydd fod Cwmni Theatr Gwynedd yn bwriadu ailafael â'r gwerthoedd theatraidd a nodweddai'r hen gwmni cenedlaethol ar ei orau.

Gosododd *O Law i Law* nod y bu Cwmni Theatr Gwynedd a chwmnïau Cymraeg eraill yn ceisio ei gyrraedd am flynyddoedd wedyn, felly, a diau fod llwyfannu llithrig y sioe, yr addasu crefftus, a'r actio hwyliog yn batrwm i lawer un o'r hyn y dylid ei gynnwys mewn cynhyrchiad theatraidd llwyddiannus. Serch hynny, o safbwynt ei syniadaeth, roedd *O Law i Law* yn ddarn problematig iawn. Fel y nodwyd yn achos cwmni Theatrig, roedd cryfderau'r sioe fel darn o theatr brif ffrwd hefyd yn adlewyrchu ac yn cymell golwg fwrgeisaidd ar y byd, un a bwysleisiai deimladrwydd a chwaeth rhagor cyfrifoldeb cymdeithasol a moesoldeb. Yn hynny o beth, mae'n ddiddorol cymharu cynhyrchiad Cwmni Theatr Gwynedd o *O Law i Law* â chynhyrchiad ysgytwol Bara Caws saith mlynedd yn gynharach, sef *Bargen*. Cyffrowyd cynulleidfa'r naill gynhyrchiad a'r llall wrth weld cynrychioli ar lwyfan y diwydiant a fu wrth wraidd bywyd eu cymuned, gyda *Bargen* yn pwysleisio amodau byw a chyni economaidd y chwarelwyr adeg y streiciau mawr ar droad y ganrif, ac *O Law i Law* yn debycach i bortread epig o'r bywyd cymunedol a ffynnai yn sgil y diwydiant hwnnw. Eto i gyd, roedd gwahaniaeth sylweddol iawn rhwng y ddau o safbwynt gwleidyddol a chymdeithasol: roedd *Bargen* yn ddarn digyfaddawd a gefnogai hawliau dynol cynhenid y gweithwyr (ym 1905 fel yn yr oes bresennol) i geisio'r amodau gorau i'w llafur, ac a gondemniai ddichell cynhenid y perchnogion a'r rheolwyr wrth warchod elw ar draul buddiannau'r gweithlu. Roedd *O Law i Law*, ar y llaw arall, yn deyrnged hiraethus, berlesmeiriol i gymdogaeth goll, a oedd, er ei ffaeleddau a'i phroblemau, yn batrwm o gymdeithas wâr. Yn wahanol iawn i *Bargen*, a grochlefai yn erbyn annhegwch y system gyfalafol, portreadwyd tlodi a thrafferthion y chwarelwyr yn *O Law i Law* fel rhan o drefn ddigyfnewid eu bod. Molawd i'r gymdeithas werinol ddiwydiannol oedd nofel T. Rowland Hughes, a orseddai'r grŵp cymdeithasol a gynrychiolid gan y chwarelwyr (a defnyddio term Gwyn A. Williams) fel 'dosbarth arwrol' y gymdeithas a model o'i hunaniaeth ddelfrydol. Ond, ac edrych arni yng nghyd-destun *Bargen*, arwriaeth sentimental, fwrgeisaidd a thra cheidwadol a geid ynddi.

Apeliodd sentimentaliaeth y cynhyrchiad hwn at y gynulleidfa am fod yn well gan honno hiraethu am gymdeithas goll na wynebu realiti'r oes gyfoes. Fodd bynnag, os oedd *O Law i Law* yn gynhyrchiad sentimental, bron y gellid disgrifio'r nesaf o eiddo'r cwmni, sef *Gymerwch Chi Sigarét?* gan Saunders Lewis, yn un adweithiol. Nid oes dwywaith fod drama Saunders Lewis yn fyfyrdod cymhleth ar hynt ffydd yr oesau mewn cymdeithas gyfoes ddi-Dduw, ac yn werth ei chwarae o ddifrif er gwaetha'r ffaith ei bod yn groes i gredoau'r mwyafrif yn y Gymru Gymraeg (yn wir, efallai bod hynny'n unig yn rheswm digonol dros ei pherfformio!); ond, roedd ei chyflwyno ym 1987 yn gam gwag enfawr ar sawl cyfrif. Fel y nododd Gareth W. Jones yn ei adolygiad ar y cynhyrchiad, dyma gyfnod *glasnost* a *perestroika* yn yr Undeb Sofietaidd, a chyfnod helyntion 'Iran-Contra' yn yr Unol Daleithiau, cyfnod Gorbachev a Ronald Reagan – y naill yn foderneiddiwr eofn, egwyddorol ei weithred, a'r llall yn gowboi o actor, plwyfol ei welediagaeth ac adweithiol ei farn. I nifer o Gymry'r oes, odid nad oedd yr Unol Daleithiau yn fwy o berygl i ddyfodol byd na'r Rwsiaid, ond ni chafwyd unrhyw argoel o gydnabyddiaeth felly yn y cynhyrchiad hwn. Cynhyrchiad 'taclus a graenus'[40] ydoedd a ddywedai fwy o lawer am awydd y cwmni i ddarbwyllo'i gynulleidfa am safon ei gynnyrch nag am berthnasedd y ddrama i'r byd cyfoes. Canmolwyd yr actorion gan yr adolygydd am roi perffformiadau caboledig ar y cyfan, hyd yn oed os oedd 'ambell linell yn swnio'n od o ffurfiol gyda threigl amser', a hyd yn oed os oedd y ddrama ei hun yn ddi-fflach: 'O safbwynt theatr,' meddai, 'ei gwendid yw ei bod ... yn rhinweddol yn y gwraidd ond yn brin ei gweithredoedd ... wrth lunio ei ddrama suddodd Saunders Lewis ei gymeriadau mewn cors eiriol o athronyddu di-ddiwedd.'[41] Mae'n debyg fod cyfarwyddwr y cynhyrchiad, Wiliam R. Jones, yn awyddus i beidio ag amharu ar gydbwysedd y ddrama trwy orgyfarwyddo, ac i geisio cynnal gweledigaeth wreiddiol Saunders Lewis er mwyn i'r gynulleidfa fedru meithrin ei barn ei hun; ond ni wnâi hynny ond pwysleisio ffurfioldeb y cynhyrchiad ac ymestyn drama a oedd eisoes, yng ngeiriau Gareth W. Jones, yn 'ddirdynnol o faith'.[42] O safbwynt ei chynnwys a'i harwyddocâd cyfoes, haeddai *Gymerwch Chi Sigarét?* gynhyrchiad a gyflwynai ymdriniaeth feirniadol gref. Serch hynny, ni cheisiwyd newid cyd-destun theatraidd y ddrama o gwbl, dim ond ei chwarae yn gwbl 'syth', fel pe bai'r actorion yn credu pob gair ac yn gwahodd y gynulleidfa i uniaethu â hwy wrth iddynt fynegi profiad a oedd yn ddisgrifiad hysbys, syml o'u bywydau hwy eu hunain.

Y ddrama glasurol Ewropeaidd gyntaf i'w chyflwyno gan y cwmni oedd *Y Cylch Sialc*, addasiad Shelagh Williams o ddrama Brecht. Roedd y dewis i gyflwyno drama gan Brecht yn un diddorol, am na fu cynyrchiadau blaenorol Cwmni Theatr Gwynedd yn arbrofol o ran eu ffurf a'u harddull o gwbl. Wrth gyflwyno gwaith Brecht, fodd bynnag, byddai'n rhaid mynd i'r afael, i ryw raddau o leiaf, â thechneg anwastad a chymhleth yr Almaenwr, gan edrych ar y ddrama nid fel clasur marw ar ryw amgueddfa o lwyfan prif ffrwd, ond fel darn a sylwebai'n graff ar y berthynas rhwng yr unigolyn a'i gymuned, a rhwng y gynulleidfa a'r theatr. Eisoes, roedd profiad Theatrig wedi dangos pa mor anodd fyddai gweithredu egwyddorion Brechtaidd y ddrama a denu cynulleidfa frwd i'w mwynhau: nid oedd gan y gynulleidfa Gymraeg, heb sôn am gynulleidfa benodol Cwmni Theatr Gwynedd, fawr o amynedd gyda rhethreg a thechnegau dieithrio o'r fath. Nid rhyfedd, felly, gweld Cwmni Theatr Gwynedd yn lliniaru peth ar dechneg theatraidd Brecht wrth gyflwyno'r ddrama i'w gynulleidfa yntau.

Wrth edrych yn ôl ar ei waith fel cyfarwyddwr Cwmni Theatr Gwynedd, soniodd Graham Laker mai un o brif fanteision *Y Cylch Sialc* fel testun oedd mai hithau oedd drama fwyaf hygyrch Brecht, y gellid ei dehongli a'i derbyn yn syml 'fel stori werin' pe mynnid.[43] Roedd felly'n brosiect delfrydol bron: yn ddrama ryngwladol-gydnabyddedig, yn her i'r actorion a'r cyfarwyddwr fel ei gilydd, ond eto'n ddigon hwylus a phoblogaidd ei naws i ddiddori'r elfen honno yn y gynulleidfa na ddilynai ddramâu clasurol rhyngwladol fel arfer. Cafwyd cynulleidfa frwd i gynhyrchiad y cwmni ddiwedd 1988, ac, er nad oedd honno mor doreithiog efallai â chynulleidfaoedd blaenorol y cwmni, bu'n hael ei chanmoliaeth. Nodweddwyd y cynhyrchiad gan gyfarwyddo crefftus, llithrig Graham Laker, actio *ensemble* solet y cast, gyda John Ogwen yn ysgwyddo'r baich mwyaf, set hynod bwrpasol a hardd gan Kim Kay, a cherddoriaeth ysblennydd Jochen Eisentraut. Er hynny, mynegwyd amheuon ynglŷn â'r cynhyrchiad gan ambell sylwebydd. Er iddi fwynhau cystal, gofynnent, a oedd y gynulleidfa'n *deall* y ddrama mewn gwirionedd? A wyddai hi beth oedd goblygiadau'r hyn a gymeradwyai mor hael? Ofnai Graham Laker ei hun nad oedd cyfran helaeth o'r gynulleidfa wedi dilyn plot y ddrama hyd yn oed, oherwydd er gwaethaf ei symledd ymddangosiadol, roedd yn dra chymhleth mewn gwirionedd. Hawdd oedd i'r gynulleidfa golli golwg ar y ffaith fod dwy naratif ganolog y ddrama, sef stori Griwsia'r forwyn ac Asdac y barnwr, yn cydredeg (yn wir, yn ôl Laker, araf iawn fu ambell aelod o'r cast hyd yn oed i sylweddoli mai felly yr oedd pethau!). Pa obaith, o fethu â dilyn y plot yn iawn, oedd i'r gynulleidfa fedru gwerthfawrogi manion techneg *verfremdung* Brecht?

Roedd hon yn dipyn o broblem, am fod y ddrama eisoes wedi'i symleiddio'n sylweddol gan addasiad Shelagh Williams. Yn fersiwn gwreiddiol Brecht, llwyfennir drama'r 'Cylch Sialc' gan gwmni teithiol er mwyn difyrru grŵp o bentrefwyr Cawcasaidd sydd wrthi'n ceisio penderfynu sut i ddosrannu tiroedd o'u heiddo a ysbeiliwyd gan y Natsïaid yn ystod y rhyfel. Drama o fewn drama yw stori Asdac a Griwsia a rydd ateb i broblem y pentrefwyr. Ond torrwyd golygfa'r pentrefwyr yn llwyr yng nghynhyrchiad Cwmni Theatr Gwynedd, gan bwysleisio symledd 'stori werin' Brecht efallai, ond gan guddio arwyddocâd gwirioneddol y ddrama fel ateb i broblem gymdeithasol yn y broses. Rhan o lwyddiant y cynhyrchiad oedd iddo hepgor dimensiwn cymdeithasol a gwleidyddol y ddrama'n gyfan gwbl, gan roi iddi wedd y ddrama-gerdd fwrgeisaidd fasnachol yn hytrach na chymhlethdod syniadaethol y ddrama Frechtaidd. Mor wahanol oedd hyn, er enghraifft, i *Peer Gynt* gan Theatrig, cynhyrchiad 'Brechtaidd' arall o'r cyfnod hwn a feddai, yn ôl ei chyfarwyddwr, symledd 'stori blant'. Yn honno, arferwyd dyfeisiau 'dieithrio' Brechtaidd yn frith drwy'r cyflwyniad i sefydlu pellter cysyniadol rhwng y gynulleidfa a'r digwydd drosodd a thro, er mwyn cymell y dorf i gwestiynu'r berthynas gymdeithasol rhyngddynt hwy a'r deunydd a gyflwynid iddynt. Ond yn *Y Cylch Sialc*, er bod Graham Laker wedi ceisio pwysleisio'r 'gwrthgyferbyniadau' mynych yn nhechneg ddramataidd Brecht, nid oedd y berthynas rhwng y gynulleidfa a'r digwydd ar y llwyfan yn un gyfnewidiol gymhleth. Yn hytrach, roedd yn gyson esmwyth, fel y gweddai i ddrama fwrgeisaidd.

Ymysg y nodweddion eraill a ganmolwyd gan gynulleidfa *Y Cylch Sialc* roedd chwarae *ensemble* aeddfed yr actorion, a sensitifrwydd a dychymyg y cyfarwyddo. O ran yr *ensemble*, wynebai Cwmni Theatr Gwynedd yr un broblem â gweddill y cwmnïau proffesiynol Cymraeg, sef diffyg grŵp o actorion a gyflogid yn barhaol. Fodd bynnag, bu'n fantais fawr i'r cwmni yn yr achos hwn fod nifer helaeth o'r actorion wedi gweithio gyda'i gilydd droeon o'r blaen, naill ai ar gynyrchiadau llwyfan – bron i ugain mlynedd ynghynt yng nghyfnod cynnar Cwmni Theatr Cymru mewn ambell achos – neu yn fwy diweddar ar deledu (bu'r cyfrwng hwnnw, am unwaith, o gymorth i'r theatr). Ceid 'cymundod' cynhenid a naturiol rhwng cryn nifer o'r perfformwyr ar sail hen arfer, a bu hynny'n hwb aruthrol i Laker wrth iddo geisio creu byd lled-ffantasïol Brecht. Credai ambell feirniad, fodd bynnag, fod math arall ar gymundod yn gyfrifol am lwyddiant *Y Cylch Sialc*. Wrth longyfarch y cwmni ar ei gynhyrchiad llwyddiannus, poblogaidd, rhybuddiai Betsan Powys rhag dehongli'r peth fel cam mawr ymlaen yn hanes y theatr Gymraeg tuag at waith poblogaidd o safon gelfyddydol deilwng. '[P]eidied neb ag . . . awgrymu mai Brecht, nac ychwaith yr awydd i weld dehongliad Cymreig o neges y Theatr Epig oedd yr atyniad', meddai ym 1989:

> John Ogwen [a chwaraeai ran Asdac, y dihiryn o farnwr] oedd yn tynnu'r lluoedd yn eu bysus o bob cwr o Wynedd. Pe bae Cwmni Theatr Gwynedd yn cyflwyno John Ogwen yn pesychu, a hynny am ddwy awr ar lwyfan Theatr Gwynedd, fe fyddai'r bysus wedi'u trefnu a'u llenwi wythnosau o flaen llaw. Nid bychanu talent John Ogwen 'rydw i am funud. Dweud 'rydw i nad yw cynulleidfa iach Cwmni Theatr Gwynedd yn llinyn mesur o fath yn y byd o gyflwr y theatr yng Nghymru'n gyffredinol.[44]

Credai Betsan Powys fod dawn John Ogwen fel actor, ynghyd â'i berfformiadau mynych ar lwyfannau theatr dros y blynyddoedd (a'i gyflwyniadau mynych gyda'i wraig, Maureen Rhys, i gymdeithasau lleol yng ngogledd Cymru) wedi creu perthynas arbennig iawn rhyngddo a chynulleidfa Theatr Gwynedd, a bod hynny – heb fod sôn am Brecht – wedi creu rhyw fath ar gymundod arbennig a 'dieithriad' o fath hefyd a gynhaliai'r cynhyrchiad hwn. Roedd gan Ogwen statws arbennig fel actor a roddai iddo'r awdurdod angenrheidiol i gyflwyno cymeriad Asdac, ond rhoddai ei statws iddo afael arbennig dros gynulleidfa Theatr Gwynedd hefyd. O'r braidd na ellid dweud bod Ogwen wedi'i 'ethol' gan y gynulleidfa honno, a'i fod yn agosaf peth at eicon a feddai'r theatr Gymraeg yng Ngwynedd. Roedd ei statws arbennig yn symptom clir fod y gynulleidfa Gymraeg at ei gilydd yn benderfynol o ddefnyddio'r theatr, nid fel ffordd o adlewyrchu neu archwilio ei hymwybyddiaeth ohoni hi'i hun, ond fel *defod* gymdeithasol; nid fel cyfrwng radicalaidd ond fel modd i ddwysáu ymdeimlad o berthyn i'r gymdeithas Gymraeg. 'Etholwyd' John Ogwen fel cynrychiolydd y gynulleidfa Gymraeg yng Ngwynedd am ei fod yn ymgorffori'r gwerthoedd hynny y dymunai'r gynulleidfa eu gweld ynddi hi ei hun – carisma cartrefol y gwerinwr cyfoes, a naturioldeb mynegiant un a arddelai ei filltir sgwâr ei hun.

Roedd *Y Cylch Sialc* yn drobwynt o fath yn hanes Cwmni Theatr Gwynedd. Dyma gynhyrchiad clodwiw o safbwynt techneg theatraidd brif ffrwd a dderbyniodd gymeradwyaeth hael ar bob tu. Serch hynny nid oedd y clod hwnnw'n ddigon i ddenu cynulleidfa i weld y ddrama ym mhobman. Cymharol siomedig, wrth ymyl rhai o'i gynyrchiadau blaenorol, oedd nifer y gynulleidfa; ac roedd y siom honno dipyn gwaeth wrth i'r ddrama deithio ledled Cymru. Roedd cynulleidfa Theatr Gwynedd yn ddwbl y nifer a geid ledled Cymru, ac, er bod y gwahaniaeth hwnnw o ran nifer yn un arbennig o eithafol, roedd yn rhan o batrwm a welai gynulleidfa'r cwmni trwy Gymru'n dirywio'n reit sydyn, a chynulleidfa Theatr Gwynedd hithau yn dirywio'n raddol ond yn gyson. Roedd y dimensiwn cenedlaethol yng ngwaith y cwmni'n mynd â'i ben iddo, a hawl Cwmni Theatr Gwynedd i'w ystyried ei hun yn 'etifedd' i Gwmni Theatr Cymru – ac i weithredu polisi a adlewyrchai hynny – yn diflannu. Âi'r prosiect hanesyddol i greu cwmni prif ffrwd proffesiynol a gynrychiolai gynnyrch gorau'r genedl, y prosiect a ddaeth i'w lawn ffrwyth pan ffurfiwyd Cwmni Theatr Cymru yn ystod y 1960au, yn amherthnasol i'r mwyafrif yn y Gymru Gymraeg. Bellach, ac S4C yn cyflawni'r swyddogaeth ddefodol o ddod â chynulleidfa Gymraeg at ei gilydd i gydwylio a chydgyfranogi o ran o'i hetifeddiaeth ddiwylliannol, ymddangosai fel pe bai'r theatr – pa beth bynnag y bo ei ffurf – yn rhan fwyfwy ymylol o'r bywyd Cymraeg. O safbwynt Cwmni Theatr Gwynedd, deuai ambell sioe i'r adwy o dro i dro i roi hwb i'r ffigyrau, fel y ddrama-gerdd *Enoc Huws* ym 1989 ac *Awê Bryncoch* ddiwedd 1993, ond nid oedd y rheini'n nodweddiadol o gynnyrch y cwmni ar y cyfan, ac ni lwyddwyd i gynnal y niferoedd am gyfnod hir yn eu sgil. Roedd y dirywiad cynulleidfaol a welwyd yn Theatr Gwynedd a thu hwnt yn ddigon i sbarduno nifer o sylwebyddion i ystyried apêl y theatr brif ffrwd i'r gynulleidfa Gymraeg, ynghyd â natur ei diddordeb – neu ddiffyg diddordeb – yn y theatr gyfoes, a'r modd gorau o geisio'i hadfer. Credai rhai beirniaid fod y gynulleidfa'n dirywio am fod y theatr Gymraeg wedi rhoi gormod o bwyslais ar greu arlwy boblogaidd – hynny yw, ar *wasanaethu'r* gynulleidfa – a rhy ychydig ar ei herio. Dyna fyrdwn Betsan Powys yn yr erthygl y dyfynnwyd ohoni uchod:

> Beth ddaeth gyntaf, y gynulleidfa fodlon neu'r arlwy gyffredin? Dychmygwch gwmni yn ystried y prosiect nesaf. 'Roedd y diwethaf yn ddigon tebyg i'r un cynt, a hwnnw yn ei dro yn ddigon tebyg i'r un cynt eto. Fe fu'r gynulleidfa, a'r adolygwyr hefyd o ran hynny, yn ddigon gwerthfawrogol ac maen nhw erbyn hyn yn cysylltu'r cwmni ag arddull arbennig. Gan mai cynulleidfa felly yw hi, mae'r cwmni'n gyndyn i dorri tir newydd rhag dieithrio'r ffyddloniaid a cholli cefnogaeth ariannol Cyngor y Celfyddydau. Mae'r ddau yn mynd law yn llaw.[45]

Roedd yr adolygydd Dafydd Fôn yntau o'r un farn am 'arlwy gyffredin' Cwmni Theatr Gwynedd, ac yn gresynu o weld diffyg ymroddiad y gynulleidfa Gymraeg, a'i gorhoffedd o adloniant bas, diddrwg-didda. Canmolodd benderfyniad y cwmni i lwyfannu clasuron o ddramâu Cymraeg, ond nododd hefyd fod ymateb y gynulleidfa i'r penderfyniad hwnnw ar y cyfan yn dra siomedig. Er enghraifft, wrth drafod cynhyrchiad y cwmni o ddrama Huw Lloyd Edwards o 1958, *Cyfyng Gyngor*, nododd fod ar lwyfannau Cymru 'angen . . . y ddrama sy'n procio'r meddwl':

> Procio'r bol, a'r hen galon nostaljic wnaeth nifer o befformiadau diweddar Cwmni Theatr Gwynedd . . . Yr oedd lle i feddwl yn *Y Cylch Sialc*, ond wn i ddim faint o'r gynulleidfa sylweddolodd hynny. Gyda *Chyfyng Gyngor* . . . nid oes le ond i feddwl . . . Y noson yr oeddwn i yn Theatr Gwynedd doedd 'na ond llond dwrn yno – efallai bod y si wedi mynd ar led fod yn rhaid meddwl.[46]

Daliai Dafydd Fôn at yr un thema ddwy flynedd yn ddiweddarach, wrth adolygu cynhyrchiad Cwmni Theatr Gwynedd o *Y Gelli Geirios*, addasiad W. Gareth Jones o ddrama Anton Tsiecof. Unwaith eto, mynegodd bryder am allu'r gynulleidfa Gymraeg gyffredin i ddeall a gwerthfawrogi dramâu'r traddodiad modern Ewropeaidd. Yn ei adolygiad, nododd fod yr un peth yn wir am *Y Gelli Geirios* ag y bu'n wir am *Y Cylch Sialc* dair blynedd ynghynt (cofir bod Graham Laker yntau wedi mynegi'r un amheuon):

> Bu tuedd gref iawn yn y blynyddoedd dwytha' hyn i'r theatr Gymraeg fynd ati i feithrin cynulleidfa, a hynny trwy roi iddynt brofiadau theatrig ysgafn, syml, heb ddim gwaith meddwl ynghlwm wrthynt. (Nid oedd **raid** meddwl gyda'r *Cylch Sialc* gan ei bod yn ddrama ar fwy nag un lefel). Ychydig iawn o ddramâu 'trymion' a gynhyrchwyd, a bron ddim o ddramâu mawr y byd. Fe lwyddwyd, i raddau helaeth, i feithrin cynulleidfa Gymraeg, ond, ysywaeth, mae mwyafrif helaeth y gynulleidfa honno yn theatrig ddi-glem. O weld ymateb llawer o'r gynulleidfa yn Theatr Gwynedd i'r *Gelli Geirios* diddorol yw dyfalu beth fyddai eu hymateb, dyweder, i un o ddramâu Strindberg, neu'n waeth fyth i'r hen Luigi Pirandello. Mae dramâu Anton fel dŵr clir o'u cymharu â champweithiau'r athrylith hwnnw.[47]

Ond roedd eraill a anghytunai. Mynnai Meg Elis, er enghraifft, mai ffwlbri oedd cymell y cymhleth, y tywyll a'r radical newydd i gynulleidfa a wyddai ei meddwl ei hun, ac a fynnai gefnogi gwaith traddodiadol a hygyrch. Dylid rhoi i'r gynulleidfa honno yr hyn a fynnai, rhesymai Elis, a cheisio'i dwyllio nid i dderbyn cynnyrch y traddodiad drama Ewropeaidd ond i finiogi'i chlust at ddeialog afaelgar yn y Gymraeg. Ym 1991, wrth adolygu *Dim Ond Heno*, drama arobryn Gwion Lynch, cwynodd Elis am 'y math o ddryswch ar-goll-yn-y-niwl sy'n dod i ran cynulleidfa Gymraeg weithiau wrth orfod dioddef cynhyrchiad "mentrus", "arbrofol" (h.y. siwdaidd a gor-uchelgeisiol) rhyw ffug-ddeallusion sy'n tybio eu hunain uwchlaw manion dibwys dramayddol megis sgript ddealladwy, dal diddordeb y gynulleidfa ac ati'. Wrth gyfeirio at *Dim Ond Heno*, serch hynny, nododd mai da o beth oedd 'gweld fod Gwion Lynch yn credu mewn stori dda, deialog rhwng cymeriadau, a lleoli'r digwydd yn solet mewn amser a lle'.[48]

Yr unig beth y medrai Cwmni Theatr Gwynedd ei wneud er mwyn ceisio pontio'r agendor rhwng y ddwy garfan feirniadol hon – y naill yn radicalaidd ei barn a'r llall yn draddodiadol – oedd glynu at ei arfer o gyfosod cynyrchiadau poblogaidd a chynyrchiadau mwy 'anodd', mentrus neu arbrofol. Gwnaed hynny o'r cychwyn cyntaf yn hanes y cwmni, a dweud y gwir, pan welwyd drama ddwys Saunders Lewis, *Gymerwch Chi Sigarét?* yn dilyn llwyddiant ysgubol *O Law i Law*; dilynwyd fersiwn cerddorol y cwmni o *Enoc Huws* ym 1989 gan *Leni*, drama arobryn Dewi Wyn Williams, ac yna addasiad o glasur Tsiecof, *Y Gelli Geirios*; a dilynwyd y llwyddiant poblogaidd mwyaf oll, sef *Awê*

Bryncoch ym 1993, gan addasiad Gruffydd Parry o glasur Ibsen, *Ddoe yn Ôl*. Roedd y polisi hwn o gyfosod dramâu newydd a chlasuron addasiedig yn un dewr ar sawl golwg. Yn gyntaf oll, roedd yn ymgais i osod her i'r gynulleidfa a'i rhwystro rhag mynd yn rhy gyfforddus o ran ei disgwyliadau o waith y cwmni: mynnai Laker mai yn ôl ei delerau a'i anghenion ei hun y diffiniai'r cwmni ei 'wasanaeth' i'r gynulleidfa. Yn ail, roedd yn groes i awydd Cyngor Celfyddydau Cymru i weld Cwmni Theatr Gwynedd yn datblygu arddull nodweddiadol, hawdd ei hadnabod. Meddai Laker: 'roedd e'n dipyn bach o frwydr gyda Chyngor y Celfyddydau weithiau oherwydd fe ofynnen nhw, *"where's your house style?"* ... A dwedwn i, wel, beth ydan ni angen ei wneud yw peri rhywfaint bach o syndod i'r gynulleidfa bob tro, fel eu bod nhw'n gweld rhywbeth gwahanol.'[49]

Wedi dweud hyn, fodd bynnag, nododd Laker hefyd ei fod yn teimlo cyfrifoldeb i beidio â gwthio'i gynulleidfa i'r eithaf. Gwyddai mai hawdd y gellid dieithrio cynulleidfa a fagwyd i raddau helaeth iawn ar theatr ddefodol amaturaidd, ac a fynnai brofiad torfol yn y theatr, trwy gyflwyno iddynt theatr unigolyddol – fel yn y traddodiad modern Ewropeaidd – a danseiliai'r posibilrwydd o gydymateb a chyd-ddeall. Er gwaethaf diddordeb Laker yn nramâu'r traddodiad Ewropeaidd, 'theatr cymundod' a geid gan Gwmni Theatr Gwynedd yn anad dim, theatr a gyfreithlonwyd gan ei thebygrwydd o ran strwythur a thechneg i theatrau sefydlog proffesiynol rhanbarthol Lloegr. Ni phoenai Laker yn ormodol am farn y rheini a gondemniai Gwmni Theatr Gwynedd am fod yn rhy draddodiadol neu'n hen ffasiwn, gan ychwanegu (â'i dafod nid nepell o'i foch, hwyrach), fod y cwmni 'wedi tueddu i greu gwaith ar gyfer "pobl dros 40"'.[50] Unwaith eto, roedd cryn debygrwydd rhwng yr elfen geidwadol hon yng ngwaith a gweledigaeth Cwmni Theatr Gwynedd a'r hyn a gafwyd flynyddoedd ynghynt gan Gwmni Theatr Cymru yntau.

Ymysg cynyrchiadau diweddar Graham Laker i Gwmni Theatr Gwynedd yr oedd *Cwm Glo*, drama enwog James Kitchener Davies o 1935. Roedd gan Laker feddwl uchel o'r clasur Cymraeg hwn, fel nifer o ddramâu o gyfnod cynnar y mudiad drama, a chredai ei bod yn ddyletswydd ar gwmni megis Cwmni Theatr Gwynedd i geisio adnewyddu'r dramâu hyn o bryd i'w gilydd a dangos i'r gynulleidfa Gymraeg rai o enghreifftiau pwysicaf ei thraddodiad dramataidd brodorol. Eto i gyd, roedd y ddrama hon yn ddewis annisgwyl i ryw raddau, am ei bod wedi'i gosod yn gadarn yn ne Cymru (cynhyrchwyd y ddrama ar y cyd â Theatr y Sherman yng Nghaerdydd, a chafwyd fersiynau Cymraeg a Saesneg ohoni), ac am ei bod ar un olwg yn ddigyfaddawd wleidyddol, yn portreadu hynt a helynt teulu dan ormes yr amgylchiadau economaidd a chymdeithasol a lethai ddynoliaeth a moesoldeb amryw fywydau yn y cymoedd hynny. Roedd *Cwm Glo* hefyd yn ddrama eiconoclastig – yn ei hoes ei hun, gwrthodwyd ei gwobrwyo yn yr Eisteddfod Genedlaethol oherwydd ei beiddgarwch yn trafod rhywioldeb y glöwr mileinig Dai Dafis a'i ferch Marged, a dry'n butain erbyn y diwedd; a, hyd yn oed ym 1995, roedd eto'n ddrama ac iddi gryn ergyd i gynulleidfa Gymraeg. Nodwyd hynny gan adolygydd y cynhyrchiad, Meg Elis:

> Siawns . . . y gallwn ni, o glydwch y nawdegau soffistigedig, fforddio gwenu ar stranciau'r sawl oedd yn gweld y ddrama fel 'sex play', yn ffieiddio fod y fath waith budr yn ymddangos – yn Gymraeg hefyd! – i lygru moesau ac i fwrw sen ar y Gwerinwr Diwylliedig. 'Sgwn i? Rhowch deitl ambell i raglen deledu yn lle *Cwm Glo*, gwrandewch ar sylwadau'r gyfryw werin unwaith y bydd unrhyw un yn mentro ar gynhyrchiad neu waith sydd fymryn yn fentrus – ac mi gewch weld pa mor soffistigedig ydym.[51]

O ran ei hymosodiad ar fytholeg y werin Gymreig, a'r ddelwedd o weithiwr diwylliedig, gwâr, roedd *Cwm Glo* yn dra gwahanol ei meddylfryd i'r cynhyrchiad hwnnw a osododd farc Cwmni Theatr Gwynedd ar y theatr Gymraeg yn wreiddiol, sef *O Law i Law*. Ac, fel y nododd Meg Elis, er bod *Cwm Glo* ei hun dros ei thrigain erbyn 1995, roedd yr ergyd a drawai yn erbyn y Cymreictod agos-atoch hwnnw a ddelfrydwyd yng nghyswllt y werin yn dal yn un grymus ac yn ddigon i aflonyddu ar gynulleidfa 'soffistigedig' gyfoes hyd yn oed. Pam yr âi Cwmni Theatr Gwynedd ati i gynhyrchu drama a oedd ar un olwg mor llym ei barn ar y 'bobl gyffredin', felly, gan fygwth yr anian boblogaidd honno a oedd yn rhan allweddol bwysig o broffil y cwmni? Un o'r ffactorau pwysicaf, bid siŵr, oedd edmygedd Graham Laker ohoni. Mynegodd hwnnw'n groyw a diflewyn-ar-dafod mewn cyfweliad â Menna Baines ym 1995, gan nodi bod '*Cwm Glo* yn un o glasuron y theatr Gymraeg . . . gystal â'r rhan fwya' o ddramâu John Gwilym Jones, yn well na rhai ohonyn nhw, ac . . . yn fwy diddorol na dramâu rhyddiaith Saunders Lewis'. Ychwanegodd hefyd ei bod yn haeddu'i pharchu oherwydd ei huchelgais: 'mi fuaswn i'n mynd mor bell â dweud ei bod hi'n fwy uchelgeisiol na llawer o'r dramâu Cymraeg sy'n cael eu sgwennu heddiw', meddai.[52] Ni phryderai Laker am natur eiconoclastig y ddrama ychwaith, ond yn hytrach ymafaelodd yn hwnnw fel un o'i rhinweddau pennaf. Nododd mai'r dramâu a ymosodai ar fywyd ac ideoleg y gymdeithas oedd y rhai gorau'n aml iawn, a bod 'unrhyw ddrama sydd wedi codi cymaint o stŵr â hyn pan sgrifennwyd hi yn haeddu ail olwg'.[53] Tipyn o syndod oedd clywed Graham Laker yn cefnogi'r ddrama hon i'r fath raddau o gofio pa mor geidwadol oedd arlwy Cwmni Theatr Gwynedd ar sawl cyfrif. O safbwynt ideolegol ac o safbwynt persbectif cymdeithasol yr awdur, nid oedd cymhariaeth rhwng *Cwm Glo* a'r clasur diwydiannol arall hwnnw, *O Law i Law*. Molawd drwyddo draw oedd yr addasiad o nofel T. Rowland Hughes, tra bod *Cwm Glo* y nesaf peth at drasiedi oherwydd gweledigaeth Kitchener Davies fod dim oll i atal y gymdeithas rhag cael ei llygru gan bwysedd y drefn economaidd sylfaenol. Ategwyd hynny gan addasydd y ddrama ar gyfer Cwmni Theatr Gwynedd, sef Manon Rhys, merch Kitchener Davies ei hun. Haerai hithau fod y dramodydd 'am ddangos fod y frwydr barhaus yn erbyn tlodi yn gostwng gwerth bywyd a bod rhai dynion, fel Dai Davies, yn siŵr o blygu dan y pwysau. Beio'r system yr oedd 'nhad, ond fe gamddeallwyd hynny ac roedd pobl yn meddwl ei fod yn bychanu'r glöwr ei hun.'[54]

O gofio hyn, sef mai drama am ddifodiant ysbryd dyn dan bwysedd amgylchiadau cymdeithasol ac economaidd oedd *Cwm Glo*, nid rhyfedd clywed ambell feirniad yn cwyno bod cynhyrchiad Cwmni Theatr Gwynedd wedi methu â phwysleisio'r berthynas rhwng gweledigaeth Kitchener Davies a sefyllfaoedd cyfatebol yn y Gymru gyfoes. Haerwyd bod y cynhyrchiad yn rhy felodramataidd ei naws, ac, oherwydd ei arddull, yn creu pellter rhwng y cynhyrchiad a phrofiad y gynulleidfa gyfoes. Amddiffynnodd Graham Laker arddull a syniadaeth gyffredinol ei gynhyrchiad drwy ddadlau y byddai newid arddull y gwreiddiol yn ormodol yn mygu diddordeb y ddrama fel dogfen neu dystiolaeth o frwydr y dramodydd yn erbyn y ffurf theatraidd gyfredol, sef melodrama: 'I fi,' meddai Laker, 'mae'n ddiddorol i weld rhywun [sef Kitchener Davies] . . . sy'n gorfod gweithio o fewn i'r confensiwn yna, ac yn ceisio byrstio allan drwy'r amser; mae'r tensiwn yna'n ddiddorol.'[55] Ym marn Laker, gellid canfod dewrder y dramodydd nid yn unig yn y deunydd dadleuol a ddewisasai, ond hefyd yn ei frwydr i gymhwyso'r ffurf felodramataidd a oedd yn brif gyfrwng i brofiad theatraidd ei gynulleidfa, fel bod llais theatraidd croyw ac eofn i'w ddrama. O ganlyniad, roedd yn hanfodol bwysig gweld a gwerthfawrogi'r ddrama yn ei chyd-destun theatraidd gwreiddiol, meddai, gan na wnâi'r ymdrech i osod gwedd gyfoes ar y ddrama ond ei dibrisio a helpu gan hynny i 'ddad-ddiwyllio' y gynulleidfa. Rhaid oedd cydnabod amodau gwreiddiol a realiti cymdeithasol yr artistiaid hynny a fu wrthi'n ceisio gosod sail ar gyfer traddodiad theatraidd yng Nghymru, yn ôl Laker: ni ellid gwerthfawrogi'r cynnyrch dramataidd na rhesymeg ymarferol yr artistiaid heb hynny.

Nid brwydr Kitchener yn unig, eithr brwydr Graham Laker ei hun oedd hon. Fel y dramodydd o'r 1930au, brwydrai Laker i wasanaethu a diwyllio cynulleidfa brif ffrwd Cwmni Theatr Gwynedd trwy gymhwyso'r ffurf ar theatr a oedd yn dderbyniol gan y mwyafrif a'i hymestyn yn bwrpasol er mwyn herio'r gynulleidfa i ystyried posibiliadau newydd. Dengys ei sylwadau ar *Cwm Glo* pa mor ddwfn oedd cred Graham Laker yn ei grefft fel cyfarwyddwr ac yng ngallu'r theatr i gyfathrebu â chynulleidfa eang er gwaetha'r llu cyfryngau newydd hynny a gystadleuai yn ei herbyn yn y 1990au. Ond hwyrach ei fod yn arwydd hefyd fod cenadwri sylfaenol Cwmni Theatr Gwynedd, a swyddogaeth y theatr Gymraeg hithau, yn newid wrth i'r degawd fynd rhagddo. I raddau helaeth, roedd y gynulleidfa boblogaidd wedi cilio o'r theatr: o ddenu rhwng dau a thri chant ar gyfartaledd i'w gynyrchiadau cynnar, roedd bellach yn amlwg mai hyd at gant oedd cyfartaledd mwyaf cyffredin y cwmni, heblaw am ambell eithriad megis *Awê Bryncoch*, y deuai teuluoedd cyfan gyda'i gilydd i'w weld. Yn sicr, yn achos *Cwm Glo*, cymharol isel fu'r ffigyrau, yn enwedig o gofio bod y cwmni wedi paratoi fersiwn Saesneg o'r ddrama er mwyn ceisio denu mwy i'w gweld yn ne Cymru. I raddau helaeth, roedd trwch y gynulleidfa wedi troi'u cefnau, a'r waddol yn 'ffyddloniaid', yn bobl a fynnai gefnogi digwyddiadau Cymraeg yn selog am eu bod yn Gymraeg, ynghyd â grŵp cymharol fychan a gefnogai'r theatr am fod ganddynt hoffter neilltuol o'r cyfrwng. Âi gwaith y cwmni yn ei flaen, ond roedd yr argoelion tymor hir yn dechrau troi yn ei erbyn.

Rhai misoedd ar ôl *Cwm Glo*, cafwyd cynhyrchiad arall a oedd yn gymharol annisgwyl yn ôl gwerthoedd arferol y cwmni, sef fersiwn newydd o ddrama Gwenlyn Parry, *Y Tŵr*. Nid oedd penderfyniad y cwmni i baratoi cynhyrchiad o'r ddrama hon yn fawr o syndod ar un olwg, gan ei bod yn glasur cydnabyddedig Cymraeg ac ar feysydd llafur sawl sefydliad addysg Cymreig. Yn wir, dyma un o ddramâu mwyaf y llwyfan Cymraeg ers *Blodeuwedd* a *Siwan* gan Saunders Lewis ym 1948 a 1954, ac un o'r dramâu y bu'r mwyaf o drafod arni ers un o ddramâu blaenorol Gwenlyn Parry, *Saer Doliau*. Roedd *Y Tŵr* yn enghraifft brin o ddrama Gymraeg a enillodd ei phlwyf nid yn unig ar y llwyfan Cymraeg ond fel rhan o'r traddodiad llenyddol hefyd. Hynodrwydd y cynhyrchiad arbennig hwn oedd fod y ddau actor a'i cyflwynasai'n wreiddiol ym 1978, sef John Ogwen a Maureen Rhys, wedi'u gwahodd i'w hailgyflwyno ym 1995. Mae'n debyg mai syniad cyfarwyddwraig Theatr Clwyd, Helena Kaut-Howson, oedd hyn yn wreiddiol. Yn wir, bwriadai lwyfannu cynhyrchiad Saesneg o'r ddrama, gan wahodd Ogwen a Rhys i ymgymryd â'r ddwy ran unwaith eto, ond fe'i diswyddwyd hi (mater a gododd gryn gynnwrf ar y pryd) cyn i'r prosiect hwnnw weld golau ddydd, ac achubwyd y cynllun gan Graham Laker yn Theatr Gwynedd.

Er bod y ddrama'n hen gyfarwydd iddynt, anesmwythai Ogwen a Rhys wrth feddwl dychwelyd ati ym 1995. Nid anodd dychmygu pam y teimlent felly mewn gwirionedd, am fod y cymeriadau a chwaraesant yn *Y Tŵr* gryn dipyn yn iau na hwy eu hunain yn ystod act gyntaf y ddrama (mwy cyffredin o lawer oedd gweld actorion iau yn chwarae cymeriadau hŷn); ac am fod cynhyrchiad gwreiddiol y ddrama gan Gwmni Theatr Cymru ym 1978 wedi tyfu'n rhan o fytholeg y theatr Gymraeg dros y blynyddoedd. Fel y nododd Menna Baines, roedd y ffaith eu bod ill dau 'bellach yn ganol oed – oedran y pâr erbyn iddynt gyrraedd yr ail o dair ystafell y tŵr', yn ffactor bwysig hefyd, am ei fod yn 'hawlio dehongliad newydd mwy haniaethol a symbolaidd' o'r ddrama,[56] ac nid oedd sicrwydd y byddai dehongliad newydd o'r fath yn apelio at y gynulleidfa. Yn ddi-os, byddai gweld sut y byddai'r actorion yn dygymod â'r anghysondeb hwn o ran oedran yn rhan o ddiddordeb y cynhyrchiad, ond gwyddai'r cwmni fod apêl y gwreiddiol yn siŵr o fod yn dynfa i nifer helaeth yn y gynulleidfa hefyd. Roedd Maureen Rhys ei hun fel pe bai'n cydnabod hynny wrth geisio ymbellhau rhywfaint oddi wrth y cynhyrchiad hwnnw ym 1995: 'Y tro blaen,' meddai, 'roedd rhyfeddu at driciau coluro yn rhan fawr o werthfawrogiad y gynulleidfa – rhyfeddu at ddau actor yn llwyddo i bortreadu'r broses o heneiddio yn weledol – ac efallai fod yr elfen yna o ryfeddu yn tueddu i orlywodraethu.' Credai mai gwahanol fyddai'r cynhyrchiad newydd am fod yr amgylchiadau'n sicrhau na fedrid cynrychioli'r cymeriadau mewn arddull realaidd o gwbl: 'Rydan ni wedi trio dod o hyd i'r "rhywbeth" hwnnw fydd yn ein galluogi ni i argyhoeddi yn y tri oedran.'[57]

Yn sicr, ni fedrid ail-greu'r cynhyrchiad gwreiddiol ym 1995; ond roedd ambell agwedd gadarnhaol i'r cyswllt rhwng y ddau *Dŵr* hefyd, a thystiodd Meg Elis fod y gwrthgyferbyniad rhwng y cynhyrchiad blaenorol a'r un presennol yn rhan o ddiddordeb theatraidd fersiwn Cwmni Theatr Gwynedd. Roedd y gwahaniaeth rhwng cynhyrchiad 1978 a 1995, meddai, yn atgoffa'r rheini a welsai'r ddau o brofiad a thema ganolog y ddrama ei hun: 'ymdriniaeth feistrolgar â thaith ein bywydau oll,' oedd y ddrama, meddai, 'wedi'i distyllu i hanes dau fywyd.'[58] Y ddau fywyd y cyfeiriodd atynt, wrth gwrs, oedd y ddau gymeriad yn y ddrama, ond deilliodd cryn effeithioldeb theatraidd yn yr achos hwn hefyd o'r modd y cyplyswyd eu bywydau hwy â bywydau'r actorion a fu'n gyfrifol am gyflwyno'r ddrama i'r byd am y tro cyntaf ymron i ugain mlynedd ynghynt. Nid heneiddio'r ddau gymeriad yn ystod y ddrama oedd yr unig fodd i'r gynulleidfa amgyffred treigl yr oesoedd yn y cynhyrchiad hwn, gan fod heneiddio yr actorion hwythau yn ffactor bwysig yn ansawdd y profiad, ac yn dyst anwadadwy, i sylwebydd fel Meg Elis a welsai'r cynhyrchiad gwreiddiol, ei bod hi ei hun wedi heneiddio ers hwnnw. Er iddi bwysleisio nad oedd 'dim chwithig' yn ymddangosiad cyntaf yr actorion fel y pâr ifanc, a bod 'y nwyd a'r sbonc yn hollol gredadwy, a'r un mor ddilys ag ofn ac amheuon y cyfnod canol a breuder diwedd oes', roedd cynildeb anorfod yr actio yn dueddol o atgyfnerthu ergyd ac ofnadwyaeth y ddwy act olaf yn fwy na dim: 'portread John Ogwen o'r hen ŵr afaelodd gadarnaf ac sy'n parhau i aros yn y cof', meddai, 'a hynny trwy gyfrwng dim, yn aml, ond ystum gogwydd pen. Roedd y dychryn yma yn cael ei gyfleu i'r eithaf.'[59]

Yn hyn o beth, bu'r cynhyrchiad hwn o *Y Tŵr*, fel y cynhyrchiad blaenorol o *Cwm Glo*, yn un hynod o ddiddorol yn hanes Cwmni Theatr Gwynedd. Roeddynt ill dau yn arwydd o newid sylfaenol yn y modd yr ymdriniai Graham Laker â'i ddeunydd dramataidd. Roedd ei resymeg dros beidio ag ymwrthod â melodrama gynhenid *Cwm Glo* yn dangos meddwl theatraidd o fath cwbl wahanol i'r hyn a fu'n sail i gynyrchiadau cynt fel *O Law i Law* ac *Y Cylch Sialc*. Yn wir, ar un olwg, gellid maddau i rywun am ddrysu sylwadau Laker wrth drafod *Cwm Glo* â datganiadau Ceri Sherlock yn y 1980au wrth iddo drafod cynyrchiadau cwmni Theatrig. Roedd Laker, yn y ddau gynhyrchiad hwn, wedi dod o hyd i idiom theatraidd neilltuol a sylwebai ar gynnwys y dramâu ac a geisiai newid amgyffrediad y gynulleidfa ohonynt. Bu hefyd yn llwyddiannus wrth ddefnyddio'r cynyrchiadau fel ffordd o osod y dramâu yn eu cyd-destun hanesyddol o safbwynt datblygiad y theatr Gymraeg; trwy ymhél â'r felodrama fel ffurf ddewisol y gynulleidfa Gymraeg yn y naill, a thrwy wrthgyferbynnu'r thema ddramataidd o henaint â realiti heneiddio'r actorion yn *Y Tŵr*.

Fodd bynnag, er gwaethaf diddordeb theatraidd y ddau gynhyrchiad hwn, roedd Cwmni Theatr Gwynedd bellach yn wynebu argyfwng. Roedd y gostyngiad ym maint y gynulleidfa yn peri cryn bryder i'r cwmni ac i Gyngor Celfyddydau Cymru yntau; ac yn dilyn ymgynghoriad â holl gwmnïau Cymru ac â nifer o unigolion a grwpiau eraill, penderfynodd y Cyngor fod yn rhaid iddo gwtogi ar ei wariant ar y cwmnïau hynny a dderbyniai grantiau refeniw blynyddol. Mynnwyd bod Cwmni Theatr Gwynedd, er mwyn arbed arian ac er mwyn ceisio adfer y gynulleidfa iddo yn Theatr Gwynedd, yn rhoi heibio'i bolisi o deithio ledled Cymru ac yn cwtogi hefyd ar faint ei gynyrchiadau. Yn y bôn, mynnai'r Cyngor weld y cwmni'n gweithredu'n fwy fel y cwmnïau ymylol poblogaidd nag fel cwmni prif ffrwd cenedlaethol. Nid oedd hynny wrth fodd Graham Laker o gwbl, ac yntau wedi gweithio'n ddyfal dros y blynyddoedd er mwyn ceisio sicrhau bod gwaith Cwmni Theatr Gwynedd 'ar raddfa wahanol i weddill y cwmnïau Cymraeg';[60] yn gynnar ym 1997, felly, ymddiswyddodd o'r cwmni, gan ddychwelyd at ei hen yrfa fel darlithydd prifysgol, y tro hwn yn Adran Astudiaethau Theatr, Ffilm a Theledu Aberystwyth.

Roedd yn ddiwedd cyfnod. Pan apwyntiwyd cyfarwyddwr newydd i'r cwmni, sef Siân Summers,[61] daeth i'r swydd gan ddeall fod yr hen ddull o weithredu wedi'i roi heibio a bod Cwmni Theatr Gwynedd bellach yn gwmni ag iddo broffil ac amcanion tra gwahanol. Eto, ceisiai hithau fel cyfarwyddwraig greu theatr a oedd at wasanaeth y gynulleidfa leol i raddau helaeth, a cheisiai fanteisio ar ei hadnabyddiaeth hi o'r gynulleidfa honno yn ei holl amrywiaeth. Erbyn 1997, roedd hynny'n her aruthrol, gan fod trwch y gynulleidfa wedi troi'i chefn a chan fod patrwm y gweddill o fynychu theatr wedi newid yn sylweddol dros y blynyddoedd. Nid âi'r gynulleidfa Gymraeg allan i gefnogi'r theatr fel y gwnaethai gynt – am ei bod yn rhan o rwydwaith o weithgareddau yr oedd yn rhaid eu cynnal er lles a pharhad y gymdeithas – eithr dewisai pa gynyrchiadau a apeliai ati a chefnogi'r rheini. Roedd newid o'r fath i'w ddisgwyl i raddau helaeth, gan fod y lluosogi o ran nifer y cwmnïau yn ystod y 1980au a'r 1990au wedi creu 'sîn' theatraidd amrywiol iawn, ac am fod y gymdeithas wedi newid i gymaint graddau ers y dyddiau pan oedd cydweithredu a chydfynychu (boed gapel neu theatr) yn rhan o drefn naturiol y bywyd Cymreig. Efallai mai'r ymgiliad hwn oedd wrth wraidd penderfyniad Cyngor Celfyddydau Cymru ym 1997 i fynnu ad-drefnu gweithgarwch Cwmni Theatr Gwynedd, ond, os felly, roedd yn ymdrech dila ac aneffeithiol yn erbyn problem gymdeithasol sylweddol. Tebycach o lawer yw mai'r awydd i arbed arian wrth dorri ei orwariant hanesyddol ar y cwmnïau hynny a dderbyniai grantiau refeniw blynyddol oedd wrth wraidd ei benderfyniad, a dim mwy. Ond, fel y gwelir yn y bennod olaf, roedd newidiadau sylweddol ar y gweill yn hynny o beth i atgyfodi drachefn yr egwyddor o gartrefu cwmni theatr cenedlaethol yn Theatr Gwynedd Bangor, a weithredwyd, er mawr bryder ac er mawr ddadlau, ar ôl 1997.

Nodiadau

[1] Daeth ambell aelod o gnewyllyn ifanc Cwmni Theatr Cymru yn aelodau rheolaidd yng nghynyrchiadau Theatrig, fel Alun Elidyr, Richard Elfyn, Rhian Morgan a Betsan Llwyd. Gwelwyd ambell aelod arall o'r cnewyllyn, fel Nia Caron, yn aelodau achlysurol o *ensemble* Theatrig.
[2] Cyfieithiad gan Elin Wyn Roberts: heb ei gyhoeddi.
[3] Llythyr gan W. Roberts, *Y Cymro*, 11/4/83, 6.
[4] Llythyr gan Gwydol R. Owen, 'Perfformiad Fflat?', *Y Cymro*, 22/3/83, 6.
[5] Glyn Evans, 'Ai ni sy'n Dwp neu a yw'r Awdur yn Chwerthin am ein Pennau?', *Y Cymro*, 15/3/83, 5.
[6] Addasiad gan Eirian Owens.
[7] Cyfieithiad T. Hudson Williams (Aberystwyth: Gwasg Aberystwyth, 1964).
[8] Dymuniad gwreiddiol Ceri Sherlock oedd perfformio'r ddrama mewn lladd-dy, er mwyn adlewyrchu agweddau nihilistaidd y ddrama: Ceri Sherlock, cyfweliad â'r awdur, Ebrill 1991.
[9] Ibid.
[10] Er i'r mwyafrif o gynyrchiadau Theatrig gael eu cyflwyno ar lwyfannau'r theatrau rhanbarthol, roedd Ceri Sherlock ei hun yn feirniadol iawn o'r theatrau hynny. Mewn cyfweliad, ibid., nododd fod y rhan fwyaf ohonynt wedi methu â chyflawni rôl werthfawr yn y gymuned, ac mai'r prif reswm dros lwyfannu cymaint o gynyrchiadau Theatrig ynddynt – heblaw am geisio etifeddu cynulleidfa Cwmni Theatr Cymru – oedd er mwyn sicrhau bod y gynulleidfa yn medru clywed geiriau'r testun yn glir.
[11] Terry Eagleton, *Walter Benjamin, or, Towards a Revolutionary Criticism* (Llundain, 1981), 85.
[12] Ceri Sherlock, cyfweliad â'r awdur, Ebrill 1991.
[13] Ibid.
[14] Yn ôl amcangyfrif Rhys Powys, cyfweliad â'r awdur, Mai 1991.
[15] Ceri Sherlock, sgwrs â'r awdur, Mawrth 1991.
[16] Ceri Sherlock, cyfweliad â'r awdur, Ebrill 1991.
[17] Gweler Wilbert Lloyd Roberts, 'Cyfarwyddo Mewn Theatr' yn Emyr Edwards (gol.), *Theatr y Cyfryngau* (Abertawe: Christopher Davies, 1979), 30–9.
[18] Gweler, er enghraifft, gyfrol hunangofiannol Alun Llywelyn-Williams, *Gwanwyn yn y Ddinas* (Dinbych: Gwasg Gee, 1975).
[19] Ceri Sherlock, cyfweliad â'r awdur, Ebrill 1991.
[20] Taflen hysbysrwydd Theatrig, 1987.
[21] Codwyd o raglen *Serch yw'r Teyrn*, Theatrig/Hwyl a Fflag, 1990.
[22] Ceri Sherlock, cyfweliad â'r awdur, Ebrill 1991.

23 Gweler John Ogwen, 'Wyneb yn Wyneb' yn Emyr Edwards (gol.), *Theatr y Cyfryngau*, 42.
24 Gareth Wiliam Jones, *'Y Tŵr'*, *Barn* (Ebrill, 1988), 15.
25 Hynny yw, ceid yn y ddrama gyfeiriadau cyson at theatr, a barai atgoffa'r gynulleidfa yn gyson ei bod hithau yn gwylio darn o theatr. Trwy hynny, tueddid i ddiffinio realiti mewn termau theatraidd. Ceir yr enghreifftiau amlycaf o hyn yn *Hamlet* wrth i'r prif gymeriad drefnu perfformiad o ddrama er mwyn difyrru'r llys, drama a gofnoda union ddigwyddiadau llofruddiaeth ei dad. Byrdwn eironig y ddyfais hon yw mai trwy gyfrwng theatr y cawn afael ar y gwir, ac nid trwy fyw yn y byd go iawn, sy'n llawn twyll a dichell.
26 Ceri Sherlock, sgwrs â'r awdur, Mawrth 1991.
27 Emyr Davies, ' "Od . . . Ond Od Da" ', *Barn* (Hydref, 1988), 35.
28 Samuel Beckett, *Waiting for Godot* (Llundain: Faber, 1956), 35.
29 Rhys Powys, cyfweliad â'r awdur, Mai 1991.
30 Emyr Davies, ' "Od . . . Ond Od Da" ', 35.
31 Gweler David Savran, *Breaking the Rules* (Efrog Newydd: Theatre Communications Group, 1988), 169–220.
32 Gweler *Y Faner*, 9/3/90, 15.
33 Eurig Wyn, 'Methu Cyfleu Methiant?', *Golwg*, 5/10/89, 25.
34 Gweler Wilbert Lloyd Roberts, 'Cyfarwyddo mewn Theatr', 33; ac R. A. Roberts, 'Drych ar Drafael', *Llwyfan* (Hydref, 1975).
35 Graham Laker, cyfweliad â'r awdur, Medi 2001.
36 Robat Trefor, *'O Law i Law'*, *Barn* (Rhagfyr, 1986), 418.
37 Dafydd Thomas, mewn cyfweliad â Menna Baines, 'Cadw'r Freuddwyd yn Fyw', *Theatr* (atodiad yn *Barn*, Gorffennaf/Awst, 1998), 6.
38 Gweler Ioan Williams, *Capel a Chomin* (Caerdydd: Gwasg Prifysgol Cymru, 1989), 57.
39 Graham Laker, cyfweliad â'r awdur, Medi 2001: 'high production values' oedd yr ymadrodd a ddefnyddiai Laker.
40 Gareth W. Jones, *'Gymerwch Chi Sigarét?'*, *Barn* (Ebrill, 1987), 141.
41 Ibid.
42 Ibid.
43 Graham Laker, cyfweliad â'r awdur, Medi 2001.
44 Betsan Powys, 'Seddau Cyfforddus Theatrau Cymru', *Barn* (Chwefror, 1990), 18.
45 Ibid.
46 Dafydd Fôn, 'Gwaith Meddwl', *Barn* (Mehefin, 1989), 37.
47 Dafydd Fôn, 'Y Gelli Geirios', *Barn* (Mawrth, 1991), 40–1.
48 Meg Elis, 'Dryswch Drama'r Addewid', *Barn* (Rhagfyr, 1991), 38.
49 Graham Laker, cyfweliad â'r awdur, Medi 2001.
50 Ibid.
51 Meg Elis, 'Herio'n Soffistigeiddrwydd', *Theatr* (atodiad yn *Barn*, Mawrth, 1995), 40.
52 Menna Baines, 'Atgyfodi *Cwm Glo*', *Theatr* (atodiad yn *Barn*, Mawrth, 1995), 28.
53 Ibid.
54 Ibid.

[55] Graham Laker, cyfweliad â'r awdur, Medi 2001
[56] Menna Baines, 'Ailddringo'r Tŵr', *Theatr* (atodiad yn *Barn*, Tachwedd, 1995), 29.
[57] Ibid.
[58] Meg Elis, 'Arswyd Arhosol', *Barn* (Rhagfyr, 1995/ Ionawr, 1996), 50.
[59] Ibid.
[60] Graham Laker, cyfweliad â'r awdur, Medi 2001.
[61] Actores, sgriptwraig a chyn-ddarlithydd ym Mhrifysgol Cymru Aberystwyth. Gweler 'Rhoi Bywyd Mewn Bocs', *Theatr* (atodiad yn *Barn*, Gorffennaf/Awst, 1998), 7–9.

3

Tua'r Theatr Dlawd:
Cwmni Cyfri Tri a Brith Gof

Yn y bennod hon, edrychwn ar waith Cwmni Cyfri Tri a Brith Gof, dau gwmni a adlewyrchai'r diddordeb cynyddol yn y theatr amgen ar ddechrau'r 1980au. Dylanwadwyd yn drwm ar y naill gwmni a'r llall gan weithgarwch Cardiff Laboratory Theatre, un o gwmnïau theatr mwyaf arloesol Cymru yn ystod y 1970au. Egin-aelodau Brith Gof a fu'n cynnal Cardiff Lab am flynyddoedd, a symbylwyd aelodau Cwmni Cyfri Tri i weithio'n broffesiynol yn y theatr ar ôl iddynt gymryd rhan mewn prosiect dan nawdd y Lab ym 1979. Elfen arall a ddygai'r ddau gwmni at ei gilydd oedd y ffaith eu bod yn dymuno creu theatr a oedd yn flaengar a herfeiddiol o ran techneg ond a oedd hefyd yn hygyrch a chynhenid Gymreig ei naws. I'r perwyl hwnnw, roedd gan y ddau gred yng ngallu'r theatr i adlewyrchu hunaniaeth gymhleth y gynulleidfa Gymraeg, a'i gallu hefyd i adnewyddu'r hunaniaeth honno. Roedd adnewyddu neu gyfoethogi hunaniaeth y Cymry Cymraeg yn rhan o 'brosiect' sylfaenol y naill gwmni a'r llall. Y drydedd elfen a'u cysylltai oedd awydd anniwall y ddau i gymhwyso technegau corfforol a dyfeisiau gweledol o theatrau estron. O'r safbwynt hwn, bu'r ddau gwmni yn ddyledus iawn yn eu gwaith cynnar i gyfarwyddwyr megis Jerzy Grotowski ac Eugenio Barba, a greasai theatr gorfforol dra seml ond cwbl ysgubol yn ystod y 1960au a'r 1970au. At hynny, daeth Cwmni Cyfri Tri dan ddylanwad gwaith y cyfarwyddwr Ffrengig Jacques LeCoq a'r hen ddull theatraidd traws-Ewropeaidd, y *commedia dell'arte*; a cheisiai Brith Gof gymathu elfennau o sawl ffurf ar theatr, gan gynnwys dulliau theatr Siapaneaidd fel y *Nō* a'r *Kabuki*, dawnsiau traddodiadol Ewropeaidd fel y fflamenco a gwaith rhai o weithredwyr mwyaf blaenllaw'r theatr gyfoes Americanaidd, fel y cwmni anturus hwnnw o Efrog Newydd, The Wooster Group, neu'r cyfarwyddwr Robert Wilson.

Er iddynt ymdebygu'n sylweddol i'w gilydd o ran techneg ac o ran y dylanwadau sylfaenol arnynt, roedd cryn wahaniaeth yn natblygiad y ddau gwmni hefyd, yn enwedig yn ystod ail hanner y 1980au. Ym 1986, ymfudodd Brith Gof o'i ganolfan wreiddiol yn Aberystwyth i Gaerdydd, gan newid ei bolisi artistig yn sylweddol a dechrau gweithio ar brosiectau theatraidd tra gwahanol i'w arfer, fel y sioe anferthol *Gododdin*, a lwyfannwyd mewn hen ffatri geir yn Nhremorfa ym 1989. Yn y cyfamser, troes Cwmni Cyfri Tri yn fwyfwy at greu theatr i blant a phobl ifainc, ac ym 1989 ymunodd â Theatr Crwban i ffurfio cwmni newydd a arbenigai yn y meysydd hynny, sef cwmni Arad Goch. Erbyn diwedd y cyfnod sydd dan sylw yn y gyfrol hon, roedd cwmpas gwaith ac arddull theatraidd Brith Gof a Chwmni Cyfri Tri/ Arad Goch mor wahanol fel mai o'r braidd y gellid dirnad y cyswllt a fu rhyngddynt yn ystod y blynyddoedd cynnar. Unwaith eto, rhydd y gwahaniaeth hwn arwydd i ni o ymlyniad y ddau gwmni wrth *hunaniaeth brosiect* esblygol, gan fod y naill a'r llall wedi aros yn driw i'w diffiniad neilltuol hwy o'r theatr ar hyd eu gyrfa ac wedi dehongli swyddogaeth gymdeithasol eu gwaith yn ôl y diffiniad hwnnw.

Cyn mynd ati i ddisgrifio sioeau theatr y ddau gwmni hyn, rhaid trafod ychydig ar gefndir a chyd-destun y naill a'r llall. Roedd eu diddordeb yn y theatr yn bur wahanol i'r rhelyw a weithiai trwy gyfrwng y Gymraeg ar ddechrau'r 1980au. Nid ymddiddorent yn y math o theatr led-realaidd a gyflwynasid gan y rhan fwyaf o gwmnïau, ac nid ystyrient eu hunain yn ddilynwyr unrhyw draddodiad brodorol o theatr neu ddrama. Yn hytrach mynnent mai eu priod waith oedd creu 'iaith theatraidd newydd'[1] a roddai'r lle mwyaf blaenllaw i weithgarwch corfforol yr actor. Yn hynny o beth, roeddynt yn dilyn dau o feistri'r theatr amgen yn Ewrop, sef Eugenio Barba a'r Pwyliad ysbrydoledig, Jerzy Grotowski. Bu gwaith Grotowski'n ddylanwad sylfaenol bwysig ar waith y naill gwmni a'r llall, gan mai ef fu'r cyntaf i greu a pherffeithio'r math o theatr gorfforol a delweddol a chwenychid ganddynt. Dechreuodd Grotowski ar ei yrfa fel cyfarwyddwr trwy ffurfio cwmni bychan, y Teatr 13 Redzów[2] yn nhref fechan Opole yng Ngwlad Pwyl ym 1959. Nod Grotowski oedd creu theatr a dynnai sylw'r gynulleidfa at weithgarwch corfforol yr actor, a gwnaeth hynny trwy ddatblygu'r hyn a alwodd yn 'theatr dlawd'. Deilliai tlodi theatr Grotowski o'r ffaith ei fod yn benderfynol o gael gwared ar bopeth nad oedd yn gwbl angenrheidiol ar lwyfan – fel colur, masgiau, effeithiau peiriannol (o ran sain a goleuo), gwisgoedd moethus, ac yn y blaen – a gwahodd y gynulleidfa i ganolbwyntio'n gyfan gwbl ar weithgarwch corfforol a lleisiol yr actor ei hun. Wrth waredu'r llwyfan o bopeth dianghenraid, meddai Grotowski, datguddid crefft yr actor yn ei gogoniant, crefft a fedrai lesmeirio'r gynulleidfa yn llwyr trwy amlygu cyneddfau corfforol a lleisiol cynhenid y bod dynol.³ Ond nid rhyw sbloet o dechneg oedd hwn er mwyn arddangos galluoedd ei actorion ei hun, eithr ymdrech i ddangos sut y rhwystrid yr unigolyn rhag cydnabod a pharchu ei gyflwr corfforol cynhenid yn y gymdeithas ddiwydiannol gyfoes, a sut y medrai'r theatr ddatgelu a chywiro'r diffyg hwnnw:

> in modern civilisation . . . we like to be . . . discursive and cerebral . . . But we also want to pay tribute to our biological selves . . . Therefore we play a double game of intellect and instinct, thought and emotion; we try to divide ourselves artificially into body and soul. . . .We suffer most from a lack of totality, throwing ourselves away, squandering ourselves.⁴

Gweithiai Grotowski'n ddyfal â'i actorion er mwyn ceisio cyrraedd a chynnal y *totality* hwn a barchai natur gynhenid y corff ac a hysbysai'r gynulleidfa o rai o'r cyneddfau corfforol hynny a âi'n angof yn rhuthr y byd cyfoes. Dyfeisiodd nifer o sioeau a anelai'n benodol at y nod hwnnw, gan gynnwys *Książę Niełomny* (*Y Tywysog Diwair*, 1965)⁵ ac *Apocalypsis cum Figuris* (1968), dau gynhyrchiad a gyfrifir yn gampweithiau'r theatr gorfforol hyd heddiw. Daeth Grotowski a'i theatr labordy⁶ i'r amlwg yng ngwledydd y gorllewin tua chanol y 1960au wedi iddo ef a'i gwmni deithio i nifer o wyliau theatr rhyngwladol, gan gyffroi cynulleidfaoedd yn ddirfawr oherwydd gwreiddioldeb a disgleirdeb eu cyflwyniadau. Ymledodd dylanwad y Pwyliad drachefn ar ôl 1968, pan gyhoeddwyd ei lyfr ysgytwol, *Towards a Poor Theatre*, cyfrol a heriai rai o gredoau ac arferion mwyaf sefydlog y theatr gyfredol ac a ysgogodd lu o gwmnïau theatr ifainc mewn sawl gwlad i weithredu yn ôl technegau ac egwyddorion y theatr dlawd. Erbyn 1973, roedd Grotowski a'i gwmni wedi'u hen gydnabod fel arloeswyr yn eu maes, ac yn uchel eu parch gan theatrgarwyr radicalaidd eu bryd ar draws cyfandir Ewrop a'r Unol Daleithiau. Yn y flwyddyn honno, derbyniodd Grotowski wahoddiad i ymweld â Chaerdydd, ac yno cafodd dderbyniad brwd gan lu o actorion a chyfarwyddwyr ifainc a oedd eisoes yn llawn ymwybodol o'i waith a'i weledigaeth theatraidd. Bu trafod eiddgar ar y theatr dlawd yn sgil ei ymweliad, a sylw manwl i'r technegau a ddefnyddiai wrth hyfforddi ei actorion, ond efallai mai'r dysteb amlycaf i'w ymweliad â Chymru oedd sefydlu cwmni theatr labordy yng Nghaerdydd i arbrofi â'i ddull theatraidd, sef Cardiff Laboratory Theatre, cwmni y bu ei ddylanwad ar Gwmni Cyfri Tri a Brith Gof yn allweddol bwysig.

Er iddo arddel enw'r brif ddinas yn ei deitl, nid oedd nemor ddim yng nghynyrchiadau'r Lab a adlewyrchai'r ffaith mai yng Nghymru y lleolwyd y cwmni: meddai'r un arddull a'r un diddordebau â'r lliaws o gwmnïau eraill ar draws Ewrop a'r Unol Daleithiau a gâi eu hysbrydoli a'u hysgogi gan Teatr-Laboratorium Grotowski. Fodd bynnag, daeth tro ar fyd ym 1978, pan ymaelododd Lis Hughes Jones â'r cwmni. Bu ei dyfodiad hithau yn arbennig o arwyddocaol am mai hi oedd y cyntaf ymhlith aelodau'r cwmni a fedrai'r Gymraeg, ac am fod ganddi ddiddordeb effro mewn traddodiadau diwylliannol gwledig a'r 'pethe' Cymraeg yn gyffredinol. Yn sgil ei dyfodiad, ysgogwyd trafodaeth frwd o fewn y cwmni am natur ac arwyddocâd ei waith a'i berthynas â'r gynulleidfa Gymraeg. Darbwyllwyd nifer o'r aelodau – yn enwedig Mike Pearson, un o sylfaenwyr y cwmni – y dylai'r Lab newid cyfeiriad, a gweithio'n agosach o lawer at y gymdeithas Gymraeg frodorol yng ngorllewin a gogledd Cymru; ac, i'r perwyl hwnnw, creodd y cwmni gyfres o ddigwyddiadau theatraidd rhwng 1979 a 1981 yn trafod traddodiad a hunaniaeth ddiwylliannol y Cymry Cymraeg. Roedd y gweithiau hyn yn allweddol bwysig wrth fraenaru'r tir ar gyfer sefydlu Brith Gof.

Buont hefyd yn ysgogiad tra phwysig i Gwmni Cyfri Tri, am mai yn un o gynyrchiadau Cymraeg Cardiff Lab y daeth sylfaenwyr y cwmni hwnnw at ei gilydd fel partneriaid creadigol am y tro cyntaf. Cyflwynwyd y cynhyrchiad hwnnw yn yr awyr agored ar faes yr Eisteddfod Genedlaethol yng Nghaernarfon ym 1979. Fersiwn corfforol o chwedl *Blodeuwedd* oedd y sioe, a gyfarwyddwyd gan Mike Pearson, ac a gyflwynwyd gan gwmni a gynhwysai (ymysg eraill) nifer o fyfyrwyr drama Prifysgol Cymru Aberystwyth. Ymhlith y myfyrwyr hyn, yr oedd egin-sylfaenwyr Cwmni Cyfri Tri, sef Christine Watkins, myfyrwraig MA, Sêra Moore-Williams, a oedd ar fin dechrau ar ei blwyddyn olaf yn y coleg, a Jeremy Turner, a oedd newydd raddio. Bu'r profiad o gydweithio â Cardiff Lab yn agoriad llygad i'r tri ohonynt: mewn cyfweliad, nododd Jeremy Turner ei fod ef a'i gymdeithion wedi dysgu llawer 'o safbwynt athroniaeth theatr, ac o safbwynt potensial theatr hefyd,' wrth gyflwyno cynhyrchiad y Lab, 'nad oedd wedi cael ei wireddu yn y math o theatr yr oeddem ni wedi ei weld gan Gwmni Theatr Cymru, er enghraifft'.[7] Cymaint fu'r ysbardun creadigol i'r tri myfyriwr nes eu cymell i fwrw ati, wedi cwblhau prosiect *Blodeuwedd*, i ddyfeisio eu sioe eu hunain yn seiliedig ar y technegau corfforol a'r egwyddorion artistaidd a ddysgasant gan Cardiff Lab – sef, yn y bôn, egwyddorion theatr dlawd Grotowski. Daethant ynghyd fel cwmni dan y teitl Cwmni Cyfri Tri, ac enw eu sioe gyntaf oedd *Gwrachod y Môr*. Cyflwynwyd honno ym mis Chwefror 1980, a bu Cwmni Cyfri Tri yn weithgar ledled Cymru am bron i ddegawd wedi hynny.

Un arall a fu'n ddylanwad digamsyniol ar Gwmni Cyfri Tri a Brith Gof oedd y cyfarwyddwr Eidalaidd, Eugenio Barba. Ac yntau'n ŵr ifanc iawn, bu Barba'n gysylltiedig â'r Teatr 13 Redzów yn ystod blynyddoedd cynnar y theatr labordy. Enynnwyd ei ddiddordeb yn theatr Grotowski yn syth, a bu'n cydweithio â'r Pwyliad yn ysbeidiol am flynyddoedd. Ym 1964, wedi iddo fudo i Sweden, ffurfiodd ei gwmni theatr ei hun, sef Odin Teatret, gyda grŵp o ddarpar-fyfyrwyr a wrthodasid gan academi theatraidd y wlad honno. Ymgartrefodd ef a'i gwmni ym mhentref Holstebro yng ngogledd Denmarc, a bu'n gweithio a hyfforddi'n ddyfal yno am rai blynyddoedd cyn i Odin ddechrau teithio'n rhyngwladol (fel y gwnaethai Grotowski a'i gwmni yntau rai blynyddoedd ynghynt) a chael ei gydnabod yn un o brif gwmnïau theatr amgen cyfandir Ewrop. Yn ogystal â chyfarwyddo a rhedeg y cwmni, bu Barba hefyd yn brysur yn cofnodi gwaith y cwmni ac yn damcaniaethu ynglŷn â'r math o theatr a gyflwynai. Wrth wneud hynny, lluniodd ddamcaniaeth a alwodd yn 'drydedd theatr' – syniad a fu'n ddylanwad pendant ar Brith Gof a Chwmni Cyfri Tri yn eu tro. Bathwyd y term 'trydedd theatr' gan Barba er mwyn cyfeirio at waith y llu o gwmnïau radical ifainc y daeth ef ar eu traws wrth deithio'r byd gydag Odin Teatret (cwmnïau fel Cardiff Laboratory Theatre, er enghraifft). Mynnai fod y cwmnïau hynny'n prysur greu theatr o fath cwbl newydd, theatr yr oedd ganddi swyddogaeth gymdeithasol wahanol iawn i'r theatr brif ffrwd fwrgeisaidd a'r theatr arbrofol *avant-garde*.[8]

Yr hyn a gysylltai cwmnïau'r drydedd theatr yn nhyb Barba oedd eu penderfyniad i ddefnyddio'r theatr er mwyn ymchwilio nid yn unig i briodoleddau cynhenid y cyfrwng ond hefyd i natur bywyd a phrofiad yr unigolyn. Yn ôl Mike Pearson, gwrthodent 'weithgaredd y theatr gonfensiynol a'i harferion cyfyngedig', a mynnu yn hytrach '[bod] eu bywyd cyfan wedi'i lenwi â chwilio am ffurfiau eraill o greu theatr a'r angen i drawsnewid dymuniadau, delfrydau a chredoau personol i mewn i theatr'.[9] Roedd creu theatr yn fwy o beth na difyrrwch – neu hyd yn oed crefft broffesiynol – i'r cyfryw rai; roedd yn *alwedigaeth* neu'n *achos* yr ymgymerent ag ef am y credent fod theatr yn rhan hanfodol bwysig o fywyd y gymdeithas ac o'u bywyd hwythau. Fel theatr dlawd Grotowski, roedd elfen wleidyddol bendant i'r symbyliad i greu theatr amgen yn ôl canllawiau trydedd theatr Barba, ond nid âi'r cyfarwyddwr na'i gwmni i ymhél yn uniongyrchol â phynciau gwleidyddol yn eu gwaith. Yn hytrach, creasant sioeau a sefyllfaoedd dramataidd amwys y medrid eu gosod mewn sawl cyd-destun gwahanol: er enghraifft, wrth deithio trwy Beriw ym 1978 (gwlad a oedd dan warchae milwrol ar y pryd), cyflwynodd Odin gyfres o berfformiadau prosesiynol yn y brifddinas, sef Lima, a gyfunai elfennau o gampau syrcas, cân a cherddoriaeth. Cynhwysai'r gwaith holl elfennau gwrthdystiad gwleidyddol, ac eithrio'r sloganau pwrpasol, ac felly dryswyd yr awdurdodau: rhoddwyd hawl i'r cwmni greu llawer mwy o gyffro a chynnwrf ar y strydoedd nag a ganiateid fel arfer gan y llywodraeth.

Roedd y math hwn o waith yn nodweddiadol o ofal a dyfeisgarwch Barba wrth leisio'i wrthwynebiad i'r *status quo*. Wrth ddiffinio'r drydedd theatr hithau, bu'n ofalus iawn i wahaniaethu rhwng ei gwerthoedd hi a gwerthoedd yr 'ail theatr', sef y cwmnïau *avant garde* hynny a geisiai danseilio'r theatr brif ffrwd trwy ymosod arni'n uniongyrchol.[10] Yn ôl Barba, ni ddôi unrhyw les o gystadlu'n uniongyrchol â'r theatr honno, gan na wnâi hynny ond atgyfnerthu'r brif ffrwd – y 'theatr gyntaf'– yn y pen draw. Heb 'ormes' y gyntaf, ni châi cwmnïau ymosodol yr ail theatr fodd i fyw, ac felly yn nhyb Barba roeddynt oll yn gwbl ddibynnol ar ei gilydd. Nod y drydedd theatr oedd creu math newydd ar theatr a feddai ar holl ffresni corfforol gwaith Grotowski, ond a gydnabyddai hefyd amgylchiadau ac anghenion y gynulleidfa. I'r perwyl hwnnw, datblygodd Odin Teatret sioeau theatraidd ffurfiol rhagbaratoëdig mewn theatrau; ond creai hefyd nifer o ddigwyddiadau theatraidd anffurfiol, gan gynnwys prosesiynau stryd, gwaith byrfyfyr gan actorion unigol, sioeau a grëwyd wrth breswylio mewn lleoliadau penodol (residencies), a thechneg arbennig a elwid yn 'gyfnewid perfformiadau' (barter). Wrth gyflwyno'r math hwn o waith, câi'r cwmni ei wahodd i weithio mewn ardal neu gymdeithas arbennig, ond, yn lle hawlio tâl am berfformio, gofynnai'r cwmni i'r gynulleidfa gyfnewid perfformiad ag ef – hynny yw, gofynnid i'r gynulleidfa dalu pris tocyn y perfformiad, fel petai, trwy berfformio ei hun.

Daeth cyfle i brofi gwerth yr holl syniadau hyn ym 1980, pan aeth Odin Teatret ar daith trwy Gymru am gyfnod o dair wythnos, gan gyflwyno nifer o sioeau llwyfan ynghyd â gwaith mwy anffurfiol ei naws. Ar ôl cwblhau eu taith sioeau ffurfiol, ymrannodd actorion Odin ac ymuno ag aelodau Cardiff Lab ac amryw actorion Cymreig eraill a wahoddwyd i gymryd rhan yn y prosiect. Ymwelodd y rhain fesul grŵp â nifer o ganolfannau gwahanol ar hyd a lled y wlad, gan ddyfeisio digwyddiadau theatraidd arbennig ar gyfer y canolfannau hynny. Roedd Jeremy Turner o Gwmni Cyfri Tri a Mike Pearson o Cardiff Lab yn aelodau mewn grŵp a gyflwynodd ddigwyddiad arbennig ym marchnad geffylau Llanybydder; digwyddiad a fu heb os yn un o uchafbwyntiau taith Odin iddynt. Canolbwynt y digwyddiad yn Llanybydder oedd ymdrech gomig ar ran y grŵp i'w 'gwerthu' eu hunain ar ffurf draig *Barong* (creadur seremonïol o ddefodaeth Bali) ym mhrif gylch y farchnad geffylau. Arhosodd y grŵp yn Llanybydder drwy'r dydd, yn canu, dawnsio, drymio a pherfformio ar ystudfachau. Pan ddaeth yn amser i werthu'r ddraig, denwyd ymateb anarferol o frwd oddi wrth y gynulleidfa. Mewn cyfweliad, soniodd Turner fel y rhyfeddai o weld:

> Iben [Nagel Rasmussen, o gwmni Odin] ym masg y Mwnci, yn dechrau dawnsio, a thri hen ffermwr yn neidio dros y gatiau i mewn i'r *ring*, ac yn dechrau dawnsio gyda'r ddraig, . . . dawnsio gydag Iben, a phwnio'r ddraig druan ar ei phen-ôl . . . Roedd y peth yn eithaf abswrd . . . Roedd e'n gofyn tipyn o ffydd mewn pobol.[11]

Roedd y digwyddiad hwn yn gwbl nodweddiadol o waith anffurfiol Odin, gan iddo gymhwyso sawl archdeip cymeriadol o wahanol theatrau ledled y byd, fel y ddraig *Barong*, neu'r mwnci direidus, doeth o'r opera Tsieineaidd, a'u gosod gerbron cynulleidfa na chawsai unrhyw brofiad o'r fath gymeriadau o'r blaen. Er gwaethaf dieithrwch digamsyniol y 'cymeriadau' hyn, ymatebai'r gynulleidfa yn hollol naturiol a greddfol i'r cyflwyniad, gan ymwrthod yn llwyr â'r syniad ei bod yn gwylio cyflwyniad theatraidd corfforol 'arbrofol'. Roedd techneg yr actorion, ynghyd â threfniant gofodol y perfformiad a'i amseriad (ar ddiwrnod marchnad, pan hawliai'r trigolion lleol y gofod i'w diben eu hunain), fel pe bai'n annog y gynulleidfa i ymateb yn ddigymell ac ar eu telerau eu hunain i'r digwydd – hyd yn oed i ymuno â'r cymeriadau. Crëwyd perthynas agored a hwylus â'r gynulleidfa, felly, yr union berthynas a chwenychid gan Jeremy Turner ar ran Cwmni Cyfri Tri, a Mike Pearson a Lis Hughes Jones ar ran Brith Gof. Nid oes dwywaith i gydweithio ag Odin yng nghefn gwlad Cymru roi ysbardun sylweddol i'r naill gwmni a'r llall: yn achos Cwmni Cyfri Tri, bu'n fodd i ddarbwyllo Jeremy Turner o hygyrchedd a hwylustod posibl y theatr gorfforol gyfoes; yn achos Brith Gof, bu'n anadl einioes, gan iddo symbylu Mike Pearson a Lis Hughes Jones i ymryddhau o afael Cardiff Lab, a mentro creu cwmni newydd ar eu liwt eu hunain.

Cwmni Cyfri Tri

Fel y nodwyd eisoes, ffurfiwyd Cwmni Cyfri Tri am y tro cyntaf ym 1980, er mwyn cyflwyno *Gwrachod y Môr*, sioe a gyfeiriai at chwedl Cantre'r Gwaelod, ac at gadwyn o storïau tebyg a geir ar hyd arfordir gorllewinol Ewrop a'r Affrig[12] ac sy'n sôn am ddylanwad cyfnewidiol y môr ar gymunedau arfordirol. Ymgorfforwyd y môr yng nghynhyrchiad Cwmni Cyfri Tri gan wrach o'r enw Morgan, cymeriad nwydus a phenrhydd, a oedd, er gwaetha'i bariaeth, yn wyryf.[13] Nod Cwmni Cyfri Tri yma oedd creu theatr o ddelweddau byw a apeliai'n uniongyrchol at ddychymyg yr unigolyn. Mynnai gymell ei gynulleidfa i ymhyfrydu yn swyngyfaredd theatr, ac ymateb i'r cyfrwng gyda'r un uniongyrchedd, brwdfrydedd a syfrdandod ag y gwnaeth yntau i waith Cardiff Lab. Roedd *Gwrachod y Môr*, i'r perwyl hwnnw, yn gyforiog o brofiadau trawiadol a ysgogai'r synhwyrau oll, arwydd o ymdrech ar ran y cwmni i gymhwyso nifer o ddyfeisiau'r theatr dlawd a'r drydedd theatr. Fel gwaith Grotowski a Barba, dyfeisiwyd y sioe ar y cyd gan aelodau'r cwmni, ar sail delweddau corfforol yn hytrach nag ar sail testun geiriol rhagbaratoëdig. Llwyfannwyd y cynhyrchiad yn stiwdio Theatr y Werin yn Aberystwyth, a threfnwyd y gofod theatraidd (h.y. y llwyfan a'r eisteddle) fel uned organaidd er mwyn ysgogi profiad synhwyrus priodol, ac er mwyn meithrin perthynas agos rhwng y gynulleidfa a'r actorion. Yn wir, yn ôl un o adolygwyr y sioe, roedd y berthynas honno ar un ystyr ymron yn rhy agos, gan fod llwyfan y theatr stiwdio mor gyfyng nes gosod y gynulleidfa 'yn y chwarae ei hun'.[14] Mae'n rhaid bod hynny braidd yn annifyr i gynulleidfa nad oedd yn gyfarwydd â'r fath drefniant, ond eto i gyd roedd yn berffaith gyson â thechneg theatraidd Grotowski[15] ac â phrif thema'r cyflwyniad, sef cnawdolrwydd amlwg Morgan, gwrach y môr.

Fel y gellid disgwyl efallai o sioe gyntaf mewn arddull anghyfarwydd, derbyniad cymysg a gafodd *Gwrachod y Môr* gan adolygydd *Y Faner*, a nododd mai ei 'gwendid mwyaf . . . oedd y bwlch rhwng yr actorion a'r gynulleidfa. Er eistedd mor agos at y chwarae . . . ni lwyddodd y perfformwyr i ddenu'r gynulleidfa i'r chwarae a'u cadw yno o'r dechrau i'r diwedd.'[16] Diau fod awydd y cwmni i gymell y gynulleidfa i ymgolli'n llwyr yn y delweddau ac i beidio â phoeni'n ormodol am ystyr ehangach y sioe yn rhan o'r 'gwendid' hwn. Fel y nodwyd yn y cyflwyniad i *Gwrachod y Môr*, ni fynnai Cwmni Cyfri Tri '[wneud] . . . dim ond llunio'r darlun heb geisio cyfleu neges arbennig'.[17] Nid pawb, mae'n amlwg, a fedrai dderbyn y fath fwriad yn llawen. Ar un olwg, mater cymharol ddibwys oedd hwn am mai barn un adolygydd yn unig ydoedd, ond, wrth edrych ymlaen at waith y cwmni yn ystod y 1980au, roedd hefyd yn ernes o'r pellter amgyffrediadol a fodolai rhwng arbrawf y cwmni newydd a disgwyliadau'r gynulleidfa yn ei chrynswth. Nid ar chwarae bach y dôi'r gynulleidfa Gymraeg i werthfawrogi ymdrechion ieuenctid y genedl i gymhwyso technegau astrus ac estron Grotowski a Barba.

Y sioe lwyfan ffurfiol nesaf i'w chyflwyno gan Gwmni Cyfri Tri oedd *Caerdroia*, a drafodai fytholeg y duw Eifftaidd Osiris ynghyd â diddordeb cynhenid dyn 'mewn drysfeydd a simboliaeth y cylch-tro'.[18] Fel *Gwrachod y Môr*, roedd yn sioe a gyflwynwyd trwy gyfrwng delweddau, ac, fel yn y sioe flaenorol, ansawdd y delweddau hynny (yn hytrach na'u 'hystyr' fel y cyfryw) oedd yr elfen allweddol bwysicaf yng ngwead y cynhyrchiad. Fodd bynnag, yn *Caerdroia*, llesteiriodd y cwmni rywfaint ar ei 'iaith' theatraidd ddelweddol trwy gyflwyno thema'r sioe ar y cychwyn ar ffurf darlith a draddodwyd gan archaeolegydd. Er bod i'r ddyfais honno elfen goeg, rhoddai rywfaint o sicrwydd i'r gynulleidfa am bwnc a phwrpas y sioe, a chaniatáu iddi ymglosio at y digwydd. Wedi dweud hynny, clywid adolygydd *Y Faner* yn synnu braidd ynghylch adeiladwaith y sioe: 'dim stori, dim datblygiad – ond yn hytrach awr yn llawn digwyddiadau.'[19] Soniai hefyd am gyffro ymwthiol y gwrthdaro coreograffig rhwng dau o'r actorion (Jeremy Turner a Bryn Fôn), a hefyd am hiwmor mynych y sioe – dwy agwedd ar waith y cwmni a adlewyrchai ddylanwad y *commedia dell'arte* ar waith Cyfri Tri yn ei dyb ef. Ond ffafriol oedd ei ymateb ar y cyfan: 'Cyflwyniad amrywiol, gwledd i'r llygad, a pherfformiad i'w gofio . . . Nid yw'r math yma o theatr at chwaeth pawb ond mae cyfraniad cwmni arbrofol fel Cwmni Cyfri Tri yn eithriadol o bwysig.'[20]

O'r braidd y gellid dweud yr un peth am yr ymateb a fu i gynhyrchiad nesaf Cwmni Cyfri Tri, sef *Manawydan*, a gyflwynwyd ar y cyd â Brith Gof yng ngwanwyn 1982. Roedd hon yn sioe eithriadol o bwysig ar sawl cyfrif: dyma benllanw'r berthynas gynnar rhwng y ddau gwmni, a'r unig dro iddynt gydweithio'n ffurfiol. Roedd hefyd yn brawf ar boblogrwydd y naill gwmni a'r llall ac o'u gallu i ddenu cynulleidfa werthfawrogol i'w math arbennig hwy ar theatr; ond siomwyd y ddau ohonynt yn aruthrol gan y cynhyrchiad a'r ymateb a fu iddo o du'r wasg. Wrth gyflwyno *Manawydan*, dychwelwyd at arddull theatr dlawd Grotowski, a phenderfynwyd mai prif thema weithredol y chwedl oedd alltudiaeth a dieithrwch – nid y dieithrwch rhamantus hwnnw a ddeilliai o gastiau hud a mynych ddirgelion y chwedl, ond hunanymddieithriad y cymeriadau a ddaliwyd yng nghanol y dirgelwch, wrth iddynt geisio byw mewn byd a drawsnewidiwyd yn ddisymwth o fod yn doreithiog ffrwythlon i fod yn llwm ac anial. Nid rhyfedd, felly, fod awyrgylch anghynnes yn perthyn i ran helaeth o'r cynhyrchiad. 'Golygfa ddiffaith yw golygfa *Manawydan*,' meddai deunydd cyhoeddusrwydd y sioe, 'tirlun moel a phedwar unigolyn wedi'u hynysu ynddo. Saif Manawydan, Pryderi, Rhiannon a Chigfa mewn gwagle, collwyd safle a theulu, rhaid ymfudo a newid ffordd o fyw er mwyn goroesi'.[21] Yn unol â'r diffeithwch hwn, nodweddwyd gweithgarwch y cymeriadau gan lesgedd (safodd yr actorion bron yn gwbl lonydd am tua chwarter awr ar ddechrau'r sioe, gan anwybyddu'r gynulleidfa'n llwyr am gyfnod helaeth)[22] a diffyg cydlyniaeth. Mabwysiadwyd un arall o dechnegau nodweddiadol Grotowski yn hynny o beth, wrth i bob perffformiwr unigol lunio'i 'sgôr' a'i gyfeiriad perffformiadol ei hun, a bu datblygiad y sioe yn anwastad a chyfnewidiol drwyddo o ganlyniad, yr hyn a weddai i brofiad y colledigion yn y chwedl.

Hyderai Brith Gof a Chwmni Cyfri Tri y byddai yn eu gwaith elfennau a apeliai'n uniongyrchol at y gynulleidfa Gymraeg ei hiaith, er gwaethaf yr astrusi technegol a'r ddelweddiaeth anghyfarwydd a frithai eu sioeau cynnar. Mynegwyd y gobaith hwnnw droeon yn natganiadau Cwmni Cyfri Tri i'r wasg. Wrth gyflwyno *Caerdroia*, er enghraifft, pwysleisiwyd hygyrchedd y sioe yn anad dim: '[n]id yw'r sioe yn drwm o gwbl . . .', meddid, 'ac fe fydd iddi apêl eang . . . theatr arbrofol gwbl Gymreig a Chymraeg'.[23] Ond nid felly y gwelid pethau gan y rheini a fu'n adolygu *Manawydan*. Yn *Y Faner*, gresynai Carys Tudor Williams fod y cwmnïau heb egluro ystyr eu delweddau corfforol yn well:

> Cafwyd symudiadau hynod o gelfydd, ond rhaid cyfaddef mai annelwig iawn oedd y sumboliaeth. Drwy gydol y perffformiad roedd na duedd i arbrofi er mwyn arbrofi . . . Er eu bod *hwy* yn deall yr hyn y maent yn ei wneud, peth braf fyddai clywed cynulleidfa yn dweud eu bod hwythau wedi cael yr un boddhad. Pe llwyddent i gyfathrebu'n fwy effeithiol yna rwy'n sicr y byddai eu perffformiadau yn llwyddiant.[24]

Ac yr oedd ymateb Glyn Evans yn *Y Cymro* mor ddilornus nes ennyn llythyron protest am ei wawd:

Cyfuniad o feim, symud a chân ac annealltwriaeth oedd y sioe . . . O bosib fod y symudiadau, y canu, y meimio a'r campio a neidio ar y llwyfan mor orlawn o arwyddocaol nes bod yn gwbl annealladwy.[25]

Cafwyd ambell nodyn o gysur, fodd bynnag. Er iddi feirniadu diffygion y sioe, a theimlo bod problemau dybryd yn perthyn i 'brosiect' theatraidd y naill gwmni a'r llall, mynegodd Carys Tudor Williams ei chefnogaeth i ymdrechion y cwmnïau, yn union yn yr un modd ag y gwnaethai Gareth W. Jones wrth wylio *Caerdroia*: 'Heb os nac oni bai', meddai, 'mae 'na le i'r math hwn o theatr yng Nghymru. Ond, wrth gwrs, ni ellir disgwyl ennill cynulleidfa dros nos. Yn naturiol fe gymer hyn amser ac felly mae'n ofynnol i'r cwmnïau arbrofol hyn feithrin eu cynulleidfaoedd yn ofalus os am lwyddo'.[26]

Er bod y fath gyfarchion yn gwbl ddiffuant, roeddynt yn arwydd o fethiant sylfaenol i ddeall cenadwri Cwmni Cyfri Tri, a Brith Gof yntau. Nodir bod y naill adolygydd a'r llall yn cyfeirio at y cwmnïau hyn fel rhai 'arbrofol' neu 'leiafrifol', a'u gosod felly ar ymylon y theatr Gymraeg – hynny yw, yn yr union safle lle trigai'r 'ail theatr' yn ôl diffiniad Barba. Ni ddysgasai'r adolygwyr werthfawrogi gwaith Cwmni Cyfri Tri a Brith Gof ar ei delerau ei hun – fel theatr gorfforol a delweddol ac iddi le anrhydeddus yn y theatr Gymraeg yn ôl ei haeddiant ei hun. Crynhowyd ymateb Jeremy Turner wrth iddo gyfeirio at waith cynnar ei gwmni yntau:

> fe ddaeth yn amlwg . . . o'r profiad cynnar gawson ni, nad oedd gwaith *abstract* iawn ddim yn mynd i blesio cynulleidfaoedd Cymraeg mor fuan â hynny . . . hwyrach fod Cwmni Cyfri Tri ar y dechrau wedi trïo mentro'n rhy bell yn rhy fuan, i dreial cyflwyno pethau mor haniaethol eu harddull; i raddau roedden ni wedi dychryn cynulleidfaoedd Cymraeg.[27]

Anodd dweud a fu'r adolygiadau anffafriol a dderbyniodd *Manawydan* yn ysbardun uniongyrchol i Gwmni Cyfri Tri, ond yn sicr bu newid sylweddol yn naws a chyfeiriadaeth ei waith ar ôl 1982. Yn ystod blynyddoedd canol y 1980au, fe'i gwelwyd yn hepgor yr elfen chwedlonol neu fythig a amlygid yn ystod y cyfnod cynnar, ac yn hytrach yn ceisio sicrhau bod rhyw elfen yn y deunydd dramataidd a gydnabyddai brofiadau cymdeithasol neu ddiwylliannol y gynulleidfa. Er enghraifft, yn *Lily*, a ysgrifennwyd ac a gyfarwyddwyd gan Christine Watkins ym 1982, a *Polka yn y Parlwr* ym 1984, defnyddiwyd ffurfiau dawns poblogaidd o'r oes o'r blaen a hen ganeuon poblogaidd fel ffordd o drosglwyddo atgofion personol y cymeriadau i'r gynulleidfa. Nododd Jeremy Turner fod y ddwy sioe hyn wedi apelio at gynulleidfaoedd hŷn o'r herwydd, a hynny er gwaetha'r ffaith nad oedd Cwmni Cyfri Tri yn defnyddio dulliau dramataidd traddodiadol er mwyn cyfathrebu â hwy.[28] Yn *Lily*, adroddwyd hanes bywyd merch yn ne Cymru yn ystod y Rhyfel Byd Cyntaf, gan ddefnyddio adroddiadau cyfoes, dawns a chaneuon er mwyn creu awyrgylch y cyfnod. Yn *Polka yn y Parlwr*, cyflwynwyd portread o berthynas briodasol trwy gyfrwng amryw ddawnsiau poblogaidd, gan ddefnyddio pob dawns yn ei thro fel trosiad o brofiadau cariadus y prif gymeriadau wrth iddynt wynebu canol oed a henaint. Er enghraifft, portreadwyd gwasanaeth priodasol y pâr drwy gyfosod addunedau'r gwasanaeth â chamau'r *quickstep*; ac yn ddiweddarach, dangoswyd ymateb y gŵr i farwolaeth eu plentyn trwy ddawns tap a oedd yn arafu'n raddol. Roedd delweddau'r cyflwyniad yn cyplysu dull cyflwyno annisgwyl ac arbrofol gyda naratif sentimental o naws boblogaidd a oedd yn sicrhau rhwyddineb ymateb y gynulleidfa.

Dwy sioe arall a ategodd ddelwedd Cyfri Tri fel cwmni poblogaidd, hygyrch oedd y ddwy anterliwt gyfoes, sef *Y Mawr, Y Bach a'r Llai Fyth!* gan Wiliam O. Roberts ym 1983, a *Dyrchafiad Dyn Bach* gan John Glyn Owen ym 1987. Roedd y ddwy yn driw i draddodiad yr anterliwt Gymraeg ar sawl cyfrif, er gwaetha'r ffaith mai addasiadau cyfoes o'r ffurf hynafol oeddynt yn y bôn. Yn sicr, o safbwynt eu cynnwys, roeddynt ill dwy yn wrth-awdurdodol i'r carn ac yn cyflwyno moeswers amlwg i'w cymdeithas a'u hoes. Ynddynt, gwelwyd unigolion dinod yn dioddef o ganlyniad i lygredd 'y drefn', un ai oherwydd gormes y drefn ddosbarth, neu oherwydd trachwant a chynllwyn unigolion dieflig. Yn *Y Mawr, Y Bach a'r Llai Fyth!*, cyflwynwyd dadansoddiad coeg ond fformiwläig o berthynas y gwahanol ddosbarthiadau cymdeithasol ar ddechrau'r anterliwt, a gwelwyd yr hwsmon tlawd yn dioddef o ganlyniad i ddiffyg cyfiawnder y drefn a weithredwyd gan y meistr mawr a'r cybydd er eu lles eu hunain. Ar ddiwedd y cyflwyniad, chwalwyd y drefn honno mewn llys barn digri a grëwyd gan y ffŵl er mwyn achub cam yr hwsmon. Yn *Dyrchafiad Dyn Bach*, fodd bynnag, aeth pethau'n fwy amwys a chymhleth. Fel yn *Y Mawr, Y Bach a'r Llai Fyth!*, hwsmon darostyngedig oedd y cymeriad canolog, eithr yn *Dyrchafiad Dyn Bach* roedd y cymeriad hwnnw bron yn gwbl ddiymadferth, heb unrhyw ruddin na rhinwedd naturiol i'w amddiffyn rhag cynllwyn y cybydd. Mynnai hwnnw elwa'n anghymedrol ar lafur yr hwsmon, a'i rwystro rhag ennill yr hon a'i carai, sef Anna Mari, merch y cybydd. Er i'r cyfan orffen yn draddodiadol hapus i'r cariadon, roedd yr ail anterliwt yn fwy milain na'i rhagflaenydd, ac yn awgrym o'r datblygiad a fu ym meddylfryd y gymdeithas rhwng 1983 a 1987, wrth i'r llywodraeth Thatcheraidd gymell hunan-les unigolyddol uwch pob gwerth arall, a chreu cenhedlaeth gyfan o gybyddion dichellgar yn y broses. Adlewyrchwyd y syniad hwnnw yn nodiadau'r rhaglen ar gyfer *Dyrchafiad Dyn Bach*, lle y datganodd y cwmni ei fwriad i ddychanu 'agwedd gyfalafol a materolaidd y dyddiau sydd ohoni, yr 80au, dyddiau'r *yuppie*, dyddiau *Thatcher's Britain* – dyddiau sy'n dueddol o anghofio neu anwybyddu'r "dyn bach" '.[29] Ni chredai pawb, fodd bynnag, fod asesiad Cwmni Cyfri Tri o wleidyddiaeth yr anterliwt yn gwbl ddiffuant. Wrth adolygu *Dyrchafiad Dyn Bach* yn *Barn*, diolchodd Robert Rhys fod y cwmni wedi osgoi trafodaeth wleidyddol fel y cyfryw yn gyfan gwbl, a defnyddio'r anterliwt fel cyfrwng ffârs yn anad dim. Nododd fel y llwyddodd i 'ddewis o blith amryfal gonfensiynau'r anterliwt draddodiadol, y rhai rhwyddaf eu cyflwyno i gynulleidfa gyfoes', gan ychwanegu bod y 'datganiad pwysfawr' a ddyfynnwyd o'r rhaglen, 'yn ddim byd ond codi cap i ddisgwyliadau cynulleidfa a feithriniwyd ar sioeau cymuned gwleidyddol y degawd diwethaf, ac nad adlewyrchwyd ef yn y chwarae'.[30] Mewn cyfweliad ym 1991, ategodd Jeremy Turner mai hynodrwydd arddull gorfforol ac amrywedd gweledol yr anterliwt Gymreig a ddenodd ef ati, ac nid ei photensial gwleidyddol neu foesol: 'yn y corff mae'r cymeriad yn cael ei gyflwyno, nid yn y geiriau – mae'r geiriau'n cyfleu'r stori, ond mae'r ansawdd, mae'r weledigaeth, yn y corff.'[31]

Mewn geiriau eraill, roedd Turner yn dal wrth y weledigaeth a'i symbylodd yn ystod blynyddoedd cynnar y cwmni, er bod ansawdd y gwaith a'r ymdeimlad o'r hyn a oedd yn gynhenid Gymreig ynddo wedi'i drawsffurfio'n llwyr. Nid âi'r cwmni i ymhél â chwedloniaeth hynafol bellach, ond yn hytrach cyfeiriai at ffurfiau yr oedd consenswr poblogaidd yn eu cylch ymhlith aelodau'r gynulleidfa gyfoes, gan gynnwys diwylliant poblogaidd, adloniant ysgafn (defnyddiwyd canu ysgafn, 'canol-y-ffordd' Cymraeg fel cefndir i'r dawnsio yn *Polka yn y Parlwr*) a chomedi fras. Yn hynny o beth, diau fod dylanwad yr athro *commedia dell'arte* a meim, Jacques Lecoq, i'w weld ar waith ac athroniaeth y cwmni. Ymwelsai Lecoq â Chymru ym 1981, a mynychodd Jeremy Turner nifer o'i sesiynau yn ystod yr ymweliad, gan ryfeddu at ddawn y meistr hwn i gymhwyso dyfeisiau comig y *commedia dell'arte* ar gyfer y llwyfan cyfoes. Wrth efelychu rhai o ddulliau Lecoq yn ei sioeau llwyfan, sylweddolodd Turner fod y rheini'n cynnig cyfle iddo bontio'r agendor rhwng ei awydd i greu theatr gorfforol, 'bur' ar sail techneg ddatblygedig a'i awydd i blesio cynulleidfa eang.[32] Trwy astudio technegau Lecoq, nododd ei fod wedi:

> darganfod fod modd creu theatr gorfforol, nad oedd yn gorfod bod yn hollol haniaethol, ond a oedd yn gallu bod yn dderbyniol ac yn hollol *accessible* i gynulleidfaoedd, heb i ni ildio, heb i ni gyfaddawdu ein dulliau crai, na chyfaddawdu yr athroniaeth y tu ôl i'r gwaith.[33]

Er gwaetha'r derbyniad cadarnhaol a gafodd sioeau fel *Y Mawr, Y Bach a'r Llai Fyth!*, *Lily* a *Polka yn y Parlwr*, roedd Jeremy Turner ei hun eto'n dyheu am 'ffeindio neu greu math o theatr a oedd yn agosach at ein traddodiad llenyddol'.[34] Wrth geisio cyrchu at y nod hwnnw, sefydlwyd prosiect arbennig o fewn Cwmni Cyfri Tri ym 1987, sef 'Prosiect Daw Dydd', a lywiwyd gan bedwar gweithredwr ar y cyd, sef Jeremy Turner, Mari Rhian Owen, Dylan Davies ac Eryl Ellis. Roedd hyn yn gam go fawr i'r cwmni ar y pryd, yn enwedig felly i Jeremy Turner gan mai ef yn anad neb a fu'n gyfrifol am waith y cwmni ers peth amser, a'i stamp ef yn bendifaddau a fu ar y rhan fwyaf o waith diweddar y cwmni. Wrth sefydlu'r prosiect, cytunai ef fel petai i newid ei rôl o fewn y cwmni yn sylweddol, ac i gydweithio fel rhan o grŵp tipyn mwy eang nag arfer. Ar un olwg, roedd creu'r prosiect yn ymgais i greu *ensemble* newydd i'r cwmni, ond roedd hefyd yn arwydd o ddyhead Turner i ailystyried natur gwaith y cwmni a swyddogaeth y math o theatr a grëid ganddo. Gwnaed yn fawr o'r ffaith mai pedwar artist yn eu hawl eu hunain a lywiai 'Daw Dydd', a bod y pedwar yn meddu cryn arbenigedd yn eu meysydd eu hunain – Dylan Davies yn ddawnsiwr a chanwr, Eryl Ellis yn artist a pherfformiwr, Mari Rhian Owen yn gantores ac actores a Jeremy Turner yn gyfarwyddwr ac actor.[35] Gweledigaeth ac arbenigedd yr unigolion hyn a lywiai'r prosiect, felly, ac nid gweledigaeth theatraidd barod a ddiffiniwyd yn ôl confensiynau cydnabyddedig. O'r safbwynt hwnnw, roedd 'Daw Dydd' yn debycach o dipyn i brosiect aml-gyfrwng, neu hyd yn oed i ryw *salon* gelfyddydol nag i gwmni theatr yn yr ystyr arferol. Unwaith eto, roedd hwn yn arwydd o *hunaniaeth brosiect* ar waith.

Unig ffrwyth y prosiect oedd y sioe *Joli Boi* a lwyfannwyd ym misoedd cynnar 1987. Clytwaith ydoedd hon o themâu a sefyllfaoedd o rai o glasuron y traddodiad llenyddol Cymraeg yn ystod yr ugeinfed ganrif, fel *Un Nos Ola Leuad*[36] gan Caradog Prichard, *O Law i Law*[37] gan T. Rowland Hughes, ac *Ac Eto Nid Myfi*[38] gan John Gwilym Jones, yn ogystal ag elfennau o waith Lorca a Baudelaire.³⁹ Roedd yn amgenach peth na drama, felly: myth ydoedd, distylliad o rai o brif themâu'r traddodiad llenyddol Cymraeg cyfoes, a gyflwynwyd drwy gyfrwng dawns, drama a chân. Stori glaslanc oedd *Joli Boi*, a ddymunai ddianc o lyffetheiriau a chulni ei gymuned i fywyd gwell y tu hwnt i'r bryniau, ond a deimlai bwysedd emosiynol cryf yn ei dynnu'n ôl at ei dylwyth, ac at ei fam yn enwedig. Ac yntau'n gaeth i'w fro, fel petai, dôi holl ddigwyddiadau bywyd yno yn fyrlymus, hunllefus fyw iddo – ei brofiadau rhywiol cyntaf, hunanladdiad gŵr lleol, ac iselder a gwallgofrwydd cynyddol ei fam. Trwy ei lygaid a'i brofiad ef y cyflwynwyd y pethau hyn i'r gynulleidfa, ac fel agweddau ar ei asbri naturiol o rwystredig ef y dehonglwyd y mwyafrif o'r cymeriadau eraill: yr '[h]en lafnau direidus . . . wrth eu bodd yn plagio gwallgofddyn y pentre', neu'r 'lafnas bengoch nwydwyllt', a bryfociai'r bechgyn ifainc, er enghraifft.⁴⁰ Er gwaethaf hagrwch rhai o'r cymeriadau o'i gwmpas, roedd y glaslanc ei hun yn gymharol rydd a dilyffethair, gan nad ildiodd eto i'r cywilydd a'r euogrwydd a ddôi i'w ran wrth dyfu a chymryd ei le yng nghymdeithas 'wâr' yr oedolion. Yn ymarferol, awgrymwyd y rhwyddineb hwn ar ei ran, a'i ryddid rhag cyflyraeth ddifaol y gymdeithas, drwy gyflwyno'r cymeriad gan ddawnsiwr (sef Dylan Davies). Roedd ei symudiadau yn fwy ystwyth eu mynegiant na'r rhan fwyaf o'r cymeriadau eraill o ganlyniad, ond roeddynt hefyd yn dra gwahanol o ran eu naws a'u harwyddocâd dramataidd. Arwyddent brofiad y cymeriad hwn mewn ffordd na fedrid ei hefelychu gan y cymeriadau o'i gwmpas – yn wir, cymaint oedd eu pwysigrwydd wrth roi mynediad i gymeriad y glaslanc (a, thrwy hynny, i'r sioe gyfan) nes awgrymu mai fel sioe ddawns y dylid synied am *Joli Boi* ac nid fel darn o theatr. Diau fod yr amwysedd hwnnw'n rhan o amcan prosiect 'Daw Dydd', ond yn sicr bu'n achos cryn ben tost i adolygydd *Barn*, a gwynodd fod 'y "perfformans" hwn', wedi'i lorio'n lân:

> be' mewn difri calon oedd diben y cyfan? Yr oedd pwyslais amlwg ar ystum, symudiadau a rhuthmau geiriau. Ond a allwn ni werthfawrogi hyn? . . . Chwifiwyd gwenwisg ar bolyn pren mawr, adeiladwyd mynydd bychan o glai ar ben um o'r bryniau ac fe floeddiwyd canu a bu rhuthro mawr o gwmpas. Ond i be? Braidd gyffwrdd â'r cymeriadau a wnaethpwyd a rhyw fraslun amrwd anorffenedig sy'n aros yn fy nghof.⁴¹

Roedd y fath ymateb yn gryn ergyd i'r cwmni ar sawl cyfrif, gan ei fod yn gymaint adlais o'r ymateb anghredinol a glywyd yn sgil *Manawydan* ym 1982. Er gwaethaf ymdrechion y cwmni i geisio ymestyn profiad y gynulleidfa Gymraeg dros nifer o flynyddoedd, nid aethai'r neges drosodd. Unwaith eto, nid mater o ddeall oedd *Joli Boi* (mwy nag y mynnir deall pob ystum corfforol a wneir gan ddawnsiwr) ond o geisio gwerthfawrogi arddull gyffredinol y cyflwyniad, a sylweddoli bod yn ansawdd y delweddau a'u diffyg cyswllt lawn gymaint o 'ystyr' ag yn y testun geiriol neu ddilyniant naratif y sioe. Ar un olwg, nid oes ryfedd fod Cwmni Cyfri Tri wedi dychwelyd at ffurf gymharol ddiogel yr anterliwt ar gyfer ei gynhyrchiad canlynol, sef *Dyrchafiad Dyn Bach*.

Byrhoedlog, felly, fu'r prosiect blaengar hwn ar ran y cwmni. Serch hynny, mae'n bosibl iddo ysgogi cam blaengar arall, un a fu'n cyniwair ers tro. Byth ers iddo gael ei ffurfio, bu'n ddyhead gan y cwmni gyflwyno theatr gorfforol a oedd yn gwbl rydd, lle na chydnabyddid termau fel 'poblogaidd' ac 'arbrofol' o gwbl. Yr unig le y daeth o hyd i'r cyfryw theatr yn gyson oedd wrth gyflwyno sioeau i blant a phobl ifainc. Cafwyd nifer o enghreifftiau o waith i blant yn ystod y blynyddoedd cynnar, a chyflwynodd Jeremy Turner a Sêra Moore-Williams sioeau unigol yn ogystal, sef *Y Sipsi Het Ddu* ym 1980 (a deithiodd i ryw 180 o ysgolion i gyd) a *Pob Lliw Dan Haul* ym 1984. Cafwyd dau brosiect sylweddol eu maint i bobl ifainc hefyd – *Gyrddder: O'r Cysgod* yn Eisteddfod Genedlaethol y Rhyl ym 1985, a *Gyrdd-der '86* a fu ar daith yng Nghymru a Chaeredin wedi Eisteddfod Genedlaethol Abergwaun y flwyddyn ganlynol. Rhaid pwysleisio nad cynyrchiadau eilradd oedd y rhain i'r cwmni – fe'u dyfeisiwyd yn gydweithredol yn ôl yr union egwyddorion hynny a gafodd ddylanwad mor amlwg ar Turner a'i gyd-sylfaenwyr yn nyddiau cynnar y cwmni. At hynny, roeddynt yn gyfle prin i Gwmni Cyfri Tri gyflwyno gwaith ar raddfa fawr, gyda deg a mwy o actorion (cyfyngid ar nifer yr actorion y gallai'r cwmni ei gyflogi fel arfer gan ddiffyg cyllid a'r angen i deithio'r gwaith: ni welwyd mwy na rhyw bedwar o actorion yn unrhyw un o'r sioeau eraill).

Daeth y sioeau ar gyfer plant a phobl ifainc yn elfen allweddol bwysig yng ngwaith y cwmni, am y credai fod y fath gynulleidfaoedd yn ymateb yn ddigymell ac yn llawn dychymyg i'r profiad theatraidd, tra bod ambell gynulleidfa hŷn yn dueddol o osod y profiad dychmygol pur a geid yn y theatr mewn cyd-destun cymdeithasol neu ddeallusol a lesteiriai'r cyffro cynhenid. Yn wir, cymaint oedd apêl y math hwn o theatr i Gwmni Cyfri Tri, nes iddo dyfu'n elfen ganolog yn ei waith. Meddai Jeremy Turner:

mae plant yn amlwg yn fodlon derbyn y gwaith am yr hyn yw e'; mae'r bobl hŷn, pobl sydd wedi cael rhywfaint o addysg, am ddadansoddi pob peth, ac weithiau . . . wrth ddadansoddi, mae'n nhw'n amddifadu eu hunain o'r pleser, neu o'r gwerthoedd synhwyrol.[42]

Ar un olwg, roedd y theatr a gyflwynwyd i blant, yn enwedig sioe un-dyn Jeremy Turner, *Y Sipsi Het Ddu*, yn perthyn i'r un llinach â'r gwaith arbrofol cynnar, gan ei fod yn gweithio drwy gysylltu delweddau dychmygol yn hytrach na thrwy ddulliau naratif rhesymegol neu seicolegol. Roedd yn debyg o ran ansawdd i'r theatr 'bur' a grëwyd gan rai o actorion Odin Teatret o tua chanol y 1970au, wrth iddynt ymweld â chymunedau gwledig, diarffordd yn ne'r Eidal, Sisilia a Sardinia.[43] Dewisodd Odin yr ardaloedd hyn am nad oedd ganddynt draddodiad o theatr, ac felly nid oedd gan y gynulleidfa lawer o ragwybodaeth am gonfensiynau'r theatr: o safbwynt theatraidd, roedd hi'n gynulleidfa 'gyntefig' a ymatebai i'r digwyddiad theatraidd trwy'r dychymyg yn unig. Daeth Cwmni Cyfri Tri o hyd i'r un uniongyrchedd dychmyglon trwy weithio â chynulleidfaoedd ifainc, a bu'n dilyn yr un canllawiau ag Odin Teatret wrth wneud hynny – sef gofalu bod y berthynas rhwng yr actorion a'r gynulleidfa yn agored a hyblyg, a cheisio hyrwyddo cyfnewid profiadau. Nid rhyfedd felly i Gwmni Cyfri Tri gymryd cam i'r tywyllwch ym 1989, a chyfuno â Chwmni Theatr Crwban – a oedd yntau wedi'i leoli yn Aberystwyth – er mwyn ffurfio cwmni newydd a greai theatr i gynulleidfaoedd ifainc. Enw'r cwmni newydd hwn oedd Arad Goch, a deil wrth ei waith hyd heddiw (2003).

Bu'r 1980au i Gwmni Cyfri Tri yn gyfnod o geisio glynu wrth y syniad o gyflwyno theatr fel 'a creative art in itself', chwedl Grotowski, a hynny er gwaetha'r datblygiad sylweddol yn ei waith, a'r newidiadau cymdeithasol a welwyd yn ystod y cyfnod. Hwyrach mai gwendid mwyaf y cwmni o safbwynt y gynulleidfa draddodiadol a'r rheini a ariannai'r theatr Gymraeg oedd iddo fynnu creu amrywiaeth eang iawn o waith, gan ddilyn ei drywydd creadigol ei hunan a cheisio theatr 'bur' o'r math a'i symbylai ar ddechrau'r degawd. Ys dywedodd Jeremy Turner mewn cyfweliad, un o gonglfeini theatraidd Cwmni Cyfri Tri oedd fod arddull ei gynyrchiadau 'yn gydnaws â'r deunydd neu'r neges neu'r thema',[44] a dyna pam mae'r gwaith wedi bod mor amrywiol. Er i'r cwmni gefnu i ryw raddau ar naws theatr dlawd Grotowski yn ystod y 1980au, a chwennych idiom gorfforol fwy poblogaidd a hygyrch i'w waith yn aml, ni chefnodd ar ethos y theatr honno, a bu'n ddyfeisgar iawn wrth drosglwyddo rhai o'r elfennau mwyaf radical yn ei waith – y rheini nad oedd wrth fodd y gynulleidfa hŷn bob tro – i'w gynyrchiadau i blant a phobl ifainc. Yn y pen draw, llwyddodd i oroesi – er gwneud hynny ar ffurf cwmni newydd – trwy gyfaddasu a chyfaddawdu.

Brith Gof

Wedi ymadael â Cardiff Laboratory Theatre ym 1981, ymgartrefodd Brith Gof yn Aberystwyth, yn hen Ganolfan yr Ysgubor ger yr orsaf reilffordd. Bathwyd enw'r cwmni ar yr adeg hon er mwyn dynodi ei nod artistaidd cyffredinol, sef cyffroi 'brith gof' cynhenid y gynulleidfa o'i hetifeddiaeth ddiwylliannol hynafol ac archwilio agweddau ar yr etifeddiaeth honno trwy ddulliau theatr gorfforol cyfoes.

Dechreuodd ar ei waith trwy lwyfannu addasiadau o Bedair Cainc y Mabinogi, gan gyflwyno'r chwedlau hynafol mewn arddull theatraidd a adlewyrchai ddylanwad Barba a Grotowski, yn ogystal ag arbenigedd Mike Pearson yn nhechnegau'r theatr Nō, a ddysgasai trwy gydweithio ag un o feistri'r cyfrwng, Kanze Hideo. Yn ystod y blynyddoedd cynnar, cydweithiai'r cwmni yn agos ag Adran Ddrama'r Brifysgol yn Aberystwyth, gan greu nifer o sioeau ar y cyd â myfyrwyr Cymraeg yr adran. Y cyntaf o'r rheini oedd *Branwen*, a lwyfannwyd am y tro cyntaf yng Nghastell Harlech adeg yr Ŵyl Ffilmiau Ban-Geltaidd ym mis Ebrill 1981[45] ac a gyflwynwyd gan y myfyrwyr. Yn y sioe honno, gwelwyd dylanwad amlwg technegau theatr dlawd Grotowski, gan fod y cwmni'n hepgor set ffurfiol fel cefndir i'r gweithredu a defnyddio dau fwrdd hir yn ei lle fel 'gwrthrychau senograffig'. Trefnwyd y rhain mewn gwahanol ffyrdd er mwyn creu amgylchfyd gweithredol a gweledol i berfformiadau'r actorion. Ychydig iawn o offer a ddefnydd-iai'r actorion wrth berfformio – dim ond padell o does, gwellau, bwced, rhyw ddwsin o orenau a phenglog ceffyl,[46] ond gwnaed defnydd cofiadwy ohonynt. Wrth gyflwyno anharddiad meirch Matholwch, er enghraifft, trowyd y gwellau yn soced llygad penglog y ceffyl, gan greu sŵn erchyll; ac er mwyn cyflwyno lladd milwyr Matholwch yn y cydau blawd, gafaelodd rhai o'r actorion yng nghoesau'r byrddau a gosod oren yn eu cegau neu ar eu pennau, a gwasgwyd yr orenau yn ddarnau mân gan Efnisien (Alun ap Brinley). At hynny – yn union fel y gwnaethai Grotowski mewn nifer o'i gynyrchiadau yntau – addaswyd testun ysgrifenedig *Branwen ferch Lŷr* yn sylweddol gan Brith Gof. Torrwyd y rhan fwyaf o ddeunydd storïol ysgrifenedig y chwedl, ynghyd â chryn dipyn o'r ddeialog ddramataidd a geid ynddi.

Fel y dywed Charmian Savill, a fu'n gwylio'r cynhyrchiad gwreiddiol:

> Where text was used it functioned more like text within an opera; short iconic phrases were used, such as 'Llongau'. . . 'Gan gerdded yr aeth ef' . . ., with an occasional wedge of story using sophisticated narration or character monologues.[47]

Gwnaed yn iawn am docio'r testun geiriol trwy greu 'testun' lleisiol i'r actorion a roddai gyfle iddynt arddangos y sgiliau arbennig a ddysgwyd iddynt yn y maes hwn gan Lis Hughes Jones. Brithwyd y sioe â chaneuon (saith ohonynt i gyd), gan gynnwys caneuon unigol a chorawdau, y rhan fwyaf ohonynt yn weithiau gwreiddiol gan Hughes Jones ei hun.[48] Unwaith eto, roedd hyn yn gydnaws â chryn dipyn o waith Grotowski, gan ei fod yntau'n gosod pwyslais arbennig iawn ar lais yr actor yn ei gynyrchiadau enwocaf, yn enwedig felly *Y Tywysog Diwair*, lle y cynhyrchid effeithiau lleisiol dirdynnol gan Ryszard Cieslak wrth iddo bortreadu artaith y prif gymeriad. Yn *Branwen*, cafwyd sibrydion, caneuon unigol a chorawdau, llafarganu, bloeddiadau, ubain a thrydar, oll yn ôl gofynion y digwyddiadau a bortreadwyd, fel ar ddiwedd y cynhyrchiad pan adawyd un berfformwraig ar y llwyfan (Llio Silyn) yn creu sŵn 'trydar annaearol' i gynrychioli hudoliaeth ryfedd adar Rhiannon a hagrwch y drasiedi a ddigwyddodd yn Iwerddon.[49]

Ar ôl *Branwen*,[50] troes Brith Gof at gainc gyntaf y Mabinogi, gan greu *Rhiannon*, sioe a seiliwyd ar y dull Siapaneaidd *Nō*. Llwyfannwyd y sioe yng 'Nghwad' yr Hen Goleg yn Aberystwyth yn ystod wythnos Eisteddfod Genedlaethol Maldwyn 1981. Ceisiodd y cwmni gynnwys nifer o ddyfeisiau traddodiadol y theatr *Nō* yn y sioe, gan gynnwys llwyfan pren o'r un ansawdd a'r un maint â'r llwyfan traddodiadol, masgiau cain i rai o'r prif gymeriadau, a ffaglau bychain i oleuo'r digwydd. Y nod oedd creu awyrgylch dwys a hardd, fel y gweddai i ffurf theatraidd a anelai at berffeithrwydd esthetig. Yn ôl John Roberts, 'Yr oedd cerdded i mewn i'r cwad a hwnnw wedi'i oleuo â ffaglau tân wedi eu gosod ar lawr gerbron y man perffformio yn sicr yn miniogi'r digwyddiad'.[51] Fel yn *Branwen* o'i blaen, addaswyd testun ysgrifenedig y chwedl yn sylweddol, y tro hwn er mwyn adlewyrchu saernïaeth draddodiadol y ddrama *Nō*. Hepgorwyd hanner cyntaf y naratif bron yn llwyr, a dechrau'r cyflwyniad gyda Rhiannon wrth yr esgynfaen yn cynnig cludo teithwyr i lys Pwyll fel cosb am lofruddio'i mab bychan Pryderi. Unwaith eto, gweddai hyn i gonfensiwn y *Nō*, am fod honno hefyd yn cychwyn â thraethydd yn esbonio ei hanes ei hun, ynghyd â chefndir y ddrama, i'r gynulleidfa.[52] At hynny, yn ôl Mike Pearson, cydweddai'r addasiad â thraddodiad y *Nō* am iddo bwysleisio elfennau arallfydol y chwedl,[53] ac am iddo gyflwyno dwy olygfa ffarsaidd *Kyogen* rhwng rhai o brif olygfeydd y cynhyrchiad.

Ymateb cymysg a gafodd *Rhiannon* gan adolygwyr y wasg. Fe'i clodforwyd yn hael am ei harddwch a'i hysbryd Siapaneaidd gan Dyfnallt Morgan yn *Y Cymro*, ond gresynodd John Roberts yn *Y Faner* fod yr elfen Siapaneaidd gref wedi mynd yn drech na'r elfen Gymreig draddodiadol, ac wedi drysu'r gynulleidfa o'r herwydd:

> efallai mai gwell na cheisio trawsblannu traddodiad mor gwbl ddieithr yn uniongyrchol i lwyfan yng Nghymru fyddai sugno ar draddodiad theatr *Noh* a'i blethu â thraddodiad y cyfarwydd Cymreig. Byddai arbrawf felly yn y pen draw yn fwy creadigol gan y byddai'r gynulleidfa yn cael profi'r hen chwedl mewn ffordd newydd ac eto'r newydd-deb heb fod yn gwbl ddieithr.[54]

Wrth gwrs, roedd creu sioc ddiwylliannol trwy ddefnyddio deunydd cwbl estron yn rhan sylfaenol o fwriad Brith Gof, a byddai cyrchu ar ôl deunydd traddodiadol Gymreig yn ôl awgrym Roberts yn groes i'r bwriad hwnnw. At hynny, mae'n ddiddorol nodi ffydd anghymesur yr adolygydd (fel sawl un arall o'r un cyfnod) yn yr hyn y gellid ei gyfri'n 'gynhenid Gymreig'. Tueddai Roberts i anwybyddu'r ffaith nad oes nemor ddim gwybodaeth ymarferol i'w chael ynghylch 'traddodiad y cyfarwydd Cymreig', a bod y fath draddodiad hynafol ac annirnadwy yn debyg o fod mor annaturiol yng ngŵydd y gynulleidfa Gymraeg â'r theatr *Nō* ei hun.[55]

Yn dilyn trymder a diflastod y sioe aflwyddiannus *Manawydan* yng ngwanwyn 1982, cafwyd awyrgylch llawer ysgafnach yn sioe nesaf Brith Gof, sef *Blodeuwedd* – yr olaf o'i ddeongliadau o geinciau'r Mabinogi – a gyflwynwyd ar daith ym mis Hydref 1982 ac eto yn ystod gwanwyn 1983. Ynddi, defnyddiodd y cwmni nifer o wahanol dechnegau theatraidd blith-draphlith ar draws ei gilydd, gan gynnwys elfennau o'r theatr Siapaneaidd a theatr Bali, ynghyd ag elfennau o glownio syrcas y gorllewin. Dylanwad theatr Bali oedd fwyaf amlwg ar osodiad gofodol y sioe: fe'i cyflwynwyd ar lwyfan bach sgwâr o dan ganopi amryliw, a gosodwyd y gynulleidfa i eistedd ar feinciau pren a amgylchynai'r llwyfan ar dair ochr. Gwedd go gymysg oedd i wisg a gweithred y cymeriadau: gwisgai Gronw Pebr (Mike Pearson) a Blodeuwedd (Lis

Hughes Jones) wisgoedd a awgrymai berthynas y sioe â chonfensiynau perfformiadol y dwyrain – Pearson mewn gwisg ymladdwr *Kendo*[56] a Hughes Jones mewn gwisg ddawns o Bali – tra bod ymarweddiad y cymeriadau eraill yn dra gwahanol, ac yn perthyn i draddodiadau theatraidd mwy gorllewinol eu naws. Gwisgai Lleu Llaw Gyffes (Matthew Aran) yn debyg i glown syrcas yn ystod hanner cyntaf y sioe, ac, er mwyn awgrymu ei fod yn ddiymgeledd a heb wraig, cerddodd yn herciog a digri o gwmpas y llwyfan, gan ddewis sawl merch o blith aelodau'r gynulleidfa a chynnig blodyn iddi. Gwisgai Gwydion (Janet Jones)[57] siwt undarn amryliw; ac wrth bortreadu taith hirfaith y dewin i ganfod Lleu ar ôl iddo gael ei weddnewid yn eryr, cyflwynai ddawns led-gomig ar ffurf meim gan ddefnyddio ymbarél. Yn ôl Charmian Savill, roedd y gymysgfa hon o arddulliau theatraidd gorllewinol a dwyreiniol yn debyg i'r hyn a geid yn rhai o sioeau Barba ac Odin Teatret, yn enwedig felly'r 'estheteg gymysg' yn ei gynhyrchiad *Millionen* (*Y Miliwn*, 1978–84).[58]

Tra diddorol fu penderfyniad Brith Gof i seilio'i sioeau cynnar ar geinciau'r Mabinogi. Cynigiai'r chwedlau hyn sail ddelfrydol ar gyfer y math ar theatr ddelweddol a chorfforol a chwenychid gan y cwmni (fel Cwmni Cyfri Tri yntau, ei bartner yn *Manawydan*) am fod iddynt gymysgedd difyr o elfennau hysbys a chymhleth. Perthynent i draddodiad hynafol o lenyddiaeth lafar, ac o ganlyniad roeddynt yn gynhenid berfformiadol a chydnabyddedig Gymreig; ond roeddynt hefyd yn dra dieithr o ran eu techneg naratif. Medrai'r gynulleidfa uniaethu â hwy fel enghreifftiau o lenyddiaeth frodorol, ond fe'i dieithrid ganddynt hefyd am nad oedd unrhyw gyswllt rhwng techneg naratif y chwedlau a thechnegau storïol cyfoes. Yn yr un modd, roedd techneg theatraidd Brith Gof yn gynhenid gorfforol, a gobeithiai'r cwmni y medrai'r gynulleidfa uniaethu'n gwbl reddfol â hi o'r herwydd; eithr gwyddai hefyd y câi'r gynulleidfa ei dieithrio i ryw raddau gan estheteg anghyfarwydd y theatr dlawd a'r *Nō*. Gobeithient serch hynny y dôi'r gynulleidfa i werthfawrogi a chymathu'r elfen estron yn y gwaith yn ebrwydd wrth i'r cyflwyniad fynd rhagddo, yn union fel y gwnaethai'r gynulleidfa wledig gynt wrth wylio'r cywaith ag Odin Teatret yn Llanybydder. Roedd Brith Gof yn llwyr argyhoeddedig y gellid apelio'n uniongyrchol at y gynulleidfa Gymraeg trwy greu theatr gorfforol o ddelweddau bywiog a thrawiadol.

Ategwyd y farn honno gan nifer o'r myfyrwyr a fu'n cydweithio â'r cwmni ac yn gwylio'i waith. Yn wir, o'r braidd y gellid gorbwysleisio edmygedd a brwdfrydedd rhai ohonynt, yn enwedig y rhai a ddaeth yn aelodau o'r cwmni ymhen y rhawg, fel Matthew Aran, Nic Ros a Rhys Powys. Credent fod gwaith Brith Gof – ynghyd â'r rheini a symbylasai'r cwmni, fel Grotowski a Barba – yn gam enfawr ymlaen i'r theatr Gymraeg, a bod dyletswydd ar theatrgarwyr y genedl i gydnabod mawredd a phwysigrwydd ei weledigaeth. Roedd gwaith Brith Gof yn fwy na thestun edmygedd dof, goddefol i'r rhain; fel y drydedd theatr, roedd yn *achos* i'w gefnogi i'r carn ac i weithredu o'i blaid. Nid un math ar theatr ymysg nifer oedd hwn, nid rhyw addurn arbrofol ar ymylon y theatr go iawn, eithr theatr o fath cwbl newydd a ymgorfforai genadwri'r cyfrwng yn y byd modern. Nid gwahanol oedd hwn, eithr gwell. Ac er mai cymharol fach oedd y grŵp hwn o edmygwyr pybyr, bu eu defosiwn i'r cwmni ac i'r weledigaeth theatraidd y ceisiodd ymgyrraedd tuag ati yn allweddol bwysig. Daethant i ffurfio 'cymuned' o gylch y cwmni a fu'n warchodfur iddo wrth iddo greu gwaith o dro i dro – fel yn achos y sioe *Manawydan*, er enghraifft – a oedd yn aflwyddiannus yn nhyb y mwyafrif. Beth bynnag am safon neu orffennedd y darn penodol a lwyfennid, cefnogai a gwerthfawrogai'r rhain genhadaeth gyffredinol Brith Gof, ac fe'u clywid yn amddiffyn y cwmni droeon wrth iddo ddatblygu ei broffil cyhoeddus a cheisio perffeithio'i grefft.

Fel Cwmni Cyfri Tri, bu Brith Gof hefyd yn ailystyried natur ei waith a'i rôl o fewn y theatr Gymraeg yn ystod blynyddoedd canol y 1980au, a diddorol nodi ei fod yntau wedi creu gwaith o naws boblogaidd yn ystod y cyfnod hwn, yn union ar ôl *Manawydan*. Yn achos Brith Gof, dwy sioe glown a lwyfannwyd, sef *Bwyty Bananas* a *Dros Ben Llestri*. Yn y naill, cafwyd dau gymeriad, sef Sais uniaith a chanddo lyfr ymadroddion Cymraeg, a gweinydd bwyty na chynigiai ddim i'w chwsmeriaid ond bananas; ac yn y llall, cafwyd dau weithiwr, mop, bwced ac amryw ddarnau eraill o offer. Fodd bynnag – unwaith eto, yn union fel Cwmni Cyfri Tri a'r anterliwtiau – nid apelio at y gynulleidfa oedd prif nod y cwmni ond cymhwyso disgyblaeth gorfforol 'bur' yn seiliedig ar draddodiad clasurol. Roedd techneg gorfforol y clown, fel gwaith Grotowski a'r theatr *Nnż* hithau, yn amlygiad o ddisgyblaeth lem ac yn gwbl gydnaws â diddordeb Brith Gof mewn ffurfiau theatraidd a arddangosai fedrau technegol yr actor. Yn hynny o beth, nid adlewyrchai'r gwaith poblogaidd hwn newid cyfeiriad mewn gwirionedd.

Fodd bynnag, gwelwyd rhywfaint o newid yn ystod y cyfnod hwn o ran yr hyn a gyfrifid yn 'gynhenid Gymreig' yng ngwaith Brith Gof. Rhwng 1983 a 1987, cyflwynodd Brith Gof gyfres o sioeau a seiliwyd nid ar y traddodiad llenyddol Cymraeg, ond ar arferion beunyddiol a phatrymau diwylliant mewn cymunedau cyd-ddibynnol. Gwelwyd y thema hon mewn nifer o gynyrchiadau, gan gynnwys *Gernika!* (1983), *Ymfudwyr* (1983–4), *Rhydcymerau* (1984), y sioe stryd *Pedole Arian* (1984), y cywaith â chwmni Farfa, *Lleuad! Lleuad!/Luna! Luna!* (1984), a'r sioe *Du a Gwyn* (1986). Fel sy'n amlwg oddi wrth deitlau'r sioeau, nid oedd y cymunedau cyd-ddibynnol hyn yn rhai Cymreig o reidrwydd, eithr roedd ganddynt sawl nodwedd a ystyrid yn draddodiadol Gymreig. Er enghraifft, yn *Gernika!* – sioe a seiliwyd ar hanes y pentref a fomiwyd yn ystod Rhyfel Cartref Sbaen ym 1937, ac a anfarwolwyd yn narlun Picasso – cafwyd portread o gymdeithas werinol glòs yn gweithio, hamddena a dathlu gyda'i gilydd, cyn cael ei chwalu'n deilchion gan fomiau'r llu awyr Almeinig; ac yn *Lleuad! Lleuad!/Luna! Luna!*, addaswyd elfennau o ddefodaeth pobloedd crwydrol Ewrop er mwyn dangos gwrthdaro rhwng cymdeithas draddodiadol a drigai yn agos at y pridd a'r gymdeithas ddinesig gyfoes.

Bu *Gernika!* yn garreg filltir bwysig yn hanes y cwmni, gan iddi ddenu mwy o gymeradwyaeth nag unrhyw sioe hyd hynny ac oherwydd iddi drawsffurfio'r berthynas rhwng Brith Gof a'r gynulleidfa Gymraeg yn llwyr. Llwyfannwyd y sioe mewn ysgubor ar fferm Tregarnedd ger Llangefni yn ystod wythnos Eisteddfod Genedlaethol Môn 1983, ar y cyd ag actorion Cwmni Theatr Cymru (grŵp a gynhwysai nifer o gynfyfyrwyr Adran Ddrama Aberystwyth). Pwysleisiwyd unfrydedd a chydlyniaeth trigolion Gernika trwy wisgo'r actorion oll yn yr un math o ddillad du a gwyn, a thrwy osgoi cymeriadaeth unigol. Pentrefwyr anhysbys a gynrychiolid gan *ensemble* Brith Gof a Chwmni Theatr Cymru, ffigyrau a nodweddid nid gan eu hanian unigol ond gan eu gweithredoedd, eu crefftau neilltuol a'u hymddygiad fel rhan o'r dorf. Dim ond un 'cymeriad' a bortreadwyd o blith y pentrefwyr anhysbys hyn, sef y 'Dici bach dwl' (Alun ap Brinley) a wawdiwyd ac a erlidiwyd gan ei gymdogion; ond cymharol annelwig oedd unigolyddiaeth y cymeriad hwnnw mewn gwirionedd, a gellid honni mai ei brif swyddogaeth ddramataidd oedd pwysleisio cydlyniaeth y grŵp a'i gwawdiai. Bid siŵr, nid oedd yn *Gernika!* gyswllt uniongyrchol â Chymru, gan mai portreadu hanes pentref yn Sbaen a wnaed; ond wrth gwrs, roedd y portread hwnnw yn drosiad perffaith o fywyd gwledig yng Nghymru. Gwelwyd holl briodoleddau mythig y gymdeithas wledig draddodiadol Gymreig ym mhentrefwyr y sioe: gwerin gwlad a wreiddiwyd yn eu milltir sgwâr eu hunain, a feddai urddas naturiol o ganlyniad i'w llafur beunyddiol, ac a ddioddefai gam hanesyddol gan y rhai diwyneb hynny a weithredai rym yn eu herbyn. Hwyluswyd y gymhariaeth hon trwy leoli'r perfformiad mewn ysgubor fferm a thrwy ddefnyddio gwrthrychau senograffig a weddai i amrydedd y gofod hwnnw – cloch, bwcedi o ddŵr, beic, blychau a fflatiau pren, mop llawr a chymysgydd sment.

Cafwyd amrydedd cyffelyb a adlewyrchai anian y gymuned werinol wledig yn y sioe *Rhydcymerau*, a gyflwynwyd am y tro cyntaf yn Eisteddfod Genedlaethol Llanbedr Pont Steffan ym 1984. Seiliwyd y sioe yn bennaf ar gofiant D. J. Williams, *Hen Dŷ Ffarm*, ond cynhwyswyd peth o waith Gwenallt ynddi hefyd. Fel yn *Gernika!*, cyflwynwyd portread o grefft ac arferion traddodiadol cymdeithas wledig yn *Rhydcymerau*, eithr yn y sioe hon aethpwyd â'r portread gam ymhellach, trwy gydblethu deunydd storïol D. J. Williams ag 'arddangosiad' o saeryddiaeth. Trwy gydol y sioe, wrth i ddau o'r cwmni (Nic Ros a Lis Hughes Jones) gyflwyno hanesion bro Rhydcymerau, roedd y ddau aelod arall (sef Matthew Aran a Mike Pearson) yn trin coed, gan adeiladu arch fechan erbyn diwedd y chwarae. Wrth gwrs, nid dyhead i greu darn o waith coed a symbylai'r ddyfais hon ond awydd i bwysleisio'r berthynas rhwng llafur gonest, medrus ac anian y gymdeithas. Ar ddiwedd y sioe, daeth y pedwar actor at ei gilydd o gylch yr arch fechan a saernïwyd ganddynt, a gosod dillad ac esgidiau plentyn ynddi: yna chwalwyd sobrwydd y foment deimladwy gan drac sain o awyrennau jet y llu awyr yn taranu uwchben. Dynodwyd difodiant y gymdeithas gynhenid yn hynny o beth, gan gyhuddo milwriaeth a chynnydd difaol y byd cyfoes o chwalu urddas y gymuned hunangynhaliol, organig.

Ar y cyfan, bu derbyniad brwd i'r ddwy sioe hyn. Cafodd *Gernika!* groeso calonnog iawn gan gynulleidfa'r Eisteddfod a chan yr adolygwyr hwythau – cymaint yn wir nes cymell Lis Hughes Jones i haeru bod y cynhyrchiad hwn yn drobwynt yn hanes y cwmni.[59] Ategwyd y farn honno gan Eleri Rogers yn *Y Cymro*:

> Awr . . . o gyffroi'r emosiynau, awr o ryfeddu at holl adnoddau'r llais dynol yn ganu, yn llafarganu ac yn llefaru, ac awr o gorddi'r meddwl i sylweddoli eto fyth beth a ddigwydd pan, yng ngeiriau'r cwmni, 'y dinistrir dyn gan y system'. . . . Ei hoffi neu beidio – ni allwn bellach anwybyddu'r dull hyn o theatr.[60]

Nid oes dwywaith i benderfyniad Brith Gof i gydweithio â Chwmni Theatr Cymru yn *Gernika!* ddenu cynulleidfa ehangach a mwy cymysg nag arfer i weld y sioe. A gerbron y gynulleidfa honno, llwyddodd y cwmni i greu profiad emosiynol ac ysgytwol a ddarbwyllai nifer o blith y gynulleidfa 'gyffredin' – a ddrwgdybiai'r fath waith yn aml – fod sylwedd yng ngweledigaeth y cwmni hwn. Daeth y llwyddiant hwnnw ar gyfnod ffodus a phwysig iawn i gwmni Brith Gof, oherwydd ymhen chwe mis i lwyfannu *Gernika!*, aethai Cwmni Theatr Cymru i'r wal, gan chwalu canolbwynt y theatr brif ffrwd Gymraeg yn llwyr. Bu cryn drafod wedi hynny ynglŷn â'r angen am gwmni prif ffrwd cenedlaethol, a chlywyd nifer yn dadlau'n frwd nad oedd angen rhyw fonolith o gwmni cenedlaethol yng Nghymru, gan fod gweithgarwch y cwmnïau 'ymylol', gan gynnwys Brith Gof, yn fwy diddorol a bywiog nag arlwy ac arddull geidwadol ddiddrwg-didda'r hen Gwmni Theatr. O fewn dim o dro, felly, daethpwyd i gyfrif Brith Gof fel rhan o'r rhwydwaith o gwmnïau newydd a gyfrifwyd at ei gilydd yn 'theatr genedlaethol Gymraeg' ar ôl tranc Cwmni Theatr Cymru.

Wrth gwrs, nid chwennych poblogrwydd a wnaeth Brith Gof wrth gynhyrchu *Gernika!* ar y cyd â Chwmni Theatr Cymru, ond ailgydio mewn partneriaeth greadigol a fu'n rhan amlwg o'i waith cynnar yn Adran Ddrama Aberystwyth. Yn yr un modd, nid awydd i wenieithu neu greu sioeau ag iddynt apêl wleidyddol neilltuol a'i cymhellai i seilio'r elfen 'gynhenid Gymreig' yn ei waith ar fytholeg y gymdeithas werinol wledig. Yn gefn i'r cyfan, unwaith eto, roedd awydd i gyflwyno dehongliad theatraidd newydd o gorff yr actor. Mynnai Mike Pearson greu theatr a ddefnyddiai fathau ar weithredu corfforol a oedd yn wybyddus a chyfarwydd i'r gynulleidfa Gymraeg, ac nid eu llethu â dulliau perfformio a ddeilliai o ystumio ffuantus y theatr brif ffrwd fetropolitaidd. Gwelwyd hynny'n glir yn *Rhydcymerau*, wrth i'r cwmni gyflwyno crefft y seiri yn gwbl lythrennol ar y llwyfan, yn hytrach na'i chynrychioli'n symbolaidd:

> In *Rhydcymerau*, two carpenters worked throughout the performance, their sawing and hammering counterpointing the pattern of poems and stories concerning rural decay, blurring the distinction between work and performance.[61]

Ymhelaethodd Pearson ar y pwynt hwn yn 'Theatre in a Minority', papur a gyflwynodd mewn cynhadledd ryngwladol ar ddiwylliannau ac ieithoedd lleiafrifol yng Nghatalunya ym 1985. 'We are convinced', meddai, 'that the social and cultural fabric of Wales can lead to modes and techniques of theatrical practice which bear little relation to the forms and preoccupations of English theatre':[62]

> We are inspired by the song, music, dance and poetry of our own culture
> . . . . Performers sing in our performances as often as they speak,
> particularly in moments of deep emotion. Rhetoric and soliloquy take the
> place of dialogue. Declamation is used as often as discursive reason. . . .
> The movement resulting from patterns of work – washing shirts, cutting
> stakes – can take the place of stage gesture. The voice of the actor may
> resemble that of the preacher, or the auctioneer. . . . our props are the
> implements and simple possessions of rural peoples manipulated in
> unexpected ways to create strong and eloquent metaphors; our physical
> rhythms are the rhythms of work, play and worship, mutated, given new
> emphasis.[63]

Yn ôl Pearson, gweithiai Brith Gof o fewn cyd-destun cymdeithasol arbennig iawn, un a gyflyrai ymateb creadigol o fath neilltuol ar ran y cwmni. Ni fedrai Brith Gof weithredu yn ôl safonau'r theatr ddinesig neu'r theatr *avant-garde* ryngwladol heb dorri'r cytundeb sylfaenol a greasai â'r gynulleidfa Gymraeg. Roedd yn rhaid iddo gydnabod symbyliad sylfaenol y gymdeithas honno, o safbwynt cymunedol, celfyddydol a gwleidyddol, a gweithio o fewn y terfynau hynny:

> Our audience are there to support a Welsh language event of any sort, a
> political support for the language of which the performance is an
> affirmation. Often our performances are as much political meetings as
> entertainments. Welsh theatre has yet to enter the 'entertainment and
> leisure' industry with its demands for saleable product and good seats. . . .
> We stand very close to our society. Our audience may well include
> relatives of the protagonists in our performances or even those who can
> remember the actual events, for theatre can still attract spectators of a wide
> age span and social background. Any topic relating to Welsh history and
> society will be within the collective consciousness. This means that in our
> interpretation of the material we can take a certain level of appreciation, of
> allusion and image, for granted. We can also expect a far greater degree of
> criticism. Our audiences are not faceless; we may know many of them by
> name. We cannot present them with abstractions and we cannot insult
> them.[64]

Buan y dôi newid sylweddol i waith Brith Gof a brofai ymlyniad y gynulleidfa wrth egwyddorion artistig y cwmni ynghyd ag ymrwymiad y cwmni ei hun wrth yr egwyddorion a amlinellwyd yn 'Theatre in a Minority'.

Gwelwyd y newid hwnnw ym 1987, pan aeth y cwmni ati i greu prosiect estynedig dros dair blynedd yn seiliedig ar gyfres enwog o ysgythriadau gan yr artist Goya, *Los Desastres de la Guerra* (1810). Wrth greu'r prosiect hwn, sef *Trychinebau Rhyfel*, newidiodd y cwmni sylfaen ei waith yn llwyr, gan gefnu i raddau helaeth ar dechnegau Grotowski a'r Teatr-Laboratorium, a throi at ddulliau newydd a ddylanwadwyd gan nifer o weithredwyr theatraidd eraill, fel The Wooster Group a Robert Wilson o'r Unol Daleithiau, a'r grŵp anarchaidd o Gatalunya, La Fura dels Baus. At hynny, penderfynodd Brith Gof symud o'i bencadlys yn Aberystwyth ym 1988 a dychwelyd i hen gynefin Mike Pearson a Lis Hughes Jones yng Nghaerdydd. Wrth wneud hynny, gwahoddwyd nifer o aelodau newydd i lywio datblygiad y cwmni, gan gynnwys Clifford McLucas, senograffydd a dylunydd a hyfforddwyd yn wreiddiol fel pensaer, a John E. R. Hardy, cerddor a chyfansoddwr.

Cafodd y newidiadau hyn effaith ysgytwol ar waith a gweledigaeth y cwmni. Wrth symud i Gaerdydd, newidiodd y cwmni ei gynulleidfa bron yn llwyr, gan ddenu llawer mwy o'r di-Gymraeg a'r rheini a ymddiddorai mewn theatr a chelfyddyd amgen i weld ei waith. Yn y broses, cefnodd i raddau helaeth ar ei ymrwymiad i wasanaethu'r gynulleidfa Gymraeg ei hiaith drwy ymchwilio i 'frith gof' diwylliannol y Cymry Cymraeg. At hynny, aeth y cwmni'n fwy dinesig ei weledigaeth yn ystod y cyfnod hwn, gan drafod pynciau nad oedd ganddynt gyswllt uniongyrchol â phrofiad y gymdeithas Gymraeg, a chreu drwy hynny arddull theatraidd newydd a oedd yn fwy gwrthrychol a llai 'cymunedol' ei naws. Bu dyfodiad y ddau aelod newydd i dîm cyfarwyddo'r cwmni yntau yn ysgytwad i broffil a gweledigaeth Brith Gof. Cymhlethwyd gwead theatraidd y sioeau yn sylweddol o'r herwydd, am fod gan y cwmni bellach arbenigedd mewn llawer mwy o feysydd nag o'r blaen, ac am fod cyfrifoldeb y cyfarwyddwr bellach wedi'i rannu rhwng pedwar aelod parhaol y cwmni.

Adlewyrchwyd rhai o'r newidiadau hyn yn y prosiect *Trychinebau Rhyfel*. Yn gyntaf oll, rhoddai'r cwmni heibio ei egwyddorion Grotowskiaidd o ran rôl a statws yr actor. Yn lle creu'r cyflwyniad o gylch corffoledd a phresenoldeb yr actor defnyddiwyd yr actor fel un elfen yn unig mewn 'maes' eang, a gynhwysai senograffi'r cynhyrchiad, y trac sain, y deunydd testunol a choreograffi'r perfformwyr. Bellach, disgwylid i'r actor weithredu yn ôl gofynion yr elfennau eraill hyn, ac nid yn ôl ei natur a'i ymwybyddiaeth gorfforol ei hun. Yn y sioe *Hiroshima* (1987), er enghraifft, crëwyd coreograffi araf a haniaethol a rwystrai'r actorion rhag ymateb yn uniongyrchol i'r gynulleidfa; eithr yn *EXX–1* (1989), ymosodai'r actorion ar ei gilydd ac ar y gynulleidfa, gan beri ofn gwirioneddol ar ran rhai gwylwyr eu bod wedi colli rheolaeth ar eu gweithredoedd yn llwyr. Yn ail, dechreuodd y cwmni greu sioeau anferthol eu maint, fel *Gododdin* (1988–9), *Pax* (1990–1) a *Haearn* (1992). Disgrifiwyd y rhain fel 'perfformiadau mewn lleoliadau penodol' (*site-specific performances*), am fod ynddynt bwyslais neilltuol ar leoliad y gwaith o safbwynt esthetig, dramatwrgaidd a chymdeithasol. Nid damwain, er enghraifft, oedd lleoli fersiwn cyntaf *Gododdin* mewn ffatri wag yn nociau Caerdydd a oedd ar fin cael ei dymchwel: roedd cyswllt amlwg rhwng difodiant y llwyth fel y disgrifid ef yng ngherdd Aneirin a difodiant y gymdeithas ddiwydiannol yn ne Cymru a weithiai mewn adeiladau o'r fath. Yn hyn o beth, roedd rôl y senograffydd lawn mor bwysig â rôl y cyfarwyddwr yng ngwaith newydd Brith Gof. Fel y dywedodd Cliff McLucas: 'The designer for site-specific work is as crucial to the project as the director. He has to create the first idea.'[65] Yn drydydd, wrth lunio *Trychinebau Rhyfel*, rhoddwyd heibio ymchwil cwmni Brith Gof i draddodiad diwylliannol y gymdeithas Gymraeg fel y cyfryw, a throwyd yn hytrach at thema lawer ehangach a thipyn mwy anghynnes, sef hynt y rheini a ddioddefasai mewn rhyfel. Wrth gwrs, gwelwyd y cwmni'n trafod y themâu hyn ymhell cyn 1987, mewn cynyrchiadau fel *Gernika!* ac *8961: Caneuon Gobaith a Galar* (1985); ond, fel y nodwyd uchod, deilliai rhan o ergyd y sioeau hynny o'r ffaith fod cyswllt anuniongyrchol cryf rhyngddynt a'r gymdeithas Gymraeg. Ni chafwyd y fath gyswllt yn *Trychinebau Rhyfel*, a bu'n rhaid i'r gynulleidfa Gymraeg wylio'r sioeau o'r un safbwynt yn union â'r gynulleidfa ddi-Gymraeg. Lle roedd deunydd Cymraeg yn sail i'r gwaith, fel yn *Gododdin*, statws ymylol oedd iddo mewn gwirionedd. Nid oedd fawr ddim yn 'gynhenid Gymreig' am laddedigaeth erchyll y llwyth yn y sioe honno, ac o'r braidd fod geiriau Cymraeg y testun i'w clywed o gwbl uwch sŵn byddarol y trac sain. Yn olaf, yn *Trychinebau Rhyfel*, trafodwyd yr un thema a'r un deunydd dros gyfnod o dair blynedd a thri chynhyrchiad ar ddeg. Yn lle glynu at yr hen arfer o geisio creu nifer o sioeau newydd bob blwyddyn a chwilio am thema a thestunau newydd bob tro, datblygodd Brith Gof nifer o 'fersiynau' gwahanol o'r un deunydd, gan gynnwys gweithdai i fyfyrwyr, cyflwyniadau dawns, cyflwyniadau cydweithredol yng Nghymru a thramor, ac ambell sioe gan Brith Gof yn unig. Yn ôl Lis Hughes Jones, penderfynwyd ar y drefn newydd hon oherwydd bod angen i'r cwmni 'fynd yn ddyfnach i'r testun', ac i 'gadw cydbwysedd rhwng ein dymuniadau artistig ni a'r hyn y mae'r pobol yr ydan ni'n gweithio â nhw am ei ddweud'.[66] Mewn geiriau eraill, mabwysiadwyd y drefn newydd oherwydd anghenion penodol *y cwmni* ac nid oherwydd bod y cwmni wedi penderfynu gwasanaethu'r gynulleidfa mewn ffordd newydd. Roedd hyn yn groes i hen feddylfryd Brith Gof, ac ynghyd â'r newidiadau eraill, yn syndod i feirniaid a sylwebyddion y wasg yng Nghymru – hyd yn oed y rheini a fu'n deyrngar i waith Brith Gof o'r cychwyn cyntaf. Dechreuodd rhai fynegi amheuon am Gymreictod Brith Gof, gan ddadlau bod y cwmni wedi colli 'pob teimlad o ddiffuantrwydd a didwylledd' ac wedi rhoi heibio'r 'elfen Gymreig a oedd yn nodwedd mor amlwg' o'i gynyrchiadau blaenorol.[67] Bu'n rhaid i'r cwmni geisio dygymod â'r farn hon wrth gyflwyno *Trychinebau Rhyfel*.

Un o fersiynau cynnar *Trychinebau Rhyfel* oedd y sioe *Hiroshima*,[68] a gyflwynwyd yn ystod Eisteddfod Genedlaethol Porthmadog 1987. Llwyfannwyd y sioe, yng ngeiriau John G. Roberts, 'ar lain ddiffaith a dinod o dir yn ymyl y ffordd' yn nhref Porthmadog ei hun, 'lle safai Capel Coffa Emrys rai blynyddoedd yn ôl'.[69] Parciwyd fan y cwmni ar y llain ddiffaith hon, a gosodwyd sgrin fawr uwch ei phen. Ar y sgrin, tafluniwyd ffilm o'r chwalfa a fu yn Hiroshima o ganlyniad i'r ffrwydrad yno ym 1945, a gynhwysai luniau o ffrwydradau atomig, dinistr Hiroshima ei hun a dioddefaint erchyll y rhai a anafwyd yno. O flaen y sgrîn, ar do y fan, safai tair actores (Lis Hughes Jones, Sêra Moore-Williams a Bethan Jones), yn cyflwyno sylwebaeth gorfforol a lleisiol ar y ffilm; ac yn sedd gyrrwr y fan, eisteddai aelod arall o'r cwmni (Nic Ros) gan gyflwyno'r testun geiriol. O ran ei chynllun, felly, roedd y sioe yn hynod syml ac yn fwriadol amrwd, ac ychydig iawn o ddatblygiad a gafwyd o safbwynt coreograffi'r actoresau a thensiwn dramataidd y cyflwyno. Cryfder mawr y sioe hon oedd ei lleoliad, a'r ffordd y daeth y lleoliad hwnnw yn rhan hanfodol bwysig o ystyr theatraidd y perfformiad. I feirniad fel John G. Roberts, roedd penderfyniad Brith Gof i osod ei sioe lle safai capel yn dra arwyddocaol:

> Un o nodweddion amlwg Brith Gof yw eu hymgais i fod yn llais i'r gydwybod foesol seciwlar. Hwy yn ein hoes di-dduw yw offeiriaid a chyfryngwyr y ddeddf. Pregethu'r ddeddf a wnaed [yn *Hiroshima*], ein trosglwyddo o dir diffaith yng nghanol tref Porthmadog i dir diffaith uffern ei hun.[70]

Nid lleoliad gofodol y sioe oedd yr unig ffactor o bwys yn hyn o beth. Câi'r sioe ei chyflwyno yn yr awyr agored yng nghanol y prysurdeb a'r hwyl a grëid gan weithgarwch nosweithiol yr Eisteddfod Genedlaethol. Bu'n rhaid i'r gynulleidfa felly geisio dygymod â sŵn ceir yn gyrru heibio ar yr heol y tu ôl iddynt yn ystod y perfformiad, ynghyd â holl dwrw a direidi'r tyrfaoedd hynny a grwydrai o dafarn i dafarn yn y dref. A dyma lle crëwyd tensiwn gwironeddol rhwng y sioe a'r dorf. I'r rheini a gerddai heibio, diau fod cyflwyniad Brith Gof yn ymddangos fel pe bai'n eu herio, ac yn eu cyhuddo bron o beidio â bod yn ystyriol o ddigwyddiadau erchyll Hiroshima (cofier bod y sioe yn digwydd yn ystod wythnos y bomio, ar y chweched o Awst). Yn y cyfamser, daliwyd cynulleidfa 'swyddogol' y sioe yn y canol rhwng yr actorion a'r dorf Eisteddfodol, a bu'r profiad o wylio'r sioe o'r safle hwnnw yn un tra gormesol a bygythiol o'r herwydd. Ni cheisiai'r perfformwyr dawelu'r awyrgylch ychwaith, gan fod eu cyfraniad hwythau wedi'i drefnu yn ôl sgôr goreograffaidd rhagbaratoëdig. Symudent yn araf, ac oherwydd cyfyngder y 'llwyfan' ar ben y fan roedd cryn undonedd i'w symudiadau, a dueddai i ymddangos yn ymhongar a chrach-gelfyddydol (mae'n siŵr) i'r rheini na fynnai aros a gwylio'r cyflwyniad am gyfnod helaeth. Prin fod disgwyl i'r cyfryw rai *beidio* ag ymateb yn ymosodol ac uniongyrchol o dan y fath amgylchiadau. Nododd John Roberts:

> Ennyn dicter a wna unrhyw gennad sy'n honni ei fod yn cyhoeddi'r gwirionedd, a gellir mesur effeithiolrwydd y bregeth gan yr erlid sydd arno. Nid peth annisgwyl felly oedd fod rhywrai yn ystod y perffomiad wedi taflu can cwrw, wedi ceisio ymyrryd â'r ffilm a heclo'r actorion . . .[71]

Bu'r penderfyniad hwn i gyfyngu ar symudiadau'r actorion (fe'u gwelwyd yn suddo i'r llawr ac yn codi eto yn araf, gan awgrymu symudiadau'r corff wrth iddo gael ei ffrwydro, ac yn y blaen) yn elfen annisgwyl iawn yng ngwaith Brith Gof ar y pryd, ac yn gwbl groes i'r math o gyflwyniad a welwyd mewn sioeau cynt fel *Gernika!* neu *Ymfudwyr*, lle'r ymdrechai'r actorion i ennyn ymateb emosiynol i'r digwyddiadau, ac annog y gynulleidfa i gydymdeimlo â ffawd y cymeriadau fel grŵp. Ni chyflwynwyd cymeriadau o gwbl yn *Hiroshima*, dim ond cyrff dynol unffurf, dibersonoliaeth; a defnyddiwyd gwisgoedd unffurf gwyn i ddadbersonoli'r actorion a thynnu mwy o sylw at realiti'r ffilm. Fel sioe lwyfan o'r math arferol, felly, roedd *Hiroshima* yn dra diflas, ond fel digwyddiad byw yn archwilio'r ymateb cyfoes i fomio'r ddinas honno, roedd yn ymfflamychol, eofn a beiddgar.

Diau mai'r mwyaf amlwg a dylanwadol o holl fersiynau gwahanol *Trychinebau Rhyfel* oedd y sioe fawr *Gododdin*, a gyflwynwyd ar y cyd â'r grŵp cerddorol Test Department rhwng 1988 a 1989. Roedd hwn yn gyflwyniad ar raddfa fawr, dipyn yn fwy nag unrhyw sioe flaenorol o eiddo'r cwmni. Fe'i perfformiwyd am y tro cyntaf ym mis Rhagfyr 1988, yn hen ffatri geir Rover yn Nhremorfa, de Caerdydd, a defnyddiwyd y gofod chwarae anferth hwnnw i'r eithaf. Gosodwyd mynydd enfawr o dywod yng nghanol y ffatri, mewn cylch bas a llydan a lanwyd â dŵr yn ystod ail hanner y sioe; crogai dwy res o foncyffion coed pinwydd o nenfwd y ffatri, a gosodwyd nifer o hen geir sgrap oddeutu'r cylch canolog. Yn ystod y sioe ei hun, lleolwyd cerddorion Test Department a Lis Hughes Jones o Brith Gof ar rodfa sgaffald uchel uwchben y gofod chwarae, a defnyddiwyd rhai o waliau a drysau'r ffatri fel drymiau anferth gan y cerddorion a'r actorion. Bychan iawn oedd y perfformwyr wrth ymyl y dyfeisiau gweledol a chlywedol anferth hyn, er iddynt ymroi yn arwrol o safbwynt corfforol. Amcan Brith Gof wrth gyflwyno'r sioe hon oedd rhwystro'r actorion rhag actio – yn hytrach na gofyn iddynt ddynodi dioddefaint corfforol y milwyr, rhoddwyd cyfres o dasgau anodd iddynt i'w cyflawni mewn amgylchiadau annymunol iawn, a barai ddioddefaint corfforol go iawn. Er enghraifft, wrth ddangos brwydr fawr y Gododdin yng Nghatraeth, bu'n rhaid iddynt gludo a thaflu bareli olew, dringo'r mynydd tywod, a thaflu'u hunain yn wyllt o le i le yn nyfroedd y cylch canolog; ac ar ddiwedd y sioe, wrth ddangos y marwolaethau ar faes y gad bu'n rhaid iddynt ddioddef oerfel, pwysedd dŵr a blinder wrth syrthio, drosodd a throsodd, i ddŵr iasoer y cylch, a hwythau'n hanner noeth.

Gododdin oedd y sioe gyntaf o eiddo Brith Gof a ddyluniwyd gan Cliff McLucas, a'r sioe gyntaf i'w diffinio'n ffurfiol fel 'perfformiad mewn lleoliad penodol'. Bu lleoliad y gwaith yn ffactor pwysig yng ngwaith Brith Gof erioed, wrth gwrs, am fod y cwmni wedi cyflwyno'i sioeau mewn lleoliadau anghyffredin o'r cychwyn cyntaf – mewn ysguboriau, marchnadoedd, capeli, ac yn y blaen. Ond wrth greu gwaith mewn lleoliad penodol fel y gwnaed yn *Gododdin*, daeth y gofod yn fwy o ganolbwynt i naws ac ystyr y sioe nag erioed o'r blaen. Er ei fod yn hen, yn wag ac ar fin cael ei ddymchwel (ffactor a ychwanegai'n sylweddol at arwyddocâd cyfoes y sioe), roedd y gofod yn bwerus tu hwnt: roedd yn anferthol o faint, yn ddiwydiannol ei naws, ac yn fodd i chwyddo trac sain Test Department nes diasbedain a phwnio'r gynulleidfa'n gorfforol. Diau mai'r adeilad ei hun oedd yr offeryn cerd mwyaf a chwaraeid y noson honno. Roedd y gofod hefyd yn fodd i ddadbersonoli'r actorion, ac awgrymu erchylltra eu marwolaeth mewn brwydr. Er iddynt sefyll yn agos iawn at y gynulleidfa yn aml, fe'u bychanwyd a'u diethrio drwy gydol y sioe gan anferthwch y gofod a sŵn byddarol y gerddoriaeth – ni ddôi'r gynulleidfa i wybod dim oll amdanynt fel unigolion, dim ond gweld eu hing a'u dioddefaint corfforol.

Gellid dweud yr un peth am un arall o fersiynau *Trychinebau Rhyfel*, sef y sioe *EXX–1*, a gyflwynwyd yn Theatr Chapter, Caerdydd ym 1989.

Pwnc y sioe oedd terfysgaeth a rhyddid yr unigolyn, pwnc arbennig o berthnasol yn ystod y cyfnod hwn, yn sgil yr helynt a fu ynghylch llyfr Salman Rushdie, *The Satanic Verses*.[72] Wrth ymdrin â phwnc o'r fath, teimlid, fel yn *Gododdin*, mai ffuantus a ffug fyddai ceisio portreadu'r profiad o derfysgaeth trwy actio'r peth allan. Ni roddai hynny unrhyw argraff o sylwedd y profiad i'r gynulleidfa. Penderfynwyd felly fynd gam ymhellach a cheisio creu darn o theatr 'derfysgol', un a ymosodai ar ddisgwyliadau'r gynulleidfa a'i dal yn gaeth yn y theatr, ymron fel gwystl. Gwnaed hynny trwy greu symudiadau a oedd yn ôl cyfaddefiad y cwmni ei hun, yn gymharol ddiystyr, a gosod 'testun' y sioe ar y trac sain a gyfansoddwyd gan John Hardy. Cyfaddefodd Pearson fod y fath drefn yn 'afresymol', ond nododd fod y fath afresymoldeb yn rhan hanfodol o ddehongliad y cwmni o derfysgaeth ac yr adlewyrchwyd hynny yn adeiladwaith y sioe:

> We put all the information in the musical spectrum to see if we could reverse the usual order, so that the physical action was something that was happening, but the important aspect was the aural level. I actually think that's impossible in theatre, for us to listen but not to look. So you saw a sort of hooligan theatre in its physical aspect, but which was extremely sophisticated in its informational and musical layering.[73]

Ar y trac sain, cafwyd curiad cerddoriaeth *techno*, ynghyd â lleisiau Saunders Lewis,[74] Meredydd Evans ac R. S. Thomas. Yn y cyfamser, âi'r actorion (Mike Pearson, Lis Hughes Jones a John E. R. Hardy) trwy'u *routine* rhagbaratoëdig o gyfres o symudiadau a gweithredoedd digyswllt, heb esboniad na chysylltiad rhyngddynt. Taflent finiau sbwriel a bwcedi gwag o le i le yn ystod rhan gyntaf y sioe; dringent rampiau sinc a symudwyd o le i le yn ystod y cyflwyniad, gan syrthio oddi arnynt yn aml; tua chanol y sioe, diosgodd y dynion eu dillad a golchi eu cyrff; a thrwy gydol y sioe buont yn ymladd â'i gilydd yn ysbeidiol. Ar ddiwedd y sioe, cyflawnodd y tri ohonynt weithredoedd ymwared treisgar – trawodd Mike Pearson ei hun ar ei ben drosodd a throsodd; canodd Lis Hughes Jones i feicroffon, gan sgrechian yn aflafar; a chanodd John E. R. Hardy gerddoriaeth aflafar ar biano a thrwmped. Nid oedd ystyr i'r gweithredoedd hyn fel y cyfryw o gwbl, ac nid oedd rhesymeg naratif yn y datblygiad o un weithred i'r nesaf. Nid oedd rheswm yn y byd i'r gynulleidfa geisio dehongli'r digwyddiadau, felly; a'i hunig swyddogaeth mewn gwirionedd oedd naill ai ymrwymo i dderbyn y gweithredu a'i ganiatáu, neu ymwrthod ag ef a gadael y theatr.

A'r cwmni wedi gormesu'i gynulleidfa i'r fath raddau, nid rhyfedd i *EXX–1* gael ei beirniadu'n hallt yn y wasg. Teimlai sawl un a fu'n deyrngar i waith Brith Gof dros y blynyddoedd ac a werthfawrogai gyfraniad y cwmni i'r theatr Gymraeg yn ystod y 1980au cynnar fod y cwmni wedi'u bradychu, a'i fod wedi ymwrthod â rôl hanesyddol y theatr Gymraeg, lle y medrai'r gynulleidfa ymddiried yn y cwmni i'w parchu ac i beidio ag ymosod arnynt. Roedd penbleth a dadrithiad Branwen Cennard yn *Barn* yn amlwg:

> Oedd yna bwrpas i'r holl ymdrechu corfforol? A oedd ganddyn nhw rywbeth i'w ddweud? O fod wedi dilyn a pharchu gwaith y cwmni ers blynyddoedd, ni allaf ddychmygu nad oedd nod i'r cwbwl. Ond os oedd un, methwyd yn llwyr â throsglwyddo hynny i'r gynulleidfa a bron bod rhywun yn amau na fyddai gwahaniaeth pe bai pob un ohonom a oedd yn gwylio wedi gadael y theatr. Teimlaf mai rhywbeth i'r actorion yn anad dim oedd 'XXX–1'[*sic*]. Cyfle iddyn nhw arbrofi gyda symudiadau a thechnegau newydd, cyfle iddyn nhw ymarfer eu lleisiau a gwthio'u cyrff. Ond i beth? . . . roedd y cwbwl mor ymddangosiadol ddigyswllt, ddifwriad, ddi-ffurf nes peri mai'r cwbwl a gynhyrchwyd oedd teimlad o ddryswch pur ac anghrediniaeth ymhlith y gwylwyr.[75]

Roedd ymateb y cwmni i'r feirniadaeth hon yn syfrdanol o ystyried cenadwri Brith Gof i'r gynulleidfa Gymraeg yn y blynyddoedd cynt. Mewn cyfres o gyfweliadau â Charmian Savill ym 1990, amlinellwyd safiad y cwmni gan rai o'r aelodau newydd:

> Things have to be redefined, and I think the work of Brith Gof reflects this. This does not mean that I think rural communities are irrelevant, but people like us cannot pretend we have anything to give to those of the old school, with their language intrinsically bound up with customs. (John Hardy)[76]

> I know many young Welsh speakers in the arts who cannot associate their belief in what they do with 'being Welsh', because of an essentially reactionary and repressive notion of 'Welshness' clustered around a collection of cultural and historical customs. Ideas which come from elsewhere always have to be cut down, re-shaped and made into this 'Welshness' of a precisely Eisteddfodic kind. The moment you step out of Wales with those Eisteddfodic notions you simply end up as some kind of exotic company and I think there are times when Brith Gof have fallen into that trap. (Cliff McLucas)[77]

O gymharu'r sylwadau hyn â geiriau Mike Pearson yn 'Theatre in a Minority', gellir gweld i ba raddau y newidiodd Brith Gof ei safbwynt ynglŷn â'i rôl a'i swyddogaeth gymdeithasol. Yn yr un cyfweliadau, soniai'r cwmni am deimlo ei fod wedi mynd i rigol, ac nad oedd pwrpas gweithredu yn ôl ei arferion blaenorol yn anterth yr oes Thatcheraidd. Er enghraifft, meddai Mike Pearson:

> It [y gwaith cynnar] was based on our assumptions about our audience's expectations; we were cautious about subject-matter and the forms we were developing were anachronistic. Our audience receives information in a much more cut-up, less controlled way . . . I hope to create a type of theatre that is as complex as the issues involved and as sophisticated as the powers used by authority. Videotape, electronic music and film are immensely helpful: they help us to exist within a spectrum of expression congruent with the experience of our audience.[78]

Ategwyd y sylwadau hynny gan Lis Hughes Jones:

> There came a point where, in order to survive and proceed positively, we had to find another way of attracting and also challenging an audience. I think Welsh society has become more self-absorbed by having a television channel that claims to mirror it – it tends to do so in a simplistic way, whereas Brith Gof have always been more interested in complexity. Theatre can remind people that life is messy, exciting and unpredictable.[79]

Roedd *EXX–1* yn benllanw prosiect *Trychinebau Rhyfel*. Er i'r cwmni gyflwyno rhai fersiynau ar ôl y sioe honno, gan gynnwys prosiect cydweithredol â'r cwmni o Hong Kong, Sand & Bricks, a sawl fersiwn newydd o *Gododdin* ar hyd a lled Ewrop, ni chafwyd unrhyw beth mor eithafol ac ymwthiol ar ôl *EXX–1*. Gadawodd *Trychinebau Rhyfel* ei hôl yn ddwfn ar y cwmni: yn gyntaf oll, crëwyd cynulleidfa newydd, helaeth i Brith Gof yng nghyffiniau Caerdydd a thu hwnt. Bu *Gododdin* yn llwyddiant poblogaidd ysgubol. Denwyd tyrfaoedd niferus i'w gweld yn y brifddinas ac ar draws Ewrop, ac, er iddi gael ei beirniadu hwnt ac yma gan y wasg leol, daeth yn batrwm ar gyfer gwaith Brith Gof yn y 1990au. Ategwyd llwyddiant y sioe gan werthiant y trac sain a recordiwyd gan Test Department. Am gyfnod gwelid enw Brith Gof yn amlwg ar silffoedd Virgin a HMV, a bu hynny ynddo'i hun yn ddigon i roi hygrededd o fath arbennig iawn i'r cwmni ymhlith y gynulleidfa ifanc.

Fodd bynnag, er gwaethaf llwyddiant rhai elfennau o'r gwaith, costiodd *Trychinebau Rhyfel* gryn dipyn i Brith Gof hefyd. Ymadawodd un o actorion selocaf y cwmni, Nic Ros, ar ôl y fersiwn gyntaf o *Gododdin* yng Nghaerdydd, gan deimlo bod y cwmni wedi colli ei ffordd yn llwyr. Bu Ros yn rhan o'r cwmni ers iddo raddio ym 1983, a bu ei gyfraniad i'r sioeau cynnar a'i frwdfrydedd dros waith y cwmni yn y cyfnod hwnnw yn amlwg iawn, ond, erbyn diwedd y 1980au, roedd wedi'i ddadrithio, gan y teimlai fod arddull newydd y cwmni a'r pwyslais ar greu sioeau mawr a ddenai gynulleidfaoedd ledled Ewrop wedi chwalu'r berthynas rhwng y cwmni a'i gynulleidfa gynhenid yng Nghymru. Mewn cyfweliad yn 2001, haerodd mai 'prif fyrdwn y sioeau yn y cyfnod cynnar oedd ymateb emosiynol [y gynulleidfa] . . . ond erbyn *Gododdin*, roedd y pwyslais yn fwy ar sbectacl, doedd yr actor ddim mor bwysig'.[80] Yn nhyb Ros, roedd hynny'n anfaddeuol, am mai gogoniant Brith Gof iddo ef, fel i sawl un arall o'i genhedlaeth, oedd ymchwil y cwmni i grefft yr actor yn unol â chanllawiau Grotowski, a'r ymroddiad i gyffroi 'brith gof' y gymdeithas Gymraeg yng Nghymru. Ni theimlai fod cynnyrch y cwmni ar ôl *Trychinebau Rhyfel* yn deilwng o'r egwyddorion hynny, a bu'n feirniadol iawn o'r defnydd a wnaed o ddeunydd a themâu Cymraeg yn y prosiect hwnnw hefyd: ''dyw perthnasu rhywbeth i hanes Cymru,' meddai, 'ddim yn ei wneud e'n berthnasol i Gymru. Gyda *Gododdin*, doedd y cysylltiad â Chymru ddim yn bwysig.' Ond efallai mai ei feirniadaeth fwyaf difrifol oedd fod y cwmni, wrth lwyfannu sioeau mawrion ac wrth ddefnyddio'r arddull goreograffig haniaethol 'oer' a fu'n nodwedd amlwg o'i waith yn *Trychinebau Rhyfel*, wedi ymbellhau oddi wrth y gynulleidfa: 'mae'r gynulleidfa'n troi yn fwy "di-wyneb" yn natblygiad arddull y cwmni. Roedd e'n un o'r pethau oedd yn fy mhoeni i, fod yr agenda Gymraeg a'r agenda ryngwladol ddim yn cyd-daro drwy'r amser.'[81] Gwelir pa mor ddamniol oedd y feirniadaeth hon yn nhyb Ros o'i chymharu â geiriau Mike Pearson yn 'Theatre in a Minority' wrth i Pearson nodi bod dyletswydd ar gwmni theatr mewn cymdeithas leiafrifol i wasanaethu'i gynulleidfa yn uniongyrchol. Yn nhyb Nic Ros o leiaf, roedd y cwmni wedi ymroi yn llwyr yn ystod *Trychinebau Rhyfel* i gyflwyno'r 'abstractions' a feirniadwyd gan Pearson yn lle creu perthynas go iawn â'r gynulleidfa y sefydlwyd y cwmni i'w gwasanaethu'n wreiddiol. Er tegwch â'r cwmni, rhaid dweud bod llawer wedi newid ers i Pearson wneud y datganiad uchod, ac ers i Brith Gof lunio'i bolisi artistig gwreiddiol a ymrwymai'r cwmni i weithio yn y Gymru Gymraeg. Eto i gyd, nid oes amau fod ymadawiad Nic Ros yn arwydd pellach o deimlad cyffredinol ymysg nifer o feirniaid a sylwebyddion yng Nghymru, ynghyd ag ambell aelod o'r cwmni ei hun, fod Brith Gof wedi rhoi heibio'r elfen Gymreig a oedd yn nodwedd mor amlwg o'i waith cynnar.

Er gwaethaf gwrthwynebiad rhai o'i gyn-aelodau, aeth Brith Gof rhagddo i greu rhagor o sioeau mawrion yn ystod y 1990au. Yn dilyn llwyddiant *Gododdin* yng Nghaerdydd, aed â'r sioe ar daith drwy Ewrop ym 1989, gan ymweld â Polverigi yn yr Eidal, Hamburg yn yr Almaen, Ffrisland yng ngogledd-orllewin yr Iseldiroedd a Glasgow. Fel *Gododdin*, bu sioe fawr nesaf y cwmni, sef *Pax* (1990–1), hithau yn llwyddiant o ran denu cynulleidfa: daeth tua 2,000 i'w gweld yn Neuadd Dewi Sant, Caerdydd, a chafwyd cynulleidfaoedd niferus iawn yn y Tramway yng Nglasgow, ac yng ngorsaf reilffordd Aberystwyth ym 1991. Roedd *Pax* unwaith eto yn sioe gymhleth a gynhwysai sawl elfen – cerddoriaeth, pensaernïaeth (crëwyd 'gwrthrych senograffig' enfawr yn Neuadd Dewi Sant Caerdydd, sef dau fwa Gothig anferth wedi'u llunio o sgaffaldau) a choreograffi corfforol. Cyplyswyd nifer o wahanol haenau naratif yn y sioe hefyd, gan gynnwys llythyron mam at ei mab (a oedd yn ofodwr), disgrifiad gwyddonol o'r cylchred carbon sy'n gyfrifol am gynhesu'r ddaear trwy effaith y tŷ gwydr, a 'stori' disgyniad chwech o angylion i'r ddaear. At hynny, fel y gwnaed yn achos *Gododdin*, crëwyd fersiwn byr o *Pax* i'w ddarlledu ar deledu, a rhyddhawyd recordiad o drac sain y sioe.[82] Roedd sioeau Brith Gof bellach yn fwy peth o lawer na chyfarfyddiad rhwng actorion a chynulleidfa mewn ystafell ddiaddurn; roeddynt yn ddigwyddiadau aml-gyfrwng ac iddynt nifer o ganlyniadau neu *spin-offs* gwahanol.

Daeth angylion yn ffigyrau arbennig o bwysig yng ngwaith Brith Gof yn ystod y 1990au cynnar. Fel y nodwyd uchod, roedd angylion yn flaenllaw yn *Pax*, a chrëwyd nifer o sioeau neu fersiynau eraill o'r 'sioe angel', gan gynnwys *Los Angeles* (1990–2) a *Llythyron o'r Nefoedd* (1990). Un o'r rhesymau gwreiddiol dros ddyfeisio'r sioeau hyn oedd er mwyn creu prosiect gwrthgyferbyniol i'r gwaith treisgar, milwriaethus yn *Trychinebau Rhyfel*. Eto i gyd, roedd diddordeb y cwmni mewn angylion dipyn yn fwy pwysig a chymhleth na hynny hefyd. Yn y bôn, roedd yr angel yn ddyfais a gloriannai ddiddordebau a gweledigaeth theatraidd Brith Gof ac a bontiai rhwng gweledigaeth Cliff McLucas a Mike Pearson, dau gyfarwyddwr artistig y cwmni yn ystod rhan helaethaf y 1990au.[83] Roedd yr angel yn ffigwr diddorol i Cliff McLucas oherwydd ei ddiddordeb mewn senograffiaeth. Rhoddai'r thema o gyfarfod rhwng angylion a'r ddynoliaeth gyfle gwych iddo ddyfeisio cynllun gweledol trawiadol – fel y nodwyd uchod, crëwyd ffrâm anferthol o sgaffaldau yn *Pax* er mwyn caniatáu i angylion y sioe hedfan ar wifrau, dyfais a olygai fod 'ffrâm' weledol y llwyfan yn cynnwys y gofod uwchben y gynulleidfa yn ogystal â byrddau'r llawr. Rhoddai gyfle hefyd i McLucas arbrofi ag egwyddor bensaernïol a'i diddorai'n fawr, sef cyplysu pensaernïaeth y 'llety' â phensaernïaeth yr 'ysbryd'.[84] Y llety yn achos y fersiwn cyntaf o'r sioe *Pax* oedd Neuadd Dewi Sant, Caerdydd, a'r ysbryd oedd yr adeiladwaith anferthol o sgaffaldau a godwyd yn ei chanol. Adeiladwyd y sgaffaldwaith hwn ar ongl anarferol, er mwyn awgrymu mai 'ymwelydd' ydoedd yn y neuadd ac na pherthynai'n naturiol i bensaernïaeth y llety. Yn yr un modd, seiliwyd y sioe ei hun ar y rhyfeddod o weld angylion ar wyneb daear – ysbrydion dieithr mewn byd a gynigiai lety iddynt dros dro – ac felly roedd dyfais bensaernïol McLucas yn berffaith gydnaws â phrif themâu naratif y sioe. Roedd yr angel yn ffigwr delfrydol i Mike Pearson hefyd, am iddo ymddiddori mewn coreograffi, ac yng nghyffro a photensial dramataidd y cyfarfyddiad rhwng yr angylion a'r ddaear. I Pearson, roedd angylion yn ffigyrau coreograffig perffaith, am fod eu ffurf gorfforol yn gwbl ddynol – ffaith a bwysleisiwyd yn *Los Angeles* a *Pax* trwy eu cyflwyno ymron yn noethlymun – tra bod eu cyflwr 'mewnol', emosiynol yn annirnadwy. Dieithriaid oeddynt yn ein byd, a rhoddent gyfle i'r gynulleidfa hithau amgyffred y byd hwnnw o safbwynt dieithriedig, gwrthrychol. Yn *Pax*, felly, daethpwyd â diddordebau a blaenoriaethau artistig y ddau gyfarwyddwr at ei gilydd yn berffaith, gan fod coreograffi a senograffi'r sioe yn mynegi'r un profiad o ryfeddod a dieithrwch.

Yn anffodus, nid felly y bu mewn sawl sioe arall yn ystod y 1990au, a buan y tyfodd ymdeimlad o anghydnawsedd a thensiwn rhwng gwaith McLucas a Pearson. Er i'r ddau weithio'n agos â'i gilydd ar sioeau Brith Gof rhwng 1989 a 1995, ni chytunent ar egwyddorion artistig cydnaws: mynnai McLucas ddefnyddio'r sioeau er mwyn datblygu ei ddiddordeb mewn senograffiaeth a dylanwad y gweledol ar amgyffrediad y gynulleidfa, tra bod Pearson yn mynnu rhoi mwy o bwyslais beunydd ar gorff y perfformiwr fel prif gyfrwng ystyrlon – ac unig 'leoliad' – y gwaith. Er iddynt gytuno i raddau helaeth iawn ar genadwri cwmni Brith Gof fel un a ymestynnai brofiad y gynulleidfa ac a roddai her iddi, ni fedrent gytuno ar egwyddorion artistig, ac yn y pen draw bu'n rhaid iddynt weithio ar brosiectau gwahanol o fewn y cwmni. Gellir cymharu gweledigaeth y naill a'r llall ar ei mwyaf amlwg wrth ystyried dwy sioe fawr o eiddo Brith Gof yn ystod y 1990au, sef *Haearn* (1992) – sioe a gwmpasai ddulliau a diddordeb theatraidd McLucas i'r dim, a *Prydain* (1996) a adlewyrchai ysbryd aflonydd Mike Pearson.[85]

Llwyfannwyd *Haearn* yn Nhredegar mewn hen weithfa lofaol a oedd ar fin cael ei dymchwel. Yn yr adeilad mawr hwn, cyflwynodd y cwmni sbloet gerddorol a chorfforol a groniclai gynnydd y Chwyldro Diwydiannol rhwng 1750 a 1860, gan gyfuno'r naratif hwnnw â chwedleuon Groegaidd Promethews a Haeffestws, ynghyd â champwaith Gothig Mary Shelley, *Frankenstein*. Cynigiodd y sioe olwg ar ffurfiant y ddynoliaeth fodern – dynoliaeth y byd diwydiannol a pheiriannol – a dangosodd sut y daethai'r berthynas rhwng gweithwyr a pheiriannau yn fwyfwy amlwg a phwysig yn ystod blynyddoedd y chwyldro diwydiannol nes disodli'n llwyr bob argoel ar werthoedd blaenorol y ddynoliaeth. Dangoswyd y newid hwn yn *Haearn* wrth i ddelwau o'r ddynolryw newydd gael eu bwrw mewn mowldiau, eu bywiocáu gan wyddonwyr ac yna'u rhoi ar waith hyd at farwolaeth. Defnyddiwyd sawl math ar destun geiriol er mwyn cyflwyno hyn, gan gynnwys disgrifiadau o brosesau diwydiannol, elfennau o chwedl Promethews, a detholiadau o *Frankenstein* (cofier mai is-deitl y nofel honno oedd *The New Prometheus*) ac o ddyddiaduron Mary Shelley.[86] Rhannodd McLucas y senario ar gyfer *Haearn* yn un darn ar ddeg, gyda phob darn yn chwe munud o hyd. Roedd y sioe yn glytwaith o wahanol elfennau: defnyddiwyd coreograffi corfforol, senograffiaeth drawiadol yn cynnwys effeithiau glaw, gwynt ac eira, cerddoriaeth gorawl, bandiau pres, traethwyr a thafluniadau ffilm. Yn debyg i'r sioeau mawrion blaenorol, trefnwyd yr elfennau hyn fesul haen gan McLucas. Cafwyd haenau cerddorol, haenau o effeithiau gweledol, gwaith lleisiol, ac yn y blaen; a rhoddwyd blaenoriaeth i bob un o'r elfennau hyn yn eu tro. Nodwedd amlwg arall yn *Haearn* oedd dyfnder y gofod a ddefnyddiwyd. Roedd y 'llwyfan' yn y weithfa yn 20 medr o led ac 86 medr o ddyfnder, a gellid creu effeithiau anarferol iawn rhwng y digwyddiadau a leolwyd yn agos at y gynulleidfa (fel cyfraniad y traethydd, Nia Caron) a'r rheini a leolwyd yn y pellter (fel cyfraniad yr unawdydd soprano, Gail Pearson). Creodd McLucas gynlluniau pensaernïol manwl o'r adeilad gan ddiffinio gwahanol rannau ohono at wahanol ddibenion. Er enghraifft, gosodwyd y naratif 'personol' a 'nofelaidd' – y rhai mwyaf uniongyrchol a goddrychol, mae'n debyg – ar flaen y llwyfan yn agos at y gynulleidfa, y naratif 'hanesyddol' a ddynodai greadigaeth y ddynolryw newydd yn ffowndri'r chwyldro diwydiannol yng nghanol y llwyfan, a'r elfennau 'mythig', gan gynnwys y cerddorion, yn y cefn. Gweithiai cynllun McLucas trwy greu blociau naratif a gofodol, felly, a'u rhoi at ei gilydd yn ôl mympwy'r cyfarwyddwr ei hun. Ond ni rennid gwybodaeth am gynllun y sioe â'r gynulleidfa, ac nid amlygid ef yn rhediad y sioe ei hun, ac felly roedd yn rhaid i'r gynulleidfa geisio amgyffred adeiladwaith y sioe ar eu pennau'u hunain. Golygai hynny fod sawl gwahanol ymateb yn bosibl, gan gynnwys bodlonrwydd llwyr ar ran y rheini a dderbyniai adeiladwaith y sioe ar ei delerau ei hun, a'r dadrithiad arferol ar ran y rheini a fynnai weld sioe a gynigiai arweiniad pendant i'r gynulleidfa drwyddi draw, yn unol â chonfensiynau'r theatr brif ffrwd. Fel y gwelwyd droeon o'r blaen, ni fedrai'r cyfryw rai ddeall pam y creai Brith Gof sioeau mor fawr ac ysblennydd o safbwynt gweledol a cherddorol heb wneud y defnydd dramataidd eithaf o'r deunydd hwnnw. Cwynai nifer ohonynt fod gwaith Brith Gof yn orddifrifol, yn oeraidd a diangerdd.

Ochr arall y geiniog oedd y sioe fawr a grëwyd gan Mike Pearson ym 1996, sef *Prydain: the Impossibility of Britishness*, a lwyfannwyd ddwywaith, yn gyntaf oll mewn warws yng Nghaerdydd, ac wedyn yn y Tramway yng Nglasgow. Thema'r sioe oedd yr adwaith a fu i ddigwyddiadau'r Chwyldro Ffrengig yn ystod blynyddoedd olaf y ddeunawfed ganrif, fel y mynegwyd hynny yng ngwaith Edmund Burke a Thomas Paine ac yn y polemig Cymraeg hynod hwnnw o eiddo Jac Glan-y-gors, *Seren Tan Gwmwl*. Pwnc y deunydd hwnnw oedd y frwydr rhwng grymoedd chwyldroadol a gwrth-chwyldroadol yn y gymdeithas, ac fe'i trafodwyd yn y sioe trwy ystyried Prydeindod fel myth a grëwyd er mwyn llethu disgwrs chwyldroadol effro am hawliau a rhyddid dynol. I'r perwyl hwn, roedd Prydeindod yn 'amhosibl' am ei fod yn gelwydd pwerus a lethai bob trafodaeth o ddinasyddiaeth wirioneddol. Dyna thema'r sioe, ond prin fod y disgrifiad hwn yn rhoi argraff o'i sylwedd theatraidd. Fel yn *EXX–1* ym 1989, aeth y cwmni ati yn *Prydain* i greu sioe a *ymgorfforai'r* profiad cymhleth a drafodid yn y deunydd naratif a thematig. Trafodwyd y profiad o greu chwyldro trwy geisio 'chwyldroi' y digwyddiad theatraidd ei hun a chreu cynulliad cyhoeddus o fath cwbl newydd. Gwahanwyd y gynulleidfa yn ddwy garfan, y naill yn wylwyr goddefol yn yr ystyr arferol, y llall yn aelodau gweithgar a ymunai yn nigwydd y sioe ei hun. Trwy gydol y sioe, rhoddai'r actorion dasgau coreograffig penodol i'r ail garfan gynulleidfaol a cheisient hwythau ymateb iddynt gystal ag y medrent cyn i'r digwydd symud yn ei flaen at bwnc neu symudiad newydd. Câi gweddill y dorf wylio'r broses hon, gan ganolbwyntio naill ai ar drin a thrafod hyblyg yr actorion ar yr ail garfan gynulleidfaol hon, neu ar ymateb byrfyfyr, ansicr ond ymroddedig y garfan i her yr actorion. Gellid ystyried y digwydd naill ai fel portread annymunol o dorf yn cael ei manipiwleiddio gan unigolion digydwybod neu fel ymdrech ledarwrol gan unigolion cyffredin (y garfan gynulleidfaol) i gymathu proses gyfnewidiol ansad gan ymroi ohonynt eu hunain yn y broses honno. Nid oedd sicrwydd felly ai sioe i'w gwylio ynteu sioe i gymryd rhan ynddi oedd *Prydain* yn y bôn: fel mewn chwyldro, nid oedd modd ymwybod â datblygiad neu gyfanrwydd y profiad nes iddo ddod i ben. Ni ellid dogfennu'r profiad cynulleidfaol yn *Prydain*, na ffilmio'r sioe fel bod cynulleidfa deledu yn medru amgyffred eu hanfod, fel y gwnaed yn *Haearn* a *Gododdin*. Llwyddwyd i ffilmio a darlledu'r rheini am fod yna ffordd 'drwyddedig' o'u gwylio, ond, yn *Prydain*, nid oedd yna bersbectif cynulleidfaol 'swyddogol' hyd yn oed. Roedd y sioe yn ei hanfod yn annirnad fel cyfanwaith, gan fod cymaint o wahanol ffyrdd o ymwneud â hi ac o roi cyfrif ohoni, heb i unrhyw un o'r ffyrdd hynny fod yn fwy awdurdodol na'r llall. At hynny, ni fedrai'r sioe fod yr un o noswaith i noswaith, am y byddai ymateb a chydweithrediad y gynulleidfa yn dra gwahanol bob tro. Roedd pob perfformiad o *Prydain*, felly, yn ddigwyddiad unigryw, heb sylwedd y tu hwnt i'w weithgarwch presennol.

Er i Mike Pearson a Cliff McLucas gydweithio ar y naill sioe a'r llall, gellid synied am *Haearn* fel sioe McLucas a *Prydain* fel sioe Pearson, a'r gwahaniaeth rhwng y naill a'r llall fel arwydd o'r bwlch creadigol rhwng y ddau gyfarwyddwr. Rhaid bod yn ofalus i beidio â gorsymleiddio yn hyn o beth, gan fod nifer o elfennau tebyg i'w canfod yn y ddwy sioe. Roedd y naill a'r llall yn weithiau ôl-fodern eu naws, a roddai gyfrifoldeb ar y gynulleidfa i'w gosod yn eu cyd-destun priodol o safbwynt gofodol, cymdeithasol, hanesyddol a chelfyddydol. Mynnai'r cyfarwyddwyr nad *achosid* ymateb y gynulleidfa gan eu penderfyniadau artistig hwy eu hunain, eithr gan ei dehongliad hithau o'r gwaith; a gwnaent hynny am eu bod ill dau'n credu'n gydwybodol y dylai dehongli ac ad-ddehongli ei phrofiad fod yn rhan o ddyletswydd ac o weithgarwch amgyffrediadol cynhenid y gynulleidfa. Serch hynny, y tu hwnt i'r elfen gymharus ôl-fodern, roedd anghydnawsedd difaol rhwng gweledigaeth y ddau gyfarwyddwr, a bu hyn yn gyfrifol yn y pen draw am chwalu'r berthynas greadigol rhyngddynt ac am glwyfo'r cwmni hyd at angau. Yn y sioeau a reolai yntau, ymhyfrydai McLucas yn yr ymdeimlad fod pob agwedd ar fyw, bod a meddwl dyn yn y byd cyfoes wedi'i heintio gan y 'darluniadol' (*the pictorial sense*); hynny yw, ein bod yn ymwybod â'r byd yn ein cof a'n dychymyg fel darlun, a bod pleser a diddordeb eithriadol i'w cael wrth fapio'r ymdeimlad 'darluniadol' ar yr amgylchfyd go iawn. Wrth ddiffinio realiti fel golygfa, symudir y gwyliwr allan o gyrraedd y realiti hwnnw yn gorfforol: ond ni ellid cynnal yr ymdeimlad â'r rhith-olygfa honno am fwy nag ennyd cyn iddi gael ei chwalu gan yr ymdeimlad synhwyrus, corfforol o fod yn bresennol yn y byd go iawn, y tu allan i ffrâm y darlun. I McLucas, y symudiad hwn rhwng ymwybod â chyffro'r darluniadol ac ymwybod â'r presennol corfforol oedd hanfod y ddrama yng nghynyrchiadau Brith Gof, a dyna pam y rhoddai gymaint o bwyslais ar senograffiaeth a phensaernïaeth fel craidd y profiad theatraidd. I raddau helaeth, ymddiddorai Mike Pearson yn yr un gwrthdaro rhwng y darluniadol gweledol a'r synhwyrus gorfforol. Fel McLucas, soniai ef am y byd real fel 'maes' cyfnewidiol o wahanol synhwyrau ac ysgogiadau, ond, yn wahanol i McLucas, nid edrychai ar y maes hwnnw o'r un safbwynt cysyniadol. I Pearson, y corff oedd canolbwynt ein hymwybod â'r hunan ac â'r byd, ac nid y ffrâm bensaernïol a amgylchynai'r corff. Credai Pearson fod y berthynas rhwng hunaniaeth yr unigolyn a'i brofiad yn un argyfyngus a deinamig, a bod gwrthrychedd y 'darluniadol' senograffaidd yn rhwystr neu'n llestair i'r ymdrech i ymwybod â'r byd. Roedd ei weledigaeth yn un sylfaenol chwyldroadol, felly, am iddo gredu bod realiti yn llechu yn y gwrthdaro rhwng gwahanol ymgorfforiadau o'r un deunydd neu brofiad, a'r theatr yn ffordd o ennyn y gwahanol safbwyntiau hynny. I'r perwyl hwnnw, creai sioeau yn y 1990au fel *Prydain* a rwystrai'r gynulleidfa rhag ymwybod â'r perfformiad fel cyfanwaith ac a wrthodai roi gwybod iddi o ba le yn union neu ym mha ffordd yn union y dylid eu gwylio.

A'r 1990au yn tynnu at eu terfyn, roedd Brith Gof yn dal i greu sioeau a oedd yn gyforiog o ddelweddau a phrofiadau y câi'r gynulleidfa ymateb iddynt yn fympwyol a phersonol, sioeau a ddynodai ddyhead parhaol y cwmni i ddarganfod 'iaith theatraidd newydd' yng Nghymru. Fodd bynnag, roedd yr oes wedi newid, a'r brwdfrydedd a'r egni ifanc herfeiddiol a fu'n sail i lwyddiant cynnar y cwmni wedi'i lethu a'i draflyncu gan realaeth wleidyddol gyfoes. Roedd Thatcheriaeth wedi goresgyn a hawlio'r disgwrs cymdeithasol ac economaidd yn llwyr, a phob plaid wleidyddol bellach yn barod i dderbyn peth wmbreth o'r newidiadau a gyflwynwyd gan y blaid Dorïaidd yn y 1980au, hyd yn oed y pethau hynny a wrthwynebid yn chwyrn ar y pryd. Roedd y sianel deledu Gymraeg a fu'n ffocws mor bendant ar gyfer gwrthsafiad gwleidyddol a diwylliannol yng Nghymru yn ystod y 1970au ac ar ddechrau'r 1980au wedi'i sefydlu ac yn ffynnu, a'r frwydr y bu'n rhaid ei hymladd i'w hennill wedi'i hen anghofio. Yn ystod y 1990au datblygodd math ar wleidyddiaeth gynhwysol yng Nghymru a welodd bleidiau'r 'chwith' rhyddfrydol yn ymglosio ac yn cydweithio ar nifer o faterion, gan gynnwys yr ymgyrch i sicrhau cynulliad datganoledig. Roedd 'cymhlethdod' cwmni fel Brith Gof bellach yn gwbl groes i'r *zeitgeist*. At hynny, erbyn diwedd y degawd, clywid sibrydion mynych o du Cyngor Celfyddydau Cymru fod y cwmni wedi 'colli ei le fel sefydliad sy'n gwneud cyfraniad pwysig i'r diwylliant Cymraeg',[87] a bod angen trosglwyddo awenau'r 'theatr arbrofol' yng Nghymru i grwpiau newydd. Gwnaed datganiadau i'r perwyl hwnnw gan Nic Ros, cyn-aelod o'r cwmni a oedd bellach yn gadeirydd Panel Datblygu'r Cyngor, wedi i grant Brith Gof gael ei dorri o £20,000 ar ddechrau 1997. Yn rhyfeddol, cyhuddodd y Cyngor o 'lwfrdra' wrth beidio â diddymu'r grant yn llwyr:

> Ro'n i'n teimlo i raddau bod yma lwfrdra . . . Mae yna anniddigrwydd mawr wedi bod ynglŷn â'r cwmni yma ers blynyddoedd ac mae hynny wedi cynyddu yn ystod y tair blynedd yr ydw i wedi bod yn ymwneud â'r Cyngor . . . Does neb fawr yn gefnogol i waith y cwmni erbyn hyn . . . Ychydig o waith sy'n cael ei gyflawni a does neb yn saff pwy yw eu cynulleidfa bellach.[88]

Roedd y Cyngor mewn cryn gyfyng-gyngor ar yr adeg hon, oherwydd bod diffyg cynnydd yn y cyllid a dderbyniai o'r Swyddfa Gymreig wedi llesteirio ei allu i gynnig nawdd digonol i'r mwyafrif mawr o gwmnïau theatr. Er mwyn gwella'r diffyg hwn, penderfynodd aildrefnu ei gynlluniau nawdd ar gyfer theatr yn llwyr, gan fynnu 'ariannu llai o gwmnïau'n well'. Ymddangosodd fel pe na bai Brith Gof i'w gynnwys ymysg y 'llai' ffodus hwn. Tua'r un adeg ag y cyhoeddwyd yr adroddiadau hyn, daeth newydd fod Mike Pearson wedi ymddiswyddo fel cyfarwyddwr artistig, a bod y cwmni bellach yn llwyr yn nwylo Cliff McLucas. Er gwaetha'r ffaith fod gwaith Pearson yn ystod blynyddoedd diwethaf y cwmni wedi bod yn hynod broblemataidd ac yn anodd ei dderbyn gan gynulleidfaoedd, pryderai'r Cyngor yn ddirfawr am hynt y cwmni heb ei bresenoldeb wrth y llyw. Cyfeiriodd Nic Ros ato fel 'the undoubted heart of the company',[89] gan ddiystyru i raddau helaeth – fel y gwnaethai llawer un arall – y corff o waith a ddatblygasai Cliff McLucas yn ystod y 1990au. Nid rhyfedd clywed McLucas yn taro'n ôl yn erbyn y Cyngor a'i swyddogion ym 1999:

> I believe that there is, at the heart of the Arts Council of Wales's conceptual system, a set of incredibly stupid and unrealistic ideas . . . The organisation's decisions are *ad hoc*, and the goal posts shift endlessly . . .
> Decisions are made on the basis of instinct ('I can't define good art but I'll recognise it when I see it'), as a result of the vested interest of a particular subgroup on the committee, on the basis of anecdote, against a backdrop

that can only be called the 'the middle-class project' – i.e. 'What would I like to have on my wall?', 'What would I like to take my wife out to see?' etc. It is impossible to get any clear reason for a decision from the Arts Council of Wales (because no decision is made clearly – that is, against a publicly stated background of policies or strategies); and any Welsh company of cultural producers that seeks to devise a long-term plan for their operation (and in the real world they must) cannot rely on the Arts Council of Wales to match its seriousness and professionalism.[90]

Nid syndod oedd darllen penderfyniad y Cyngor i ddiddymu'r grant i Brith Gof yn ei Gynllun Drafft ar gyfer Datblygu'r Ddrama ym 1999. Roedd y rheini a redai ac a gefnogai'r cwmni, a'r rheini a weinyddai nawdd cyhoeddus ar gyfer y theatr yng Nghymru a'r rheini a syrffedodd ar waith y cwmni, wedi ymrannu'n garfanau na ellid cymodi rhyngddynt. Penderfynodd y Cyngor noddi gwaith nifer o'r rhai a fu'n gweithio i'r cwmni, ond nid y cwmni ei hun. Rhaid oedd symud ymlaen. Fel y dywedodd Nic Ros ym 1997:

> There is no doubt that Brith Gof has been, until very recently, at the forefront of innovation within theatre in Britain, and is one of the very few Welsh companies to have acquired a genuinely international reputation. But reputation and history cannot be the only guidelines and . . . maybe the time is right for a new challenge.[91]

Mae hanes Brith Gof yn dangos i ni holl gyffro a chyfaredd y cyfnod rhwng 1979 a 1997 yn hanes y theatr Gymraeg, am fod y cwmni wedi llwyddo – yn enwedig yn ystod ei gyfnod cynnar – i greu math o theatr a wreiddiwyd yn gadarn yn nhraddodiadau perfformiadol, llafar a llenyddol y Gymru Gymraeg ond a oedd hefyd yn gwbl gyfoes ei gweledigaeth a'i hapêl. Fodd bynnag, er gwaethaf y llwyddiant digamsyniol hwn, mae hanes Brith Gof hefyd yn profi pa mor fregus oedd (ac yw) cyflwr y theatr Gymraeg yn y Gymru gyfoes. Cynnyrch un cyfnod – a chyfnod go anarferol oedd hwnnw hefyd, sef y 1980au cynnar – oedd Brith Gof, cyfnod a roddodd le i nifer o artistiaid theatraidd gredu y gellid ailddiffinio natur Cymreictod drwy gynnal digwyddiadau byw o fath arbennig, lle y gellid dylanwadu ar genedligrwydd y Cymry drwy gelfyddyd i raddau helaethach nag a wnaed erioed o'r blaen. Er crystal ei lwyddiant cynnar, a'i benderfyniad eofn i ailddiffinio'i genadwri theatraidd tua diwedd y 1980au, ni fedrai'r cwmni effeithio nemor ddim ar ddirywiad cyffredinol y theatr yn ystod y cyfnod hwn, wrth i fwy a mwy o egni creadigol Cymraeg gael ei sianelu at gynnal S4C, ac wrth i gynulleidfaoedd y theatr Gymraeg leihau. Erbyn diwedd y 1980au, ni wasanaethai'r cwmni anghenion cymdeithasol, hanesyddol sylfaenol y theatr Gymraeg, sef cyfrannu at fomentwm diwylliannol a warchodai fuddiannau a gwerthoedd cymdogol yr ardaloedd Cymraeg eu hiaith. Yn hytrach, aeth y cwmni yn ôl at ei egwyddorion a'i reddf sylfaenol, sef creu theatr herfeiddiol a oedd yn driw iddi'i hun yn anad dim ac yn gwasanaethu'r gymdeithas o ganlyniad i hynny. Ys dywedodd Nic Ros, mewn oes a addolai'r *Beatles*, cynrychiolai Brith Gof duedd artistig nas cydnabuwyd yn ystod ei oes ei hun:

> To use an analogy from popular music: the Beatles were seen and loved by millions who went home happy, while the Velvet Underground were only seen (in their original incarnation) by hundreds, a huge proportion of whom went home and formed other bands.[92]

Nodiadau

[1] Erthygl ddienw, 'Cipolwg ar Gwmni'r Dyfodol', *Y Cymro*, 19/2/80, 12.
[2] Theatr y Tair Rhes ar Ddeg.
[3] Gweler Jerzy Grotowski, 'Towards a Poor Theatre' yn *Towards a Poor Theatre* (Holstebro: Odin Teatrets Forlag, 1968), 19–21: 'We have resigned from the stage-and-auditorium plant: for each production, a new space is designed for the actors and spectators . . . We forsook lighting effects, . . . the actors . . . can illuminate through personal technique . . . We abandoned make-up, fake noses, pillow-stuffed bellies . . . The composition of a fixed facial expression by using the actor's own muscles and inner impulses achieves the effect of a strikingly theatrical transubstantiation, while the mask prepared by a make-up artist is only a trick . . . By his controlled use of gesture the actor transforms the floor into a sea, a table into a confessional, a piece of iron into an animate partner . . . The acceptance of poverty in theatre, stripped of all that is not essential to it, revealed to us not only the backbone of the medium, but also the deep riches which lie in the very nature of the art-form.'
[4] Grotowski, 'Statement of Principles' yn *Towards a Poor Theatre*, 211.
[5] *The Constant Prince* yw'r cyfieithiad Saesneg arferol o deitl y sioe.
[6] Newidiwyd enw cwmni'r Teatr 13 Redzów sawl gwaith yn ystod ei hanes. Ar ôl tua 1962, cyfeiriwyd at gwmni Grotowski fel y Teatr-Laboratorium, sef 'Labordy Theatr'. Ceir nodyn llawn o'r newidiadau yn enw'r cwmni yn Jennifer Kumiega, *The Theatre of Grotowski* (Llundain: Methuen, 1985), 2.
[7] Jeremy Turner, cyfweliad â'r awdur, Awst 1991.
[8] Gweler Wiliam Owen Roberts, '. . . Y Drydedd Theatr?', *Y Faner*, 23/9/83, 14.
[9] Mike Pearson, codwyd o Wiliam Owen Roberts, ibid., 15.

[10] Fel, er enghraifft, y gwnaethai cwmni Bara Caws ar ddechrau ei yrfa trwy wrthwynebu penderfyniad Cwmni Theatr Cymru i ymgilio i'r theatrau rhanbarthol mawrion.
[11] Jeremy Turner, cyfweliad â'r awdur, Awst 1991.
[12] Fel chwedl *Ker-is* yn Llydaw, er enghraifft.
[13] Yn ôl rhaglen y sioe, 'cnawdoliaeth o'r môr ei hun yw Morgan, ac felly yn cynrychioli genedigaeth a thranc, ffrwythlondeb rhyfedd y môr, sy'n denu dynion yn dragwyddol . . . *But the arms of the fairy clasp only a corpse, for at her touch men die and it is this which causes the despair of the amorous and inviolate Morgan.*' Codwyd o John G. Roberts, 'Cyflwyniad Theatrig Newydd', *Y Faner*, 15/2/80, 18.
[14] Ibid., 19.
[15] Cafwyd sawl cynhyrchiad gan Grotowski lle y gosodwyd yr actorion a'r gynulleidfa yn agos iawn at ei gilydd, fel *Kordian* (1962), drama glasurol Bwylaidd a adleolwyd yng nghynhyrchiad y Teatr-Laboratorium i ward mewn ysbyty meddwl (gosodwyd y gynulleidfa ar ymylon y gwelyau lle y perfformiai'r actorion) a *Tragiczne Dzieje Doktora Fausta* (1963), addasiad o *Dr Faustus* gan Christoper Marlowe, lle y gosodwyd y llwyfan fel neuadd wledda, gyda'r gynulleidfa'n eistedd wrth ymyl y byrddau y perfformiai'r actorion arnynt.
[16] John G. Roberts, 'Cyflwyniad Theatrig Newydd', 19.
[17] Ibid., 18.
[18] Erthygl ddienw, 'Apêl Eang y Theatr Arbrofol', *Y Cymro*, 11/5/81, 11.
[19] Gareth W. Jones, '"Cyfri Tri" yn Taro Deuddeg', *Y Faner*, 26/6/81, 15.
[20] Ibid., 16.
[21] Erthygl Ddienw, 'Am Beri Awydd i Ail Ddarganfod *Manawydan*', *Y Cymro*, 23/2/82, 10.
[22] Glyn Evans, 'Pwy Oedd y Ffyliaid?', *Y Cymro*, 2/3/82, 6.
[23] 'Apêl Eang y Theatr Arbrofol', 11.
[24] Carys Tudor Williams, 'Manawydan', *Y Faner*, 26/3/82, 17.
[25] Evans, 'Pwy Oedd y Ffyliaid?', 6.
[26] Williams, 'Manawydan', 17.
[27] Jeremy Turner, cyfweliad â'r awdur, Awst 1991.
[28] Ibid.
[29] Rhaglen *Dyrchafiad Dyn Bach*: dyfynnwyd yn Robert Rhys, 'Dyrchafiad Dyn Bach', *Barn*, (Medi, 1987), 342.
[30] Ibid.
[31] Jeremy Turner, cyfweliad â'r awdur, Awst 1991.
[32] Mae'n arwyddocaol, hefyd, fod tri aelod gwreiddiol Cwmni Cyfri Tri wedi gwahanu dros dro yn ystod 1983, gan adael Jeremy Turner yn unig yn *Y Mawr, Y Bach a'r Llai Fyth!*; ac nid annheg fyddai nodi mai ef fu'n llywio datblygiad y cwmni wedi'r dyddiad hwn. Yr actorion eraill a ymddangosodd yn *Y Mawr, Y Bach a'r Llai Fyth!* oedd y diweddar Lyn Rees fel y Ffŵl, Bryn Fôn – a welwyd eisoes yn *Caerdroia* – fel y Meistr Mawr; a Rhys Richards fel yr Hwsmon.
[33] Jeremy Turner, cyfweliad â'r awdur, Awst 1991.
[34] Ibid.
[35] Rhaglen sioe Cwmni Cyfri Tri, *Joli Boi*.

36 Caradog Prichard, *Un Nos Ola Leuad* (Dinbych: Gwasg Gee, 1961).
37 T. Rowland Hughes, *O Law i Law* (Llundain: Gwasg Gymraeg Foyle, 1943).
38 John Gwilym Jones, *Ac Eto Nid Myfi* (Dinbych: Gwasg Gee, 1976).
39 Yn ôl Jeremy Turner; cyfweliad â'r awdur, Awst 1991.
40 Daw'r disgrifiadau o Dafydd Arthur Jones, 'Bloedd yn y Gwyll', *Barn* (Mawrth, 1987), 97.
41 Ibid., 97–8.
42 Jeremy Turner, cyfweliad â'r awdur, Awst 1991.
43 Gweler Eugenio Barba, *Beyond the Floating Islands* (Efrog Newydd: PAJ, 1990).
44 Jeremy Turner, cyfweliad â'r awdur, Awst 1990.
45 Cafwyd ail berfformiad o *Branwen* yng 'Nghwad' yr Hen Goleg yn Aberystwyth ychydig ddyddiau wedi'r perfformiad yn Harlech. Er mai *Branwen* oedd y cynhyrchiad llawn cyntaf i'w lwyfannu gan y cwmni, cafwyd rhai cyflwyniadau cynharach. Yn ôl Charmian C. Savill, perfformiad cyntaf cwmni Brith Gof oedd arddangosiad o theatr a dawns Siapaneaidd a gyflwynwyd yn yr Hen Goleg yn Aberystwyth ym mis Chwefror 1981. Cyflwynwyd nifer o agweddau ar theatr Siapan, a pherfformiwyd dau ddarn neilltuol gan Mike Pearson, sef y ddawns *Odori*, *Fuji Musume* (Dawns Morwynig y Wisteria), a darn o'r ddrama *Nō*, *Kanawa Utai* (Y Goron Haearn). Gweler Charmian C. Savill, 'A Critical Study of the History of the Welsh Theatre Company Brith Gof' (Traethawd M.Phil., Prifysgol Cymru Aberystwyth, 1994), 16–23.
46 Defnyddiwyd y byrddau hyn i gynrychioli (ymysg pethau eraill) y llongau a hwyliasai o Harlech i Iwerddon, y tŷ yn Iwerddon lle y bu'r frwydr fawr, a byrddau'r wledd a ddarparwyd yn Harlech wedi i'r saith arwr ddychwelyd o'r Ynys Werdd.
47 Codwyd o Savill, 'A Critical Study', 29.
48 Cyfansoddwyd y mwyafrif o'r caneuon hyn – sef 'Moliant Bendigeidfran' (a ganwyd ddwy waith), 'Y Golled', 'Y Dyweddïad', 'Cân Efnisien', 'Suo Gân Branwen' a 'Chân y Frwydr' – gan Lis Hughes Jones ei hun. Ceir disgrifiad llawn o ddefnydd ac effaith ddramataidd y caneuon hyn yn Savill, ibid., 32–8.
49 Gweler Savill, ibid., 28: 'It is at this juncture that the BG story ends. A performer, Llio Silyn, in a jacket of feathers and with the skulls of birds held in her hand, chirrups, in an unearthly way and dances like a bird around the deserted feasting tables.'
50 Anodd dweud i sicrwydd beth oedd ymateb y gynulleidfa i *Branwen*, gan nad ymddangosodd adolygiad arni yn y wasg, a chan fod y gynulleidfa ei hun yn un rhyng-genedlaethol. Fodd bynnag, gwyddys yn sicr fod y profiad wedi bod yn agoriad llygad i nifer o'r myfyrwyr a gymerasai ran ynddo. Tystia Charmian Savill i'r brwdfrydedd hwn: '*Branwen* allowed the students and their peers in the department and outside of it to witness new possibilities and broke the mould of existing Welsh language theatre in Wales. It licensed a possession of narrative and expression of physical understanding not yet encountered in the Welsh theatre arts; it was a work emblazoned with modern technique and philosophy fuelled by a poetic past.' Savill, ibid., 31.
51 John Roberts, 'Rhiannon', *Y Faner*, 21/8/81, 15.
52 Mae'n dra thebyg, fodd bynnag, mai'r prif gymeriad, neu'r *Shite*, oedd

cymeriad Rhiannon yn y cyflwyniad hwn, ac felly ni ddilynai cynhyrchiad Brith Gof yr un patrwm ag union â'r ddrama *Nō* draddodiadol.

[53] Savill, 'A Critical Study', 39: '[Mike Pearson] found "Rhiannon" particularly appealing because the myth supplies a character who has to re-tell her story (a characteristic of *Noh* theatre) and who is also from another world.'

[54] John Roberts, 'Rhiannon', 15.

[55] Gweler Sioned Davies, *Crefft y Cyfarwydd* (Caerdydd: Gwasg Prifysgol Cymru, 1995), 4. Er iddi geisio dangos bod modd canfod olion crefft y cyfarwydd yn nhestun ysgrifenedig y Pedair Cainc, rhybuddir y darllenydd gan Davies i beidio ag anghofio mai ansicr yw'r holl wybodaeth sydd gennym am y pwnc: 'Efallai'n wir mai swyddogaeth y bardd oedd adrodd rhai o'r chwedlau naratif hyn,' meddai, 'eithr ni wyddys i sicrwydd.'

[56] Crefft ymladd â pholyn o Siapan.

[57] Yn yr ail fersiwn, Nic Ros fu'n chwarae rhan Gwydion.

[58] Savill, 'A Critical Study', 73: 'Gwydion . . . used acrobatics and character definition similar to that of the refined circus clown Pierrot.'

[59] Gweler Gerwyn Wiliams, 'Cadw Part Y Bobol Bach', *Barn* (Tachwedd, 1988), 31.

[60] Eleri Rogers, 'Deil y Perffromiad i Ysu'r Cof', *Y Cymro*, 16/8/83, 13.

[61] Mike Pearson, 'Theatre in a Minority' yn *Brith Gof – A Welsh Theatre Company: 1981–5* (Llyfryn Cyhoeddusrwydd Brith Gof: cyhoeddiad preifat), 3–4.

[62] Ibid., 3.

[63] Ibid., 5.

[64] Ibid., 3.

[65] Cliff McLucas, 'Site-Specific Scenography' – nodiadau heb eu cyhoeddi.

[66] Lis Hughes Jones yn Gerwyn Wiliams, 'Cadw Part y Bobol Bach', 35.

[67] Branwen Cennard, 'Dieithrio a Dallu', *Barn* (Mai, 1989), 43.

[68] Ceir rhestr lawn o fersiynau *Trychinebau Rhyfel* gan Savill, 'A Critical Study', 164–5.

[69] John G. Roberts, '"Gwae fi fy Myw Mewn Oes Mor Ddreng"!', *Barn* (Medi, 1987), 341.

[70] Ibid.

[71] Ibid., 342.

[72] Salman Rushdie, *The Satanic Verses* (Llundain, 1988). Yn rhaglen canolfan Chapter, hysbyswyd y sioe o dan y teitl *Jihad*, ond newidiwyd y teitl hwnnw ar y funud olaf wrth gyflwyno'r sioe rhag peri gofid neu gymell terfysg.

[73] Savill, 'Dismantling the Wall', *Planet* (Chwefror/Mawrth 1990), 23.

[74] Dyfynnwyd o'r ddarlith radio enwog, *Tynged yr Iaith*: 'Nid dim llai na chwyldroad yw adfer yr iaith yng Nghymru. Trwy ddulliau chwyldro yn unig y mae llwyddo.' Saunders Lewis, *Tynged yr Iaith* (Llundain: BBC, 1962), 30.

[75] Branwen Cennard, 'Dieithrio a Dallu'. Cafwyd beirniadaeth a oedd yn fwy llym na hynny hyd yn oed, gan Angharad Jones yn *Golwg*: 'Dwi ddim yn meddwl imi erioed brofi hanner awr mor ymhongar, ffuantus, chwerthinllyd . . . Roedd fel gwylio tri *poseur* yn hunan-leddfu . . . be welais i oedd cwmni theatr wedi ymgolli mor llwyr yn ei arbrawf' nes bod y gynulleidfa wedi ei thorri allan yn gyfan gwbl . . . Roedd yn amlwg o'r dechrau nad oedd gan y tri lawer o barch at y gynulleidfa . . . Sut yn y byd y gall Brith Gof gyfiawnhau rhywbeth fel hyn?' Angharad Jones, 'EXXIT', *Golwg*, 13/4/88, 23.

[76] John E. R. Hardy yn Savill, 'Dismantling the Wall', 26.
[77] Cliff McLucas yn Savill, ibid., 26–8.
[78] Mike Pearson yn Savill, ibid., 22.
[79] Lis Hughes Jones yn Savill, ibid.
[80] Nic Ros, cyfweliad, Medi 2001.
[81] Yn nhyb Ros, ibid., roedd rhai o sioeau cynnar Brith Gof wedi llwyddo i gadw'r ddysgl yn wastad yn hyn o beth, gan daro tant yng Nghymru gerbron cynulleidfa Gymraeg, ac apelio'n fawr at gynulleidfaoedd lledled Ewrop. Er enghraifft, nododd fod y sioe *Ymfudwyr* (1983) wedi llwyddo yn ei dyb ef i drafod profiad a oedd yn berthnasol i sawl cymdeithas – ac yn ddirdynnol boenus mewn sawl cymdeithas – heb gyfaddawdu dim ar nodweddion Cymreig y perfformiad. 'Roedd *Ymfudwyr* yn sioe cwbl ryngwladol', meddai. 'Roedd e'n trafod pwnc a oedd yn gyffredin i bob gwlad yn Ewrop.'
[82] *Gododdin*, Green Eye Media/HTV Cymru, 1990, rhaglen ddogfen ar daith *Gododdin* drwy Ewrop; *PAX TV (Y Fam, Y Ddaear a'r Angel)*, Paragon Cymru/ S4C, 1992, fersiwn 11 munud yn seiliedig ar themâu'r sioe lwyfan. Recordiwyd trac sain *Gododdin* gan y grŵp Test Department: *Gododdin* [with Brith Gof] (Ministry of Power, MOP 4, 1989), a rhyddhawyd trac sain John Hardy ar gyfer *Pax* ar label Sain: Brith Gof, *Pax* (Sain SCD 4060).
[83] Ymadawodd Lis Hughes Jones a John Hardy â'r cwmni ym 1992.
[84] Yn rhaglen y sioe *Pax*, cyfieithwyd y rhain o'r termau Saesneg 'host architecture' a 'ghost architecture'.
[85] Rhaid pwysleisio bod McLucas a Pearson wedi cydweithio ar *Haearn* ac ar *Prydain*: er mai McLucas oedd cyfarwyddwr cyffredinol prosiect *Haearn*, bu ef a Pearson yn gyfrifol am greu libretto a sgript y sioe, a bu Pearson yn gyfrifol am gyfarwyddo gwaith corfforol yr actorion. Yn yr un modd, bu McLucas yn rhan o brosiect *Prydain*, gan gyfarwyddo darnau o'r sioe a'i goruchwylio wrth iddi deithio i'r Tramway yng Nglasgow.
[86] Ym mhob un o'r storïau hyn, cafwyd delwedd ganolog o'r ddynoliaeth newydd yn cael ei chreu neu ei chyffroi trwy rym tân – Promethews yn dwyn tân o'r nefoedd ac yn cael ei gaethiwo a'i arteithio mewn cadwyni; bwystfil Frankenstein yn cael ei adfywioáu gan wreichionyn trydanol a'i gaethiwo gan ei ymwybyddiaeth o'i gyflwr naturiol; a dynoliaeth y chwyldro diwydiannol yn *Haearn* yn cael ei eni yn nhân y ffowndri a'i gaethiwo gan y prosesau cynhyrchu peiriannol a greasid gan ei lafur ei hun.
[87] 'Ffarwel Brith Gof?', *Barn* (Mawrth, 1997), 26.
[88] Nic Ros yn ' "Llwfrdra" yn Achub Brith Gof', *Golwg*, 27/3/97, 4.
[89] Nic Ros, 'Big Changes in Funding are Inevitable', *New Welsh Review* (Gwanwyn, 1997), 67.
[90] Cliff McLucas, 'If Not Now, When?', *Planet* (Hydref/Tachwedd, 1998), 15, 17–18.
[91] Nic Ros, 'Big Changes in Funding are Inevitable', 67.
[92] Ibid.

4

Cwmnïau Anghydlynol: Theatr i Gynulleidfaoedd Ifainc, Hwyl a Fflag a Dalier Sylw

Hyd yn hyn, sylwyd yn bennaf ar gwmnïau theatr a weithredai fel unedau cyfansawdd ond cydlynol, cwmnïau y gellid eu diffinio ar sail arddull eu cynnyrch a datblygiad eu polisïau artistig. Yn y bennod hon, rwyf am ystyried nifer o gwmnïau o fwy nag un maes theatraidd nad yw mor hawdd olrhain datblygiad eu gwaith trwy edrych ar eu harddull theatraidd, cwmnïau a fu'n gweithio mewn ffordd a dueddai i lesteirio unrhyw syniad ohonynt fel unedau cydlynol. Y grŵp cyntaf o gwmnïau y dymunaf eu hystyried yw'r rheini a gyflwynai theatr i gynulleidfaoedd ifainc, gan gynnwys cwmnïau theatr mewn addysg; a'r ail grŵp yw'r rhai a gyflwynai ac a hyrwyddai ddramâu gwreiddiol newydd. Yn achos y naill grŵp, sef y cwmnïau theatr i gynulleidfaoedd ifainc, gwelir bod gwahaniaeth sylweddol rhyngddynt o ran arddull ac egwyddorion, a bod hynny'n drech nag unrhyw ddiffiniad ohonynt gyda'i gilydd fel uned. At hynny, gwelir bod gwaith pob cwmni yn amrywiol iawn hefyd, gan eu bod oll yn cyflwyno theatr i gynulleidfaoedd o wahanol oedrannau, o fabanod i bobl ifainc yn eu harddegau. Ym mhob un o'r cwmnïau hyn, cafwyd sawl 'cwmni' o fewn un uned, fel petai. Yn yr un modd, wrth edrych ar y grŵp arall o gwmnïau – y cwmnïau 'ysgrifennu newydd' fel y'u gelwir – gwelir pa mor amrywiol fu eu harddull theatraidd hwythau o sioe i sioe, gan fod y rhan fwyaf ohonynt wedi mynnu ceisio dilyn mympwy ac awen y dramodwyr unigol yn hytrach na phwysleisio'u cydlyniaeth a'u datblygiad eu hunain. Unwaith eto, gwelir y cwmnïau hyn yn mabwysiadu polisïau gwahanol i'w gilydd, ond hefyd yn amrywio arddull eu cynnyrch yn sylweddol o sioe i sioe.

Theatr i Gynulleidfaoedd Ifainc

Adwaenir hwn yn aml iawn fel y maes 'theatr mewn addysg', ond byddaf yn ei drafod fel 'theatr i gynulleidfaoedd ifainc' gan fod yr ymadrodd hwnnw'n fwy hyblyg ac yn gywirach. Fe gynnwys theatr i gynulleidfaoedd ifainc sawl cwmni a weithiai mewn mwy nag un ffordd – fel cwmni theatr mewn addysg a theatr gymuned, er enghraifft – ac ambell gwmni a ymwrthododd â'r teitl 'theatr mewn addysg' am ei fod yn cyfeirio at fath penodol o waith nad oedd yn rhan o'i brîff a'i bolisi artistig. Ond beth bynnag fo'r teitl, mae'n sicr y bu'r sector hwn o'r theatr Gymraeg rhwng 1979 a 1997 gyda'r mwyaf toreithiog yn Ewrop; yn wir dyma un o'r meysydd prin hynny lle y gellir honni, â pheth cyfiawnhad, fod Cymru wedi arwain gweddill gwledydd Prydain, a chyfran helaeth o Ewrop hefyd. Yn ôl Jeremy Turner, yntau'n un o'i hyrwyddwyr amlycaf, bu'r theatr i gynulleidfaoedd ifainc yng Nghymru yn faes 'lle cododd safonau' yn ystod y 1980au a'r 1990au, 'maes a dyfodd yn rhan o ddiwylliant cyfoes Cymru; maes lle llwyddodd dychymyg creadigol i oresgyn problemau cyllidol; maes lle cafwyd ysgrifennu newydd ac arbrofi, heb golli golwg ar natur y gynulleidfa; a maes lle cafwyd cydweithio rhyngwladol.'[1] Mewn geiriau eraill, dyma faes a wireddodd y rhan fwyaf o'r dyheadau ac uchelgeision a fynegwyd gan theatrweithredwyr Cymraeg ers twf y theatr broffesiynol yn ystod y 1960au.

Eto i gyd, cymharol brin fu'r sylw a dalwyd i lwyddiant y sector hwn o'r theatr Gymraeg, yn enwedig o ystyried bod wyth o gwmnïau llawn amser wedi gweithio yn y maes er 1984. Teg gofyn sut a pham y bu felly. Hwyrach bod natur y cyfrwng ei hun, o'i chymharu â'r theatr i oedolion, yn rhannol gyfrifol am y diffyg. Gwasanaeth cudd fu'r gwasanaeth hwn drwy'r blynyddoedd, yn bennaf efallai am fod cryn dipyn o'i weithgarwch wedi'i anelu at gynulleidfaoedd mewn ysgolion neu glybiau ieuenctid – cynulleidfaoedd dethol, hynny yw, mewn sefydliadau neu gymdeithasau nad oeddynt yn hygyrch agored i'r cyhoedd yn gyffredinol. Ys dywedodd Siân Summers ym 1996, wrth sôn am Ŵyl Ryngwladol Arad Goch, *Agor Drysau*: 'Nid ar ddamwain y bathwyd *Agor Drysau* fel teitl i'r Ŵyl . . . Tipyn o gaeedig ddôr ydi'r maes hwn hyd yn oed i selogion y theatr.'[2] Yn ogystal â bod yn gudd, bu'r gwasanaeth hwn hefyd yn un gorfodol i raddau helaeth, a'i gynulleidfa'n gaeth. Yn aml, peth sefydliadol oedd y gwasanaeth, y sicrheid cynulleidfa iddo, nid oherwydd dymuniad uniongyrchol y gynulleidfa ei hun, ond oherwydd awydd ar ran y grwpiau a'r sefydliadau hynny a gynhwysai'r gynulleidfa i gynnig gwasanaeth theatraidd 'llesol' iddi. O'r safbwynt hwnnw, felly, gellir dadlau bod y gynulleidfa'n gaeth, am nad oedd ei phresenoldeb yn adlewyrchu'i hawydd i gyfranogi o ymdrechion a chenadwri'r cwmni theatr o'i gwirfodd ei hun.[3] Wedi dweud hyn, nid oes dwywaith fod y rhan helaethaf o gynulleidfaoedd ifainc wedi bod yn ddigon pleidiol i waith y cwmnïau hyn, ac mai gorfodaeth o ran egwyddor ac nid o ran gweithred a gafwyd. Eto i gyd, ni lesteiriai'r bodlonrwydd hwnnw duedd i ystyried gwaith y cwmnïau theatr i gynulleidfaoedd ifainc fel pe baent yn gweithredu ar wastad gwahanol i weddill y cwmnïau theatr Cymraeg, ac i ddatgysylltu eu hymdrechion hwy o waith y cwmnïau eraill. Yn wir, os rhywbeth fe'i hategai, gan fod y gwaith hwn a roddai foddhad i gynulleidfaoedd ifainc yn waith tra arbenigol ar sawl cyfrif. Mynnai sgiliau arbenigol iawn ar ran ei berfformwyr a'i gynhyrchwyr yn aml, sgiliau nad oeddynt bob tro yn rhan o arfogaeth actorion a chyfarwyddwyr cyffredin. Er enghraifft, mewn theatr mewn addysg ni ddiffinnid y perfformwyr fel 'actorion' ond fel 'actor-athrawon', y disgwylid iddynt weithredu fel arweinwyr a symbylwyr theatraidd ac addysgiadol, gan gyfuno hyblygrwydd mynegiant actor gydag awdurdod athro (ac fel arall hefyd). Disgwylid iddynt fod yn ddigon hyddysg yn y pynciau a drafodent i fedru rhyngweithio'n effeithiol a hyderus gyda'r gynulleidfa ac ymateb yn ebrwydd i'w hawgrymiadau a'i chwestiynau, ac i drin y gynulleidfa â'r parch dyledus. Roedd hyn yn gryn gamp am fod ymateb cynulleidfaoedd ifainc yn aml iawn yn fwy taer ac argyhoeddiedig na'r hyn a geid gan oedolion, ac am fod y perfformwyr yn aml iawn yn gweithio'n agos iawn at y gynulleidfa mewn ystafelloedd dosbarth yn hytrach na neuaddau neu theatrau ffurfiol. Ys dywedodd Cora Williams: 'The actor in TIE [Theatre-in-Education] must be able to . . . combine a deep concentration on character with the ability to create a theatre arena for, with and amongst children . . . maintaining character whilst speaking to one individual child or a small group of children.'[4] At hynny, ceid nifer o swyddi mewn prosiectau theatr mewn addysg nas ceid mewn unrhyw faes theatraidd arall, fel yr 'hyrwyddwr' a weithredai fel cymeriad cyswllt rhwng yr actor-athrawon a'r gynulleidfa yn ystod y sioe; a'r swyddog cyswllt a gydgysylltai raglen waith y cwmni ag anghenion yr ysgolion lleol.

Ond yr elfen bwysicaf mewn theatr i gynulleidfaoedd ifainc a rwystrai'r ymdrechion i'w hystyried yn ddull theatraidd cyflawn 'go-iawn' oedd yr elfen o *ryngweithio* rhwng y gynulleidfa a'r actorion. Yn aml iawn, un agwedd yn unig ar waith y cwmni oedd y sioe theatraidd a gyflwynid ganddo; cyflwynai hefyd weithdai neu sesiynau rhyngweithiol llai ffurfiol yn sgil y perfformiad, neu gallai ddefnyddio technegau a alluogai'r gynulleidfa i ymyrryd yn y perfformiad ffurfiol a chreu gan hynny waith ar y cyd â'r gynulleidfa o'r cychwyn cyntaf. Yn y pen draw, mewn theatr mewn addysg os nad ym mhob ffurf arall ar theatr i gynulleidfaoedd ifainc, ansawdd y rhyngweithio â'r gynulleidfa oedd yn bwysig ac nid ansawdd y perfformiad fel y cyfryw. Roedd hyn yn gwbl wahanol i arfer y theatr ffurfiol. Yn honno, aeth rhyngweithio yn brinnach beunydd wrth i'r ugeinfed ganrif dynnu at ei therfyn, yn enwedig yn sgil dyfodiad teledu i holl aelwydydd y wlad. Yng Nghymru fel mewn sawl man arall, distewi ac ymbarchuso'n raddol fu hanes y gynulleidfa, gyda'r theatr yn troi o fod yn gyfrwng cymdeithasol agored a welai ymyrraeth egnïol ac uniongyrchol ar ran y gynulleidfa yn y perfformiad (fel yn y theatr amatur leol), i fod yn gyfrwng mwy myfyriol ei naws, lle y gwahoddwyd y gynulleidfa – hithau bellach wedi'i phlymio i dywyllwch yr awditoriwm – i geisio uniaethu'n llwyr â'r olygfa lwyfan. Yn raddol yn ystod yr ugeinfed ganrif, dysgwyd theatrgarwyr mawr a mân i ddistewi a pheidio â tharfu ar y chwarae, a daeth y distawrwydd hwnnw'n elfen anhepgor bron o'r theatr ffurfiol: diffyg ymyrraeth ar ran y gynulleidfa a wnâi'r theatr ffurfiol yn theatr 'go-iawn'. Pan gafwyd elfen ryngweithiol gref – fel mewn theatr mewn addysg a theatr i gynulleidfaoedd ifainc – roedd hynny'n arwydd o arddull amrwd, boblogaidd ac israddol na fedrai gynnal y rhith a oedd yn sail i'r cyfrwng ar ei wedd gelfyddydol.[5]

Mae'r ffaith fod theatr i gynulleidfaoedd ifainc yn cynnig model hanesyddol diddorol inni o gwmnïau anghydlynol yn ddigon o gyfiawnhad dros gynnwys astudiaeth ohoni yn y gyfrol hon, ond mae rheswm pwysig arall hefyd, sef bod y mudiad theatraidd hwn yn dangos sut y cafodd ffurf y dylanwadwyd arni'n sylweddol gan ddatblygiadau yn Lloegr ei meddiannu a'i chymathu gan nifer o gwmnïau Cymreig nes cuddio'i gwreiddiau Seisnig ymron yn llwyr. Bu hynny'n arbennig o wir am y mudiad theatr mewn addysg, fel y noda Gill Ogden: 'TIE is a form which originally was established in Wales from England by a process of cultural colonisation', meddai, 'but which then evolved and adapted to fulfil specific cultural requirements peculiar to the Welsh context and to express, in varying degress, a Welsh identity.'[6] Yn fwy nag odid unrhyw ffurf arall ar theatr, dengys theatr mewn addysg sut y medrai cwmnïau a chynulleidfaoedd yng Nghymru gymathu ffurf estron ar theatr a'i haddasu yn ôl eu gofynion a'u dibenion eu hunain. Gwnaed hynny yng Nghymru am fod cwmni theatr mewn addysg wedi ymsefydlu ym mhob un o'r wyth sir a fodolai cyn i lywodraeth leol gael ei haildrefnu ym 1994, ac am fod y cwmnïau hynny wedi sylwi'n ofalus ar natur ac anghenion cynhenid eu cynulleidfaoedd eu hunain.

Cyn ymhelaethu ar hanes theatr mewn addysg ac ar waith y cwmnïau hynny a sefydlwyd i'w chyflwyno yng Nghymru yn ystod y 1970au a'r 1980au, dylid dweud gair hefyd am fathau eraill o waith theatraidd i blant a fodolai yng Nghymru. Bu theatr i gynulleidfaoedd ifainc ar gael ar ryw ffurf neu'i gilydd ers blynyddoedd lawer, trwy gyfrwng sioeau theatr pwped, sioeau ysgafn a phantomeimiau, a ffurfiau cyffelyb. Bu'r fath gynyrchiadau yn bwysig iawn yn eu ffordd eu hunain, ond rhaid eu hepgor ymron yn llwyr wrth drafod y cyfrwng hwn yma am eu bod yn rhy niferus a gwasgaredig fel theatrau, ac am mai ffurfiau ar theatr i oedolion oedd nifer ohonynt yn wreiddiol yr aed i'w cysylltu'n uniongyrchol â chynulleidfaoedd ifainc dros gyfnod o amser. Yn yr un modd, rhaid hepgor gwaith gan gwmnïau o bobl ifainc, neu waith gan gwmnïau a gyflwynai ddramâu o waith Shakespeare ac ati mewn ysgolion wrth geisio diffinio theatr i gynulleidfaoedd ifainc, am nad oedd y rheini – unwaith eto – yn gynyrchiadau a grëwyd yn benodol er mwyn ceisio adlewyrchu profiadau neu ymwybyddiaeth plentyn. Wedi dweud hynny, rhaid cydnabod bod gwaith gwerthfawr wedi'i wneud wrth fraenaru'r tir ar gyfer theatr i gynulleidfaoedd ifainc gan gwmni theatr bypedau Caricatur dan gyfarwyddyd Jane Phillips wedi 1965, a Chwmni Theatr Cymru yntau, a gyflwynai sioe theatr i blant bron bob blwyddyn rhwng tua 1967 a 1982.

Theatr mewn Addysg

Datblygwyd rhaglenni 'theatr mewn addysg' am y tro cyntaf ym 1965, gan grŵp a weithiai dan adain y Belgrade Theatre yn Coventry, canolbarth Lloegr. Nod y grŵp hwn oedd cyfuno theatr a dulliau addysgu, gan greu digwyddiad addysgiadol ac iddo ysbryd o chwarae a chydchwarae a ddenai'r gynulleidfa i fentro, i arbrofi a dysgu bron heb yn wybod iddi hi ei hun. Roedd y ffurf yn un gymysgryw, yn llawn elfennau theatraidd heb fod yn 'theatr' yn yr ystyr lawn, ffurfiol, ac yn fwy hyblyg ac unigol-ddeinamig na'r mwyafrif o brosesau dysgu arferol. At hynny, roedd yn ffurf yr oedd yn rhaid ymwneud â hi yn agos er mwyn gwerthfawrogi ei heffaith ar y gynulleidfa. Yn aml iawn, ni fedrid ei gwylio o hirbell, fel yn y theatr ffurfiol, gan na fyddai'n amlwg bob tro beth yn union oedd yn digwydd, na beth oedd gwerth y digwyddiad. Rhaid oedd ystyried gwerth neu lwyddiant y sioe mewn perthynas â phroses o ddysgu a datblygu creadigol. Crynhowyd cymhlethdod prosiectau theatr mewn addysg o'r safbwynt hwn gan Gill Ogden:

> TIE offers an experience that integrates imaginative experience into investigative learning and vice versa. A specific programme may be designed to fulfil part of the national curriculum, or to enable the personal or creative growth of the individual. At best the TIE project achieves a change of understanding on three levels; the personal, concrete and universal, provoking thought and debate and using theatre as the medium to achieve these educational objectives.[7]

Ymledodd dylanwad prosiect y Belgrade Theatre yn gyflym. Erbyn diwedd y 1960au, roedd cwmnïau wedi ymffurfio yn Bolton, Leeds, Caeredin a Greenwich, y tri chyntaf dan ddylanwad cyn-aelodau'r Belgrade Theatre, a gwelwyd lliaws o gwmnïau newydd eraill yn codi wrth i'r 1970au fynd rhagddynt. Aeth y rhaglenni a gyflwynai'r cwmnïau hyn yn fwy cymhleth a soffistigedig beunydd, gyda dulliau newydd o ryngweithio yn cael eu datblygu'n gyson. Erbyn i'r mudiad ymledu i Gymru ar ddechrau'r 1970au, felly, roedd wedi hen ennill ei blwyf. Un o'r cwmnïau cyntaf i gyflwyno'r fath waith yng Nghymru oedd Cwmni Theatr Mewn Addysg Sir y Fflint, a sefydlwyd o ganlyniad i ysgogiadau cryf gan gyn-aelodau'r Belgrade ac oherwydd blaengarwch y cyngor sir wrth hyrwyddo dulliau addysgiadol newydd. Prin fu'r gwaith a gyflwynwyd gan y cwmni hwn yn y Gymraeg, ond yn ei lyfr dylanwadol ar hanes theatr mewn addysg, rhydd John O'Toole beth sylw i brosiect a gyflwynwyd gan y cwmni ym 1972 er mwyn hybu'r broses o ddysgu Cymraeg fel ail iaith, sef *Syrcas Sulwen*.[8] Ni welwyd cwmni parhaol yn cyflwyno theatr mewn addysg trwy gyfrwng y Gymraeg tan 1978, pan ffurfiwyd Cwmni Theatr y Werin yn Aberystwyth. Erbyn hynny, roedd y mudiad i sicrhau gwasanaeth i Gymru wedi symud yn ei flaen yn dra sylweddol. Un o'r datblygiadau pwysicaf yn hynny o beth oedd penderfyniad Cyngor Celfyddydau Cymru ym 1976, o ganlyniad i ysgogiad ei swyddog drama, Gilly Adams, i hyrwyddo cwmni theatr mewn addysg ym mhob un o siroedd Cymru (sef, ar y pryd, Gwynedd, Clwyd, Dyfed, Powys, Gwent a Gorllewin, Canol a De Morgannwg). Fel y dywed Gill Ogden, 'This national strategy was the best way to ensure the delivery of theatre to all young people in Wales, however scattered the population, and was a breakthough that led to over ten years of artistic and administrative growth'.⁹ Er mwyn i'r cynllun hwn lwyddo, wrth gwrs, roedd angen cryn gefnogaeth ac ymroddiad ar ran yr awdurdodau lleol, a hynny ar adeg pan oedd blaenoriaethau ariannol y cynghorau, o ganlyniad i doriadau yn eu cyllid, yn troi yn fwyfwy at anghenion mwy sylfaenol na theatr. Un o'r cwmnïau i ddioddef o ddiffyg cefnogaeth ariannol oedd Cwmni Theatr y Werin ei hun, a aeth i drafferthion erbyn dechrau'r 1980au ac a ddisodlwyd ym 1981 gan gwmni newydd, sef Theatr Crwban. Ar ben arian y cynghorau lleol a Chyngor y Celfyddydau, câi'r cwmnïau hyn rywfaint o gymorth ariannol ychwanegol gan y Swyddfa Gymreig a nifer o gyrff llai, fel y cynghorau celfyddydau lleol, cronfa'r degwm, ac yn y blaen; ond teg dweud mai Cyngor y Celfyddydau oedd y noddwr pwysicaf yn ystod y cyfnod cynnar hwn. Bu apwyntio Gilly Adams yn gyfarwyddwraig Adran Ddrama'r Cyngor ym 1979 yn hwb enfawr i'r mudiad, am iddi weithio'n egnïol i warchod y cynllun a ddechreuwyd ganddi. Felly, er gwaethaf gwyntoedd oerion dirwasgiad y 1980au cynnar, mynd o nerth i nerth a wnaeth y ddarpariaeth theatr mewn addysg yng Nghymru.

Wedi dweud hynny, araf fu twf theatr mewn addysg trwy gyfrwng y Gymraeg mewn ambell sir. Yng Ngwynedd, er enghraifft, bu'n rhaid aros tan 1984 nes ffurfio cwmni parhaol a phenodol, sef Cwmni'r Frân Wen yn Harlech. Cyn hynny, bu cwmni Bara Caws yn gyfrifol am gyflwyno theatr i blant a phobl ifainc fel rhan o'i brîff yntau o gyflwyno gwasanaeth theatraidd llawn yn y gymuned yng Ngwynedd, ond gan fod cwmpas gwaith Bara Caws mor eang erbyn tua chanol y 1980au – a chan fod mwy o arian ar gael iddo o ganlyniad i dranc Cwmni Theatr Cymru – cytunodd i roi heibio'i waith yn y maes hwn a throsglwyddo'r awenau i Gwmni'r Frân Wen. Mewn siroedd eraill, graddol Gymreigio'r gwasanaeth fu'r hanes, o ganlyniad i gyllid ychwanegol oddi wrth yr awdurdodau, ac o ganlyniad i anogaeth gref gan weithredwyr unigol, fel Tim Baker yn Theatr Gorllewin Morgannwg a Roger Wooster yn Theatr Powys.

Un o'r cynlluniau pwysicaf i ledaenu gwaith theatr mewn addysg yn y Gymraeg oedd hwnnw o eiddo'r Swyddfa Gymreig, a addawai adnoddau ychwanegol i gwmnïau pe cyflwynent gyfran o'u gwaith yn y Gymraeg, sbardun a welodd fwy a mwy o'r cwmnïau hynny a weithiai mewn ardaloedd cymharol Seisnigedig yn cyflwyno prosiectau trwy gyfrwng y Gymraeg. Rhwng gwaith y cwmnïau theatr mewn addysg Cymraeg a'r twf yng ngweithgarwch Cymraeg y cwmnïau eraill, cynyddodd y cyfleon gwaith ar gyfer actorion yn eithaf sylweddol; a daeth sicrhau cyfnod o waith gyda chwmni o'r fath yn ffordd ddefnyddiol o ennill profiad a chyflogaeth i sawl actor ar ei brifiant yn y theatr Gymraeg ac yn ffordd o lenwi'r bwlch rhwng mathau eraill o waith i sawl actor mwy profiadol hefyd. Serch hynny, nid oedd y cynllun newydd heb ei broblemau. Yn nhyb Gill Ogden, roedd yr agwedd hon ar waith y cwmnïau, er yn werthfawr mewn sawl ffordd, yn drafferthus i'r cwmnïau sefydledig am iddi arwain at ehangu sylweddol yn narpariaeth rhai cwmnïau nad oedd o reidrwydd yn gydnaws â'u hethos na'u hegwyddorion gweithredol eu hunain: 'This system . . . has been worthwhile in providing a bank of freelance work and training opportunities for Welsh-language practitioners,' meddai, 'but may be viewed by the companies themselves as a potential disruption of their style and ethos, and by the Welsh-language theatre community as indicating that Welsh-language work is valued as an external appendage, only taken on because of the money.'[10] Sylwodd ar waith Theatr Powys fel enghraifft o effaith y newid hwn, gan fod y cwmni hwnnw wedi gweithio'n gydwybodol o'r dechrau'n deg i gynnal *ensemble* sefydlog a gweithredu fel cwmni cydweithredol a gydddyfeisiai ac a gydgyflwynai ei raglenni gwaith, trefniant a fynnai sefydlogrwydd o ran personèl ac ymddiried llwyr rhwng y gwahanol gyfranwyr er mwyn llwyddo. Wrth droi at waith trwy gyfrwng y Gymraeg, bu'n rhaid i'r cwmni ddod ag actorion newydd i mewn i'r cwmni am gyfnod byr gan fod y rhan fwyaf o'i actorion parhaol yn ddi-Gymraeg, a bu hynny o raid yn straen ar bolisi'r cwmni o safbwynt *ensemble*. Trawyd nodyn mwy cadarnhaol ynglŷn â datblygiadau o'r fath gan Charmian C. Savill, hithau'n ysgrifennu ym 1988. Er gwaethaf y math o broblem a nodwyd uchod, lle y torrai'r gwaith Cymraeg ar draws datblygiad 'naturiol' y cwmni, haerai Savill fod y cymhelliad ariannol i weithio trwy gyfrwng y Gymraeg wedi datgelu cryn dipyn i'r cwmnïau am eu safbwyntiau a'u safiadau gwleidyddol eu hunain: 'It was significant to note', meddai, 'that companies who in international conferences earnestly discussed multi-cultural and multi-racial policies for PiE [Performance in Education] companies were ignorant of the Apartheid that existed within their own ranks.'[11]

Daw hyn â ni at bwynt arall y mae'n werth ei ystyried o ran hunaniaeth a pholisïau'r cwmnïau theatr mewn addysg, yn enwedig felly'r rheini a weithiai yng nghyfnod cynnar y mudiad, sef eu hymwybyddiaeth a'u hagweddau gwleidyddol. Ffynnodd theatr mewn addysg o ganlyniad i'r ehangu o ran syniadau addysgiadol a welwyd yn y 1960au, wrth i arbenigwyr yn y maes ddechrau gosod mwy o bwyslais ar addysg fel proses greadigol o ddarganfod unigol, yn hytrach nag fel proses o lwytho gwybodaeth megis i beiriant trwy ddysgu ffeithiau a phrosesau 'oddi ar y frest'. O safbwynt theatraidd, roedd twf y mudiad theatr mewn addysg hefyd yn rhan o ymchwydd cyffredinol lle y gwelwyd grwpiau theatr amgen a chymuned yn codi drwy Brydain benbaladr – yr un mudiad yn y bôn a roddodd fod i gwmnïau Cymraeg megis Bara Caws, Hwyl a Fflag a Theatr Gorllewin Morgannwg ar ei wedd Gymraeg yn y 1980au. Ys dywed Gill Ogden: 'The same movement that gave rise to community, alternative and Agitprop theatre, like the earlier workers' theatre movement, embracing the idea that theatre can and should be performed anywhere, at any time, led to the desire to take theatre into schools and to make it relevant to that audience's needs and interests.'[12] Un o brif nodweddion y mudiad hwn oedd ymroddiad y grwpiau i gyd-ddyfeisio'u gwaith ac i gyflenwi'r holl anghenion artistaidd a thechnegol eu hunain: gobeithient greu theatr a oedd yn adlewyrchiad uniongyrchol o hunaniaeth y grŵp ei hun. Yn hynny o beth, gobeithiai hyrwyddwyr y mudiad theatr mewn addysg ddangos i'w cynulleidfaoedd, heb orfod pregethu neges wleidyddol uniongyrchol, pa mor werthfawr a pherthnasol oedd y broses o gydweithredu mewn grŵp hunangynhaliol a gyd-drafodai ac a gydluniai ei raglen ei hun. Er nad oedd hwn yn weithgarwch uniongyrchol wleidyddol, felly, roedd yr egwyddor o gydweithio yn un wleidyddol yn ei hanfod, gan fod y cwmnïau'n ei harddel yn y gobaith y medrai hynny rwystro'r grymoedd cynhenid hynny mewn cymdeithas gyfalafol fwrgeisiol a gyflyrai bobl i dderbyn trefn nad oedd yn gweithio er eu lles ym mhob achos. Fel y dywedodd Tony Jackson: '"Theatre for social change" rather than "Building audiences for the future" was the way that most practitioners preferred to see their work, allying themselves with – and often in the vanguard of – the progressive movements on both theatre and education.'[13]

Tra bod y fath weithgarwch yn ddiddorol o safbwynt gwleidyddiaeth gymdeithasol wrth-gyfalafol, nid oedd o reidrwydd mor fuddiol o safbwynt cydnabod cyflwr a thrafferthion yr iaith Gymraeg; ac yn wir, fel y nododd Charmian C. Savill, diddorol yw nodi pa mor esgeulus oedd nifer o'r cwmnïau a'r gweithredwyr cynnar o broblemau gwleidyddol yr iaith yng Nghymru. Dyma un enghraifft ddigamsyniol o gwmnïau cydwybodol a berthynai i'r adain chwith yn cefnogi gweledigaeth sosialaidd ryngwladol a dueddai i fod yn ddi-hid neu'n fwriadol esgeulus o broblemau 'cenedlaethol' megis parhad yr iaith Gymraeg. O'r safbwynt hwnnw, rhaid canmol y rheini a weithiodd yn ddygn yn ystod y 1970au a'r 1980au i roi proffil Cymraeg teilwng i'r mudiad, ac i gyflwyno'r math o broblemau personol a chymdeithasol a drafodwyd erioed gan gwmnïau theatr mewn addysg yn y naill iaith a'r llall. O ganlyniad i'w gweledigaeth hwy, erbyn diwedd y 1980au, roedd yng Nghymru wasanaeth theatr mewn addysg llawn a ddarparai theatr mewn ysgolion ym mhob sir yng Nghymru, yn y Gymraeg a'r Saesneg. Yn ôl Charmian C. Savill, roedd lefel ac ansawdd y gwanasaeth hwn heb ei ail ym Mhrydain ac yn enghraifft lachar i Ewrop gyfan, a'r twf hwnnw wedi'i sicrhau heb golli golwg ar y math o bersbectif cymdeithasol penodol a ddeilliai o weithio mewn mwy nag un cyd-destun diwylliannol ac ieithyddol. Roedd y gwaith yn ei thyb hi wedi gwella am fod mwy a mwy o gwmnïau wedi dechrau creu cyd-destunau mwy penodol ar ei gyfer – 'more specific and relevant contexts which have grown out of a better understanding of the Welsh situation'.[14]

Yn ystod y 1990au, gwelwyd newidiadau pwysig o ran y ddarpariaeth i gynulleidfaoedd ifainc, yn enwedig felly ym maes theatr mewn addysg. Wrth i'r 1980au fynd rhagddynt, aeth yr arian cyhoeddus ar gyfer y gwasanaeth yn brinnach, a bygythiwyd ei barhad ar ei raddfa wreiddiol – wyth cwmni, un i bob sir – yn ddifrifol. Gwaethygu wnaeth y sefyllfa yn ystod y 1990au mewn sawl man wrth i ffiniau'r hen siroedd newid yn sgil ad-drefnu llywodraeth leol, ac, yn y pen draw, bu'n rhaid i rai cwmnïau ddechrau codi tâl am eu gwasanaeth – gan dorri yn hynny o beth un o egwyddorion pwysicaf y cyfrwng yn ei gyflwr gwreiddiol. Heblaw am y trafferthion hyn, bu'r 1990au yn gyfnod o newid i sawl cwmni o safbwynt natur eu gwaith hefyd. Gwelwyd mwy o actorion yn dewis arbenigo mewn theatr mewn addysg dros y blynyddoedd, a bu hynny'n hwb aruthrol i waith y cwmnïau a gyflogai'r cyfryw actorion dros gyfnod sylweddol o amser. Yn wir, yn ôl Gill Ogden, gwelwyd tuedd gyffredinol tuag at arbenigo, gyda nifer cynyddol o gyfarwyddwyr, dylunwyr a thechnegwyr neilltuedig yn gweithio yn y maes. Roedd hynny, meddai, yn gaffaeliad mawr i'r cyfrwng, gan fod amodau gwaith theatr mewn addysg yn dra gwahanol i sawl math arall ar theatr.[15] Ond tra bod manteision y drefn arbenigol hon yn amlwg ar sawl cyfrif, arweiniodd at ostyngiad yn nifer y sioeau hynny a ddyfeisiwyd ar y cyd gan y cwmnïau. Aeth yn arfer gan nifer o gwmnïau gyflwyno sioeau gan ddramodwyr unigol, a datblygu'r sioeau hynny'n helaeth cyn dechrau ymarfer, yn union fel y gwnâi'r cwmnïau hynny a gefnogai 'ysgrifennu newydd'. Yn raddol, aeth y math o gydweithredu a chyd-ddyfeisio a welwyd yng nghyfnod cynnar y mudiad yn beth cymharol brin. At hynny, gwelwyd mwy a mwy o'r cwmnïau yn ymestyn eu gweithgarwch i gynulleidfaoedd hŷn yn y gymuned. Wrth i'r 1990au fynd rhagddynt, gwelwyd sawl cwmni yn llwyfannu sioeau cymuned trwy gyfrwng y Gymraeg, ac weithiau'n eu teithio'n eang trwy Gymru. Yn gynyddol, aeth gwaith y cwmnïau'n bellach oddi wrth y ffurf gymysgryw 'glasurol' honno a ddatblygwyd gan y Belgrade Theatre yn ystod y 1960au, ac i gyfeiriad theatraidd mwy traddodiadol, gyda sioe orffenedig wedi'i saernïo fel cyfanwaith yn ganolbwynt i'r digwydd. Cafwyd sawl math ar weithdy neu ddyfais ryngweithiol ynghlwm wrth y gweithgarwch hwnnw, wrth gwrs, ond ni fedrai hynny guddio'r ffaith fod theatr mewn addysg, yn yr ystyr fwyaf cywir, wedi diflannu i bob pwrpas erbyn diwedd y 1990au.

Er mwyn archwilio'r newidiadau hynny, a chael golwg ar egwyddorion gwahanol y cwmnïau a weithiai trwy gyfrwng y Gymraeg, sylwir yn awr ar rai cwmnïau unigol. Oherwydd prinder gofod ni ellir gwneud mwy na rhoi bras amcan o waith ambell gwmni, ac mae hynny'n drueni am fod y modd yr ymdriniai pob un ohonynt yn eu tro â'u hamgylchiadau penodol yn stori bwysig a stori dra gwahanol ym mhob achos. Nid oes dwywaith na ddylid neilltuo mwy o le i drafodaeth o'r fath mewn astudiaethau ar y theatr Gymraeg maes o law. Yn y fan hon, fodd bynnag, bwriadaf gymryd cipolwg sydyn ar ambell enghraifft o waith gan dri chwmni penodol, sef Arad Goch, Theatr Powys, a Chwmni'r Frân Wen.

Arad Goch

Ffurfiwyd Arad Goch: Cwmni Theatr Dyfed ym 1989, wrth i Gwmni Cyfri Tri a Chwmni Theatr Crwban ddod at ei gilydd i greu un cwmni theatr i gynulleidfaoedd ifainc yng Ngheredigion, Caerfyrddin a Phenfro. Roedd hon yn dipyn o fenter ar y pryd am fod cylchdaith y cwmni o fewn y siroedd hynny yn un enfawr o safbwynt daearyddol, ac yn sylweddol hefyd o safbwynt cefndir ac agweddau cymdeithasol y boblogaeth. Ceid rhai ardaloedd cwbl Seisnigedig – yn enwedig yn ne Penfro – ac ardaloedd eraill a oedd yn naturiol Gymraeg a Chymreig, a bu'n rhaid i Arad Goch geisio sicrhau arlwy theatraidd a ddifyrrai ac a wasanaethai gynulleidfaoedd ym mhob un o'r ardaloedd hyn yn ddiwahân. Roedd cyfuno Crwban a Chyfri Tri yn fenter hefyd o safbwynt cyfuno gweledigaeth theatraidd a chymdeithasol y ddau gwmni. Trwy gydol ei yrfa, bu Cwmni Cyfri Tri yn gwmni eclectig iawn a weithiai mewn sawl maes ac mewn sawl gwahanol arddull. Fe'i gwelwyd yn cyflwyno sioeau ar hanes cymdeithasol i gynulleidfaoedd hŷn (megis *Lily*) yn ogystal â sioeau mewn ysgolion i blant oedran cynradd (fel *Y Sipsi Het Ddu*); ac roedd iddo lu o ddylanwadau theatraidd o waith corfforol 'tlawd' Jerzy Grotowski i rialtwch yr anterliwt Gymreig a'r *commedia dell'arte*. Roedd Theatr Crwban, ar y llaw arall, yn gwmni cymunedol yn null Bara Caws i raddau helaeth, a gyflwynai waith theatr mewn addysg ynghyd â sioeau cymunedol eu naws; ond bu hefyd yn amlwg fel cwmni a gynhyrchai ddramâu newydd, a'r rheini'n aml yn rhai ymwthiol neu ddadleuol fel, er enghraifft, *'Fala Surion Bach* gan John Glyn Owen ym 1986, *Lewis Jones a'i Wladfa Gymreig* gan R. Gerallt Jones a gyflwynwyd ar y cyd â chwmni Theatrig ym 1987, neu *Fel Paent yn Sychu* gan y cwmni'i hun ac Angharad Tomos ym 1989. Cyflwynodd wasanaeth mwy anffurfiol ac uniongyrchol hefyd, fel y rhaglen Saesneg o'i eiddo ar gyfer troseddwyr ifainc, *Who Cares?* (1989), lle y casglwyd gwybodaeth a phrofiadau oddi wrth y grŵp targed ei hun, er mwyn adlewyrchu profiadau troseddwyr ifainc heb fod yn nawddoglyd nac amherthnasol.

 Daethpwyd â gwaith Cyfri Tri a Chrwban at ei gilydd wrth ffurfio Arad Goch, ac adlewyrchwyd amrywiaeth cynhenid y ddau gwmni ym mholisïau artistig Arad Goch yntau. Siarsiwyd y cwmni newydd i deithio cynyrchiadau trwy Ddyfed, a thrwy Gymru gyfan maes o law, gan berffformio ar gyfer plant a phobl ifainc ac ar gyfer cynulleidfaoedd ifainc yn y gymuned hefyd. Ymwelai'r cwmni â neuaddau pentref, ysgolion a chanolfannau cymunedol, ynghyd â'r theatrau rhanbarthol hwythau: nid oedd yn neilltuo'i waith ar gyfer canolfannau cymunedol 'organaidd' fel y gwnaethai Bara Caws ar ddechrau'i yrfa yntau, eithr perffformiai pa le bynnag y medrid trefnu cynulleidfa a pha le bynnag oedd yn gweddu i'r cynhyrchiad a gyflwynid. Roedd hynny, bid siŵr, yn arwydd o'r newid a ddaeth i ran y cwmnïau Cymraeg rhwng 1977 a 1989. Fel y gellid disgwyl efallai, roedd amrywiaeth mawr yn arlwy'r cwmni: ar y naill law, cyflwynai waith poblogaidd i blant, fel y sioeau a seiliwyd ar lyfrau Cyfres y Rwla gan Angharad Tomos; sioeau argraffiadol, cyfoethog eu delweddaeth i gynulleidfaoedd ifainc megis *Tuag at y Nefoedd yn dy Boced* (1992); sioeau a adlewyrchai brofiadau pobl ifainc yn eu harddegau, megis *Aderyn Glas Mewn Bocs Sgidie* gan Siân Summers; ac ambell ddehongliad o ddrama glasurol, fel *Cai* (1991), addasiad o *Caligula* gan Albert Camus, neu'r ddau gynhyrchiad o waith Gwenlyn Parry, *Saer Doliau* (1991) ac *Y Ffin* (1997). Yn ychwanegol at y rhaglen gymysg hon, cafwyd ambell ddigwyddiad arbennig, fel *Agor*

Drysau, y gynhadledd ryngwladol ar theatr i gynulleidfaoedd ifainc a drefnwyd gan Arad Goch ac a gynhaliwyd yn Aberystwyth ym 1996; a thaith yr hydref 1992, pan gyflwynodd Arad Goch ddrama fuddugol Eisteddfod Genedlaethol Aberystwyth, sef *Yn Ein Dwylo* gan Pam Palmer.

Er gwaetha'r holl amrywiaeth yn ei waith, cwmni theatr i gynulleidfaoedd ifainc oedd Arad Goch o flaen dim arall, a bu'n rhaid meithrin a datblygu sgiliau penodol i'r perwyl hwnnw gan aelodau'r cwmni. Nid oedd hynny'n waith hawdd, oherwydd fel nifer mawr o gwmnïau eraill yng Nghymru, cwmni a weithiai heb *ensemble* parhaol oedd Arad Goch. Eto i gyd, fel ambell gwmni arall yn y maes, cyflogai'r cwmni grwpiau o actorion dros gyfnod helaethach na'r arfer yn y theatr Gymraeg, a thueddai ailgyflogi'r un grŵp o actorion droeon. Pan ddigwyddai hynny, roedd o fantais ddigamsyniol i'r cwmni am fod hynny'n caniatáu iddo fagu dealltwriaeth rhwng yr actorion a chodi safonau o gynhyrchiad i gynhyrchiad, ond hefyd rhoddai gyfle i'r actorion eu hunain gynyddu eu hymwybyddiaeth a'u galluoedd o ran cyflwyno theatr i blant a phobl ifainc. Cynhyrchiad nodedig diweddar a adlewyrchodd bwyslais y cwmni ar weithgarwch *ensemble* oedd *Taliesin* (1996), addasiad corfforol o'r chwedl ganoloesol *Hanes Taliesin*. Sioe i blant oedd hon yn ei hanfod, ond cymaint oedd ei hasbri a'i defnydd o dechnegau corfforol comig a grotésg, fel bod apêl eang iawn iddi y tu hwnt i'r cylch hwnnw. Dilynodd y sioe hanes y chwedl yn weddol agos, gan leoli'r digwydd o gylch bwrdd gwledda a chadeiriau o wneuthuriad haearn a ddefnyddiwyd er mwyn creu sawl delwedd drawiadol. Deilliai'r pwyslais ar waith *ensemble* yn y darn hwn o'r cysondeb o ran arddull rhwng gweithredoedd yr actorion, yr ystumio corfforol a nodweddai bob cymeriad yn ei ffordd ei hun ond a gysylltai serch hynny â gweddill y cast, a'r defnydd nodweddiadol o leisiau cartwnaidd grotésg gan nifer o'r cymeriadau.

Mewn sawl ffordd roedd y sioe hon yn adlais uniongyrchol o sioeau llawer cynharach yng Nghymru, megis *Branwen* gan Brith Gof, ynghyd â chryn dipyn o waith gan Gwmni Cyfri Tri ei hun, megis yr anterliwtiau *Y Mawr, Y Bach a'r Llai Fyth!* a *Dyrchafiad Dyn Bach*. Yn debyg i'r sioeau hynny, ymddangosai *Taliesin* yn dra syml o ran defnydd o bropiau ac offer technegol, a rhoddai bwyslais digamsyniol ar y corff fel ffordd o awgrymu naws a lleoliad y golygfeydd, ac wrth geisio creu effeithiau arallfydol y chwedl. At hynny, fel rhai o'r sioeau uchod, cafwyd traethydd yn adrodd hanes y chwedl, dyfais a oedd yn rhyddhau'r actorion rhag gorfod cyflwyno elfen o realaeth i'w cymeriadau.

Nid dyma'r unig sioe o eiddo Arad Goch i adleisio gwaith Cwmni Cyfri Tri yn y 1980au: fel yn *Taliesin*, troes y cwmni at chwedlau'r Mabinogi fel ffynhonnell ar gyfer y sioe *Culhwch ac Olwen* (2001); cafwyd anterliwt newydd o eiddo John Glyn Owen, sef *Ffrwgwd y Tad a'r Mab . . . Rhydd i Bawb ei Bimpls* (1994), ac ail-lwyfannwyd anterliwt Cyfri Tri o 1987, unwaith eto gan John Glyn Owen, sef *Dyrchafiad Dyn Bach: Anna Mari Lyfs Dic Wili* (1997). Roedd yr adleisiau hyn yn arwydd fod Arad Goch yn dal i gynnal yr un egwyddorion sylfaenol â Chwmni Cyfri Tri mewn sawl ffordd, ac yn sicr felly o safbwynt datblygu ffurfiau theatraidd ag iddynt lefel o ystyr gorfforol, berfformiadol yn ychwanegol at y testun geiriol. Dyna oedd yn cymell diddordeb y cwmni yn yr anterliwt fel ffurf, ac yng nghomedi grotésg *Taliesin* a adlewyrchai ddylanwad technegau Jacques Lecoq a'r *commedia dell'arte*. Wrth drafod y dylanwad hwnnw ym 1994, adeg lansio *Ffrwgwd y Tad a'r Mab*, meddai Jeremy Turner am Lecoq:

> Roedd y ffordd roedd e'n defnyddio'r dulliau [*commedia dell'arte*] nid fel ymarfer hanesyddol ond o fewn y cyd-destun cyfoes yn apelio . . . Roedd fy ngwaith i gyda Chwmni Cyfri Tri cyn hynny wedi cynnwys elfennau mawr a chorfforol, ac roedd hyn yn cynnig ffordd i fi ddatblygu ar hynny. Yn y *commedia*, mae modd adnabod y cymeriadau'n syth oddi wrth eu siâp neu'u hystum – er enghraifft, mae'r Capten yn uchel ei frest fel ceiliog, y ffŵl bob amser a'i ben-ôl yn llusgo'n agos at y ddaear. Felly mae'n ffurf sy'n cynnig her i actorion – mae'n golygu fod rhaid iddyn nhw ffeindio ffordd o siarad â'u cyrff yn ogystal ag efo geiriau.[16]

Wedi pwysleisio parhad dylanwad Lecoq ar waith Turner ac Arad Goch, rhaid ychwanegu mai camarweiniol fyddai honni mai dyma'r unig sail i arddull y cwmni. Cafwyd sawl sioe lawer iawn mwy myfyriol eu naws gan Arad Goch hefyd, rhai ohonynt yn sioeau cymuned a drafodai broblemau pobl ifainc, fel y ddwy ddrama gan Gareth Ioan, *Tŷ Ni* (1993) a *Sgrech* (1995), a'r sioe *Hyn Oll yn ei Chalon* gan Mari Rhian Owen (1993). Triniaeth o hanes y Forwyn Fair oedd y sioe hon, a gyflwynwyd gan yr awdur ei hun a Mair Tomos Ifans. Yn ôl Siôn Aled, cyflwyniad 'cig a gwaed o Fair y ferch, a garcharwyd mor aml mewn marmor oer' ydoedd hwn, un a ddefnyddiai'r elfen o bresenoldeb corfforol a mynegiant corfforol yn y theatr er mwyn archwilio natur profiad y ffigwr tra chymhleth a chanolog hwn mewn defod a mytholeg Gristnogol. Roedd hefyd yn gynhyrchiad ffeministaidd ei naws, am ei fod yn canoli ar brofiad Mair fel unigolyn, a hithau fel petai ar ymylon y stori fawr – yn ôl Siôn Aled, cymharwyd safle ymylol Mair yn naratif bywyd yr Iesu â safle ymylol, lled anghofiedig profiadau'r ferch yn y gymdeithas gyfoes. Er hynny, nid aed â'r damcaniaethu cyfoes yn rhy bell, a llwyddwyd i osgoi tuedd i ddwyfoli Mair ar y naill law neu'i 'dadfytholegu' ar y llall, neu 'dramwy . . . i gyfeiriad y dduwies Fair, neu ynteu i ymdrin â hi fel model o gyffredinedd', yng ngeiriau Siôn Aled ei hun. Yn hytrach, yr hyn a gafwyd oedd Mair 'y ferch, y fron, y fam':

> Ni ildiodd yr awdures i droi Mair yn bropagandydd ffeministaidd . . . Yn hytrach, cwyd y neges yn naturiol o'r digwyddiadau ym mywyd Mair, a'i hymateb i'r amgylchiadau hynny. Fe'i gwelwn yn straffaglu i gyrraedd safle'r cyfrifiad ym Methlehem, yn drwm ei beichiogrwydd; fe'i gwelwn yn ing yr esgor; fe'i dilynwn yn ffoadures i'r Aifft; ac fe safwn gyda hi'n doredig wrth droed y groes. Oes, mae neges ffeministaidd yma, ond fe'i mynegir yn llawer mwy effeithiol mewn cynildeb cadarn na thrwy droi'r llwyfan yn bulpud neu focs sebon.[17]

Unwaith eto, er bod y sioe hon yn fwy lleddf a mewnddrychol na'r rhialtwch comig allblyg a geid yn *Taliesin*, roedd eto'n adlewyrchu sawl nodwedd a welid yng ngwaith Cwmni Cyfri Tri. Gwelwyd y cwmni hwnnw yntau yn cyflwyno rhywfaint o waith ar thema grefyddol, fel y sioe *Pasg* (1985) er enghraifft, a berfformiwyd yng nghapel Seilo Aberystwyth; ond teg dweud bod *Hyn Oll yn ei Chalon* yn wahanol iawn i'r cyflwyniad hwnnw hefyd am ei bod yn canolbwyntio'n fwy penodol ar y berthynas rhwng y profiad corfforol dynol a'r profiad trosgynnol, oesol ac 'allgorfforol' a gynrychiolid gan gredoau Cristnogaeth.

Nodwedd arall o gryn bwys yng ngwaith Arad Goch a etifeddwyd fel petai oddi wrth Cwmni Cyfri Tri oedd y dimensiwn rhyngwladol. Credai Jeremy Turner fod proffil theatr i gynulleidfaoedd ifainc yng Nghymru yn is na'i haeddiant, a cheisiodd genhadu ar ran y ffurf honno fel ffurf aeddfed a difrifol ar theatr gyfoes trwy greu cysylltiadau cryf rhwng ei gwmni ef a chwmnïau cyffelyb ledled Ewrop a'r byd. Un ffordd o wneud hynny oedd trwy drefnu cyfres o gynadleddau rhyngwladol arbenigol, *Agor Drysau*, a gyflwynwyd am y tro cyntaf ym 1996 ac a aeth wedi hynny yn ddigwyddiad rheolaidd bob dwy neu dair blynedd. Ffordd arall y ceisiai Arad Goch bwysleisio cyfoeth y traddodiad Ewropeaidd a byd-eang mewn theatr i gynulleidfaoedd ifainc oedd trwy 'brynu' ac addasu sioeau a ddyfeisiwyd gan gyfarwyddwyr Ewropeaidd a'u cyflwyno i gynulleidfaoedd Cymreig. Un sioe o'r fath a ddenodd gryn sylw oedd y sioe i blant bach, *Tuag at y Nefoedd yn dy Boced* (1992), a ddyfeisiwyd yn wreiddiol gan gwmni Paraplyteatret o

Ddenmarc. Seiliwyd y sioe o ran ei harddull weledol ar beintiadau'r artist swrrealaidd René Magritte, a chyflwynodd fyd lled-freuddwydiol a sbardunai ddychymyg plant ac oedolion fel ei gilydd. Yn ôl Gill Ogden, roedd y sioe yn dra syml ond effeithiol, '[a] simple and visually stunning show . . . a memorable *theatrical* experience for even the youngest child [which] effortlessly introduced concepts of communication, symbols and imagery'.[18]

Diddorol nodi'r cyfeiriad arbennig hwn yng ngwaith Arad Goch, gan ei fod yn groes i raen cryn dipyn o waith yng Nghymru ar y pryd, a dueddai i drafod pynciau cymdeithasol neu bersonol ym mywydau pobl ifainc, a hynny mewn cyd-destun ysgol neu glwb ieuenctid. Roedd yr egwyddor adain chwith o greu sioeau at fudd iwtilitaraidd neu faterol yn dal yn gryf yng Nghymru ac yn asio – yn ddiddorol ddigon – gyda'r duedd gynyddol i roi gwerth masnachol ar waith o'r fath trwy fynnu bod y cwmnïau'n cyfiawnhau'r gwariant cyhoeddus arnynt. Roedd gwaith fel *Tuag at y Nefoedd yn dy Boced* yn dra gwahanol, wedi'i greu er mwyn rhoi profiad dychmygol 'pur' i'r gynulleidfa er mwyn sbarduno'i dychymyg a rhoi profiad ymwybodol gyfoethog a phersonol i'w haelodau ifanc. Peth prin iawn oedd hyn erbyn hanner cyntaf y 1990au, ac un a ddirmygwyd gan ambell sylwebydd a gwleidydd pan nad aethai dan faner 'theatr i gynulleidfaoedd ifainc'.

Theatr Powys

Ffurfiwyd Theatr Powys yn Llandrindod ym 1972 gan John Greatorex, brodor o swydd Efrog a fu cyn hynny yn actor gyda Chwmni Theatr Cymru. Roedd y cwmni ymysg y cyntaf yn y maes yng Nghymru a gwnaeth lawer i arloesi dros y blynyddoedd, gan gynnwys llunio rhaglenni theatr mewn addysg rhyngweithiol herfeiddiol a rhoi cartref i Theatr Ieuenctid Canolbarth Powys, cwmni eithriadol o gynhyrchiol ac ymroddedig a enillodd nifer o wobrau am ei gynyrchiadau o waith y dramodydd/cyfarwyddwr Greg Cullen. Fodd bynnag, prin fu gwaith y cwmni trwy gyfrwng y Gymraeg am flynyddoedd lawer, a theg dweud efallai fod hwn yn un o'r cwmnïau nad ystyriai fod ganddo rôl Gymraeg neilltuol nes iddo dderbyn cymhelliad ariannol i gyflwyno sioeau trwy gyfrwng y Gymraeg fel rhan o'r arlwy gyffredinol. Yn sicr, cynyddodd proffil Cymraeg y cwmni yn ystod y 1990au, nes bod ganddo ymroddiad pendant ar ddiwedd y degawd i greu a chyflwyno sioeau o bob math yn y naill iaith a'r llall. Yn ôl Greg Cullen, roedd dirfawr angen gwneud hynny am ei fod wedi'i ynysu'i hun ers blynyddoedd, nid yn unig o safbwynt ei ddarpariaeth trwy gyfrwng y Gymraeg ond hefyd o ran ei berthynas â'r gymuned leol ym Mhowys. Er gwaethaf blaengarwch y cwmni o ran ffurf ei waith a'r elfen o ryngweithio â'r gynulleidfa, ofnai Cullen – a ymunodd â'r cwmni ym 1983 – mai at ei gydweithwyr yn y maes theatr mewn addysg ar draws Prydain y troai'r cwmni wrth geisio canfod ei 'gymuned', ac nid at y gymdogaeth leol ym Mhowys. 'In Llandrindod Wells the theatre and dance companies were a social group within the town. They knew few if any local people . . . Sometimes, perhaps cynically, I thought Theatr Powys's community was SCYPT [sef y *'Standing Committee for Young People's Theatre*'].'[19] O ystyried dylanwad a rhethreg rymus y corff hwn ar y pryd, gellir deall pam y talai aelodau'r cwmni gymaint o sylw iddo. Roedd SCYPT yn gorff tra dylanwadol yn y maes ac fe'i rheolwyd am gyfnod yn ystod y 1970au a'r 1980au gan grŵp o Drotscïaid o Blaid Chwyldroadol y Gweithwyr; yn ôl Cullen, bu'r ffaith honno'n drychineb yn y pen draw i'r corff, ond yn sbardun creadigol pendant i weithwyr a theorïwyr yn y maes wrth iddynt ystyried potensial a threfniadaeth y gwasanaeth theatr mewn addysg. Cymharol fyrhoedlog ar y cyfan fu dylanwad SCYPT yng Nghymru ei hun, gan fod y mwyafrif o gwmnïau Cymreig wedi'u datgysylltu'u hunain o'r corff erbyn tua chanol y 1980au. Diau fod agwedd SCYPT tuag at waith trwy gyfrwng y Gymraeg yn rhannol gyfrifol am ymgiliad y cwmnïau Cymraeg eu hiaith: yn ôl Cullen, 'discussions relating to the exciting growth of Welsh-language TIE companies were dismissed because the revolution did not appease pre-existing bourgeois cultures'.[20] Yn lle'r corff hwnnw, crëwyd fforwm newydd ar gyfer cwmnïau theatr mewn addysg yng Nghymru, a leolwyd yn wreiddiol yn Harlech, ac a roddai gyfle i'r gwahanol gwmnïau gwrdd, dangos a thrafod eu gwaith, ac asesu cyflwr y mudiad yn gyffredinol.

O'r 1980au ymlaen, un o brif nodweddion gwaith Theatr Powys oedd yr elfen ryngweithiol ynddo, sef y rôl amlwg a roddwyd i'r gynulleidfa wrth benderfynu datblygiad a chanlyniad y sioeau theatraidd a gyflwynwyd. Yn ddiau, roedd Theatr Powys yn un o'r cwmnïau a fu fwyaf triw i ddelfryd gwreiddiol cwmnïau megis y Belgrade Theatre ac yn y maes megis Dorothy Heathcote, sef creu ffurf gymysgryw a ddefnyddiai sawl gwahanol fath ar weithgarwch theatraidd amlwg er mwyn ysgogi ymateb effro ar ran y gynulleidfa. Wrth drafod gwaith y cwmni yn y gyfrol *Staging Wales*, cyfeiriodd Gill Ogden at nifer o gynyrchiadau gan Theatr Powys er mwyn profi'r pwynt hwn, ac mae'n werth oedi uwchben un neu ddwy ohonynt. Un o'r enghreifftiau a drafodir gan

Ogden yw'r sioe Saesneg hunanddyfeisiedig *Soil* (1992), lle y gwahoddwyd y gynulleidfa – a oedd rhwng naw ac un ar ddeg mlwydd oed – i helpu datrys anghydfod hirhoedlog rhwng aelodau'r un teulu. Defnyddiodd y cwmni dechnegau yma a berthynai'n agos i waith 'theatr fforwm' Augusto Boal, yn enwedig felly'r anogaeth i'r gynulleidfa ymyrryd yn y digwydd trwy gynnig atebion i'r cyfyng-gyngor a wynebai ambell un o'r cymeriadau, gan ail-lunio datblygiad naratif y sioe o ganlyniad. Yn yr un modd, yn *The Present* (1993), gosodwyd cyfrifoldeb deallusol aruthrol ar aelodau'r gynulleidfa wrth iddynt gymryd arnynt rôl rhieni i blant ysgol o'u hoedran eu hunain – sef rhwng naw ac un ar ddeg unwaith eto – a geisiai benderfynu a ddylid dangos drama ddadleuol i'w plant hwythau. Pwnc y ddrama oedd y berthynas rhwng Iddewes ac Almaenes yn ystod dyddiau cynnar yr Ail Ryfel Byd, ac er mwyn penderfynu a oedd y fath bwnc yn gymwys i blant, bu'n rhaid i'r gynulleidfa ifanc ystyried natur cyfrifoldeb rhieni ar y naill law a natur y profiad a gyflwynwyd yn y sioe ei hun ar y llaw arall. Fel yn *Soil*, rhoddwyd hawl i'r gynulleidfa ofyn i'r actorion ail-gyflwyno rhai darnau o'r sioe wrth iddi fynd yn ei blaen, a chyfoethogwyd y berthynas rhwng y gynulleidfa a'r actorion yn sylweddol o'r herwydd.[21] Cafwyd enghraifft o fath arall ar theatr ryngweithiol Theatr Powys gan Charmian C. Savill, wrth iddi drafod y sioe *Careless Talk* (1987). Siarsiwyd y gynulleidfa i gasglu gwrthrychau o gyfnod yr Ail Ryfel Byd cyn y sioe, gan ffurfio 'amgueddfa' fechan a roddai iddynt hwy flas unigryw ar gyd-destun cymdeithasol y cyfnod. Erbyn i gwmni Theatr Powys gyflwyno'r sioe ei hun, roedd y gynulleidfa eisoes wedi dechrau ffurfio'i hagwedd ei hun tuag at hanes y rhyfel, a bu hynny'n gyfrifol am greu deinamig theatraidd dra gwahanol i'r arfer a rôl lawer mwy amlwg i'r gynulleidfa.[22]

Wrth ochr gwaith o'r math hwn, cymharol draddodiadol fu cynyrchiadau Theatr Powys i gynulleidfaoedd Cymraeg – yn wir, ar sawl golwg, anodd fyddai gwahaniaethu rhwng arlwy Theatr Powys a gwaith cymunedol Bara Caws, er enghraifft, neu unrhyw un o'r llu cwmnïau bychain eraill yng Nghymru a ffurfiwyd yn ystod y 1990au i deithio sioeau newydd ar raddfa fach. At hynny, nid oedd cynnyrch Theatr Powys yn arbennig o doreithiog ychwaith, yn enwedig o'i gymharu â chwmni megis Arad Goch; ond, eto i gyd, roedd y gwaith hwn yn elfen bwysig yn natblygiad y cwmni yn ystod y 1990au, ac yn arwydd o ymestyniad yng ngwasanaeth Theatr Powys i gynulleidfaoedd Cymraeg ym Mhowys a thu hwnt.

Un o'r sioeau cyntaf o'r math newydd hwn oedd addasiad Gareth

Miles o ddrama Edward Bond, *Red, Black & Ignorant*, sef *Coch, Du ac Anwybodus* (1993). Ar sawl cyfrif, roedd hon yn sioe ac iddi berthynas agos ag arlwy gyffredin y cwmni, gan ei fod yn waith herfeiddiol ac anghyfforddus ei wylio, a hefyd am ei fod yn cyfeirio at ryfel fel ffordd o finiogi'r drafodaeth ar y berthynas rhwng y gwahanol gymeriadau (fel y gwelwyd eisoes, roedd hynny'n elfen amlwg yn *The Present* a *Careless Talk*). Trafodai'r ddrama fywyd cymeriad a ddinistriwyd mewn cyflafan niwclear, gan ddamcaniaethu'n farddonol am y math o fywyd a'r math o fyd y medrai fod wedi byw ynddo pe na bai wedi'i ddinistrio. Wrth gwrs, y bwriad oedd rhoi cyfle i'r dramodydd drafod y byd fel ag yr oedd ac i gyflwyno'r tensiynau a'r gwrthdaro rhwng ei gymeriadau ar gynfas llawer mwy eang na'u perthynas ryngbersonol yn unig. Perfformiwyd y fersiwn gwreiddiol o'r ddrama gan yr RSC ym 1985, fel rhan o drioleg o ddramâu rhyfel o eiddo'r awdur. Erbyn 1993, wrth gwrs, roedd y cydbwysedd niwclear wedi newid yn sylweddol, fel y nododd Siôn Aled wrth adolygu cynhyrchiad Theatr Powys o'r ddrama: 'Cofier', meddai, '. . . fod llawer o'r arfau [niwclear] yn awr dan reolaeth arweinyddion cryn dipyn yn fwy ansad, ar lawer cyfrif, nag arweinwyr yr hen drefn, ac fe welir yn syth pa mor ddeifiol o berthnasol hyd heddiw yw gweithiau fel y ddrama hon.'[23] Yn wir, roedd penderfyniad y cwmni i lwyfannu'r cyfieithiad hwn ym 1993 yn rhagweledol ryfeddol, am fod y 1990au cynnar yn gyfnod o optimistiaeth sylweddol – a dallineb llethol – ynghylch y sefyllfa ryngwladol: dyma oes y darogan am 'ddiwedd hanes' a buddugoliaeth eithaf y system gyfalafol ryddfrydol.[24] Gwadwyd y fath syniadau yn y cynhyrchiad hwn gan ddadlau bod yn rhaid trafod materion cymdeithasol a phersonol mewn cyd-destun ehangach a chydnabod sut y cafodd ein dealltwriaeth o'r fath gyd-destun ei lygru neu'i wenwyno gan resymeg gwrthdaro niwclear. Yn ôl Siôn Aled, adleisiau oedd y gwrthdrawiadau a'r dilemâu moesol a bortreadwyd yn y ddrama o broblemau a dewisiadau 'a osodir ger ein bron yn barod heddiw – pwy sydd i gael triniaeth, a phwy sydd i farw? Pwy sydd i gael swydd a phwy sydd i bydru? . . . dewisiadau sy'n arwain at greulondeb, trais a bwystfileiddio pobl'.[25]

Roedd y fath gwestiynau yn rhai dyrys, a'r delweddau a ddefnyddid i'w cyflwyno yn rhai cignoeth, wrth ochr y rhan helaethaf o gynyrchiadau Cymraeg yr oes. Ond fel y nodwyd eisoes, nid oedd y fath waith yn brin yn hanes Theatr Powys ei hun. Gwelwyd nifer fawr o sioeau o'i eiddo mewn ysgolion ac yn y gymuned a drafodai ryfel, a hynny fel arfer yn ffordd o sbarduno ymateb i faterion llawer nes at fywyd pob dydd y gynulleidfa. Deuai rhyfel â llawer o themâu eraill at ei gilydd, ac amlygai werthoedd bodlon, anystyriol y gymdeithas fwrgeisaidd gyfoes. Dyna'n fras, yn ôl Siwan Ellis y cyfieithydd, oedd byrdwn cynhyrchiad y cwmni o ddrama Max Frisch, *Andorra*, ym 1997. Er gwaetha'r ffaith fod prif ddigwyddiadau'r ddrama yn digwydd yn ystod yr Ail Ryfel Byd, drama oedd *Andorra* yn ei thyb hi 'am sut mae pobl yn gyffredinol yn trin ei gilydd yn eu bywyd bob dydd, a sut mae celwyddau'n tyfu'.[26] Yn wahanol iawn i *Coch, Du ac Anwybodus*, fodd bynnag, drama yn llinach theatr yr absŵrd oedd *Andorra*, un a ganolbwyntiai lawn cymaint ar freuder hunaniaeth ag ar dwyll a dichell cymdeithasol. Hanfod stori'r ddrama oedd fod plentyn siawns o'r enw Andri yn troi'n ysglyfaeth i'w gymdeithas am na fedrai honno addef mai plentyn siawns ydoedd. O ganlyniad, crëwyd stori mai plentyn Iddewig o 'dros y ffin' ydoedd a gawsai loches gan ei gymuned frodorol. Pan ddaeth y ffasgwyr i'r pentref i erlid yr Iddewon, cafodd Andri ei gipio ganddynt am nad oedd y gymuned yn fodlon datgelu'r gwir, ac am ei fod ef yn uniaethu'n llwyr ag ef ei hun fel Iddew. Ond ys dywedodd Lowri Gwilym yn ei hadolygiad o'r ddrama, nid oedd cyddestun yr Holocawst yn ganolbwynt i'r ddrama hon mewn gwirionedd – atgoffa'r gynulleidfa 'o brofiad mwyaf ysgytwol y ganrif yn Ewrop, sef yr Holocawst' yn unig a wnâi *Andorra*, nid cyflwyno'r digwyddiad yn hanesyddol. Yn hytrach, drama absŵrd am freuder yr hunan a llesgedd yr ysbryd cymdeithasol oedd hon: 'Mae hon yn ddrama ddigalon, am fod Andri yn methu ymryddhau o'r meddylfryd a orfodir arno, a'r bobl o'i gwmpas yn ildio mor hawdd i wenwyn gwrthsemitiaeth,' meddai, '. . . does neb yn codi yn erbyn y gormeswyr. Drama yw hon sy'n ein herio i gwestiynu gwreiddiau ein hunaniaeth, yn hytrach na chynnig anogaeth i newid ein byd.'[27]

Er gwaetha'r ffaith fod y ddau gynhyrchiad cymunedol hyn yn gymharol debyg o ran eu theatricaliaeth, ac er gwaetha'r ffaith eu bod yn trafod yr un math ar thema ddramataidd, roedd gwahaniaeth sylweddol rhyngddynt o ran eu hagweddau gwleidyddol, y naill yn sioe rybuddiol a beirniadol yn dangos pydredd mewn agweddau moesol a chymdeithasol cyfoes, a'r llall yn ei hanfod yn fwy nihilistaidd o lawer. Eto i gyd, camau bychain oedd y cynyrchiadau hyn ar ran Theatr Powys tuag at gydraddoldeb a hyblygrwydd o ran ei darpariaeth Gymraeg a Saesneg, a thuag at fath ar radicaliaeth wleidyddol a chelfyddydol a oedd eto'n adlewyrchu ymwybyddiaeth fyw ar ran y cwmni o'i le yn y byd.

Cwmni'r Frân Wen

Sefydlwyd Cwmni'r Frân Wen yn Harlech ym 1984, er mwyn ymestyn y gwasanaeth theatr i ysgolion a ddarparwyd hyd hynny gan gwmni Bara Caws. O'r dechrau'n deg roedd yn bolisi gan Gwmni'r Frân Wen weithio trwy gyfrwng y Gymraeg yn unig, a daliodd at y polisi hwnnw trwy gydol y 1980au a'r 1990au. Yn fwy diweddar, gwelwyd ambell ddarn o waith Saesneg gan y cwmni, a adlewyrchai'r newid sylweddol o ran hunaniaeth a chyfansoddiad ieithyddol cymunedau Gwynedd dros y blynyddoedd; ond hyd at 2003 deil i gyflwyno'r mwyafrif o'i waith trwy gyfrwng y Gymraeg, yn unol i raddau helaeth â pholisi iaith yr awdurdodau addysg lleol y mae'n eu gwasanaethu.

Bu ffurfio Cwmni'r Frân Wen yn gam mawr ymlaen i waith theatr mewn addysg yn y Gymraeg am mai un cwmni yn unig a gyflwynai'r cyfryw waith trwy gyfrwng y Gymraeg yn rheolaidd ar y pryd, sef Theatr Crwban. Yn sgil ffurfio Cwmni'r Frân Wen, cafwyd cyfle i ymestyn arbenigedd theatrweithredwyr Cymraeg eu hiaith yn y maes ac i sbarduno mwy o gyfarwyddwyr a dramodwyr i ddarganfod a meithrin sgiliau newydd er mwyn gwasanaethu cynulleidfaoedd ifainc. I'r perwyl hwnnw, roedd ambell nodwedd o waith a pholisi'r cwmni yn wahanol i gwmnïau Cymraeg eraill yn y maes. Yn gyntaf oll, roedd Cwmni'r Frân Wen yn gwmni arbenigol: ar ddechrau ei yrfa, ac am flynyddoedd wedi hynny, ei unig swyddogaeth oedd cyflwyno sioeau theatr mewn addysg i gynulleidfaoedd ifainc mewn ysgolion. Ni weithredai, fel cynifer o gwmnïau eraill, fel cwmni theatr gymuned yn ogystal, yn bennaf am fod Bara Caws eisoes yn darparu gwasanaeth yn y gymuned i gynulleidfaoedd yng Ngwynedd a thu hwnt. Yn ail, roedd gan Gwmni'r Frân Wen ymroddiad pendant yn ei gyfnod cynnar i ddarparu hyfforddiant ar gyfer actorion theatr mewn addysg. Ceid ambell brosiect neu gwrs theatr mewn addysg yn y colegau ar y pryd, ond nid oedd dim mewn gwirionedd a roddai gyfle i ddarparweithredwyr feithrin y sgiliau y byddai eu hangen arnynt i weithio'n broffesiynol yn y maes. Yn wyneb y fath ddiffyg, annigonol bid siŵr oedd darpariaeth Cwmni'r Frân Wen yntau, ond ynddo'i hun roedd yn baratoad gwerthfawr i actorion y cwmni er mwyn iddynt fedru dygymod â'r gwahanol alwadau arnynt gan blant o wahanol oedrannau ac o wahanol ardaloedd yng Ngwynedd. Roedd dirfawr angen y fath baratoad, yn enwedig o gofio bod llai a llai o actorion proffesiynol Cymraeg erbyn diwedd y 1980au yn ennill eu bywoliaeth gerbron cynulleidfaoedd byw (heb sôn am gynulleidfaoedd ifainc). Yn drydydd, roedd gan y cwmni yn ei gyfnod cynnar ymroddiad pendant i weithio gerbron cynulleidfaoeedd bach – dim mwy na dosbarth o ddisgyblion ar y tro os yn bosibl – er mwyn gwarchod safon y gwaith a'r posibiliadau o ryngweithio â'r gynulleidfa. Golygai hyn fod yn rhaid i'r cwmni deithio'n eang iawn ar hyd Gwynedd, gan ymweld â degau o ysgolion ar ei deithiau: er mwyn hwyluso'r drefn hon, ac, oherwydd newidiadau yn nhrefniant Coleg Ardudwy yn Harlech, symudodd y cwmni o'i bencadlys gwreiddiol ym 1995 ac ymgartrefu yn yr Hen Ysgol Gynradd ym Mhorthaethwy. Bu'r cwmni'n ofalus iawn hefyd i geisio targedu ei waith at grwpiau oedran arbennig ac at grwpiau pwnc penodol mewn ysgolion, yn hytrach na chreu gwaith ar draws nifer o feysydd llafur, fel y gwnâi cwmnïau megis Theatr Iolo yn Ne Morgannwg neu Theatr Gwent. Roedd yr egwyddorion hyn yn rhai canmoladwy ar sawl cyfrif, ond diddorol nodi sut y bu'n rhaid i'r cwmni newid ei gynlluniau gwaith yn amlach beunydd erbyn diwedd y 1990au er mwyn goroesi, gan gefnu ar rai o'r materion sylfaenol hyn yn ei athroniaeth gyffredinol.

Hwyluswyd ffurfio Cwmni'r Frân Wen gan gynllun blwyddyn ym 1983-4 lle y cyflwynwyd gwaith yn ysgolion Gwynedd gan artist preswyl Coleg Ardudwy Harlech, sef Eirwen Hopkins, a oedd eisoes wedi ennill profiad yn y maes wrth sefydlu'r gwasanaeth theatr mewn addysg yng Ngorllewin Morgannwg gyda chwmni Open Cast yng nghanol y 1970au. Bu'n ffigwr pwysig ym mywyd y cwmni trwy gydol y 1980au a'r 1990au, gan sgriptio a chyfarwyddo ar ei gyfer droeon. Ym 1987, apwyntiwyd Carys Huw yn gyfarwyddwr artistig i'r cwmni, a bu hithau wrth y llyw hyd nes i Iola Ynyr afael yn yr awenau ym 1993. Un o gynyrchiadau amlycaf Carys Huw fel cyfarwyddwr oedd y sioe i blant bychain, *Amyswn* (1992), a roddodd fynediad theatraidd hyfryd i'r gynulleidfa i fywyd anifeiliaid y fforest law. O'r braidd fod i'r cynhyrchiad stori o gwbl; yn hytrach dangosai, yn gwbl ddieiriau, gyfarfyddiad rhwng bachgen bach a nifer o anifeiliaid yr Amazon, gan roi cyfle i'r gynulleidfa wylio symudiadau'r anifeiliaid a bortreadwyd gan yr actorion – jagiwar, crwban, dolffin afon, ac yn y blaen – ac ymgolli mewn byd cwbl wahanol i'w byd hwy eu hunain. Un o elfennau mwyaf trawiadol y sioe oedd y 'cyfarfyddiad' rhwng aelodau'r gynulleidfa ifanc a'r actor a gyflwynai aelod o lwythau'r Amazon. Heb yngan gair, daethpwyd â'r gynulleidfa i berthynas â'r llwyth trwy beintio wynebau pob un a ddaethai gyda hwy i mewn i'r fforest. Rhoddodd y sioe gyfle i'r gynulleidfa ddechrau meddwl am y berthynas rhyngddynt hwy eu hunain a phobl y fforestydd ac am ffawd yr amgylchfydoedd gwerthfawr hynny yn yr oes fodern. Yn ôl Gill Ogden:

> The play used no verbal dialogue but was underscored by percussion and the 'animals' own languages. The piece, which delighted both children and adult audiences, exemplified the quality of innocence that has typified the work of the company since its inception and derives from the realization that performing for shy rural children in a medium that only some of them fully understand demands a sensitive, low-status approach to win trust and be effective.[28]

Mae'n ddiddorol ystyried pa mor wahanol oedd y sioe hon i waith cymunedol herfeiddiol Theatr Powys, er enghraifft, neu i waith corfforol Arad Goch ar yr anterliwt. Dengys hyn ynddo'i hun pa mor eang y bu ystod gwaith y cwmnïau theatr mewn addysg, a pha mor drylwyr y bu'n rhaid iddynt ddod i adnabod natur a phriodoleddau eu cynulleidfa.

Roedd yr un pwyslais ar gyflwyno byd newydd i'r gynulleidfa, eithr y tro hwn byd ei bro ei hun, yn y sioe *Yn Dy Law* (1993) a gyfarwyddwyd gan Gill Ogden. Roedd hwn yn gynhyrchiad uchelgeisiol a drafodai ffurfiant y berthynas rhwng yr unigolyn a'i filltir sgwâr, a'r modd y datgelai'r ardal leol fwy o'i natur ei hun wrth i'r plentyn dyfu a mynd yn fwy ymwybodol ohoni. Seiliwyd y sioe, ymysg pethau eraill, ar *The Stone Book Quartet* gan Alan Garner, cyfres o bedair o storïau a bortreadai brofiadau plant o bedair cenhedlaeth yn yr un pentref, gan ddangos sut y daethai'r rheini i deimlo tuag at ran arbennig o'r fro o ganlyniad i'w diddordebau eu hunain, ac o ganlyniad i gyd-destun hanesyddol a thechnolegol yr oes. Roedd *Yn Dy Law* yn brosiect cymhleth a weithiai ar sawl lefel ac a ddôi â sawl pwnc ysgol at ei gilydd, gan gynnwys hanes, daearyddiaeth ac, wrth gwrs, drama. Yn y sioe ei hun, gwelwyd y prif gymeriad, Meri, yn ceisio dod o hyd i darddiad enw ei phentref, Pwllmaenllaw, ac fe gyfunwyd y sioe â gweithdy mapio yn yr ysgolion (a ysgogwyd gan yr artist-fapiwr Paul Davies), lle y gofynnwyd i'r plant greu sawl gwahanol fap o'u hardal, gan gynnwys un allan o ddeunyddiau naturiol y fro ei hun. Roedd y prosiect hwn yn enghraifft amlwg o'r modd y ceisiai Cwmni'r Frân Wen, fel sawl cwmni theatr mewn addysg arall, drin thema neu brofiad arbennig trwy gysylltu sawl gwahanol math ar waith. O safbwynt theatraidd, cymharol draddodiadol oedd y sioe, ond gobeithiai'r cwmni y dôi aelodau o'r gynulleidfa i ymwybod â'i themâu a'i delweddau mwy dyrys wrth ymwneud yn ymarferol â'r dasg o fapio eu hardal eu hunain mewn gwahanol ffyrdd.

Enghraifft ddiddorol o waith mwy diweddar gan y cwmni, dan gyfarwyddyd Iola Ynyr, oedd y ddrama fer *Un Gwaed* (1997) gan Rhodri Hughes. Cynnyrch dramodydd ar ei brifiant oedd hon, o ganlyniad i weithdy sgriptio drama a gynhaliodd y cwmni, ar y cyd â Theatr Gwynedd, ar gyfer disgyblion blwyddyn 12; ond teimlai'r cwmni fod digon o addewid yn y ddrama i'w haddasu a'i llwyfannu fel digwyddiad arbennig ym Mangor a'r Wyddgrug. Hanes gŵr ifanc di-waith sy'n byw gyda'i rieni a geir yn *Un Gwaed*, gyda phwyslais neilltuol ar y tensiwn rhwng uchelgais a dyheadau'r prif gymeriad a bywyd ei deulu a'i geraint. A hithau'n ddrama gyntaf gan ddramodydd ifanc, roedd yma gryn asbri a newydd-deb, ond hefyd arwyddion o ddiffyg aeddfedrwydd yn y gwaith. Fel y dywedodd Nia Roberts: 'Ni fu gwyro oddi wrth swyddogaethau traddodiadol y teulu: mae'r fam o dan draed yn y tŷ, y tad yn y dafarn a'r mab yn dangos mwy nag ychydig o debygrwydd i "Rebel" James Dean a Marlon Brando (*On The Waterfront*), yn ymgorfforiad o "Angry Young Man" John Osborne.'[29] Elfen fwyaf diddorol y cynhyrchiad hwn, efallai, oedd i Gwmni'r Frân Wen fynd i'r afael â phrosiect o'r fath yn y lle cyntaf. Roedd yn arwydd amlwg fod y brîff ar gyfer ei waith wedi newid yn sylweddol erbyn diwedd y 1990au, i gynnwys prosiectau hyfforddiant a meithrin dramodwyr newydd. Nododd Iola Ynyr hithau fod y cwmni wedi newid cyfeiriad – a hynny o raid, oherwydd newidiadau ym mholisïau a threfniant ei noddwyr – yn ystod y cyfnod hwn, ac wedi dechrau ymwneud â rôl lawer mwy 'cymunedol' nag o'r blaen. Gwelwyd y cwmni'n cefnu i ryw raddau ar ei bolisi gwreiddiol o weithio gerbron cynulleidfaoedd bach, ac yn bwrw ati i berfformio ambell sioe newydd – yn enwedig felly'r gwaith ysgol uwchradd – i gynulleidfaoedd mwy mewn theatrau mawrion, a rhoi mwy o bwyslais ar greu sioe theatraidd yn yr ystyr draddodiadol. Er ei fod yn dal i gynhyrchu pecynnau gwaith fel ffordd o ymestyn ac atgyfnerthu'r cynyrchiadau, gan greu elfen o ryngweithio pellach rhwng y cwmni a'r gynulleidfa, roedd gwedd lai arbenigol ar gryn dipyn o gynnyrch y cwmni erbyn diwedd y 1990au. Nodwedd arall ar y newid hwn oedd tuedd y cwmni i gomisiynu sgriptwyr i ysgrifennu sioeau, yn hytrach na dibynnu ar aelodau'r cwmni i gyd-ddyfeisio sioeau gwreiddiol. Gwelwyd yr un duedd yng ngwaith diweddar Bara Caws, ac nid oes dwywaith mai'r un ffactorau a oedd yn gyfrifol am y newid yn achos Cwmni'r Frân Wen yntau – sef anhawster cwmnïau theatr cyfoes i ddenu actorion i weithio dros gyfnod hir pan fo mwy o arian i'w ennill wrth weithio ar deledu. At hynny, erbyn 1994, pan ddiddymwyd yr arfer o gyd-ddyfeisio, teimlai Iola Ynyr nad oedd yr arfer hwnnw bellach wrth fodd actorion y cwmni, am ei fod yn cymryd cyfran helaeth o'r cyfnod o ymarfer pedair wythnos o hyd ac yn cwtogi ar yr oriau y gellid eu treulio'n saernïo'r sioe.[30] Wrth ddiddymu'r arfer hwn, agorwyd sawl drws newydd i'r cwmni, gan gynnwys creu sioeau theatr ieuenctid, gweithio mewn clybiau ieuenctid – gan ymestyn ei ddarpariaeth y tu allan i oriau ysgol – a chynnal gweithdai drama i blant ac oedolion.

Cwmnïau 'Ysgrifennu Newydd'

Fel y cwmnïau theatr i gynulleidfaoedd ifainc, gellir edrych ar y cwmnïau 'ysgrifennu newydd' yng Nghymru fel rhai anghydlynol, a weithiai mewn ffyrdd gwahanol bob un ac a geisiai wireddu potensial y sgriptiau a gomisiynwyd ganddynt ac a gynigiwyd iddynt yn hytrach na datblygu arlwy theatraidd gyson unffurf. Fel aml i gwmni arall yng Nghymru'r 1980au a'r 1990au, roedd y rhain yn gwmnïau eclectig ar sawl cyfrif, a hynny ar adeg pan nad oedd noddwyr y theatr Gymraeg o reidrwydd yn gwerthfawrogi nac yn cymell ystod eang o waith gan gwmnïau unigol. Un o'r problemau mwyaf a wynebai rhai o'r cwmnïau 'ysgrifennu newydd', yn ôl nifer o aelodau a chyn-aelodau'r cwmnïau eu hunain, oedd pryder parhaol Cyngor Celfyddydau Cymru am ddiffyg arddull gynhenid, neu 'house style', ar eu rhan. Ofnai'r Cyngor nad oedd gan rai o'r cwmnïau arddull nodweddiadol y medrai'r gynulleidfa uniaethu â hi – 'brand' yn yr ystyr fasnachol, os mynnir – a bod y diffyg hwnnw yn llesteirio'r berthynas rhwng y gynulleidfa a'r cwmni. Roedd y Cyngor yn llygad ei le o ran yr amrywiaeth cynhenid rhwng y cwmnïau 'ysgrifennu newydd', gan fod priodoleddau ac egwyddorion gwahanol gan bob un. Er enghraifft, nid oedd lleoliad neilltuol neu nodweddiadol ar gyfer llwyfannu a gwerthfawrogi gwaith newydd, eithr llwyfannai'r cwmnïau gynyrchiadau ym mha le bynnag a fyddai'n gymwys ar gyfer gofynion a nodweddion y ddrama. Gwelid gwaith newydd, felly, ar brif lwyfannau'r theatrau rhanbarthol, yn stiwdios bychain y theatrau, mewn neuaddau trefol a chanolfannau cymuned, ac weithiau hyd yn oed 'mewn lleoliadau penodol' y tu allan i'r theatrau. At hynny, wrth gwrs, amrywiai cynnwys cynnyrch y cwmnïau 'ysgrifennu newydd' yn sylweddol iawn am ei fod yn deillio o weledigaeth a diddordebau dramodwyr gwahanol. Yr unig eithriad i'r drefn honno oedd lle y gwelwyd y cwmnïau hyn yn ymroi i ddatblygu gwaith gan awdur neu awduron neilltuol dros gyfnod sylweddol o amser, fel y gwelwyd yn achos cwmni Hwyl a Fflag gyda gwaith Gareth Miles, er enghraifft, neu yn achos Dalier Sylw gyda gwaith Geraint Lewis. Heb hynny, lle bynnag y ceid rhyw lun ar ddilyniant o gynhyrchiad i gynhyrchiad, mae'n bosibl mai anfwriadol oedd hynny.

Roedd y pryder am arddull nodweddiadol y cwmnïau unigol a fynegwyd gan y Cyngor o bryd i'w gilydd yn enghraifft o'r gwahaniaeth rhwng y weledigaeth broffesiynol ar theatr Gymraeg y 1980au a'r 1990au – gweledigaeth y rheini ar y tu mewn, fel petai – a gweledigaeth y gynulleidfa. I nifer fawr yn y gynulleidfa Gymraeg, o'r braidd fod hunaniaeth unrhyw gwmni neilltuol o bwys mawr, gan mai noson o ddrama a geisient, noson o fwynhau doniau actorion neu ddramodydd neilltuol, ac nid noson ac iddi stamp gwaith rhyw gwmni arbennig. Yn wir, o gofio'r ffaith fod cynifer o gwmnïau Cymraeg yn perfformio yn yr un theatrau ac yn cyfnewid actorion yn aml, o'r braidd y gellid disgwyl i'r gynulleidfa gyffredin wahaniaethu bob tro rhwng un cwmni a'r llall. Yn hynny o beth, roedd cyfran helaeth o'r gynulleidfa Gymraeg yn dal i lynu at y math o feddylfryd a grëwyd gan ddyfodiad Cwmni Theatr Cymru yn y 1960au a'r 1970au, sef bod y theatr broffesiynol Gymraeg yn fudiad unffurf a chydlynol – yn wir fod pob gweithgarwch diwylliannol a chelfyddydol yn y Gymraeg yn gweithredu yn yr un modd ac yn cyrchu at yr un nod. Wrth gwrs, i gwmnïau'r 1980au a'r 1990au, roedd honno'n broblem i fynd i'r afael â hi, ond problem o fath gwahanol iawn ydoedd yn y bôn: problem o ran gwerthoedd y theatr ac nid o ran arddull y cwmnïau yn unig. I Gyngor y Celfyddydau, problem ymarferol oedd diffyg lluosogrwydd arddull y cwmnïau ysgrifennu newydd hyn, un a rwystrai'r Cyngor rhag gwerthuso a thafoli eu llwyddiant, ac a'i rhwystrai gan hynny rhag gwneud penderfyniadau pendant a chyson am lefel eu cyllid.

Edrychir ar y cwestiwn o arddull gynhenid rhai o'r cwmnïau ysgrifennu newydd isod, gan sylwi hefyd ar amrywiaeth eu gwaith ac ar eu cyfraniad neilltuol wrth ddatblygu gwaith rhai o awduron mwyaf blaenllaw y cyfnod diweddar. Fel yn achos y cwmnïau theatr i gynulleidfaoedd ifainc, mae llawer o waith i'w wneud eto yn y maes hwn, a thrueni na fedrir neilltuo mwy o le i drafod holl ystod gwaith a thechnegau datblygu drama'r cwmnïau hyn hwythau yn y gyfrol bresennol. Rhaid cwtogi'r drafodaeth i ddau gwmni blaenllaw, sef cwmni Hwyl a Fflag a Dalier Sylw, gan esgeuluso rhai eraill yn y maes a wnaeth waith caboledig yn eu tro, gan gynnwys yn arbennig gwmni Whare Teg, a fu'n gyson weithgar – yn aml iawn heb sicrwydd o gymorth ariannol – trwy gydol y 1980au, gan gyflwyno cynyrchiadau o bwys hanesyddol megis *Panto* (1986), drama olaf Gwenlyn Parry, a dramâu amlwg o waith Meic Povey, megis *Perthyn* (1987) a *Gwaed Oer* (1990). Rhaid esgeuluso hefyd un o'r cwmnïau ysbeidiol mwyaf diddorol i ymddangos yn ystod y 1990au, sef Y Gymraes, a gyflwynodd nifer o gynyrchiadau cynyddol soffistigedig o waith Sêra Moore-Williams, gan gynnwys *Byth Rhy Hwyr* (1992), *Môr Forwyn* (1998) a'r mwyaf trawiadol eto hyd yn hyn, *Mab* (2001).

Hwyl a Fflag

Daeth cwmni Hwyl a Fflag at ei gilydd am y tro cyntaf ym 1982, er mwyn cyflwyno drama gan Dwynwen Berry, *Gweu Babis*. Fel sawl cwmni bychan arall o'r cyfnod hwn, fe'i crëwyd gan grŵp cydweithredol o actorion ymroddedig o ran brwdfrydedd a sêl ond tlawd o ran adnoddau materol. Am ddwy flynedd gyntaf ei fodolaeth, ysbeidiol fu cynnyrch y cwmni, ond ym 1984 daeth tro ar fyd pan dderbyniodd beth o'r arian a wasgarwyd i'r cwmnïau Cymraeg ymylol ar ôl tranc Cwmni Theatr Cymru. Wedi iddo gael ei draed tanodd yn ariannol, llwyddodd Hwyl a Fflag i ddal ati am ddegawd crwn, gan weithio'n gyson i ddatblygu dramâu newydd ac i greu ystod eang o wahanol fathau o theatr.

Roedd Hwyl a Fflag yn gyfuniad o ddau gwmni, sef Hwyl a Fflag ei hun, a chwmni bach arall o'r un anian, Sgwar Un. Fel Hwyl a Fflag, ffurfiwyd Sgwar Un ym 1982, ac roedd yntau'n gwmni a fynnai weithio ar sail gydweithredol, ac yn brin o adnoddau hefyd. Ei gynhyrchiad cyntaf oedd drama Gareth Miles, *Diwedd y Saithdegau*, a gyflwynwyd o fewn ychydig wythnosau i *Gweu Babis* ym mis Mehefin 1982. Yn wahanol i Hwyl a Fflag, fodd bynnag, roedd y rhan fwyaf o aelodau Sgwar Un yn byw a gweithio yn ne Cymru, naill ai fel actorion teledu yn achos y cyd-sylfaenwyr Sharon Morgan, Clive Roberts a Gwyn Parry, neu fel awdur a golygydd sgriptiau yn achos Gareth Miles. Pan ddaeth Hwyl a Fflag a Sgwar Un at ei gilydd i gydweithio fel un cwmni, felly, roedd fel pe bai hwnnw'n meddu ar ddwy asgell, y naill yn ogleddol a'r llall yn ddeheuol – ffactor a roddai hawl i'r cwmni ei ystyried ei hun, ar un olwg, yn gwmni cenedlaethol go iawn; ond buan y ffurfiolwyd y berthynas rhwng y ddwy a chreu un weinyddiaeth a phencadlys i'r grŵp ym Mangor.

Meddai cwmni unedig Hwyl a Fflag/Sgwar Un ar holl nodweddion y cwmni theatr ymylol Cymraeg – criw bychan o actorion, ymrwymiad i deithio'i waith, strwythur cydweithredol, ac, yn enwedig yn y blynyddoedd cynnar, prinder cyllid i wireddu'i gynlluniau. Er gwaethaf y prinder hwnnw, fodd bynnag, llwyddodd y cwmni i ddal ati'n ddigon hir i gael ei gydnabod gan Gyngor y Celfyddydau, ac i ddod yn rhan o'r theatr 'ymylol-genedlaethol' newydd a ymffurfiodd yn ystod 1984. Erbyn hynny, roedd gan y cwmni raglen bendant i lywio a chymell ei waith. Fel cwmni Bara Caws o'i flaen – ac nid oes dwywaith fod llwyddiant ysgubol y cwmni hwnnw wedi bod yn sbardun heb ei ail i Hwyl a Fflag, fel ag i nifer o gwmnïau eraill – roedd gan raglen Hwyl a Fflag ddwy brif nodwedd, sef gwneud yn iawn am y diffygion yn narpariaeth ddiweddar Cwmni Theatr Cymru ar y naill law a chyfrannu at yr ymdrech i wrthsefyll meddylfryd a gweithred y llywodraeth Thatcheraidd yng Nghymru ar y llaw arall. Yn hynny o beth, yn ôl Gruff Jones a Wyn Bowen Harries, ill dau yn aelodau o'r cwmni o'r dechrau'n deg, roedd Hwyl a Fflag fel Bara Caws yn gwmni a addefai ei ymlyniad wrth syniadau a gwerthoedd adain chwith – mynnai'r cwmni, er enghraifft, geisio sicrhau bod trafodaeth effro a chyfoes ar gelfyddyd a diwylliant yn digwydd mewn cyd-destun Cymraeg, er mwyn ceisio gwrthsefyll y math o ymosodiadau Thatcheraidd ar weithgarwch diwylliannol a welwyd yn Lloegr gyda diddymu cwmnïau megis 7:84. Wedi dweud hynny, o'r braidd fod y fath agenda wleidyddol i'w chanfod yn uniongyrchol yng nghynnyrch cyntaf Hwyl a Fflag: comedi gariad ddigon ysgafn oedd *Gweu Babis*, a darn dychanol hunan-ddyfeisiedig oedd *Cyn Cychwyn*, y sioe gyntaf ar raglen y noson. Hwyrach fod mwy o 'hwyl' nag o'r 'fflag' yn perthyn i'r cynhyrchiad cyntaf hwn, ond, fel y nododd Wyn Bowen Harries, roedd i'r hwyl honno ei harwyddocâd a'i chyfiawnhad ei hun. Cyfrifoldeb cyntaf y cwmni yn ei dyb ef oedd sicrhau bod iddo gynulleidfa, a bod y gynulleidfa honno'n dod i fwynhau a pharchu ymdrech annibynnol, gydweithredol y cwmni.[31] Tipyn mwy uniongyrchol wleidyddol oedd dechreubwynt Sgwâr Un, gan fod *Diwedd y Saithdegau*, drama lwyfan lawn gyntaf Gareth Miles, a gymerai olwg ar fywyd cyn-ymgyrchwraig genedlaethol, ac a ddangosai ei hymdrech i adafael yn yr egni a'r penderfyniad a'i gyrrai gynt. Fodd bynnag, er gwaethaf y gwahaniaeth rhyngddynt o safbwynt eu cynnyrch cyntaf, yr un yn y bôn oedd nod Sgwâr Un a Hwyl a Fflag – fel yr awgrymai enw'r cwmni, roedd Sgwâr Un â'i fryd ar geisio ailddiffinio natur a rhesymeg y theatr Gymraeg gan anghofio am Gwmni Theatr Cymru a'i drafferthion, a chanfod rôl fwy perthnasol i'r cyfrwng.

Wedi i Hwyl a Fflag/Sgwâr Un ymsefydlu fel uned ym 1984, fe'i gwelwyd yn ymestyn ei arlwy a'i ddull o weithio er mwyn cynnwys sawl math o sioe boblogaidd Gymraeg – dramâu newydd, sioeau ysgafn a phantomeimiau, dramâu-cerdd, ac yn y blaen. Cyflwynodd nifer o sioeau diddorol gan gynnwys y ddrama ddychanol *Barbaciw* gan Wiliam Owen Roberts (1987), *Euog Di-Euog* (1990) gan Maldwyn Parry, a *Cameo*, addasiad Mari Emlyn o *Shakers* gan John Godber a Jane Thornton o'r cwmni poblogaidd Seisnig Hull Truck. Fodd bynnag, un o weithgareddau mwyaf arwyddocaol y cwmni cyfunol oedd llwyfannu dramâu newydd gan awduron Cymraeg sefydledig – yn enwedig felly Gareth Miles a Siôn Eirian. Yr olaf fu'n gyfrifol am y ddrama a ddaeth â *Hwyl a Fflag* i sylw cynulleidfa genedlaethol i bob pwrpas, ac a seliodd enw da'r cwmni am nifer o flynyddoedd wedi hynny. Roedd *Wastad ar y Tu Fas* (1986) yn ddrama feddylgar, ddig a bortreadai dreialon gwrywgydwyr yn y Gymru gyfoes, gan gyhuddo'r gymdeithas frodorol o fod yn euog o'r un diffyg goddefgarwch ag a welwyd yn ystod teyrnasiad y Natsïaid yn yr Almaen yn y 1940au. Er mwyn cadarnhau'r pwynt hwn, cyfosodwyd golygfeydd o'r naill gyfnod a'r llall gyda dwy stori a dwy set o gymeriadau cyfatebol. Stori Cymro ifanc o droellwr disgiau – ynghyd â'i bartner – a gafwyd ar y naill law, na feiddiai ddatgelu ei wrywgydiaeth i'w gydweithwyr na'i wrandawyr rhag ofn y difethid ei yrfa; a stori gwrywgydiwr ifanc o'r Almaen, a'i bartner yntau, a gafwyd ar y llaw arall, a hanes eu carcharu mewn gwersyll prin ddeugain mlynedd ynghynt. Er bod dioddefaint yr Almaenwr gymaint yn fwy amlwg, yr un yn ei hanfod oedd y broblem i'r naill a'r llall yn nhyb Siôn Eirian, sef rhagfarn a wthiai'r gwrywgydiwr i ymylon y gymdeithas ac, un ffordd neu'r llall, i gaethiwed: 'Hyd yn oed mewn cymdeithas rydd, yr un agwedd sydd tuag at wrywgydwyr ag oedd yn yr Almaen. Er bod y sefyllfa wedi newid, nid yw'r agwedd meddwl', meddai.[32]

Ar sawl cyfrif, roedd hwn yn gynhyrchiad mentrus iawn: roedd perygl i'r gyfatebiaeth rhwng y Gymru gyfoes ac Almaen y Natsïaid fod yn un ffals ac annheilwng rethregol, a phe methai hynny, methai'r ddrama yn ei chyfanrwydd. At hynny, roedd tebygrwydd sylweddol rhwng y ddrama hon a drama gyfoes arall am wrywgydiaeth, sef *Bent* gan yr Americanwr Martin Sherman, a phe gwelid y ddrama fel ymateb neu efelychiad o waith arall, diau y byddai hynny hefyd yn tynnu oddi ar y ddrama Gymraeg. Fodd bynnag, ymddengys fod *Wastad ar y Tu Fas* wedi llwyddo i osgoi'r peryglon hynny oll oherwydd, yn ôl pob adroddiad ar y pryd, roedd hon yn sioe bwerus gyda'i golygfeydd yn llithro o Gymru i'r Almaen ac o gyfnod i gyfnod yn rhyfeddol esmwyth a slic, ac actio Tom Richmond a Mei Jones yn y rhannau canolog yn gwbl ysgytwol. Roedd adolygydd *Y Cymro*, Dafydd Morgan Lewis, ar ben ei ddigon – '*Wastad ar y Tu Fas*', meddai, 'yw'r ddrama orau i mi ei gweld ar lwyfan ers blynyddoedd lawer (ac efallai erioed)'; ac, er iddo gydnabod ei thebygrwydd mewn sawl ffordd i ddrama Martin Sherman, haerodd fod 'drama Siôn Eirian yn fwy mentrus na'r un Americanaidd . . . Gwelwn erlid yn parhau a bod ofn ac anoddefgarwch i'w gael heddiw . . . Prin, prin, prin y gwelir drama Gymraeg newydd . . . gystal â hon am flynyddoedd eto.'[33]

Nid oes dwywaith i'r ddrama hon sicrhau lle blaenllaw i gwmni Hwyl a Fflag ymhlith cwmnïau theatr ymylol-genedlaethol y 1980au, a dangos sut y medrai'r theatr Gymraeg newydd, o daro'r nodyn priodol o ran ymroddiad creadigol a thechneg ymarferol, gymhwyso a chymathu deunydd cymharol estron yn ebrwydd, heb i'r gynulleidfa ofidio dim am themâu neu ddelweddau benthyg. Cyflwynodd y cwmni ddrama arall gan Siôn Eirian ym 1988, a'i llwyfannu fel drama gomisiwn Eisteddfod Genedlaethol Casnewydd, sef *Elfis, Y Blew a Fi*. Roedd hon eto yn ddrama uchelgeisiol ei thechneg a gyfosodai dri chyfnod y tro hwn, sef y presennol, 1978 a 1968. Nod Eirian yn hynny o beth oedd amlygu'r gwahaniaeth o ran delfrydiaeth a gwerthoedd gwleidyddol rhwng cenhedlaeth ifanc y 1960au a'r genhedlaeth ifanc gyfredol yn y 1980au, ac i ddangos hefyd sut y newidiai gwerthoedd ac y sianelid egni aflonydd cenhedlaeth y chwyldro i gyfeiriadau gwahanol dros y blynyddoedd. Gwrthgyferbynia ddwy set o gymeriadau – Dafydd, Gwydion a Nerys a fu'n rhan o ddigwyddiadau 1968, a Sian, Rhian a Dai a anwyd y flwyddyn honno. Rhoddodd y ddrama gyfle i'r gynulleidfa ystyried perthnasedd delfrydiaeth grŵp 1968, ond yn ddiddorol nid oedd ar y dramodydd ofn defnyddio deinamig cynhenid y theatr i danseilio taerineb myfyriol y genhedlaeth honno trwy gyfrwng difaterwch sinigaidd y genhedlaeth Thatcheraidd newydd. Ys dywed Dafydd Morgan Lewis, gwelwyd Gwydion yn 'ymgodymu gyda'r Gymru sydd ohoni gan ddyfal chwilio ar yr un pryd am y breuddwydion a fu yn rhoi ystyr i'w fywyd', tra bod Sian, Rhian a Dai 'yn ddall ac yn fyddar i'r delfrydau hyn . . . Fel y dywed Dai, Gwydion yw'r "teip sy'n mynd i ddosbarthiade yoga er mwyn gwbod siwd i sugno i goc i hunan".'[34] Mae'n amlwg fod Eirian yn anelu at arddull ac effaith theatraidd yn y ddrama a oedd yn debyg i'r hyn a gafwyd yn *Wastad ar y Tu Fas*, gyda'r cyfosod hanesyddol yn rhoi argraff i'r gynulleidfa o arwyddocâd ehangach y brwydrau personol a welwyd ymhlith y prif gymeriadau. I'r perwyl hwnnw, diddorol nodi mai'r un oedd cyfarwyddwr *Elfis, Y Blew a Fi* a *Wastad ar y Tu Fas*, sef Gruffudd Jones.

Serch hynny, ni fu'r cynhyrchiad hwn mor llwyddiannus â'i ragflaenydd. Diflaswyd y dramodydd ei hun gan ddiffyg crebwyll theatraidd y ddrama: rhai blynyddoedd yn ddiweddarach, soniodd ei fod 'wedi dod fwyfwy i sgrifennu ffilmiau a dramâu teledu, ac roeddwn i'n mynnu glynu at y fformat'.[35]

Bu Hwyl a Fflag hefyd yn llwyfan reit gyson i waith Gareth Miles, gan helpu i ddatblygu techneg a dyfeisgarwch theatraidd yr awdur difyr a chwmpasog hwn yn ystod y 1980au. Y ddrama gyntaf iddo'i chyflwyno i'r cwmni oedd *Diwedd y Saithdegau* (1982), a berfformiwyd gan Sgwar Un pan oedd y ddau gwmni'n dal i weithio ar wahân. Roedd hon yn ddrama wleidyddol yn yr un cywair â gwaith rhai o ddramodwyr 'gwleidyddol' Seisnig y cyfnod, megis David Hare a Howard Brenton. Fel sawl enghraifft o'u gwaith hwy, roedd i ddrama Miles dôn rethregol gref a ffurf alegorïaidd amlwg – er gwaethaf ei gosod mewn ystafell fyw mewn tŷ cyffredin, er enghraifft, drama am hanes diweddar a chyflwr presennol y genedl oedd hi. Yn wir, bu'r gwrthdrawiad hwn rhwng y gosodiad realaidd a'r drafodaeth rethregol o wleidyddiaeth yn ddyfais mor eithafol nes iddi rwystro gallu'r gynulleidfa i ymwybod â'r cymeriadau fel unigolion realaidd, cig-a-gwaed. Roedd hynny'n gwbl fwriadol ar ran Miles, wrth gwrs, am mai un o'i brif amcanion oedd ceisio tarfu ar undod realaidd, cartrefol y 'well-made play' fwrgeisaidd, ac annog y gynulleidfa i fyfyrfio uwch bywydau cymeriadau o'r fath mewn cyd-destun cymdeithasol ehangach. Gwelwyd yr un math ar ddyfais droeon mewn dramâu o'i eiddo wedi hynny. O ran ei chynnwys, trafododd *Diwedd y Saithdegau* hynt delfrydiaeth wleidyddol Gwenda (Sharon Morgan yng nghynhyrchiad Sgwar Un), cyn-aelod ac ymgyrchwraig dros Gymdeithas yr Iaith, bellach ar drothwy canol oed ac yn briod â heddwas digon bodlon ei fyd, John (Clive Roberts). A'i bywyd hithau'n bygwth dirywio'n derfynol, daw Gwenda i gwrdd â hen gariad a chyd-ymgyrchydd, y twyllwr Haydn (Gwyn Parry), digwyddiad sy'n ailgynnau'r awydd ynddi i wrthryfela ac i dramgwyddo'r drefn fwrgeisaidd a ddaeth yn gyfrwng i'w byw a'i bod. Er gwaetha'r ffaith fod Haydn yn ceisio'i thwyllo a dwyn oddi arni, gwelir bod yr hen gyffro rhyngddynt wedi'i ailennyn, yn rhannol oherwydd hoffter ond yn rhannol hefyd oherwydd awydd Gwenda i ailymrymuso fel merch a bod gwleidyddol. Ar ddiwedd y ddrama aiff y ddau ohonynt i'r ystafell wely, gyda choncwest rywiol Gwenda dros Haydn yn ddatganiad clir o'i hymgais i adfer annibyniaeth barn ac egwyddor, i dorri'n rhydd o hualau'i phriodas gonfensiynol, ac i ailafael ar ei bywyd fel chwyldrowraig.

Beirniadwyd y ddrama hon yn gymharol hallt gan Nic Ros am fod yn rhy eiriol: 'This very cynical play has the common fault of being too verbose', meddai, '. . . it reads like a radio play.'[36] O safbwynt techneg ddramataidd, ac mewn perthynas â chonfensiynau disgwyliedig realaeth, hwyrach fod y feirniadaeth honno yn llygad ei lle; ond o safbwynt ei chrefft theatraidd, roedd i'r ddrama sawl agwedd ddiddorol a sawl nodwedd hefyd a amlygai 'brosiect' ehangach Gareth Miles fel dyn theatr. Yn *Diwedd y Saithdegau*, fel mewn sawl un o'i ddramâu mwy diweddar, cymerodd Miles ddull theatraidd cydnabyddedig, sef realaeth, a'i drin mewn ffordd arbennig er mwyn dieithrio'r gynulleidfa oddi wrth y cymeriadau. Fel techneg ddieithrio Brecht, defnyddid yr effaith hon er mwyn cymell y gynulleidfa i weld y digwydd nid fel darn o'i bywyd ei hun, ond fel enghraifft o fywyd llawer ehangach. Yn hynny o beth, roedd techneg theatraidd Miles yn agosach o lawer at radicaliaeth wreiddiol y dull naturiolaidd a welir yn nramâu mawr 'cymdeithasol' Ibsen nag i realaeth ddomestig dila y ddrama deledu gyfoes. Soniodd Miles ei hun am bwysigrwydd yr etifeddiaeth Ibsenaidd yn y theatr Gymraeg, a'r trueni mawr fod gwaith Ibsenwyr radicalaidd Cymreig megis J. O. Francis, D. T. Davies a James Kitchener Davies wedi'i esgeuluso er mwyn gorseddu mydryddiaeth uchelwrol Saunders Lewis a gwagedd y mudiad abswrd;[37] ac nid anodd dehongli *Diwedd y Saithdegau* fel ymdrech ar ei ran i adfer potensial chwyldroadol y ddrama Ibsenaidd, a'i haddasu ar gyfer y Gymru gyfoes. O'r safbwynt hwnnw, hwyrach y gellid cymharu hynt Gwenda yn *Diwedd y Saithdegau* â phrif gymeriad drama Ibsen, *Hedda Gabler*, er bod elfen gref o nihilistiaeth yn teyrnasu yng nghampwaith y Norwyad. Yn union fel y cyffroir natur ddinistriol yr aflonydd Hedda Tesman gan ddychweliad Eilert Lovborg, daw Gwenda Parry at ei choed o ganlyniad i adferiad ei pherthynas â Haydn. Eto i gyd, ni cheisia ddianc o'i gwewyr meddwl erbyn diwedd y ddrama fel y gwna Hedda, trwy hunanladdiad; yn hytrach, fe'i gwelir yn fuddugoliaethus (er gwaethaf nodyn llwyfan reit amwys gan Miles sy'n disgrifio'r edrychiad rhyngddi a'i gŵr), wedi tramgwyddo, ac wedi dechrau adfer hunan-barch o ganlyniad i'r tramgwydd hwnnw.

Efallai na ddylid gwneud môr a mynydd o'r elfen Ibsenaidd yn nrama Gareth Miles (er gwaetha'r ffaith fod cyfatebiaeth eithaf clir eto rhwng diweddglo *Tŷ Dol* o waith Ibsen a diweddglo *Unwaith Eto 'Nghymru Annwyl* (1984), ei ddrama nesaf ar gyfer Hwyl a Fflag/Sgwar Un), ond mae'n werth gwneud hynny er mwyn nodi sut y bu cyfeiriadaeth at destunau neu arddulliau theatraidd a llenyddol eraill yn elfen gref yn ei waith ar gyfer y cwmni, ac yn nodwedd amlwg o'i dechneg theatraidd yn gyffredinol. Yn y dramâu o'i eiddo a lwyfannwyd gan Hwyl a Fflag yn ystod y blynyddoedd canlynol, gwelwyd cyfeiriadaeth drawsdestunol gyson – nid fel dyfais ysbeidiol neu barodïaidd er mwyn denu edmygedd neu chwerthin gwag, ond fel modd i drosi naratif am Gymreictod (fel arfer) i gyd-destun theatraidd gwahanol. Fel yng ngwaith Theatrig a Brith Gof, bwriad Miles oedd gofyn i'r gynulleidfa ailystyried nodweddion Cymreictod trwy gamu'n ôl o'r hyn a ystyrid yn gyfarwydd neu'n gynhenid. Wrth gwrs, ar yr un pryd, gellid creu cryn hwyl ac effaith gomig trwy'r ddyfais hon, fel y gwelwyd yn *Ffatri Serch* (1984), un o gynyrchiadau mwyaf llwyddiannus Hwyl a Fflag o waith Miles. Yn y ddrama honno, defnyddiwyd fformiwla stori serch yn null Mills & Boon neu Gyfres y Fodrwy fel arddull sylfaenol i bortreadu helbulon merch ifanc a hyrddiwyd i fyd busnes fel perchnoges ffatri wlân ar ôl marwolaeth annhymig ei thad. Plethodd y ddrama gymeriadau stoc y stori serch bantomeimaidd – Sulwen Huws (a chwaraewyd gan Betsan Llwyd), y ferch ifanc ei hun; Gwyndaf ap Sion (Cefin Roberts), y bachgen diniwed drws nesaf, a fu mewn cariad â Sulwen ers blynyddoedd; Lowri (Mari Gwilym) y fam ddichellgar; a Gotham C. Prydderch III (Wyn Bowen Harries) y dihiryn o gyfalafwr Cymro-Americanaidd – gyda phortread o frwydr am oruchafiaeth ac am reolaeth dros y ffatri a'i chyfalaf. Fel yn *Diwedd y Saithdegau*, eithr ar ffurf ysgafnach o dipyn, roedd yma gyswllt rhwng profiad emosiynol yr unigolyn ac arwyddocâd gwleidyddol ei phenderfyniadau. Yn hynny o beth, gwelodd Nic Ros berthynas ddigamsyniol rhwng *Ffatri Serch* a gwaith Bertolt Brecht:

> If *Ffatri Serch* . . . is, as Miles called it, a 'comedy', then it is a comedy in the sense that Brecht's best work is comedy. This distant cousin of *The Good Person of Szechuan* revolves around the evils of capitalism and the forfeiting of priciples that it encourages. Characters are sketched rather than painted, yet the play works through the pace of the episodic structure and the satire which raises smiles if not belly-laughs.[38]

Gwelwyd yr un ddyfais theatraidd ar waith yn ei ddrama nesaf ar gyfer Hwyl a Fflag, sef *Lleidr Da* (1986). Unwaith eto, seiliwyd y digwydd ar ddynwarediad o arddull lenyddol boblogaidd, sef, y tro hwn, nofelau ditectif yn null Raymond Chandler. Nid oedd yr elfen o barodi mor amlwg yn y sioe hon ag yn ei rhagflaenydd, gan nad oedd y sioe ei hun mor gomig, ond, fel ag o'r blaen, defnyddiwyd patrwm storïol y nofelau – ynghyd â'r ffilmiau Hollywood a seiliwyd arnynt – er mwyn dieithrio'r gynulleidfa fel y medrai ailystyried y gwerthoedd hynny a gyfrifid yn gynhenid Gymreig, a'r dulliau llenyddol neu ddramataidd a ddefnyddid fel arfer er mwyn cyflwyno'r gwerthoedd a'r profiadau hynny. Er nad oedd y ddrama hon agos cystal â *Ffatri Serch* yn nhyb Nic Ros ('*Ffatri Serch* benefits from a clear purpose that is sorely lacking in . . . *Y Lleidr Da* . . .', meddai),[39] mae'n werth ei chrybwyll oherwydd bod Miles ei hun wedi sôn am arwyddocâd ei dechneg ddramataidd yn *Y Lleidr Da* mewn ffordd a amlygai ei nod wrth gyfeirio'n ddychanol drawsdestunol at ffurfiau llenyddol a theatraidd eraill. Yng ngeiriau Luned Meredith, adolygydd y cynhyrchiad hwn yn *Y Cymro*, ymwrthododd Miles â'r 'thriller' Saesneg fel patrwm, 'oherwydd ei fod yn llawn "snobyddiaeth a rhagfarnau crachaidd, gwrth-ddosbarth gweithiol"', gan ymhél â'r dull Americanaidd am fod hwnnw'n '. . . ddehongliad o sut y mae cymdeithas y troseddwr yn gweithio, gyda'i pharchusrwydd mor ffug â pharchusrwydd y gymdeithas Americanaidd yn gyffredinol'.[40] Mewn geiriau eraill, defnyddiai Miles ffurfiau disgwrs poblogaidd, fel y nofel dditectif a'r stori serch, er mwyn creu theatr a fedrai gyfathrebu'n ebrwydd â chynulleidfa ddosbarth gweithiol. Hyd yn oed pe na bai'r gynulleidfa ei hun yn un ddosbarth gweithiol, roedd yn bwysig ceisio cynrychioli meddylfryd y dosbarth hwnnw er mwyn dadlau gerbron y gynulleidfa ddosbarth canol fod theatr gul ei gweledigaeth gymdeithasol a elyniaethai'r dosbarth gweithiol yn theatr farwaidd anfoesol.

Wrth symud ymlaen o'i ddramâu cynnar i Hwyl a Fflag/ Sgwar Un, gwelir bod y ddeinameg groesdestunol a fu'n nodwedd amlwg o'i dechneg theatraidd yn y cynyrchiadau hynny i'w gweld eto yn yr addasiadau theatraidd a fu'n brif nodwedd ar ei waith ar ôl tua 1986. Cyflwynwyd rhai o'r addasiadau hynny gan Hwyl a Fflag, gan gynnwys *Duges Amalffi* (1990) a *Serch yw'r Teyrn* (1991),[41] ond cafwyd hefyd gyfres o weithiau eraill ganddo yn ystod y cyfnod hwn a oedd yn fwy amwys o ran eu statws, yn ddramâu gwreiddiol i bob pwrpas, ond eto'n seiliedig i raddau helaeth hefyd ar destun arall. Enghraifft amlwg a drafodir isod yw *Hunllef yng Nghymru Fydd*, drama gomisiwn Eisteddfod Genedlaethol Cwm Rhymni 1990 a gyflwynwyd gan gwmni Dalier Sylw, ac a seiliwyd ar chwedl Antigone; yn yr un modd, cyflwynwyd *Calon Ci* o waith Miles gan Dalier Sylw ym 1994, drama a seiliwyd ar stori ddychanol y Rwsiad Michail Bwlgacof. Yn y naill achos a'r llall, diweddarwyd y testun yn sylweddol gan Miles, gan ailgyfeirio, cymhwyso a Chymreigio'r naratif gwreiddiol: yn achos

Hunllef yng Nghymru Fydd, yn sicr, anodd canfod y gwreiddiol yn yr addasiad heb wybod ei fod yno. Eto i gyd, roedd datgelu'r gyfeiriadaeth hefyd yn rhan bwysig o effeithioldeb theatraidd y dramâu hyn, gan ei fod yn cymell y gynulleidfa i edrych ar y digwydd ar lwyfan mewn ffordd lawer mwy eang ac i ymwrthod i ryw raddau â rhith y digwydd o'i blaen. Roedd cynhyrchiad olaf Hwyl a Fflag o waith Gareth Miles hefyd yn destun lled-addasiedig, lled-wreiddiol o'r fath, a roddai wedd newydd ar destun clasurol Cymraeg. Roedd *Dyrnod Branwen* (1993) yn amlwg yn addasiad o'r chwedl *Branwen Ferch Lŷr*, wedi'i throsi o'r cynfyd Celtaidd i Gymru ac Iwerddon yr oes bresennol. Wrth drosi'r chwedl o un cyfnod i'r llall fel hyn, creodd Miles ddrama a dynnai sylw at y berthynas rhwng cenedlaetholdeb Cymreig a gweriniaetholdeb Gwyddelig yng nghyd-destun trafferthion Gogledd Iwerddon. Er mwyn gwneud hynny, gwyrodd rai o ddigwyddiadau'r chwedl, gan ddefnyddio'r un *coup de théâtre* ag a welwyd yn niweddglo *Duges Amalffi* dair blynedd ynghynt, sef tramgwyddo'r testun clasurol, oesol er mwyn cyflawni anghenion radical yr addasiad byw. Yn *Dyrnod Branwen*, gwnaeth hynny trwy drawsffurfio cymeriad Branwen ei hun o'r ddioddefwraig oddefol yn y chwedl i wrthryfelwraig fywiog, beryglus. Yn ôl Nic Ros, roedd y newid hwn yng nghymeriad Branwen unwaith eto'n agor y testun ac yn cymell y gynulleidfa i'w hystyried fel person emosiynol ac fel bod gwleidyddol: 'Cleverly inverting Branwen's passive role in the original tale – here she is a pro-IRA convert who contrasts with her moderate Irish husband – Miles forges a multi-faceted commentary on Welsh-Irish relations,' meddai, 'meshing his political allegory with the social and the domestic.'[42]

O safbwynt hanes a datblygiad cwmni Hwyl a Fflag, mae *Dyrnod Branwen* yn ddiddorol am reswm arall, sef ei bod yn gynnyrch proses o ddatblygu cyhoeddus. Gwelwyd y ddrama ar lwyfan Hwyl a Fflag am y tro cyntaf yng ngwanwyn 1992 yn *Codi'r Hwyl*, y bumed ŵyl i'w chynnal gan y cwmni er mwyn hyrwyddo a saernïo dramâu newydd. Yn sgil y dangosiad hwnnw, adolygwyd y ddrama gan Gareth Miles a'i chyflwyno fel cynhyrchiad teithiol llawn ddiwedd 1993. Nid dyma'r tro cyntaf i Miles ddangos ei waith fel rhan o ŵyl Hwyl a Fflag, gan fod cynhyrchiad o'i ddrama fer ar gyfer Eisteddfod Genedlaethol Casnewydd ym 1988, sef *Chwiorydd*, wedi'i dangos fel rhan o *Codi'r Hwyl 2* yng ngwanwyn 1989; ond dyma'r tro cyntaf i'r awdur ddefnyddio cynhyrchiad yr ŵyl yn ffordd o olygu ac ailweithio'i sgript. Erbyn 1992, y flwyddyn y dangoswyd *Dyrnod Branwen*, roedd yr ŵyl yn ei phumed flwyddyn, ac wedi tyfu i gynnwys perfformiadau gan gwmnïau gwadd ynghyd â darlleniadau a chynyrchiadau llawn gan Hwyl a Fflag. Roedd bellach yn siop ffenest ar gyfer y theatr broffesiynol Gymraeg yn ei chrynswth, a gwaith Hwyl a Fflag yn ei chanol.

Soniodd nifer o sylwebyddion am bwysigrwydd y gwaith hwn, ac am y cynnwrf cyffredinol a deimlid o gylch y theatr yn ystod cyfnod yr ŵyl. Credai Gruffudd Jones, er enghraifft, fod *Codi'r Hwyl* yn ddifyr a phwysig fel digwyddiad theatraidd, nid fel rhyw ffair ddramâu newydd: cyfle i weld amrywiaeth o sioeau theatr ydoedd, nid i dafoli a dyfarnu rhinweddau a gwendidau darn o 'ysgrifennu newydd' yn unig.[43] Gallai'r gynulleidfa gael y pleser o fod yn bresennol wrth i dalent ysgrifennu ymddangos am y tro cyntaf, câi'r cyfle i weld sioeau a gollasant wrth iddynt deithio Cymru'r tro cyntaf, neu wrth iddynt gael eu dangos ar lwyfannau'r Eisteddfod Genedlaethol y flwyddyn o'r blaen, ac yn y blaen. Câi'r cwmni yntau fudd amlwg o ddangos egin-gynyrchiadau i gynulleidfaoedd cyffredinol brwdfrydig; câi gyfle hefyd i amlygu ei waith gyda dramodwyr a dramâu newydd a phrofi ei ymroddiad i'r egwyddor gydweithredol agored a fu'n sail i'w waith o'r cychwyn cyntaf. At ei gilydd, roedd *Codi'r Hwyl* yn weithgarwch defnyddiol iawn i'r cwmni ac yn werthfawr iawn fel ychwanegiad at weithgarwch theatraidd yn Theatr Gwynedd.

Serch hyn, gallai'r ŵyl gostio'n ddrud i'r cwmni o ran ei broffil cyhoeddus hefyd, yn enwedig pe na bai'r cynyrchiadau'n llwyddo. O ystyried cyn lleied o amser a roed i baratoi rhai cynyrchiadau, a chyn lleied o adnoddau a feddai'r cwmni i gyflawni anghenion technegol yr holl ddramâu, nid yw'n fawr o syndod fod ambell sioe wedi methu. Fel y nododd Rhiannon Tomos wrth adolygu gŵyl 1993:

> Cyflwynir y gwaith newydd fel rhywbeth y gellir ei ddatblygu ymhellach, gan roi golwg i ni ar y modd y mae drama'n aeddfedu. Ond os na fydd ymateb ffafriol iddi, mae peryg' mai ar y silff y bydd hi byth; wedi'r cyfan, gwelodd olau dydd unwaith, on'do? Llawer mwy boddhaol fyddai cynnig adnoddau cynhyrchu cyflawn iddi – ond rhaid cael cyllid sylweddol i wneud hynny; eleni bu'n rhaid i Hwyl a Fflag lwyfannu pedair drama newydd mewn dim ond pedair wythnos. Mae felly'n anorfod mai cynhyrchiad pur sylfaenol fydd i'w weld . . . Mae'n wyrth fod Hwyl a Fflag wedi cyflwyno gwaith mor hynod safonol dan y fath amgylchiadau.[44]

Nid oes dwywaith fod penderfyniad y cwmni i fod yn gwbl agored o ran ei fwriad i ddatblygu gwaith yn gyhoeddus trwy gyfrwng yr ŵyl yn un i'w ganmol; ond ar yr un pryd, wrth geisio datblygu cnwd sylweddol o sgriptiau ar gyllid bychan, roedd perygl i'r cwmni gael ei gysylltu â digwyddiad lle y gwelid ef, yn reit aml, yn cyflwyno gwaith ar ei hanner, gwaith annatblygedig – gwaith efallai nad oedd yn ddigon da i'w lwyfannu fel cynhyrchiad llawn. Fel yr awgryma Rhiannon Tomos, yn yr hinsawdd economaidd fasnachol a fodolai erbyn dechrau'r 1990au cyfrifwyd y fath waith ar ei hanner yn fethiant yn hytrach nag yn ymgais i ddatblygu. Aeth y lle a ganiatawyd ar gyfer 'methu'n anrhydeddus' yn gyfyng iawn, a hynny wrth gwrs yn gwbl groes i egwyddorion sylfaenol, arbrofol yr ŵyl.

Yn hynny o beth, cafodd Hwyl a Fflag ei hun mewn picil. Aeth y nifer o awduron a fynnai ddatblygu gwaith ar gyfer y theatr yn gymharol fach, er gwaethaf sawl ymdrech i symbylu dramâu newydd ar gyfer y llwyfan; a chlywyd adolygwyr – yn enwedig rhai o adolygwyr *Codi'r Hwyl* – yn dweud bod nifer o'r dramâu a gynhyrchwyd yn ddi-fflach. Gan hynny, aeth yn anos i'r cwmni greu cynyrchiadau difyr a ddenai gynulleidfa ac a wireddai eu potensial theatraidd. Roedd y cwmni mewn cyfyng-gyngor. Penderfynwyd ceisio datrys y problemau a oedd yn gysylltiedig â'r diffygion hyn trwy dynnu'n ôl o waith cyhoeddus am gyfnod a chymryd 'blwyddyn allan' er mwyn neilltuo amser ac adnoddau'r cwmni i ddatblygu cnwd newydd o sgriptiau a dramodwyr. Fel yr awgrymodd Rhiannon Tomos yn ei hadolygiad, ceisiai'r cwmni '[g]lynnig adnoddau cynhyrchu cyflawn' i gyfres o ddramâu, a chyfnod o gynllunio a chydweithio er mwyn eu datblygu a'u caboli'n deilwng. Roedd hon yn strategaeth fentrus iawn: gosododd bwysau aruthrol ar y cwmni i lwyddo wrth gyflwyno cynnyrch y flwyddyn ddatblygu. A phan lwyfannwyd y gwaith newydd hwnnw ym 1993–4, siomedig fu'r cynnyrch ei hun a'r ymateb beirniadol iddo. Ar sail y methiant hwnnw, penderfynodd Cyngor Celfyddydau Cymru fod Hwyl a Fflag bellach yn aneffeithlon, a daeth â'i nawdd i ben yn ddisymwth. Gwasgarwyd y nawdd a aeth i Hwyl a Fflag rhwng nifer o gwmnïau eraill, ond bu'n gŵyn amlwg wedi hynny fod diffyg darpariaeth ar gyfer ysgrifenwyr newydd yng ngogledd Cymru, ac mai anodd iawn oedd iddynt gymryd eu camau cyntaf tuag at gynhyrchiad llawn o'u gwaith ar lwyfan theatr broffesiynol.

Dalier Sylw

Ffurfiwyd Dalier Sylw yn raddol dros gyfnod o flynyddoedd, gan ddechrau ym 1987, pan ddaeth pedwar theatrweithredwr o Gaerdydd at ei gilydd er mwyn trafod sut y medrid sefydlu cwmni theatr a fanteisiai ar yr amodau ffafriol iawn i greu theatr a fodolai yn y ddinas honno. Y pedwar sylfaenydd oedd y cyfarwyddwr teledu Peter Edwards, y dramodydd Siôn Eirian, a'r actor-gyfarwyddwyr Eryl Phillips a Bethan Jones. Bu'r rhain yn cydweithio'n rheolaidd ers rhai blynyddoedd ar wahanol brosiectau, nifer sylweddol ohonynt yn y Saesneg – bu'r tri olaf yn gysylltiedig droeon â chynyrchiadau cwmni Moving Being, er enghraifft – a gwyddent oll am y doreth o actorion a chyfarwyddwyr Cymraeg eu hiaith yn ardal Caerdydd a ysai am weithio yn y theatr fyw ond na fedrai wneud hynny oherwydd diffyg cwmni proffesiynol parhaol. Eu nod, felly, oedd sefydlu cwmni prif ffrwd a fanteisiai ar yr adnoddau a'r talentau a ddenid i Gaerdydd dros y blynyddoedd, ac i greu proffil uwch i'r theatr ymysg theatrweithredwyr de Cymru'n gyffredinol.

Tua'r un cyfnod, rhoddwyd cynllun ar waith gan Gyngor Celfyddydau Cymru i greu nifer o gwmnïau prif ffrwd newydd i olynu Cwmni Theatr Cymru. Wedi tranc y cwmni hwnnw ym 1984, bu'r Cyngor yn awyddus i geisio hyrwyddo darpariaeth brif ffrwd newydd, eithr heb yr anawsterau a ddaeth yn sgil creu un cwmni mawr cenedlaethol. Penderfynodd, felly, ariannu tri chwmni prif ffrwd rhanbarthol, un ym Mangor, un yn Aberystwyth ac un yng Nghaerdydd. Yn anffodus, oherwydd problemau cyllidol, bu'n rhaid torri'r nifer o gwmnïau i lawr i ddau erbyn 1987 – sef un i'r gogledd a'r llall i'r de – ac o ganlyniad i hynny, aeth yn gystadleuaeth rhwng y ddau gwmni hwnnw am y rhyddfraint i weithredu fel cwmni parhaol. Loes calon i'r rheini a adawyd i gystadlu oedd y newid polisi hwn, am fod cyswllt amlwg rhyngddynt ar sawl cyfrif. Roedd gan ddarparsylfaenwyr Dalier Sylw gryn feddwl o waith a gweledigaeth Ceri Sherlock fel cyfarwyddwr Theatrig, ac ymddangosasai dau ohonynt, sef Eryl Phillips a Bethan Jones, droeon yng nghynyrchiadau Theatrig ei hun. Fel y nodwyd eisoes, roedd sawl problem yn dechrau mynd yn fwrn ar Theatrig erbyn 1987, gan gynnwys diffyg gweinyddiaeth ganolog, y galwadau lu ar Ceri Sherlock a'i dîm, a'r diffyg cydlyniaeth a chysondeb a ddeilliai o hynny yn ogystal â'r berthynas ansefydlog rhwng Theatrig a Chanolfan y Celfyddydau yn Aberystwyth. Nid oedd fawr o syndod, felly, gweld clustnodi arian y Cyngor i Dalier Sylw, er gwaethaf safon a newydd-deb digamsyniol cwmni Ceri Sherlock. O safbwynt y Cyngor, roedd cynllun Dalier Sylw a'i leoliad yn y brifddinas yn llawer mwy sicr o safbwynt busnes. Diddorol nodi, fodd bynnag, fod Dalier Sylw wedi cytuno i hepgor peth o'i grant ar gyfer blwyddyn gyntaf ei weithgarwch er mwyn caniatáu i

Theatrig ddal ati am flwyddyn ychwanegol; cyfran fechan o'r arian a glustnodwyd ar ei gyfer a ddefnyddiodd Dalier Sylw y flwyddyn honno, er mwyn sefydlu swyddfa yng Nghanolfan Chapter yng Nghaerdydd a dechrau ar y broses o gomisiynu a datblygu sgriptiau. Y cynhyrchiad cyntaf i'w lwyfannu dan enw Dalier Sylw oedd drama ryfedd Ed Thomas, *Adar Heb Adenydd* (1989). Ar y pryd, roedd Ed Thomas yn enw cymharol newydd yn y theatr Gymraeg, ond roedd newydd ddod yn amlwg fel awdur drama Saesneg, gwbl ysgubol ei gweledigaeth o Gymreictod distadl, sef *House of America*. Tra bod y ddrama honno'n gymharol realaidd o safbwynt ei saernïaeth a'i ffurf – er bod elfennau swrreal neu farddonol yn perthyn iddi hefyd – roedd *Adar Heb Adenydd* yn dra gwahanol, yn ddrama ddarniog led-abswrdaidd, a'i deialog yn debyg ar sawl cyfrif i waith byrfyfyr. Crwydrodd y ddeialog – yn ddilywodraeth, megis – o bwnc i bwnc, gan rwystro'r ymdrech i grynhoi'r digwydd yn becyn cymen yn nychymyg y gynulleidfa. Cwynodd Ion Thomas am hynny wrth adolygu'r ddrama yn *Barn*, gan feirniadu'i 'gormodiaith' a'i 'diffyg cynildeb': 'Yr oedd cymaint i'w weld a'i ddeall mewn dros ddwyawr o actio nwyfus nes dallu a blino rhywun', meddai.[45] Ond roedd y diffyg rheolaeth hwnnw'n rhan gynhenid o dechneg Thomas, fel y gwelwyd yn y dramâu Saesneg a ddilynodd *Adar Heb Adenydd*, megis *Flowers of the Dead Red Sea* (1991) ac *East From the Gantry* (1992).

Roedd y dewis hwn fel dechreubwynt i yrfa'r cwmni yn dra arwyddocaol, ac yn dangos sawl un o briodoleddau amlycaf Dalier Sylw. Roedd hon yn ddrama gan ddramodydd newydd, nas gwelwyd ei waith ar y llwyfan Cymraeg cyn hynny, eithr nid dechreuwr fel y cyfryw oedd Ed Thomas ychwaith. Bu hynny'n ernes o'r ffaith fod Dalier Sylw, er yn gwmni a gefnogai ac a hyrwyddai ddramâu newydd, hefyd yn benderfynol o roi llwyfan i ddramodwyr a oedd eisoes wedi ymsefydlu neu ddangos addewid. Nid cwmni i ddatblygu dramodwyr fel y cyfryw oedd hwn. Ys dywedodd Bethan Jones, cyfarwyddwr artistig y cwmni:

> roedd e'n fwriad gennym ni i drïo roi llwyfan i awduron oedd yn sefydlog ac oedd yn brofiadol . . . er ein bod ni'n gwmni oedd yn delio gydag 'ysgrifennu newydd', doeddwn i ddim yn ei weld e fel rhan o brîff y cwmni i fynd i chwilota dramodwyr newydd a gwneud gweithdai datblygu . . . roeddwn i'n teimlo bod angen datblygu yr haen yna o awduron cydnabyddedig a phroffesiynol oedd eu hunain ddim wedi cael cyfle i ddatblygu a sgwennu'n gyson.[46]

Diddorol hefyd oedd theatricaliaeth y gwaith hwn, am fod hynny hefyd yn ernes o un o bolisïau amlycaf Dalier Sylw dros y blynyddoedd, sef rhoi rhwydd hynt i'r dramodwyr a gomisiynwyd ddilyn eu trywydd eu hunain ac i beidio â chael eu rheoli a'u caethiwo gan unrhyw 'brîff' arbennig ar ran y cwmni. Fel y nododd Ion Thomas, roedd elfennau amlwg o syrcas a ffars yn perthyn i *Adar Heb Adenydd*, ynghyd ag arwriaeth '[d]ruenus a phathetig', defodaeth 'hanner call' erbyn diwedd y ddrama, a ffantasi drwyddi draw.[47] Go brin y gellid bod wedi cymell Ed Thomas i gynhyrchu drama mor fywiog a choeg o ran ei theatricaliaeth trwy fynnu ei fod yn 'sgrifennu i ordor', chwedl Wil Sam. Go brin y gellid camgymryd Dalier Sylw am gwmni a geisiai blesio'i gynulleidfa o flaen dim arall ychwaith: roedd perygl gwirioneddol nad apeliai hiwmor Thomas a'i saernïaeth fwriadol flêr at gyfran reit helaeth o'r gynulleidfa Gymraeg. O'r safbwynt hwnnw, mae'n werth cymharu dewrder Dalier Sylw wrth lwyfannu *Adar Heb Adenydd* fel ei ddrama gyntaf â chymrodedd Cwmni Theatr Gwynedd wrth gyflwyno *O Law i Law* – roedd y dewis hwnnw ynddo'i hun yn arwydd o'r gwahaniaeth rhyngddynt o ran eu perthynas â'u cynulleidfaoedd.

Man cychwyn oedd y sioe hon i Dalier Sylw, wrth gwrs, ac wrth edrych dros gynnyrch y cwmni yn ei gyfanrwydd gwelir mai cymharol wan oedd y cyswllt rhwng *Adar Heb Adenydd* a gweddill cynnyrch y cwmni. Yn ôl Bethan Jones, sioe gan grŵp Ed Thomas ei hun, sef 'Y Cwmni' oedd y sioe hon, ond bod Dalier Sylw wedi gweinyddu ac ariannu'r fenter. Fel arfer, deilliai sioeau Dalier Sylw o gomisiwn gan y cwmni ar sail cynnig oddi wrth y dramodydd; yna cafwyd cyfnod o ddrafftio ac ailddrafftio'r teipysgrif gwreiddiol dan gyfarwyddyd Bethan Jones fel cyfarwyddwraig artistig, hyd nes i'r ddrama fod yn barod i'w phrofi mewn gweithdy gan grŵp dethol o actorion; yna, wedi ailddrafftio drachefn yn sgil y profiad o weld y golygfeydd ar waith ar lwyfan, eid â'r ddrama orffenedig i mewn i'r ystafell ymarfer gyda'r cast terfynol. Roedd proses waith Thomas ar *Adar Heb Adenydd* yn fwy cydweithredol o lawer na hynny, gan iddo greu sawl rôl yn y ddrama yn benodol ar gyfer yr actorion a oedd ganddo yn *ensemble* Y Cwmni: roedd rôl y capten yn enghraifft amlwg o gymeriad a grëwyd er mwyn rhoi lle ar lwyfan i Gymraeg bratiog yr amryddawn Russell Gomer. Bu Thomas hefyd yn gweithio'n agos iawn â'i actorion wrth ddatblygu a chrynhoi'r sgript a'r gweithredu llwyfan yn ystod y broses ymarfer – os proses yn wir, am fod hon yn llai trefnus o lawer na'r hyn a ddaeth yn arfer yng ngwaith Dalier Sylw yn ystod y blynyddoedd canlynol. Yn bwysig iawn, fodd bynnag, roedd y blerwch ymddangosiadol hwn yn achos *Adar Heb Adenydd* yn gweddu i'r ddrama ei hun i'r dim, a chyd-ddealltwriaeth yr actorion yn sail gadarn i'r sioe fel profiad theatraidd.

Cynhyrchiad sylweddol cyntaf cwmni Dalier Sylw ei hun, felly, oedd drama Gareth Miles, *Hunllef yng Nghymru Fydd* (1990), a lwyfannwyd yn ystod wythnos Eisteddfod Genedlaethol Cwm Rhymni, a hynny 'mewn lleoliad penodol', sef hen blasdy Llancaiach Fawr ger Nelson. Cyflwynwyd y ddrama ar ffurf *promenade*, gan leoli'r gwahanol olygfeydd o gwmpas y tŷ a'r gerddi yn Llancaiach Fawr, a chan wahodd y gynulleidfa i ddilyn y digwydd wrth iddo symud o un lle i'r llall. Seiliwyd y ddrama ar chwedl Antigone, ond troswyd y chwedl honno, fel yr awgrymodd teitl y ddrama, i Gymru yn y flwyddyn 2030, ar adeg pan oedd llywodraeth annibynnol Gymreig mewn grym, llywodraeth wrth-sosialaidd genedlaethol a weithredai mewn cynghrair agos â'r Unol Daleithiau. Roedd y model hwn ar lywodraeth yntau'n drosiad o'r hyn a geid mewn gwladwriaethau yng nghanolbarth America, megis El Salvador, a rhoddai'r ddrama gipolwg i'r gynulleidfa o erchyllterau system lle y câi gwrthwynebwyr y drefn eu 'diflannu' yn ddisymwth liw nos pe lleisient eu gwrthwynebiad i waith ac ewyllys y llywodraeth.

Unwaith eto, roedd cryn newydd-deb a blaengarwch yn perthyn i theatricaliaeth y cynhyrchiad hwn. Diddorol oedd gweld cwmni a grëwyd er mwyn cyflwyno theatr brif ffrwd, ac y tybiwyd gan lawer ei fod yn mynd i weithio fel 'brawd-gwmni' i Gwmni Theatr Gwynedd ym Mangor, yn defnyddio'r dechneg theatraidd o weithio mewn safle penodol, un a gysylltwyd yn fwy aml o lawer â gwaith corfforol a delweddol cwmni Brith Gof. Fel y nodwyd eisoes, yng nghynyrchiadau'r cwmni hwnnw, gweithredai naws a hanes y safle fel 'haen' destunol annibynnol, a'r haenen honno mor arwyddocaol a llawn ystyr ag unrhyw destun llenyddol a ddefnyddid wrth gyflwyno'r darn. Yn *Hunllef yng Nghymru Fydd*, fodd bynnag, gosodwyd y pwyslais pennaf ar destun geiriol Gareth Miles, ac o'r safbwynt hwnnw, roedd y cynhyrchiad yn un traddodiadol theatraidd. Fodd bynnag, ychwanegodd lleoliad y sioe at yr elfen o ffantasi ynddi (cyfeiriwyd droeon yn y testun at Lancaiach Fawr fel lleoliad y digwyddiadau), a hefyd i raddau helaeth at yr elfen ddychanol yn y cynhyrchiad, gan fod Llancaiach Fawr ei hun yn nodedig fel amgueddfa lle y perffformiai cwmni parhaol o *animateurs* hanes y teulu a'r tŷ yn ystod cyfnod y Rhyfel Cartref yn yr ail ganrif ar bymtheg. Roedd gweld Cymru annibynnol a ffiaidd o lwgr Gareth Miles mewn safle a oedd – er yn grair hanesyddol yn ôl ei hawl ei hun – wedi'i droi'n barc thema hanesyddol fel pe bai'n pentyrru eironi ar eironi ac yn creu awyrgylch sur ynghylch drama a oedd yn ei hanfod yn drasiedi glasurol. Ymhelaethodd Aled Islwyn ar yr elfen ddychanol, goeg yn y cynhyrchiad wrth sôn am y modd y disgrifiwyd y prif gymeriad, Annes Dafydd (y cymeriad a gyfatebai i Antigone ei hun), drosodd a thro fel cantores opera fyd enwog – 'ymadrodd a finiogodd ei ystyr o ystrydeb i ddirmyg wrth iddo gael ei ailadrodd sawl gwaith trwy gydol y cyflwyniad'. Nododd hefyd sut yr oedd 'dychan yn britho'r drasiedi', trwy roi 'sawl tueddiad cyfoes cyfalafol tan lach'.[48]

Roedd i'r cynhyrchiad hwn gymhlethdod theatraidd sylweddol, felly, a newidiai ac a gyfoethogai'r testun gwreiddiol, gan roi ysgafnder coeg annisgwyl ac anghyfforddus o briodol i'r cyfan. Diddorol yw cymharu techneg Gareth Miles a Dalier Sylw yn hyn o beth â'r math o effaith y ceisiai Ceri Sherlock ymgyrraedd tuag ati yn ei gynyrchiadau cynnar gyda chwmni Theatrig yn y 1980au, yn enwedig felly'r sioe *Julia*. Cofir bod honno wedi'i lleoli'n wreiddiol mewn marchnad anifeiliaid, a bod Sherlock yn arbennig o awyddus i sylwebu ar feddylfryd bwrgeisaidd y cymeriadau a'r dramodydd ei hun trwy wrthgyferbynnu moes a moesoldeb y cymeriadau â'u lleoliad theatraidd. Yn yr un modd, gweithredodd y plasty yn *Hunllef yng Nghymru Fydd* fel ffordd o ddychanu gwarineb ymhongar rhai o'r prif gymeriadau – hyd yn oed y rheini a bortreadwyd fel arwyr wrth iddynt frwydro yn erbyn y llywodraeth. Roedd hwn yn gynhyrchiad a ddefnyddiodd theatricaliaeth gynhenid y safle fel ffordd o gymhlethu a rhoi gwedd gyfoes i ddeunydd a oedd yn ei hanfod yn glasurol.

Gellir dweud rhywbeth tebyg iawn am addasiad Gareth Miles o ddrama Ewripedes, *Y Bacchai* (1991). Cyfarwyddwr cynhyrchiad Dalier Sylw y tro hwn oedd Ceri Sherlock. Dyma'r tro cyntaf iddo gyfarwyddo sioe Gymraeg ers tranc Theatrig, ac roedd y ffaith iddo wneud hynny mewn cynhyrchiad gan Dalier Sylw yn ernes efallai o'r ffaith nad oedd unrhyw ddrwgdeimlad rhyngddo ef a'r cwmni a'i disodlodd. Unwaith eto, roedd hon yn sioe gymhleth a soffistigedig iawn o safbwynt theatraidd – fel y gellid bod wedi disgwyl gan Ceri Sherlock – ac unwaith eto, cyflwynwyd y cynhyrchiad mewn safle penodol, sef adfail hen ffatri gacennau Memory Lane yng ngogledd Caerdydd. Gosodwyd y cynhyrchiad mewn tri lleoliad yn y ffatri: yn y fynedfa ar gyfer yr olygfa gychwynnol, lle y safai'r gynulleidfa o gylch cerflun anferth o goes a osodwyd uwchlaw pwll o ddŵr, yr olygfa'n dynodi genedigaeth Dionysos; yng nghorff y ffatri ei hun, sef mewn ystafell fawr agored ryw ganllath o hyd gydag eisteddle y naill ben iddi, lle y gosodwyd trwch y ddrama; a gerbron tomen o bridd ger yr allanfa, lle y safai'r gynulleidfa unwaith eto er mwyn gwylio diweddglo'r ddrama, llofruddiaeth a datgymaliad Penthews. Yn ôl Aled Islwyn, roedd y gofod hwn yn arbennig o effeithiol fel ffordd o gyfleu cwmpas epig y digwyddiadau dramataidd, ynghyd ag ehangder eu gweledigaeth. Cafodd yr adolygydd ei daro yn fwyaf arbennig gan ansawdd goleuo'r sioe: 'Creai gefnlen lle roedd bydysawd y chwarae yn bair a'r hyn ddigwyddai yn ddim ond poer a daflwyd i'n sylw fel arwydd o'i bwerau diwaelod.'[49]

Fel cynhyrchiad *Peer Gynt* gan Theatrig bum mlynedd ynghynt, roedd *Y Bacchai* yn ddigwyddiad anferthol ei faint, a bu hynny unwaith eto'n dyst o benderfyniad Dalier Sylw i lawn wireddu amcanion a gofynion y ddrama a ddewiswyd i'w llwyfannu. Ond nid *Peer Gynt* oedd yr unig gynsail ar gyfer sioe o'r fath yn hanes diweddar y theatr Gymraeg. Roedd sawl elfen yn debyg hefyd rhwng *Y Bacchai* a'r fersiwn cyntaf o sioe Brith Gof, *Gododdin*, gan fod y gofod chwarae mor llethol fawr nes bygwth mynd yn drech nag unrhyw fynegiant corfforol ar ran yr actorion – yn enwedig yn y darn canolog lle y rhoddwyd y gynulleidfa i eistedd mewn eisteddle. Er gwaethaf brwdfrydedd Aled Islwyn, gellid dweud bod y gwacter anferth yn lladd ar yr awyrgylch o gyfaredd a gwewyr corfforol a oedd yn ganolbwynt i'r testun, wrth iddo gyfeirio at effaith Dionysos ar y corws benywaidd (codai'r un broblem yn union yn *Gododdin* hithau). Wedi dweud hynny, mae Aled Islwyn fel pe bai'n amddiffyn y defnydd eithafol o ofod yn *Y Bacchai* trwy ddweud bod yma 'awyrgylch lle roedd y meidrolion rywsut yn ymddangos yn amherffaith ochr yn ochr â'r elfennau'. Hawdd y gellid credu bod gosod y digwydd mewn gwacter anferthol yn rhan hanfodol o fwriad Ceri Sherlock wrth iddo geisio dadadeiladu'r testun hwn ac amlygu'r gwahanol haenau a'r gwahanol densiynau mewnol ynddo. Yn sicr, nid oedd Sherlock yn fodlon derbyn y testun ar ffurf 'glasurol' fel cyfanwaith gorffenedig, ond yn hytrach credai fod yn nhestun *Y Bacchai* olion brwydr rhwng grymoedd rhyddfreiniol a cheidwadol yr oes, a bod diddordeb Ewripedes yn ecstasi rhywiol benywaidd cwlt Dionysos wedi'i gyfrif mor beryglus nes i'r testun ei hun gael ei lurgunio er mwyn ei droi yn orchymyn i ochel rhag dylanwad eithafol y fath gredo gwltaidd. Fel y credai Robert Graves fod mytholeg Oidipos (er enghraifft) wedi'i chymhwyso er mwyn cynnwys ymosodiad ar hen gredoau crefyddol yn seiliedig ar fam-dduwiesau,[50] credai Sherlock fod *Y Bacchai* wedi'i glastwreiddio er mwyn gwyro gwir ergyd y myth. Wrth ddadelfennu'r gwahanol bosibiliadau testunol hyn yn ei gynhyrchiad, felly, cadwai Sherlock yn agos at y math o waith a wnaeth fel cyfarwyddwr cwmni Theatrig, trwy geisio tanseilio statws y testun o fewn academyddiaeth fwrgeisaidd fel clasur digyfnewid a gorffenedig.

Roedd un agwedd arall ar y cynhyrchiad hwn y mae'n werth sôn amdani cyn symud ymlaen, sef y defnydd o noethni er mwyn adlewyrchu a dynodi profiad rhywiol. Nid dyma'r cynhyrchiad Cymraeg cyntaf i weld yr actorion yn dinoethi, wrth gwrs, ond roedd dinoethiad rhai o'r actorion yn *Y Bacchai* yn arwyddocaol am ei fod yn ymgais gwbl ymwybodol ar ran y cyfarwyddwr i ymestyn 'geirfa' theatraidd y llwyfan Cymraeg, ac i wireddu ei weledigaeth gignoeth o'r ddrama ei hun. Ganwyd Dionysos (Rhodri Evan) yn noeth, fry uwchben y gynulleidfa, gan ddisgyn ar harnes abseilio i'r pwll dŵr islaw; a daeth y cynhyrchiad i ben gyda'r corws benywaidd – hwythau'n diferu o waed a dom gwartheg, ac yn cyhwfan llifiau tsaen go iawn – yn dadrithio ac yn eu cael eu hunain yn llythrennol a symbolaidd noeth gerbron y gynulleidfa. Roedd y delweddau hyn yn rhai cwbl hanfodol i ansawdd a gwead y cynhyrchiad, a buasai defnydd o noethni 'symbolaidd', er yn dderbyniol efallai, yn taro nodyn ffals iawn. Bu noethni'n broblem ar y llwyfan Cymraeg erioed, yn bennaf efallai oherwydd ceidwadaeth gymharol y gynulleidfa, ond hefyd am fod y theatr Gymraeg, er iddi fod yn gyfrwng proffesiynol ers blynyddoedd, eto'n dal at y gwerthoedd cymundodol a fu'n rhan sylfaenol o'i gwneuthuriad o'r cychwyn cyntaf. O'r safbwynt hwnnw, gellid dweud bod pob sioe Gymraeg yn ei hanfod yn ymgyrraedd at greu 'cymuned' o wylwyr; ac roedd dinoethi'r actorion yn tarfu'n sylweddol ar yr ymdrech honno trwy gyflwyno gwedd wahanol ar ddynoliaeth gyffredin y gwylwyr a'r perfformwyr.

Wrth iddo gael ei draed tanodd fel cwmni, daeth Dalier Sylw yn amlwg fel cwmni a lwyfannai waith gan nifer o wahanol ddramodwyr, y rhan fwyaf ohonynt yn rhai a oedd eisoes yn hysbys i gynulleidfaoedd Cymraeg. Cynhwysai'r rhain awduron megis Wiliam Owen Roberts, Gareth Miles, Meic Povey, Sêra Moore-Williams, Siôn Eirian a Menna Elfyn; ond gwelwyd y cwmni hefyd yn datblygu gwaith gan awduron cymharol newydd, megis Branwen Cennard, Aled Jones Williams, Dafydd Llewelyn a Geraint Lewis. O'r dramodwyr sefydledig, nid rhyfedd efallai nodi bod gwaith Povey a Miles wedi'i gyflwyno droeon gan y cwmni, a hwythau'n enwau mor amlwg ar lwyfannau Cymru dros y blynyddoedd, ond diddorol nodi cyn lleied o ddramâu a gyflwynodd Siôn Eirian ar gyfer Dalier Sylw, yn enwedig o gofio ei fod yn un o sylfaenwyr gwreiddiol y cwmni. Yn ôl y dramodydd ei hun, un o'r rhesymau dros hynny oedd methiant ei ddrama gomisiwn *Elfis, Y Blew a Fi* ym 1988: yn sgil ei hanfodlonrwydd ar y ddrama honno, cefnodd ar y theatr am chwe blynedd gron. Pan ddychwelodd, at Dalier Sylw yr aeth, gyda'i ddrama bwerus *Epa yn y Parlwr Cefn* (1994). Llwyfannwyd hi dan gyfarwyddyd Eryl Phillips, ac fe drafodai fywyd puteiniaid ar strydoedd Caerdydd. Roedd hon yn ddrama feiddgar ei chynnwys a'i gwleidyddiaeth, am iddi gymryd golwg ar fywydau tair putain o fewn cyd-destun seico-gymdeithasol llawer ehangach nag arfer. Yn ôl broliant y ddrama gyhoeddedig, gofynnai *Epa yn y Parlwr Cefn* pa un oedd fwyaf anfoesol – 'galwedigaeth drist a diflas y merched, neu drachwant ffasiynol a dienaid eu landlord, Scoot?'[51] Dangosodd y ddrama fod mwy i'r gynulleidfa Gymraeg ei ystyried o safbwynt puteindra na moesoldeb personol y sawl a ymgymerai â'r gwaith, a mynnodd fod y gynulleidfa'n ystyried y berthynas rhwng meddylfryd y farchnad rydd a phuteindra, a sut y trowyd pawb o fewn y fath system yn 'buteiniaid' o ryw fath neu'i gilydd. Yng ngolygfa olaf bwerus y ddrama, gwelir y butain Mary (Sian Rivers yng nghynyrchiad Dalier Sylw) yn datgelu i Scoot (Steffan Rhodri) trwy gyfrwng gweithred rywiol gathartig pa mor llwgr a rhagrithiol mae ei fywyd ef o'r safbwynt hwnnw. Pe na bai'r sioc o orfod meddwl yn wrthrychol am buteindra yn ddigon i'r gynulleidfa Gymraeg ynddo'i hun, brithodd Siôn Eirian ei destun â rhegfeydd, a bu hynny'n ddigon i'w chondemnio'n llwyr yng ngolwg nifer – yng ngeiriau Nic Ros, doedd yr ymateb yn fawr o syndod: '[the play was] inevitably savaged by reactionaries.'[52] Unwaith eto, fel y noethni yn *Y Bacchai*, roedd iaith gref *Epa yn y Parlwr Cefn* yn groes i egwyddor gymundodol waelodol y theatr Gymraeg, ac er ei bod yn adlewyrchiad teg o leferydd puteiniaid (ac o sawl aelod 'parchus' o'r gymdeithas hefyd!), roedd ei glywed 'yn awyrgylch artiffisial y theatr . . . yn galed, yn brifo', ys dywedodd Iwan Llwyd, 'ac yr oedd disgrifiadau'r genod o'r weithred rywiol, a'u gwisgoedd, yr un mor galed'.[53]

Diau fod hyn yn arwydd o'r ffaith mai un o egwyddorion gwaelodol Dalier Sylw ei hun oedd ymosod ar gymundod hanesyddol y theatr Gymraeg, ac i ddadlau dros fath ar theatr a oedd yn llawer mwy unigolyddol ei naws a'i genadwri. Er na chafwyd datganiad erioed gan y cwmni i'r perwyl hwnnw, dyna oedd un o drawiadau mwyaf amlwg *Y Bacchai* ac *Epa yn y Parlwr Cefn* fel ei gilydd, sef bod drama ar ei mwyaf diddorol wrth ei chyflwyno mewn cyd-destun theatraidd sy'n rhwystro'r gynulleidfa rhag dod at ei gilydd fel cymuned o gyd-wylwyr bodlon, cytûn. Roedd y feddylfryd hon yn adlewyrchu'r ffaith mai cwmni dinesig yn ei hanfod oedd Dalier Sylw a'i fod yn cynrychioli profiad y garfan sylweddol honno o Gymry Cymraeg – pobl ifainc gan mwyaf – a fudodd o drefi a phentrefi cefn wlad i'r dinasoedd, ac a geisiodd gydbwyso'u hymwybyddiaeth o Gymreictod cymundodol traddodiadol ag ehangder a dieithrwch y bywyd dinesig. Roedd y gwrthgyferbyniad argyfyngus hwn rhwng dau feddylfryd Cymreig yn elfen is-destunol bwysig yng ngwaith sawl dramodydd y cyflwynwyd ei waith gan Dalier Sylw, gan gynnwys un o'r rhai amlycaf i'w feithrin gan y cwmni, Geraint Lewis. Adwaenid Lewis yn bennaf fel actor cyn iddo ysgrifennu ei ddrama lwyfan broffesiynol gyntaf ar gyfer Dalier Sylw, sef *Y Cinio* (1995); ond er gwaethaf ei ddiffyg profiad, gwelwyd sawl cynhyrchiad o'i waith ar ôl hynny, gan gynnwys *The Language of Heaven* (1995: cyd-gynhyrchiad â Theatr Clwyd), *Y Groesffordd* (1996) a *Meindiwch Eich Busnes* (1996). Bu'r rhain yn dra llwyddiannus ar y cyfan, gan ddiddanu cynulleidfaoedd drwy Gymru benbaladr gyda'u cyfuniad o hiwmor a dychan cyfoes. Yr unig eithriad i'r llwyddiant cyffredinol hwn oedd yr ymateb tawedog a fu i *Y Cinio* ar ei thaith drwy ogledd Cymru, ond diau y medrir deall hynny o gofio mai drama ddeheuol iawn ei naws oedd honno, yn trafod helyntion tri aelod o glwb rygbi ar adeg eu cinio blynyddol. Fel y nododd Menna Baines, roedd elfen ddefodol gref yn perthyn i'r ddrama hon, fel ag i holl waith yr awdur yn wir, ond nid oedd y ddefodaeth honno'n un y medrid uniaethu â hi'n ebrwydd gan y gynulleidfa gyfan: nid defodaeth 'theatr cymundod' ydoedd. Yn hytrach, defod waradwyddus o ddoniol a gafwyd, 'lle gwelwyd tri dyn yn malu eu bysedd â charreg fawr ar lan afon yn enw gwryw-dod'.[54] Roedd hon yn olygfa eithafol, ond cwbl nodweddiadol, o'i ymwneud â'i gymeriadau yn *Y Cinio*, fel yn wir mewn sawl drama o'i eiddo wedi hynny. Caricaturau oedd holl gymeriadau *Y Cinio*, a wahoddai – yn yr act gyntaf – y math o chwerthin oddi wrth y gynulleidfa a fyddai'n fodd yn y pen draw i atgyfnerthu'r stereoteipiau gwrywaidd yr honnai'r ddrama ei bod yn ymosod arnynt. Ond âi'r cyfan ymhell y tu hwnt i'r lefel honno wrth i un o'r cymeriadau, 'Double Top' (Alun ap Brinley), un o gyn-arwyr y clwb, fynnu bod y dynion hyn yn ailddarganfod hanfod y berthynas wrywaidd rhyngddynt, ac yn cyflawni defod y bysedd chwilfriw er mwyn gwneud hynny. Yn hynny o beth, yn ôl Lowri Gwilym, dangosodd y ddrama 'gatalog o broblemau emosiynol dynion y nawdegau, [a'u] hanallu – a'u diffyg ewyllys – i'w datrys'.[55] Erbyn diwedd y ddrama, roedd anallu'r cymeriadau i wynebu eu diffygion emosiynol mor gryf a chadarn ag erioed, a diau bod hynny'n achos diflastod;

ond roedd ergyd y ddrama yn y ffaith fod y gynulleidfa wedi gweld methiant defod fel ffordd o atgyfnerthu cymundod – sef methiant yr union beirianwaith a fu'n ganolbwynt i'r theatr Gymraeg trwy gydol ei hanes. O'r safbwynt hwnnw, roedd *Y Cinio* yn ymosodiad ar rôl draddodiadol y theatr Gymraeg lawn cymaint ag yr oedd yn ddychan ar wendidau gwryw-dod cyfoes. Roedd yn gwbl nodweddiadol o feddylfryd awdur (a chyfarwyddwr hefyd, hwyrach) a groesodd o fyd cymundodol y Gymru ranbarthol wledig i'r ddinas.

Nid oes dwywaith i anogaeth cwmni Dalier Sylw fod yn ffactor allweddol bwysig yn natblygiad Geraint Lewis fel dramodydd blaenllaw yn y Gymru Gymraeg erbyn diwedd y 1990au, a diau fod hynny'n destun balchder sylweddol i'r cwmni ei hun. Fodd bynnag, yn ôl cyfarwyddwr artistig Dalier Sylw, Bethan Jones, un o brif gyfraniadau'r cwmni i'r theatr Gymraeg yn ystod y 1990au oedd iddo roi llwyfan a sylw dyledus i ddramodydd a oedd eisoes wedi'i sefydlu, sef Meic Povey. Llwyfannwyd pedair drama o'i eiddo gan gwmni Dalier Sylw yn ystod y 1990au, sef *Wyneb yn Wyneb* (1993), *Fel Anifail* (1995), *Bonansa!* (1997) a *Tair* (1998). Credai Jones fod y berthynas a ddatblygwyd rhwng y dramodydd a'r cwmni yn enghraifft berffaith o'r math o weithgarwch y bwriadwyd y cwmni i'w gyflawni. Cafodd y dramodydd gyfle i weithio'n rheolaidd â'r cwmni, gyda drama newydd o'i eiddo yn ymddangos bob yn ail flwyddyn, a hynny yn sgil cyfnod o ddrafftio a datblygu trylwyr: o 1993 ymlaen, roedd Povey i bob pwrpas yn gweithio'n gyson ar ddramâu ar gyfer cwmni Dalier Sylw. Er hynny, diddorol nodi sylwadau Nic Ros ar ei waith, yn enwedig felly ddylanwad y ddrama deledu ar ei dechneg theatraidd: 'his work obviously betrays the influence of television', medd Ros, gan ychwanegu mai trwy gyfrwng y ddrama deledu y daeth i aeddfedrwydd fel dramodydd yn ystod y 1980au – 'he had, after all, begun as a writer of one-acters'.[56]

Ac eithrio *Bonansa!*, drama ddychanol a roddai gyfle i'r dramodydd chwarae'n ôl-fodernaidd â gwahanol *genres* theatraidd, gan gynnwys cyfarch y gynulleidfa yn uniongyrchol a goleuo'r awditoriwm, dramâu a ganolbwyntiai ar densiynau a gwrthdaro rhwng teuluoedd oedd dramâu Povey ar gyfer Dalier Sylw. Roedd sefyllfaoedd teuluol o'r fath yn hen gyfarwydd yng ngwaith y dramodydd, am iddynt fod yn ganolbwynt i nifer o'r dramâu a ysgrifennodd ers ailafael yn y ddrama lwyfan gyda *Gwaed Oer* (Whare Teg, 1987). Ond yng nghynyrchiadau Dalier Sylw, datblygwyd a chrynhowyd gweledigaeth Povey mewn perthynas â'i thema deuluol yn sylweddol, nes creu yn y ddrama *Tair* arddull theatraidd dra chynnil. Y cynhyrchiad o *Tair* oedd y mwyaf effeithiol a'r mwyaf eithafol wrth amlygu theatricaliaeth Povey, a'r enghraifft orau o gynnyrch y broses o gydweithio rhwng awdur a chyfarwyddwr. Yn y ddrama hon cyflwynir y berthynas rhwng tair cenhedlaeth o'r un teulu; y nain, y fam a'r ferch. Crëir tensiwn wrth i'r ferch (Catrin Powell yn nghynhyrchiad Dalier Sylw) ymhél â gŵr priod, a beichiogi maes o law; ond gwir ganolbwynt y ddrama yw'r gwrthdaro rhwng y tair, sy'n datblygu o ganlyniad i ymgais y fam (Betsan Llwyd) i gelu peth o wirionedd y sefyllfa oddi wrth Nain (Lisabeth Miles). Roedd y sefyllfa sylfaenol yn ddigon cyfarwydd mewn dramâu mawr a mân, ond yn fodd serch hynny i'r dramodydd fynd i'r afael â'r gwahanol densiynau o fewn y teulu, ac ymdrech pob cymeriad unigol i fyw yn ôl ei hegwyddorion ei hun o fewn uned a bontiai'r cenedlaethau. Rhoddodd y cyd-destun domestig gyfle i'r dramodydd greu byd caeedig o gylch ei gymeriadau a phwysleisio – fel yng ngwaith y dramodwyr naturiolaidd mawrion ar droad yr ugeinfed ganrif – fod natur y cymeriadau yn deillio o'u hetifeddiaeth; neu, yng ngeiriau Povey ei hun, 'fod pwy wyt ti a ble wyt ti yn ddibynnol iawn ar dy gefndir a dy deulu di'.[57] O'r safbwynt hwnnw, gellid disgrifio Povey fel dramodydd modernaidd yn yr ystyr 'glasurol' – yn sicr, nid oedd yn perthyn i'r un ysgol â'i gyfoedion Gareth Miles a Siôn Eirian: 'Povey is not really interested in issues,' meddai Nic Ros, 'and all his work for the stage . . . concentrates on family situations and personal politics, and offers us no obvious political slant, unlike Miles's Marxism or Eirian's socialism.'[58]

Unwaith eto, fodd bynnag, fel y gwelwyd mewn cynifer o gynyrchiadau Dalier Sylw, roedd datgymaliad y gymdeithas gymdogol draddodiadol yn elfen gymdeithasol bwysig yng ngwaith Meic Povey yntau. Yn *Tair*, daliai Nain i siarad ac ymarweddu fel aelod o'r gymdeithas gydlynol draddodiadol; ond roedd ei hwyres, y ferch ifanc, wedi ymwrthod â'r gymdeithas honno'n llwyr ac yn gwbl ddi-hid o foesau a moesegu'r genhedlaeth hŷn. Y cymeriad colynol yn y ddrama oedd y fam, a oedd yn ymwybod â bywyd y naill genhedlaeth a'r llall, ac yn cael ei thynnu beunydd i ochri gydag un o'r ddwy yn erbyn y llall. Dyma'r tensiwn a oedd yn gwbl ganolog i'r ddrama, sef rhwng uniaethu â'r traddodiad ac ymwrthod ag ef yn llwyr; ac er mwyn helpu i bwysleisio'r gwrthdaro elfennol hwn, gwagiwyd y llwyfan bron yn gyfan gwbl yng nghynhyrchiad Dalier Sylw, gan adael fawr ddim arno ond tair cadair. Unig sylwedd theatraidd y ddrama o ganlyniad i'r gwagio eithafol hwn oedd lleferydd ac ymddygiad y tri chymeriad.

Trwy eu lleferydd yn anad dim yr amgyffredai'r gynulleidfa safle cymdeithasol y cymeriadau, eu gweledigaeth a'u huchelgais, ac, oherwydd diffyg set naturiolaidd lawn, llwyddodd y ddrama i ddefnyddio natur hylifol y llwyfan i'w llawn effaith wrth i'r gwahanol olygfeydd ymdoddi i'w gilydd yn ebrwydd. Bu'r cydweithredu rhwng y cyfarwyddwr, Bethan Jones, a Meic Povey ei hun yn allweddol bwysig wrth gyrraedd y pwynt hwn, lle'r oedd ergyd ddramataidd a theatraidd *Tair* yn cyd-daro. Yn nrafftiau cynnar y ddrama, yn ôl Jones, cafwyd sawl golygfa lwyfan wahanol, wedi'u dodrefnu'n gwbl realaidd – sefyllfa gymharol debyg i'r hyn a gafwyd yng nghynhyrchiad Whare Teg o *Gwaed Oer* rai blynyddoedd ynghynt, lle y crëwyd set o dŷ 'pen agored' yn null drama fawr Arthur Miller, *Death of a Salesman*. Er i'r ddyfais lwyddo yn y fan honno, gan fod *Gwaed Oer* yn ddrama a ddinoethai'r celwydd a'r bwystfileiddiwch oddi mewn i'r cartref 'cyffredin' ('Agorwyd y tŷ . . . fel petai cyllell wedi . . . torri sleisen o gacen briodas', yn ôl Rhiannon Tomos),[59] byddai'r un amrydedd seicoddramataidd wedi llethu cynildeb *Tair* yn gyfan gwbl. O glirio'r llwyfan, medrai Povey droi datblygiad y ddrama i gyfeiriad newydd, a chael egni creadigol ychwanegol i adnabod a diffinio'i gymeriadau mewn ffordd gwbl newydd. Yn sicr, ymddengys fod y crynhoi a'r symleiddio hwn ar weledigaeth y ddrama wedi bod yn hwb mawr wrth geisio denu cynulleidfa: wedi'i hymddangosiad cyntaf fel drama gomisiwn Eisteddfod Genedlaethol Pen-y-bont ym 1998, aeth ar daith trwy Gymru yn ystod yr hydref, gan ddenu cynulleidfaoedd niferus ym mhobman – tipyn o gamp i ddrama newydd, ddifrifol ei naws, yn enwedig felly ar adeg pan oedd cynulleidfaoedd y theatr Gymraeg yn gostwng.

Bu *Tair* yn benllanw ar ddegawd o waith gan y cwmni, ac ar gyfres o gynyrchiadau a ddatblygwyd trwy gydweithrediad agos rhwng Meic Povey a Bethan Jones. Roedd hithau'n falch iawn o'r berthynas a fagwyd rhwng yr awdur a'r cwmni, ac am y cyfle i gydweithio ag ef: 'Mae'r berthynas â rhywun fel Meic Povey', meddai mewn cyfweliad, 'yn rhywbeth dw i wedi bod yn falch iawn ohono . . . dw i'n teimlo'n freintiedig iawn fy mod i wedi medru gweithio gyda Meic tra'i fod e'n datblygu'i waith.'[60] Testun balchder hefyd, yn ei thyb hi, oedd fod Dalier Sylw wedi ceisio ailsefydlu'r arfer ymysg cwmnïau theatr Cymraeg o gyhoeddi dramâu llwyfan fel eu bod ar gael at ddefnydd y gynulleidfa ar ôl y perfformiad. Trwy gydweithrediad â nifer o gyrff eraill, gan gynnwys Cyngor Celfyddydau Cymru a Chanolfan Adnoddau Addysg Prifysgol Aberystwyth, gwelwyd cyhoeddi nifer o ddramâu o eiddo'r cwmni gan gynnwys bron bob un o'r rhai a drafodwyd uchod (*Adar Heb Adenydd* yw'r unig eithriad). O ganlyniad i'r fenter hon, adnewyddwyd y dramâu Cymraeg hynny a drafodid ar faes llafur yr ysgolion, gan orseddu dramâu Dalier Sylw fel prif gynrychiolwyr y traddodiad dramataidd diweddar yng Nghymru i genedlaethau o ymgeiswyr TGAU a lefel A. Fel y dywedodd Bethan Jones ei hun: 'Mae'n galondid i weld y dramâu hynny'n mynd yn rhan o'r diwylliant, yn rhan o'r hyn y mae pobl – yn enwedig pobl ifainc – yn eu *defnyddio* fel rhan o'r diwylliant.'[61]

Nodiadau

[1] Jeremy Turner, 'Haul, Bwganod a Theatr Fyw', *Barn* (Ebrill, 1993), 42.
[2] Siân Summers, 'Actio i Agor Drysau', *Theatr* (atodiad yn *Barn*, Mehefin, 1996), 36.
[3] Gweler Charmian C. Savill, 'Theatre-in-Education in Wales', *Planet* (Chwefror/Mawrth, 1988), 51: 'Unlike the theatre audience, the TiE audience is a captive one. TiE audience members have no choice as to whether they take part or not, the school decides for them and there is no voluntary contract. This requires the TiE programme to be as specific and as facilitating as possible when artistic and social contracts are made.'
[4] Cora Williams, 'The Theatre in Education Actor' yn Tony Jackson (gol.), *Learning Through Theatre* (Llundain: Routledge, 1993), 94.
[5] Mae'n werth nodi, fodd bynnag, fod ambell arloeswr diweddar ym myd y theatr i oedolion wedi gweithio'n daer er mwyn ceisio adfer a datblygu'r elfen ryngweithiol: soniwyd mewn penodau blaenorol am waith theatr gymuned y gyfarwyddwraig Ann Jellicoe, a thechneg 'cyfnewid perfformiadau' Barba. Gellid ychwanegu at y rhain waith y cyfarwyddwr Brasiliaidd, Augusto Boal, a gasglodd nifer fawr o ddulliau rhyngweithiol at ei gilydd dan y teitl 'Theatr i'r Gormesedig' (Theatre of the Oppressed). Am ddiffiniad cryno o'i 'Theatr Fforwm' ryngweithiol, ynghyd â thechnegau eraill o'i eiddo, gweler Augusto Boal, *The Rainbow of Desire* (Llundain: Routledge, 1995; cyhoeddwyd yn wreiddiol dan y teitl, *Méthode Boal de Théâtre et de Thérapie: L'Arc-en-Ciel du Désir* (Paris: Ransay, 1990)).
[6] Gill Ogden, 'A History of Theatre-in-Education in Wales' yn Anna-Marie Taylor (gol.), *Staging Wales: Welsh Theatre 1979–97* (Caerdydd: Gwasg Prifysgol Cymru, 1997), 47.
[7] Ibid., 52.
[8] Gweler John O'Toole, *Theatre in Education* (Llundain: Hodder & Stoughton, 1976), 71
[9] Ogden, 'A History of Theatre-in-Education in Wales', 49.
[10] Ibid., 55.
[11] Savill, 'Theatre-in-Education in Wales', 53.

12. Ogden, 'A History of Theatre-in-Education in Wales', 47–8.
13. Tony Jackson, 'Education or Theatre? TIE in Britain' yn *Learning Through Theatre*, 18–19.
14. Savill, 'Theatre-in-Education in Wales', 53.
15. Gweler Ogden, 'A History of Theatre-in-Education in Wales', 51.
16. Menna Baines, 'Chwarae'n Fawr', *Theatr* (atodiad yn *Barn*, Rhagfyr, 1993/Ionawr 1994), 54.
17. Siôn Aled, 'Deffro Delw', *Barn* (Medi, 1993), 34.
18. Ogden, 'A History of Theatre-in-Education in Wales', 56.
19. Greg Cullen, 'The Graveyard of Ambition?' yn *Staging Wales*, 132, 140.
20. Ibid., 139.
21. Gweler Ogden, 'A History of Theatre-in-Education in Wales', 53.
22. Savill, 'Theatre-in-Education in Wales', 50.
23. Siôn Aled, 'Ysgytwad Amserol', *Barn* (Medi, 1993), 36.
24. Damcaniaeth ddadleuol a gyflwynwyd gan Francis Fukuyama yn ei gyfrol *The End of History and The Last Man* (Llundain: Hamish Hamilton, 1992).
25. Siôn Aled, 'Ysgytwad Amserol', 36.
26. 'Celwyddau sy'n Chwalu', *Theatr* (atodiad yn *Barn*, Mehefin, 1997), 30.
27. Lowri Gwilym, 'Hualau Hunaniaeth a Rhyddid Iaith', *Theatr* (atodiad yn *Barn*, Rhagfyr/Ionawr, 1997), 10.
28. Ogden, 'A History of Theatre-in-Education in Wales', 54.
29. Nia Roberts, 'Problemau Perthyn', *Theatr* (atodiad yn *Barn*, Ionawr, 1998), 13.
30. Iola Ynyr, cyfweliad â'r awdur, Rhagfyr 2002.
31. Wyn Bowen Harries, cyfweliad â'r awdur, Rhagfyr 2002.
32. Siôn Eirian 'Addasu Drama Radio yn Arbennig i'r Cwmni', *Y Cymro*, 19/3/86, 8.
33. Dafydd Morgan Lewis, 'Y Wefr Theatrig yn Brofiad a Hanner', *Y Cymro*, 2/4/86, 3.
34. Dafydd Morgan Lewis, 'Cwlt y Chwedegau', *Barn* (Medi, 1988), 49.
35. Siôn Eirian yn Menna Baines, 'Drama Parlwr Cefn', *Theatr* (atodiad yn *Barn*, Medi, 1994), 28.
36. Nic Ros, 'Leaving the Twentieth Century: New Writing on the Welsh Language Mainstage 1979–1995' yn *Staging Wales*, 19.
37. Gareth Miles, 'Sosialaeth ar Lwyfan', *Theatr* (atodiad yn *Barn*, Hydref, 2000), 56–62.
38. Ros, 'Leaving the Twentieth Century', 19.
39. Ibid.
40. Luned Meredith, 'Drama'r Awdur Nid yr Actorion yw Hon', *Y Cymro*, 14/5/86, 7.
41. Cyflwynwyd *Serch yw'r Teyrn* fel cyd-gynhyrchiad â chwmni Theatrig.
42. Ros, 'Leaving the Twentieth Century', 20.
43. Gruffudd Jones, cyfweliad â'r awdur, Rhagfyr 2002.
44. Rhiannon Tomos, 'Dathlu a Dangos Craciau', *Barn* (Ebrill, 1993), 44–5.
45. Ion Thomas, 'Ceisio Hedfan', *Barn* (Mehefin, 1989), 37.
46. Bethan Jones, cyfweliad â'r awdur, Rhagfyr 2002.
47. Thomas, 'Ceisio Hedfan', 37.
48. Aled Islwyn, 'Hunllef ei Hen Athro Saesneg!', *Y Cymro*, 8/8/90, 12.

[49] Aled Islwyn, 'Colli Geiriau, Ennill Gwefr', *Y Cymro*, 23/10/91, 6. Cael y rig goleuo ar fenthyg o stiwdios ffilmiau Pinewood a wnaeth Dalier Sylw ar gyfer *Y Bacchai*, wedi iddo gael ei ddefnyddio ar gyfer y ffilm *Alien 3*.
[50] Gweler Robert Graves, *The Greek Myths* (Harmondsworth: Penguin Books, 1960: cyfrol II), 12–15.
[51] Siôn Eirian, *Epa yn y Parlwr Cefn* (Aberystwyth: Canolfan Astudiaethau Addysg, 1995).
[52] Ros, 'Leaving the Twentieth Century', 21.
[53] Iwan Llwyd, 'Chwilio'r Corneli Tywyll', *Theatr* (atodiad yn *Barn*, Hydref, 1994), 39.
[54] Menna Baines, 'Croesffordd Cymreictod', *Theatr* (atodiad yn *Barn*, Mehefin, 1996), 30.
[55] Lowri Gwilym, 'Romp Ystyrlon', *Barn* (Ebrill, 1995), 27.
[56] Ros, 'Leaving the Twentieth Century', 29, 30.
[57] Gwenan Roberts a Menna Baines, 'Y Ddrama Gomisiwn', *Theatr* (atodiad yn *Barn*, Gorffennaf/ Awst, 1998), 10.
[58] Ros, 'Leaving the Twentieth Century', 30.
[59] Rhiannon Tomos, 'Pobl, Nid Sbesimens', *Barn* (Tachwedd, 1992), 18.
[60] Bethan Jones, cyfweliad â'r awdur, Rhagfyr 2002.
[61] Ibid.

5

Yn ôl i'r Dyfodol:
Y Theatr ar ôl 1997

Daw cyfnod hanes y gyfrol hon i ben ym 1997. Roedd hon, fel 1979, yn flwyddyn dyngedfennol yn hanes y Gymru Gymraeg, blwyddyn ethol llywodraeth Brydeinig newydd a blwyddyn yr ail refferendwm ddatganoli. Nid oes rhaid ymhelaethu ar fuddugoliaeth swmpus Llafur yn yr etholiad cyffredinol, na'r cwta saith mil a gariodd y mesur datganoli yn y fan hon, dim ond dweud bod Cymru ym 1997 unwaith eto ar drothwy cyfnod newydd. Ond tra gwahanol oedd y cyfnod hwn o'i gymharu â 1979. Yn y flwyddyn honno, un o'r prif bynciau trafod gwleidyddol oedd llewyrch (neu ddiffyg llewyrch) y diwydiannau gwladoledig, ac ymdrech alaethus llywodraeth Lafur James Callaghan i weinyddu polisi ar incwm; erbyn 1997, roedd gwladoli'n hen, hen hanes, a rôl y llywodraeth wrth reoli incwm wedi newid yn llwyr. Yn wir, roedd holl ethos llywodraethu wedi newid. O dan y Torïaid, crebachodd rôl uniongyrchol y llywodraeth o safbwynt ymyrraeth economaidd bron yn gyfan gwbl, a gosodwyd y pwyslais ar egwyddor *laissez-faire* y farchnad rydd. Menter unigol, ac nid consenws cymdeithasol, oedd hanfod syniadaethol llywodraeth Margaret Thatcher, a llywodraeth John Major yn ei thro. Yn wir gymaint fu llwyddiant y Torïaid yn hynny o beth, nes darbwyllo gwrthblaid Lafur y 1990au dan arweiniad Tony Blair i fabwysiadu'r un egwyddorion. Erbyn 1997, roedd yr hyn a fu'n *coup* gwleidyddol ym 1979 – Thatcheriaeth – bellach yn rhan annatod o synnwyr cyffredin y system lywodraethol.

Er gwaethaf buddugoliaeth Llafur ym 1997, felly, yr un oedd gwerthoedd economaidd a chymdeithasol y llywodraeth Brydeinig. Yn wir, un o gonglfeini polisi Llafur yn etholiad cyffredinol 1997 oedd ei addewid i gadw at dargedau gwariant y Torïaid, ac i reoli gwariant cyhoeddus yr un mor llym ag y bu'n arfer yn ystod y deunaw mlynedd blaenorol.

Bu'r penderfyniad hwn yn un digon poblogaidd ymlith y grwpiau a'r sefydliadau hynny a warchodai fuddiannau'r byd busnes, a diau bod ennill eu cefnogaeth hwy a dileu'r atgof am gamweinyddu economaidd y 1970au yn un o flaenoriaethau amlycaf llywodraeth Blair yn ei gyfnod cynnar. Wedi dweud hynny, hawdd fyddai anwybyddu'r elfen economaidd o weithgarwch y llywodraeth Lafur wrth edrych ar hanes Cymru yn y cyfnod hwn, oherwydd maintioli'r digwyddiad arall a welwyd yng Nghymru ym 1997, sef yr ail refferendwm ddatganoli. Eto i gyd, rhaid cofio bod cefnogaeth y llywodraeth Brydeinig i'r mesur hwnnw yntau yn adlewyrchu awydd ar ei rhan i ddileu'r gorffennol. Er iddi bledio'i hangerdd dros 'foderneiddio' cyfansoddiad gwladwriaethol y Deyrnas Unedig, gwir bwrpas y llywodraeth Lafur wrth gefnogi datganoli yn yr Alban a Chymru oedd ceisio torri crib y Torïaid o safbwynt eu gallu i lywodraethu Prydain Fawr yn ei chyfanrwydd fel y gwnaethai ers cenhedlaeth. Roedd yn benderfynol o geisio gwarchod 'i'r oesoedd a ddêl' yr ardaloedd hynny a arhosodd yn gadarn driw i Lafur drwy'r cyfan i gyd. Roedd hefyd yn awyddus i sicrhau na chollid yr Alban i'r cenedlaetholwyr (o'r braidd y gellid dychmygu hynny'n digwydd yng Nghymru), ac i greu cynsail ar gyfer datganoli rhanbarthau Lloegr maes o law, pe mynnai'r cyfryw rai fanteisio ar eu cyfle. *Realpolitik* oedd yn gefn i'r ymgyrch ddatganoli o safbwynt Llafur yn ganolog, nid awydd i roi i Gymru ei rhyddid; ac, yn hynny o beth, roedd y llywodraeth newydd mor gadarn ei barn a'i gweithred â llywodraeth Thatcher yn y 1980au.

Gyda buddugoliaeth yr ymgyrch 'Ie dros Gymru' ar 18 Medi 1997, daeth cyfnod i ben yn hanes y theatr Gymraeg hithau. Roedd rhan helaeth o'i gorchwyl hanesyddol, fe ymddangosai, wedi'i gyflawni: roedd wedi llwyddo i warchod buddiannau'r iaith a'r diwylliant Cymraeg a rhoi llais i Gymreictod ar adeg pan nad oedd gan Gymru ei llais democrataidd gwleidyddol ei hun. Roedd wedi sefyll yn y bwlch a adawyd gan wleidyddiaeth ddiffygiol ei chenedl. Bellach, yn sgil datganoli, gallai weithredu fel theatr eto, a gadael i'r gwleidyddion warchod buddiannau Cymreictod: nid oedd rhaid iddi bellach gynrychioli'r genedl ar ei phen ei hun. Neu, o leiaf, dyna'r gred naïf yn hydref 1997. Ond roedd ymdrech y theatr i gynrychioli Cymru trwy'r blynyddoedd Torïaidd wedi costio'n ddirfawr iddi, a chyfrwng dilewyrch a llesg oedd hi erbyn 1997. Yn ystod y 1990au, gwelwyd ymgilio cyffredinol o ran cynulleidfa'r theatr a rhyw ddiffyg fflach yng ngwaith y cwmnïau Cymraeg – y rheini, hynny yw, a oedd yn weddill. Erbyn 1997, dioddefai'r theatr o brinder adnoddau dybryd, canlyniad i bolisïau masnachol bras y Torïaid tuag at y theatr a'r celfyddydau yn gyffredinol, a thwf S4C a'r sector deledu Gymraeg. Sugnwyd bywyd y theatr, a gwasgarwyd y dalent a'r egni creadigol a ffrydiai iddi yn y 1960au a'r 1970au. Yn wahanol iawn i'r teledu, a lwyddasai, trwy'i hygyrchedd a'i gyfoesedd fel cyfrwng, i'w osod ei hun yng nghanol y bywyd Cymraeg fel na fynnai'r Gymru Gymraeg fod hebddo, roedd y theatr wedi mynd o'r golwg bron yn llwyr ar yr ymylon. Nid oedd bellach yn ffordd hanfodol i'r Cymry Cymraeg ymwybod â hwy eu hunain, ac ofnai ambell sylwebydd, fel yr ofnasai Gwyn A. Williams am Gymru ym 1985, ei fod yn *finis* arni. Yn ôl David Clarke, yntau'n ysgrifennu ym 1998, roedd hynny'n gwbl bosibl:

> Dros y deuddeng mlynedd diwethaf pan fûm yn gwylio theatr Cymru, nid yw'r uchelfannau yng ngwaith cwmnïau penodol wedi llwyddo i guddio'r dirywiad cyson a sylfaenol mewn gweithgaredd cynaliadwy. Un o'r materion yn ymwneud â'i bywyd diwylliannol y mae'n rhaid i wlad fach bryderu amdano yw ei bod yn bosib caniatáu i ymarfer ddirywio tu hwnt i lefel cynaliadwy – a chyrraedd yn y diwedd fan lle nad oes unrhyw ymarfer o gwbl, heblaw yn ysbeidiol ac anghyson. Rwy'n ofni fod y theatr yng Nghymru yn agos at y llinell hon. Rwy'n gofidio ein bod eisoes ar yr ochr anghywir iddi.[1]

Roedd digon o sylwebyddion ar y theatr yng Nghymru a feiai'r union gwmnïau hynny a astudir yn y gyfrol hon, a'r strwythur anghydlynol yr honnwyd ei fod yn adlewyrchiad perffaith o'r Gymru gyfoes, am ddiffyg hoen y theatr yn ystod ail hanner y 1990au. Gwelent ddiffyg cyfeiriad i ddatbygiad y theatr, diffyg cydlyniaeth o ran gweithgarwch y cwmnïau (gormod o gynyrchiadau tua'r un adeg o'r flwyddyn, er enghraifft, a dim oll am fisoedd wedyn), diffyg ymwybyddiaeth ar ran rhai cwmnïau o 'anghenion' y gynulleidfa (beth bynnag fo'r rheini), diffyg dramâu gafaelgar, 'yr un hen wynebau' ar y llwyfan, diffyg gwerthfawrogiad o grefft y dramodydd ar draul y cyfarwyddwr, gormod o bwyslais ar ddehongli dramâu'n grachgelfyddydol yn hytrach na dweud y stori'n blaen, gwaith astrus ac annealladwy, a diffyg angerdd ar ran ambell gwmni. Yn ôl Ian Rowlands, cyfarwyddwr artistig Cwmni Theatr Gwynedd yn 2002, roedd y '"fleet of coracles" model' a fodolai er 1984 wedi drysu'r gynulleidfa ac arwain at ostyngiad dybryd o ran safonau:

> this fractured model of theatre has led to a climate of mistrust and fear amongst practitioners as each take their artistic last stands. They have felt

increasingly vulnerable and defensive in the ever changing political scene of funding. The fracturing of Welsh language theatre has also caused uncertainty in the minds of Welsh language audiences. We must be honest with ourselves, standards have been variable, production values have at times been low, new writing and direction have been inconsistent . . . As a consequence, audiences have become tired of being disappointed time and time again by mediocre experiences. They have lost confidence in their theatre and have stayed away in their droves.[2]

Er iddo feirniadu'r strwythur anghydlynol am gymell y cwmnïau theatr Cymraeg oll i weithio yn eu corneli bach eu hunain, ni welodd fai ar y cwmnïau yn unig am y dirywiad o ran safon a diddordeb yn y cyfrwng erbyn diwedd y 1990au. Roedd sawl ffactor yn gyfrifol am hynny, meddai. A diau ei fod yn llygad ei le o'r safbwynt hwnnw: bu'r theatr yn wynebu sawl problem ddifrifol ers amser maith, ac nid yng Nghymru'n unig. Er yr Ail Ryfel Byd, ac ar draws gwledydd y gorllewin, bu'n gwanychu'n ddybryd, wrth i genedlaethau newydd droi oddi wrthi a thuag at ffurfiau adloniant a chelfyddyd technolegol megis radio, teledu a'r cyfrifiadur personol. Erbyn diwedd y ganrif, roedd llawer iawn mwy o amrywiaeth ar gael i'r gynulleidfa – yn enwedig o safbwynt diwylliant poblogaidd masnachol – nag a fu yn y gorffennol. Cafodd y lluosogi hwn effaith sylweddol ar gydlyniaeth a datblygiad y theatr. Wrth i genedlaethau o blant a phobl ifainc gael eu magu yn sŵn beunyddiol y teledu a'r radio, ac ar atyniadau rhyngweithiol y cyfrifiadur, aeth yn anos iddynt ystyried y theatr fyw fel ffurf naturiol, 'normal' ar fynegiant diwylliannol. Yn hytrach, ffurf arbenigol oedd, ac un ddigon rhyfedd wrth ymyl diwylliant beunyddiol y 'bloc pŵer' Eingl-Americanaidd. Denai gynulleidfaoedd a oedd yn deyrngar iddi fel ffurf, cynulleidfaoedd a wnaeth benderfyniad ymwybodol i'w dilyn a'i meithrin: anaml y denai groestoriad eang o'r boblogaeth leyg. Fel y dywedodd yr hanesydd Eric Hobsbawm yn ei astudiaeth o'r celfyddydau yn y gyfrol *Age of Extremes: The Short Twentieth Century 1914–1991*, roedd hwn yn gyfnod pan droes y boblogaeth honno yn ei miliynau at y cyfryngau technolegol, pa le bynnag yn y byd y cafwyd ardaloedd dinesig neu drefol. O ganlyniad i hynny, wrth i raglenni radio a theledu ddod yn rhan o'u disgwrs beunyddiol, wrth i gerddoriaeth fecanyddol electronig ddod yn gyfrwng hollgwmpasog i'r genhedlaeth ifanc, wrth i gyfrifaduron ddod yn declynnau cyfarwydd, anhepgor a'u defnyddioldeb yn ehangu beunydd, daeth y cyfryngau hyn yn fodd i 'dechnolegu' meddylfryd y rhai a'u defnyddient.

'[T]echnology . . . not only made the arts omnipresent,' medd Hobsbawm, 'but transformed their perception':

> It is barely possible for someone who has not been brought up in the age when electronic and mechanically generated music is the standard sound heard on live and recorded pop music, when any child can freeze frames, and repeat a sound or visual passage as once only textual passages could be re-read, when theatrical illusion is as nothing to what technology can do in television commercials, including telling a dramatic narrative in thirty seconds, to recapture simple linearity or sequentiality in the days before modern high-tech made it possible to move within seconds through the full range of available television channels. Technology transformed the world of the arts . . .[3]

Fel yr awgryma Hobsbawm, bu'r cynnydd technolegol hwn yn broblem i gyfrwng fel y theatr – yn enwedig felly i gyfrwng cymharol ddarostyngedig fel y theatr Gymraeg – am ei fod yn groes i egwyddorion cymundodol y cyfrwng hwnnw. Roedd y lluosogi technolegol a'r dewis eang o ffurfiau diwylliant a ddaeth yn sgil hynny yn fygythiad i'r math ar gydberthynas gymdeithasol a fu'n allweddol bwysig i'r theatr Gymraeg ar hyd ei hanes. Fel y nodwyd droeon eisoes, 'theatr cymundod' oedd y theatr Gymraeg, â'i chenadwri i'r Gymru Gymraeg yn deillio o'i gallu i ddod ag aelodau'r gymdeithas at ei gilydd fel cymuned o wylwyr a chydgyfranogwyr. Wrth wneud hynny, cyflawnai'r theatr ddefod gymdeithasol bwerus a roddai i'r gynulleidfa ymdeimlad o undod ac o barhad fel grŵp: dyna oedd gwraidd y cymundod a greasid gan y theatr Gymraeg o'i chychwyn cyntaf. Roedd y math newydd ar gymundod, y cymuno unigolyddol diganlyniad a dyfodd yn sgil technoleg newydd ddigidol a chydgyfeiriol y 1990au yn fygythiad i'r cymundod traddodiadol hwnnw. Rhoddai'r math newydd hwn gyfle i'r defnyddiwr ymgilio rhag ei gymuned ddaearyddol, real i gymuned rithwir o'i ddewis ei hun. Ni raid iddo ymwneud i'r un graddau â'r gymuned ddaearyddol o'i gwmpas bellach, ond câi fudo yn ôl ei fodd a'i fympwy, ac ymryddhau gan hynny o'r ymdeimlad o fod wedi'i wreiddio neu ei gaethiwo mewn lle neilltuol ar wyneb daear. Ni raid i'r defnyddiwr digidol ymwybod â'r gymuned ddaearyddol fel cyd-destun *anochel* i'w fyw a'i fod, ac ni raid iddo ymlafnio i gymodi â hi er mwyn byw. Yng ngeiriau Sherry Turkle, câi ymgilio i fyd o'i ddewis ei hun, gan greu'r hyn a alwai'n foratoriwm seicogymdeithasol – 'a time of intense interaction with people and ideas, a time of passionate friendships and experimentation . . . a time during which one's actions are not "counted"'.[4]

O edrych ar y broblem hon yng nghyd-destun gwaith Manuel Castells, a'r mathau ar hunaniaeth a drafodwyd ganddo yn *The Power of Identity*, gellid dadlau bod y theatr Gymraeg ar ddiwedd y 1990au dan fygythiad dybryd o du cyfryngau celfyddydol a diwylliannol a hyrwyddai *hunaniaeth brosiect* bwerus ar ran eu defnyddwyr unigol. Roedd creu hunaniaeth fel prosiect unigol yn rhan gynhenid o'r broses o ryngweithio a chyfathrebu ar hyd y rhwydwaith cyfrifiadurol, digidol. Yn wir, yn ôl Sherry Turkle, roedd rhyngweithio trwy gyfrwng 'parthau amlddefnyddiwr' cyfrifiadurol (Multi User Domains neu 'MUDs') yn galluogi rhai defnyddwyr i weithredu sawl prosiect hunaniaeth ar yr un pryd, trwy rannu'r hunan yn nifer o wahanol 'gymeriadau' testunol. I'r theatr Gymraeg gyfoes, yr her oedd i greu hunaniaeth ac iddi'r un hylifedd a deinameg â'r hyn a geid trwy gyfrwng y dechnoleg ddiweddaraf, ond i wneud hynny ar lefel dorfol, nid ar lefel unigol: i greu, mewn geiriau eraill, hunaniaeth brosiect gymdeithasol. Dyna a welwyd, i raddau helaeth, yn ystod y 1980au a'r 1990au, pan ddisgrifiwyd y theatr Gymraeg fel uned anghydlynol, fel theatr genedlaethol ar wasgar; a dyna hefyd fu wrth wraidd disgrifiad Gwyn A. Williams o hunaniaeth Gymreig fel 'an act of choice' ar ddiwedd *When Was Wales?*, a disgrifiad Emyr Humphreys o'r Gymru 'Daliesinaidd' yn *The Taliesin Tradition*. Roedd y cyfan yn ymdrech i greu hunaniaeth newydd allan o anghydlyniaeth argyfyngus y Gymru gyfoes.

Ond i rai, roedd yr ymdrech honno wedi cyrraedd pen ei thaith. Roedd yr arbrawf wedi methu, meddid, ac roedd yn bryd troi'n ôl at ddiwylliant mwy unffurf, mwy gweladwy a hygyrch, a mwy awdurdodol. Ymhlith y rheini a ddadleuai felly yr oedd Cyngor Celfyddydau Cymru, a aeth ati rhwng 1997 a 1999 i lunio strategaeth ddrama newydd er mwyn hwyluso a rhesymoli ei wariant ar y theatr yng Nghymru. Ymhen y rhawg, bu'r strategaeth hon yn gyfrifol am ad-drefnu'r cyfrwng yn y modd mwyaf sylfaenol, gan symleiddio'r ddarpariaeth theatraidd yn sylweddol a chanoli datblygiad y theatr ar nifer o gwmnïau a sefydliadau dethol yn unig. Canlyniad arolwg o'r cwmnïau theatr yng Nghymru oedd y strategaeth hon, arolwg lle y clywyd y rheini, yn naturiol ddigon, yn cwyno nad oedd digon o arian ar gael iddynt fedru ymgyrraedd at safonau uwch (trwy gynnal cnewyllyn o actorion am gyfnod sylweddol, er enghraifft) na digon o sicrwydd o ran nawdd iddynt gynllunio rhaglen a pholisi artistig dros gyfnod o flynyddoedd. Cwynai'r cwmnïau am y pethau hyn ers tro byd, ac nid heb reswm ychwaith: ond, er braw i nifer, y tro hwn fe'u cymerwyd ar eu gair gan y Cyngor.

Hanfod y strategaeth a dyfodd o ymgynghoriad y Cyngor oedd system a roddai sicrwydd ariannol at y dyfodol i rai cwmnïau, a lefel uwch o nawdd na'r hyn a dderbynient ar y pryd. Dyna fu dymuniad y cwmnïau eu hunain ers blynyddoedd. Er mwyn gwneud hyn, penderfynodd y Cyngor glustnodi un grŵp yn brif gwmni pob sector a gydnabyddid ganddo, a thorri'r gweddill. Ei ddadl oedd fod gormod o gwmnïau yn cael eu noddi yn flynyddol dros dymor hir, h.y. cwmnïau a dderbyniai grantiau 'refeniw', a bod yn rhaid cael gwared ar rai ohonynt er mwyn ariannu'r gweddill yn well. Câi'r cwmnïau eu dymuniad, felly; eithr nid pawb. Ac i'r rheini a gâi eu gwrthod, roedd y dyfodol yn ddu iawn. Fel y gwelwyd eisoes, un o'r cwmnïau amlycaf i'w wrthod oedd Brith Gof, gan i'r Cyngor ddiddymu ei grant yn llwyr a'i drosglwyddo, fel petai, i'r cwmni Saesneg egnïol Volcano Theatre yn Abertawe. Bu'n fwriad gan y Cyngor ddiddymu grant Brith Gof cyn hynny, ond bu'n rhaid gohirio'r penderfyniad am flwyddyn a'i osod yn y strategaeth oherwydd bod Brith Gof wedi llwyddo i apelio yn erbyn y penderfyniad ar sail camweinyddiaeth gan y Cyngor. Pryder mawr y Cyngor, fel y mynegwyd ef gan y swyddog gwybodaeth a'r cyfryngau, oedd fod Brith Gof heb wneud digon 'i wneud eu gwaith yn hygyrch i bobl yng Nghymru, o ran dewis lleoliadau ac o ran nifer seddi'[5] (yr hyn o'i gyfieithu yw fod Brith Gof, druan ohono, heb lwyfannu *Awê Bryncoch*). Ond nid Brith Gof oedd yr unig gwmni Cymraeg dan fygythiad. Awgrymodd dogfen ddrafft y strategaeth ym 1999 y dylid ailystyried y ddarpariaeth 'ysgrifennu newydd' hefyd, syniad a greai ansicrwydd am ddyfodol cwmni Dalier Sylw. Awgrymwyd hefyd y dylid cyfuno cwmni Bara Caws a Chwmni Theatr Gwynedd i greu cwmni proffesiynol ym Mangor dan un weinyddiaeth a chyda chnewyllyn o actorion parhaol. Nod y Cyngor yn hynny o beth oedd ffurfio 'Cwmni Celfyddyd Perfformio Cenedlaethol Cymru'[6] (yn ôl terminoleg glogyrnaidd y Cyngor), yn gymar i'r 'Wales National Performing Arts Company' Saesneg ei iaith a fwriadwyd yng Nghlwyd Theatr Cymru.

Roedd y rhod wedi troi. Ar ôl i'r Cyngor daeru am ddegawd crwn fod y syniad o theatr genedlaethol Gymraeg unffurf yn farw gelain, wele'r cyfryw theatr yn ei hôl yn holliach, mor unffurf fonolithig ag erioed. Wrth gwrs, nid oes dwywaith fod penderfyniad y Cyngor i hyrwyddo theatr genedlaethol yn y Gymraeg a'r Saesneg yn deillio o'i awydd i sicrhau dyfodol llewyrchus i'r cyfrwng: ond diniwed ar y naw fyddai'r sawl na welai ei fod hefyd yn deillio o'i awydd i roi trefn ar ei bethau ei hun ar drothwy cyfnod newydd yn hanes Cymru (a nifer yn y proffesiwn yn galw am ddiddymu'r Cyngor a throsglwyddo'i bwerau i'r Cynulliad). Gwarchod ei fuddsoddiad hanesyddol yn y theatr Gymraeg oedd un o brif amcanion y Cyngor – rhoi egni newydd yng ngwaith y cwmnïau hynny a weithiai ar lwyfannau'r theatrau rhanbarthol (un o bolisïau amlycaf y Cyngor ym mlynyddoedd canol y 1990au, er enghraifft, oedd cryfhau'r cyswllt rhwng cwmnïau a theatrau, gan fynnu partneriaeth rhwng y naill a'r llall fel amod ar gyfer grant), gwneud y theatr yn fwy hygyrch, yn fwy gweladwy fel cyfrwng o fewn y sector gelfyddydau yng Nghymru. Gwyddai'r Cyngor ei fod wedi arllwys miliynau o bunnoedd i goffrau'r theatrau rhanbarthol dros y blynyddoedd, a gwyddai hefyd fod y fath wariant, yn yr hinsawdd Thatcheraidd a oedd ohoni – eto fyth – yng Nghymru ar ôl 1997 yn un lle y codai cwestiynau anodd iawn o du'r awdurdodau ynglŷn â gwerth y fath wariant i'r trethdalwr. Ac ni fu'r Cyngor yn hwyrfrydig i arddel yr un rhethreg ei hun: wrth esbonio'i resymau am dorri grant Hwyl a Fflag ym 1994, er enghraifft, soniodd am faint ei fuddsoddiad yn y cwmni – 'cyfanswm o chwarter miliwn o bunnau o arian cyhoeddus ers dechrau 1992'. Yng ngeiriau'r cyfarwyddwr drama ar y pryd, Mike Baker, 'mae'n rhaid ystyried hawl y cyhoedd, yn y pen draw, i weld gwaith o safon am yr arian maen' nhw'n ei dalu'.[7]

Bu Cyngor y Celfyddydau yn gocyn hitio tra chyfleus i sylwebyddion, cyw haneswyr a theatrweithredwyr fel ei gilydd ers blynyddoedd, a blinderus ar y naw fyddai llunio llith arall yn taranu yn ei erbyn. Diau fod iddo'i feiau a'i broblemau gweinyddol yn ystod y cyfnod hwn – yn wir, fe'i ceryddwyd yn ddifrifol gan aelodau'r Cynulliad Cenedlaethol a San Steffan yn 2000–1 am ei gynllun i dorri'r nifer o gwmnïau theatr i gynulleidfaoedd ifainc yng Nghymru – ond mân bethau oedd y rheini (mi glywaf ebychiadau'r cyfarwyddwyr eisoes) wrth ochr ei broblem sylfaenol; sef ceisio dosrannu cyllid teilwng i'r llu cwmnïau theatr yng Nghymru ar hyd cyfnod hanesyddol pan oedd agwedd y llywodraeth ganolog at wariant o'r fath yn gyndyn ar y gorau, ac yn gywilyddus gybyddlyd fel arall. Ers cenhedlaeth gyfan, bu'r llywodraeth yn wrthgelfyddydol Philistaidd i'r carn, wedi'i chymell i'r cyfeiriad hwnnw gan y cyfryngau poblogaidd na fethai gyfle fyth i ladd ar wastraff arian y trethdalwr, ac na hidiai ffeuen am unrhyw gelfyddyd 'anodd', boed hynny'n gelfyddyd fyw arbrofol yng Nghanolfan Chapter, Caerdydd ('They Call This Art?', taranai tudalen flaen y *South Wales Echo* islaw llun o'r artist corfforol byd-enwog Awstralaidd, Stelarc)[8] neu gynllun tŷ opera ysgytwol y pensaer Zaha Hadid. Gwastraff oedd y cyfan. Yr un Philistiaeth yn y bôn oedd wrth wraidd brwdfrydedd llywodraeth Blair yn ei dymor cyntaf wrth iddo frolio llwyddiannau 'Cool Britannia' o ran y celfyddydau poblogaidd a'r 'diwydiannau creadigol' – term cwmpasog a gynhwysai'r diwydiant ffilm a theledu, canu pop a roc, y celfyddydau perfformiadol a sector hamdden y diwydiant cyfrifadurol. Pennaf llwyddiant y pethau hyn – a'u hunig hawl i nawdd cyhoeddus, gan hynny – oedd eu cyfraniad i'r economi, a oedd ar y pryd yn gyfraniad reit sylweddol. Clodforwyd y celfyddydau am fod yn broffidiol, am hyrwyddo buddiannau 'UK plc', hen ffefryn y llywodraeth Thatcheraidd gynt. Troes yr ieithwedd a ddefnyddiwyd wrth ddisgrifio cyrhaeddiant y celfyddydau yn y gymdeithas yn gleber biwrocrataidd ers tro dan ofalaeth y Torïaid, parhaodd felly o dan Lafur. Anaml iawn y clywid sôn am eu gwerth cynhenid fel cyfryngau diwylliant a chelfyddyd, neu eu cyfraniad i'r busnes o fod yn ddynol, neu hyd yn oed y ffaith syml eu bod oll rywfodd neu'i gilydd yn dod â budd a phleser i bobl. Yn ei dro, rhoddai'r methiant hwn i bwysleisio gwerth y 'diwylliannau creadigol' *fel celfyddyd* swcwr i'r rheini na chredai yng ngwerth y celfyddydau. Fel y dywedodd Anna-Marie Taylor, bellach roedd rhaid siarad am 'gynnyrch o safon' yn hytrach na 'drama dda' neu 'fodloni dangosyddion perffformiad' yn lle 'denu pobl i'r theatr':

> And what are the meanings of this brave new bureaucratic talk? It occurs to me that its abstractions are in part self-protective and arose . . . [in] an attempt to dignify activities which . . . have been regarded as less important than the more hard-edged activities of business management and legal practice. However, I suspect the answer is more obvious, that the Thatcherite legacy of the valorisation of business and management has thoroughly permeated the public sphere.[9]

Er gwaethaf y Philistiaeth lywodraethol a wnâi ei waith bron yn amhosibl, ac er gwaethaf ei chymesuredd a'i phriodolrwydd o safbwynt rheolaeth ar y celfyddydau, roedd strategaeth ddrama Cyngor Celfyddydau Cymru eto'n gam enfawr yn ôl, yn rhan o gynllun cwbl adweithiol i greu theatr Gymraeg osod – campwaith biwrocrataidd a gâi gynulleidfa werthfawrogol, os nad o blith y Cymry Cymraeg eu hunain, yna ymysg y cyfrifwyr a'r gweinyddwyr. Pam creu'r fath gynllun i'r theatr Gymraeg? O ran effeithlonrwydd? O safbwynt y cyfrifwyr, roedd y theatr honno, fel pob math arall ar weithgarwch diwylliannol proffesiynol yn yr iaith Gymraeg, yn gwbl aneconomaidd ac anghynaladwy. Ni ellid mo'i chyfiawnhau ar sail ariannol. Unig gyfiawnhad y cynllun oedd yr un gwleidyddol, a fynnai 'gyfartaledd' rhwng y ddarpariaeth Saesneg a Chymraeg (eithr bod y Saesneg yn derbyn mwy o arian, wrth gwrs). Ond beth oedd a wnelo'r cyfartaledd tybiedig, rhithiol hwn â'r busnes o greu theatr yn y Gymraeg, o ddychmygu'r byd a'i gynrychioli a'i fynegi ar lwyfan Cymraeg? Ai theatr 'gyfatebol' yn unig oedd theatr y Cymry Cymraeg, a'i gyrhaeddiad pennaf i efelychu cynnyrch gorau'r theatr Saesneg?

Un o'r symbyliadau sylfaenol y tu ôl i'r gyfrol hon fu'r sicrwydd fod mwy i'r theatr Gymraeg na hynny. Fel y nodwyd eisoes, bodolai'r theatr Gymraeg ar sawl ffurf ar hyd ei hanes – fel cyfrwng amatur, gwerinol yn ei hanfod hyd at yr Ail Ryfel Byd; fel cyfrwng unffurf proffesiynolgenedlaethol hyd at ddechrau'r 1980au; ac fel cyfrwng proffesiynol, cenedlaethol 'ar wasgar' yn ystod y 1980au a'r 1990au. Yr hyn sy'n clymu'r holl symudiadau hanesyddol hyn at ei gilydd yw'r ffaith fod y theatr Gymraeg, trwy bopeth, wedi gweithredu fel defod gymdeithasol bwysig, defod a roddai i'r Cymry – a'u cymdeithas hwy'n encilio a chrebachu beunydd – yr ymdeimlad o berthyn i ryw fath o grŵp ehangach, un a ddiffinnid yn hanesyddol, neu'n ieithyddol, neu o ran gwerthoedd cymdeithasol, neu mewn rhyw ffordd arall. Roedd y theatr yn ffordd o roi ymdeimlad o barhad i'r gymdeithas Gymraeg nad oedd yn amlwg wrth i'r Cymry edrych o'u cwmpas ar y byd go iawn. Eto, nid ar chwarae bach, yn ystod blynyddoedd olaf yr ugeinfed ganrif, yr ysgogid ac y gweithredid y theatr ddefodol hon: rhaid oedd i theatrweithredwyr fod yn gelfydd ac yn eofn, rhaid iddynt adnabod eu cynulleidfa yn fanwl iawn, a rhaid iddynt hefyd fod wedi hawlio'u lle fel artistiaid yn y gymdeithas. A fedrai'r theatr genedlaethol arfaethedig newydd, y theatr osod, gyflawni'r un swyddogaeth ddefodol? A fedrai gydnabod neu amgyffred ei chynulleidfa fel cymdeithas, fel cymuned o wylwyr mewn byd modern? Neu ai llesteirio'r fath ddatblygiad a wnâi'r corff newydd? Boed y fath gwestiynau fel y bônt, troes y theatr genedlaethol Gymraeg yn ffaith yn 2002, pan ddenodd gefnogaeth wleidyddol, a miliwn a hanner o bunnoedd, o du'r Cynulliad Cenedlaethol.

Wrth ysgrifennu'r bennod hon, ni wyddys eto beth fydd union natur y theatr genedlaethol newydd y bwriedir iddi ddechrau ar ei gwaith yn 2004. Pa beth bynnag a fydd, mae'r ffaith fod y Cynulliad wedi bod mor barod i'w chefnogi a'i hariannu yn dipyn o syndod ar sawl cyfrif, gan na fu hynny'n rhan amlwg o fyrdwn yr adroddiad a baratowyd ar ran Pwyllgor Addysg a Hyfforddiant dros 16 oed y Cynulliad yn 2000. Yn wir, tawedog iawn fu hwnnw am yr angen am theatr genedlaethol yng Nghymru o gwbl. Yn yr adroddiad, sef *Diwylliant Cytûn*, a luniwyd dan awduraeth cyn-gyfarwyddwr cwmni Theatrig, Ceri Sherlock, beirniadwyd y duedd yng Nghymru i gyrchu ar ôl 'theatr destunol yr etifeddiaeth' ('heritage text theatre'). Awgrymwyd bod honno'n seiliedig yn anad dim ar fodel y theatr ddinesig Seisnig, a bod rhai'n chwennych y fath theatr yng Nghymru er mwyn ceisio efelychu ei champ dybiedig hithau: 'Mae'r ddadl o blaid Theatr Genedlaethol,' meddai, 'hyd yn oed ar ffurf ffederal . . . wedi'i seilio ar fath o draddodiad theatr testun lle nad oes llinell barhaus neu ddiderfyn, ac sydd ar y gorau yn ysbeidiol yng Nghymru.'[10] Ni raid cyrchu ar ôl theatr o'r fath yng Nghymru, meddai'r adroddiad, am fod yna ddiwylliant perfformio cydnabyddedig yng Nghymru eisoes, un a oedd yn ei hanfod yn fwy eang ac amrywiol na'r hyn a gynrychiolid gan theatr genedlaethol o unrhyw fath. Wrth herio strategaeth ddrama Cyngor y Celfyddydau yn uniongyrchol ar y pwynt hwn, datganodd yr adroddiad ei bod yn 'hanfodol bod strategaeth y theatr yn seiliedig ar y mwyaf hanfodol a'r mwyaf llwyddiannus o'r cydrannau, hynny yw ei theatrau i bobl ifanc, theatr gorfforol a dawns. Dyma sut y gall Cymru, yn hytrach nag ymgysylltu â thraddodiad arall a chreu sefydliad annibynnol arall, adeiladu llwyfan cryf ar gyfer perfformiadau cenedlaethol a rhyngwladol'.[11]

Yn ei hanfod, meddai'r adroddiad, roedd sefyllfa'r celfyddydau yng Nghymru yn wahanol i'r hyn a geid mewn sawl gwlad arall, gan gynnwys Lloegr, am fod yma ddidoredd neu *gontinwwm* o ffurfiau perfformiadol, nid hierarchiaeth. Cynhwysai continwwm y celfyddydau perfformiadol yng Nghymru theatr lenyddol destunol, theatr gorfforol, theatr gymuned, theatr i gynulleidfaoedd ifainc, dawns, celfyddyd perfformiadol, ac yn y blaen; ac roedd gan bob un ei gyfraniad i'r traddodiad perfformiadol. Mynnai'r adroddiad y dylid parchu'r gwahaniaeth a'r berthynas rhwng y ffurfiau hynny, ac nid ffafrio'r naill ar draul y llall trwy greu theatr 'swyddogol', fel a gafwyd yn Lloegr o ganlyniad i ddylanwad y traddodiad llenyddol Shakespeareaidd, a theatr ddinesig Llundain:

> The performing arts, and the performative have no fixed boundaries and, increasingly, artform divisions seem outmoded and even unhelpful. At best they serve to underline the spectrum of work covered in the field. Traditionally, theatre, dance and music have formed a performing arts

triumvirate. But poetry and storytelling are also performance. Installation art, public art and architecture can also be a performative event requiring the interaction of individuals in space and time. And what are theme parks, rock concerts, dances and raves if they are not performative events? And what of game shows, sitcoms and live broadcast and light entertainment if not part of that rich performing arts spectrum?[12]

Roedd y syniad hwn o'r continwwm celfyddydol a'r 'perfformiadol' yn hytrach na theatr ffurfiol awditoriwm-a-llwyfan yn un dadleuol, a chlywyd sawl beirniad yn codi'i lais yn ei erbyn, yn enwedig o safbwynt statws y theatr broffesiynol fel canolbwynt y cyfrwng. Cwynodd Michael Bogdanov, er enghraifft, fod yr adroddiad yn diraddio'r artist proffesiynol trwy ddadlau o blaid mwy o gydgysylltiadau rhwng proffesiynoldeb ac amaturiaeth yn y celfyddydau. Yn hynny o beth, beirniadai Bogdanov gadeirydd y Pwyllgor Addysg dros 16 oed, Cynog Dafis, yn arbennig o hallt am ddatgan bod angen pontio'r agendor rhwng y proffesiynol a'r amatur, a bod angen i artistiaid proffesiynol 'ddysgu oddi wrth yr amatur'.[13] Roedd y fath feriniadaeth i'w disgwyl ar sawl cyfrif o du'r rheini a fu'n gweithio fel theatrweithredwyr proffesiynol ers blynyddoedd, yn enwedig efallai y rheini a weithiai trwy gyfrwng y Saesneg yn unig. Roedd y berthynas – y continwwm – rhwng yr amatur a'r proffesiynol a drafodwyd yn *Diwylliant Cytûn* yn syniad llawer mwy Cymraeg na Chymreig ei naws o'r safbwynt hwnnw, ac yn adlewyrchu'r ffaith fod yr artist Cymraeg trwy gydol yr ugeinfed ganrif wedi'i wreiddio mewn cymuned organaidd ac wedi creu celfyddyd at wasanaeth y gymuned honno yn hytrach na cheisio cynulleidfa genedlaethol neu ryngwladol. Yn y Gymru Gymraeg, roedd y continwwm wrth wraidd hanes a chyddestun cymdeithasol y celfyddydau.

Ar un ystyr, gellid ystyried *Diwylliant Cytûn* yn feddargraff ar theatr y 1980au a'r 1990au, gan fod honno bellach yn farw gelain – wedi'i chywiro a'i thacluso hyd at farwolaeth er mwyn ffurfio'r theatr genedlaethol newydd. Fel y Gymru gyfoes, mae theatr Gymraeg y 2000au yn gyfrwng sy'n adlewyrchu cred newydd y Cymry mewn trefn, mewn rheolaeth effeithlon, ac mewn cynnyrch hygyrch, hawdd ei adnabod. Ys dywedai Manuel Castells, bid siŵr, mae'n adlewyrchiad perffaith o awydd y Cymry i gyfreithloni eu hunaniaeth gyfansoddiadol newydd. Eto i gyd, mae'n debyg fod gan weledigaeth *Diwylliant Cytûn* rywbeth i'w gynnig i ddyfodol y theatr Gymraeg o hyd, ac i'r 'perfformiadol' ar draws sawl cyfrwng celfyddydol.

Nodiadau

1. Graham Laker, 'Nid Dyma'r Ffordd', *Theatr* (atodiad yn *Barn*, Mawrth, 1999), 4. Dyfynna Laker o Bapur Gregynog David Clarke, *Cyflwr y Celfyddydau* (Caerdydd: Sefydliad Materion Cymreig, 1998), 6–7.
2. Ian Rowlands, 'A View from the Operating Table', papur a gyflwynwyd yng Nghynhadledd SThRh Cymru, Coleg Cerdd a Drama Brenhinol Cymru, 9 Rhagfyr 2002, codwyd o http://www.theatre-wales.co.uk/critical/index.asp
3. Eric Hobsbawm, 'The Avant-Garde Dies – The Arts After 1950', *Age of Extremes: the Short Twentieth Century 1914–1991* (Llundain: Abacus, 1995), 502.
4. Sherry Turkle, 'Identity on the Internet' yn John Brockman a Katinka Matson (goln), *How Things Are* (Llundain: Phoenix, 1996), 228.
5. 'Adfer Nawdd Brith Gof', *Theatr* (atodiad yn *Barn*, Gorffennaf/Awst, 1998), 2.
6. Cyngor Celfyddydau Cymru, *Drafft o Strategaeth Ddrama ar gyfer Cymru: Papur Ymgynghorol* (1999), 5. Noda'r ddogfen fel a ganlyn: 'bydd CCC [Cyngor Celfyddydau Cymru] yn parhau i gefnogi Theatr Gwynedd [sic] a Theatr Bara Caws (gyda'r bwriad y dylai'r ddau gwmni ddechrau cydgynllunio ar sail consortia a cheisio arbedion-graddfa [sic] a chyfleoedd creadigol. Dymunir i un sefydliad ddatblygu o fewn dwy flynedd neu dair.' Ibid., 6.
7. Mike Baker yn Menna Baines, 'Rhwydo Dramodwyr', *Theatr* (atodiad yn *Barn*, Mawrth, 1994), 29.
8. *South Wales Echo*, 13/10/97, 1.
9. Anna-Marie Taylor, 'The Theatre Crisis', *Planet* (August/ September, 1998), 126.
10. Ceri Sherlock ar ran Pwyllgor Addysg a Hyfforddiant dros 16 Oed Cynulliad Cenedlaethol Cymru, *Diwylliant Cytûn*, Tachwedd 2000, paragraff 3.72.
11. Ceri Sherlock ar ran Pwyllgor Addysg a Hyfforddiant dros 16 Oed Cynulliad Cenedlaethol Cymru, *Diwylliant Cytûn*, Tachwedd 2000, paragraff 3.72. Ategwyd y pwynt hwn yn fersiwn Saesneg yr adroddiad, lle y nododd Sherlock mewn atodiad fod cryn anfodlondeb wedi'i leisio gan sawl cwmni a chynrychiolydd a ymddangosodd gerbron y Pwyllgor, o ran y broses ymgynghorol a'r strategaeth ei hun: 'major dissatisfaction was voiced both about the consultative process itself and about the implemented conclusions of that process. The strategy, it is widely held, was an attempt to impose a predetermined set of conclusions to favour the creation and enhancement of heritage text theatre over and against theatre for young people, innovative and experimental work, new writing, touring and physical theatre.' Ceri Sherlock ar ran Pwyllgor Addysg a Hyfforddiant dros 16 oed Cynulliad Cenedlaethol Cymru, *A Culture in Common*, Tachwedd 2000, Annexe D.
12. Ceri Sherlock *A Culture in Common*, Adroddiad gan Bwyllgor Addysg a Hyfforddiant dros 16 oed Cynulliad Cenedlaethol Cymru, Tachwedd 2000, Annexe D.
13. Michael Bogdanov, 'An Open Letter to Jenny Randerson, Minister for Culture, Sport and the Welsh Language', *Western Mail*, 22/11/00, 10.

Mynegai

Ab Ifor, Gwynfor 40–1
Actors' Touring Company 77, 94
Adams, Gilly 171, 172
Adran Antur Cwmni Theatr Cymru 7, 33, 35, 58
  Byw yn y Wlad 33–5, 44, 58; *Flora* 35; *Portread* 35
Ail Ryfel Byd 13, 21, 30, 64, 82, 183, 185, 221, 227
Aled, Siôn 179–80, 184
Aneirin 145
  Gododdin, Y 145
Antigone, chwedl 199, 206
Ap Brinley, Alun 135, 140, 211
Ap Dafydd, Myrddin 33, 37, 38–9
Arad Goch 119, 134, 167, 176–81, 183, 188
  Aderyn Glas Mewn Bocs Sgidie 177; *Agor Drysau* (Gŵyl Ryngwladol) 167, 177–8, 180; *Cai* 177; *Culhwch ac Olwen* 179; *Dyrchafiad Dyn Bach* 178, 179; *Ffin, Y* 177; *Ffrwgwd y Tad a'r Mab* 179; *Hyn Oll yn ei Chalon* 179–80; *Saer Doliau* 177; *Sgrech* 179; *Taliesin* 178–9, 180; *Tuag at y Nefoedd yn dy Boced* 177, 180–1; *Tŷ Ni* 179
Aran, Catherine 49
Aran, Matthew 138, 139, 141
Aristoteles 80
Aylwin, Richard 79

Baines, Menna 64, 66, 109, 112, 211
Baker, Mike 225
Baker, Tim 31, 32, 55, 56, 67, 68, 69, 172
Bara Caws 7–8, 9, 23, 27–8, 29, 30–2, 33–54, 55–6, 59, 65, 66, 100, 172, 174, 177, 183, 186, 189, 193, 224
  Anturiaethau Sel U. Lloyd 36, 37; *Bargen* 37, 38–9, 42, 44, 46, 48, 49, 65, 66, 100–1; *Be' S'anti Santa?* 36; *Croeso i'r Roial* 35–6; *Cyw Dôl* 50, 54; *Deial 999* 50–1; *Dinas Barhaus* 54; *Hip Hip i Pippi* 36; *Hwyliau'n Codi* 37–9, 42, 44, 48, 65; *Merched yn Bendant* 36; *O Syr Mynte Hi* 65; *Rhosyn a Rhych* 50, 51; *Salem ar Sêl* 46–8; *Siarad ar eu Cyfer* 50, 54; *Siarad Hefo'r Wal* 48–9; *Swejan a'r Smacyrs, Y* 50; *31/2 Cainc (Tair-Cainc-a-Hanner)* 45–6, 48; *Tweileit Zôn* 50, 52, 53; *Un Bach Arall* 50, 51, 52; *Zwmba!* 43–4, 46
Barba, Eugenio 118, 119, 122, 123, 125, 126, 128, 135, 138, 139
Barn 61, 66, 88, 99, 132, 150, 204
Baudelaire, Charles 132
BBC 7, 21, 22, 74, 84, 85
  Brynmeirion (Bangor) 74, 84
Beatles 161
Beckett, Samuel 90, 91, 92
  Godot (Theatrig) 83, 90–2, 93; *Waiting for Godot* 90
Belgrade Theatre (Coventry) 170–1, 176, 182
Berghaus, Ruth 79, 84
Berliner Ensemble 29, 81, 84
Berry, Dwynwen 192
  Gweu Babis (Hwyl a Fflag) 192, 193

Mynegai   231

Best, Keith 60
Birkin, Jane 51
Je t'aime . . . moi non plus 51
Blair, Tony 6, 218, 219, 226
Boal, Augusto 183
Bogdanov, Michael 229
Bond, Edward 184
  Red, Black and Ignorant/Coch, Du ac Anwybodus (Theatr Powys) 184, 185
Brando, Marlon 189
Brecht, Bertolt 23–4, 29, 46, 48, 59, 63, 73, 77, 79–80, 81, 82, 84, 85, 102, 103, 104, 197, 198
  Baal 80; *Cylch Sialc, Y* (Cwmni Theatr Gwynedd) 77, 80, 102–5, 106, 107, 113; *Lehrstück* 80; *Mother Courage and her Children* 81; *Opera Pisyn Tair* 80; *Person Da Setswan/The Good Person of Szechuan* 80, 198
Brenton, Howard 196
Briggs, Raymond 63,
  A'r Gwynt i'r Drws Bob Bore (Theatr Gorllewin Morgannwg)/*When the Wind Blows* 63
Brith Gof 5, 24, 46, 68, 118–19, 121, 122, 124–5, 126–7, 128, 135–61, 198, 206, 208, 224
  Blodeuwedd 137–8; *Branwen* 135–6, 178; *Bwyty Bananas* 139; *Dros Ben Llestri* 139; *Du a Gwyn* 140; *EXX–1* 144, 148–51, 156; *Gernika!* 140–2, 145, 147; *Gododdin* 119, 145, 147–8, 149, 151–2, 153, 157, 208; *Gwaed neu Fara* 69; *Haearn* 145, 154–6, 157; *Hiroshima* 144, 146–7; *Los Angeles* 153, 154; *Lleuad! Lleuad!/Luna! Luna!* 140; *Llythyron o'r Nefoedd* 153; *Manawydan* 126–8, 132–3, 137, 138, 139; *Pax* 145, 153–4; *Pedole Arian* 140; *Prydain: The Impossibility of Britishness* 154, 156–7, 158; *Rhiannon* 136–7; *Rhydcymerau* 140, 141, 142; *Trychinebau Rhyfel* 144–52, 153; *8961: Caneuon Gobaith a Galar* 145; *Ymfudwyr* 140, 147
Brook, Peter 53
  Empty Space, The 53
Burke, Edmund 156
Bwlgacof, Michail 199
  Calon Ci (Dalier Sylw) 199

Cains, Fraser 52
Callaghan, James 218

Camus, Albert 177
  Cai (Arad Goch)/*Caligula* 177
Canolfan Chapter 204, 225–6 *gweler hefyd* Theatr Chapter
Canolfan Gymuned y Rhos 35
Canolfan y Celfyddydau (Aberystwyth) 94, 203
Canolfan yr Ysgubor (Aberystwyth) 135
Cardiff Laboratory Theatre (Cardiff Lab) 118, 121–2, 123, 124, 125, 135
  prosiect *Blodeuwedd* 121
Caricatur (cwmni theatr bypedau) 170
Caron, Nia 88, 155
Castells, Manuel 19–20, 21, 23, 223, 229;
  Power of Identity, The 19–20, 223
Cennard, Branwen 150, 209
Chandler, Raymond 198
Cheeseman, Peter 29
Cieslak, Ryszard 136
Clarke, David 220
Clwyd Theatr Cymru 68, 224 *gweler hefyd* Theatr Clwyd
Coleg Ardudwy (Harlech) 187
Coleg Cerdd a Drama Cymru 35
Coleg Prifysgol Gogledd Cymru, Bangor 76
commedia dell'arte 118, 130–1, 179
'Crys Glas', cwmnïau'r 28
Cullen, Greg 181–2
Cwmni Cyfri Tri 24, 118–19, 121–2, 124, 125–35, 138, 139, 176–7, 178, 179, 180
  Caerdroia 126, 127, 128; 'Daw Dydd', prosiect 131, 132, 133; *Dyrchafiad Dyn Bach* 129–30, 133, 178, 179; *Gwrachod y Môr* 122, 125–6; *Gyrdd-der: O'r Cysgod* 133; *Gyrdd-der '86* 133; *Joli Boi* 131–3; *Lily* 128–9, 131, 177; *Manawydan* 126–8, 132–3, 137, 138, 139; *Mawr, Y Bach a'r Llai Fyth!, Y* 129, 131, 178; *Pasg* 180; *Pob Lliw Dan Haul* 133; *Polka yn y Parlwr* 128–9, 130, 131; *Sipsi Het Ddu, Y* 133, 134, 177
Cwmni Opera Cenedlaethol Cymru 84
Cwmni'r Frân Wen 172, 176, 186–90
  Amyswn 187–8; *Un Gwaed* 189; *Yn Dy Law* 188–9
Cwmni'r Gegin, Cricieth 74
Cwmni Theatr Crwban 94, 119, 134, 172, 176, 177, 186
  'Fala Surion Bach 177; *Fel Paent yn Sychu* 177; *Who Cares?* 177
Cwmni Theatr Cymru 3, 5, 7, 8, 9, 22–3, 24, 27, 31, 32, 33, 34, 35, 36, 42, 43,

232   *Mynegai*

73, 75, 78, 83–4, 85, 86, 87, 88, 89, 95, 96–7, 98, 99, 100, 104, 105, 108, 112, 121, 140, 141, 142, 170, 172, 181, 191, 192, 193, 203
  Saer Doliau 7; *Tair Chwaer* 75, 78; *Tŵr, Y* 88, 112–13; *Tŷ ar y Tywod* (cynhyrchiad 1968) 7, (cynhyrchiad 1983) 75, 78; *gweler hefyd* Adran Antur Cwmni Theatr Cymru
Cwmni Theatr Eryri (Glynllifon) 74
Cwmni Theatr Gwynedd 23, 73, 74–5, 76, 77, 89, 94, 95–115, 205, 206, 220, 224
  Awê Bryncoch 77, 96, 105–6, 107–8, 111, 224; *Cwm Glo* 108–11, 113; *Cyfyng Gyngor* 106; *Dim Ond Heno* 107; *Ddoe yn Ôl* 96, 108; *Enoc Huws* 96, 105–6, 107; *Gelli Geirios, Y* 77, 106–7; *Gymerwch Chi Sigarét?* 101–2, 107; *Leni* 107; *O Law i Law* 75, 98–101, 107, 109, 110, 113, 131, 205; *Tŵr, Y* 111–13; *Werin Wydr, Y* 96
Cwmni Theatr Mewn Addysg Sir y Fflint 171
  Syrcas Sulwen 171
Cwmni Theatr y Werin (Aberystwyth) 171, 172
Cyfres y Fodrwy 198
Cyngor Celfyddydau Cymru 7, 21, 22, 66, 94, 95, 96, 106, 108, 114, 159–60, 171, 172, 190–1, 193, 202, 203, 214–15, 223–5, 226–7, 228
Cymdeithas Theatr Cymru 7
Cymdeithas yr Iaith Gymraeg 196
Cymro, Y 3, 56, 57, 78, 127, 137, 141, 195, 199
Cynulliad Cenedlaethol Cymru 2, 11, 225, 227–8; *Diwylliant Cytûn* 228–9

Chwyldro Diwydiannol 155
Chwyldro Ffrengig 60, 156

Dafis, Cynog 229
Dalier Sylw 23, 94, 191, 199, 202–15, 224
  Adar Heb Adenydd 204–6, 215; *Bacchai, Y* 94, 207–9, 210; *Bonansa!* 212; *Calon Ci* 199; *Cinio, Y* 211–12; *Epa yn y Parlwr Cefn* 210; *Fel Anifail* 212; *Hunllef yng Nghymru Fydd* 199–200, 206–7; *Meindiwch Eich Busnes* 211; *Tair* 212–14; *Wyneb yn Wyneb* 212
Davies, D. T. 100, 197
Davies, Dylan 131, 132
Davies, Emily 73, 78
Davies, Hywel 21

Davies, James Kitchener 108, 110–11, 197
  Cwm Glo (Cwmni Theatr Gwynedd/ Theatr y Sherman) 108–11, 113
Davies, John 11
Davies, Keith 64–5
Davies, Paul 188
Davies, Rhys 69
Dean, James 189

Eagleton, Terry 80, 81
Eames, Manon 55, 57, 61, 62
Eames, Marion 38
Edgar, Iwan 52
Edwards, Catrin 36
Edwards, Huw Lloyd 106
  Cyfyng Gyngor (Cwmni Theatr Gwynedd) 106
Edwards, Peter 203
Edwards, Thomas (Twm o'r Nant) 33
Eirian, Siôn 194, 195, 203, 209–10, 213
  Elfis, Y Blew a Fi (Hwyl a Fflag) 195–6, 210; *Epa yn y Parlwr Cefn* (Dalier Sylw) 210; *Wastad ar y Tu Fas* (Hwyl a Fflag) 194–6
Eisentraut, Jochen 103
Eisteddfod Genedlaethol 21, 109, 201
  Abergele (1995) 67; Abergwaun (1986) 43, 133; Aberystwyth (1992) 62, 178; Caernarfon (1979) 121; Casnewydd (1988) 89, 195, 200; Cwm Rhymni (1990) 199, 206; Llanbedr Pont Steffan (1984) 78, 79, 141; Llanrwst (1989) 61, 93; Maldwyn (1981) 136; Môn (1983) 140, 141; Pen-y-bont ar Ogwr (1998) 214; Porthmadog (1987) 45, 58, 146, 147; y Rhyl (1985) 133; Wrecsam (1977) 35
Elfyn, Menna 209
  Melltith y Mamau (Theatrig) 94
Elfyn, Richard 79, 82, 86, 87, 88
Elidyr, Alun 86, 87, 90, 93, 94
Elis, Meg 51, 52, 68, 107, 109, 112–13
Elisabeth II 35
Ellis, Eryl 131
Ellis, Siwan 185
Emlyn, Mari 194
Evan, Rhodri 209
Evans, Glyn 3, 78, 127–8
Evans, Grey 34, 99
Evans, Meredydd 149
Ewripides 207
  Bacchai, Y (Dalier Sylw) 94, 207–9, 210

Mynegai 233

Faner, Y 39, 125, 127, 137
Farfa, cwmni 140
 Lleuad! Lleuad!/Luna! Luna! 140
Fo, Dario 32, 59
Fôn, Bryn 43, 44, 50, 126
 Swejan a'r Smacyrs, Y (Bara Caws) 50
Fôn, Dafydd 106–7
Francis, J. O. 197
Freud, Sigmund 28
Frisch, Max 185
 Andorra (Theatr Powys) 185
 Fura dels Baus, La 144

Gainsbourg, Serge 51; *'Je t'aime . . . moi non plus'* 51
Garner, Alan 188
 Stone Book Quartet, The 188
Garmon, Huw 47
Glyn, Annes 48
Godber, John 194
 Shakers/Cameo (Hwyl a Fflag) 194
Gomer, Russell 205
Gorbachev, Mikhail 101
Gower, Jon 67, 68
Goya, Francisco 143
 Desastres de la Guerra, Los 143–4
Graves, Robert 208
Greatorex, John 181
Gregory, Iola 36, 87, 88
Griffiths, Dylan 13
Grotowski, Jerzy 118, 119–20, 121, 122, 123, 125, 126, 127, 134, 135, 136, 139, 144, 152, 177
 Apocalypsis cum Figuris 120; *Książę Niełomny (Tywysog Diwair, Y)* 120, 136; *Towards a Poor Theatre* 120
Gwenallt, *gweler* Jones, David James
Gwilym, Lowri 185, 211
Gwilym, Mari 198
Gŵyl Ffilmiau Pan-Geltaidd (1981) 135

Hadid, Zaha 226
Haeffestws, chwedl 155
 Hanes Taliesin 16, 178
Hardy, John E. R. 144, 149, 150
Hare, David 196
Harries, Wyn Bowen 193, 198
Harris-Davies, Sara 55, 57, 61, 62
Heathcote, Dorothy 182
Hen Ysgol Gynradd (Porthaethwy) 187
Hideo, Kanze *gweler* Kanze Hideo
Hill, Benny 59

Hobsbawm, Eric 221–2
 Age of Extremes 221–2
Holocawst, yr 185
Hopkins, Eirwen 187
Hughes, Gareth Pritchard 38
Hughes, Rhodri 189
 Un Gwaed (Cwmni'r Frân Wen) 189
Hughes, T. Rowland 75, 98, 99, 101, 110, 131
 O Law i Law (Cwmni Theatr Gwynedd) 75, 98–101, 107, 109, 110, 113, 131, 205
Hull Truck Theatre Company 194
Humphreys, Emyr 15–19, 223
 Taliesin Tradition, The 15–19, 223
Humphreys, Judith 87, 91
Huw, Carys 187
Hwyl a Fflag 3, 23, 93, 94, 174, 191, 192–202, 225
 Barbaciw 194; *Cameo* 194; gwyliau *Codi'r Hwyl* 200–2; *Cyn Cychwyn* 193; *Chwiorydd* 200; *Duges Amalffi* 199, 200; *Dyrnod Branwen* 200; *Elfis, Y Blew a Fi* 195–6, 210; *Euog Di-Euog* 194; *Ffatri Serch* 198, 199; *Gweu Babis* 192, 193; *Lleidr Da, Y* 198–9; *Serch yw'r Teyrn* 94, 199; *Unwaith Eto 'Nghymru Annwyl* 197; *Wastad ar y Tu Fas* 194–6

Ibsen, Henrik 85, 86, 96, 108, 197
 Ddoe yn Ôl (Cwmni Theatr Gwynedd) 96, 108; *Hedda Gabler* 197; *Peer Gynt* (Theatrig) 85–6, 87, 91, 103, 208; *Tŷ Dol* 197

Ifans, Mair Tomos 179
Ioan, Gareth 179
 Sgrech (Arad Goch) 179; *Tŷ Ni* (Arad Goch) 179
Islwyn, Aled 207, 208

Jac Glan-y-gors, *gweler* Jones, John
Jackson, Tony 174
Jellicoe, Ann 40, 41
John, Maldwyn 49
Jones, Bethan 146, 203, 204, 205, 212, 214–15
Jones, Dafydd Arthur 58–9
Jones, Dafydd Glyn 20
Jones, David James (Gwenallt) 141
Jones, Eilir 49
Jones, Gareth W. 88–9, 101–2, 128
Jones, Gruffudd 193, 195, 201

Jones, Janet 138
Jones, John (Jac Glan-y-gors) 156
  Seren Tan Gwmwl 156
Jones, John Gwilym 96, 109
  Ac Eto Nid Myfi 131
Jones, Lis Hughes 121, 124–5, 136, 137–8,
  141, 144, 145, 146, 148, 149, 151
Jones, Llinos Ann 45, 46
Jones, Myrddin (Mei) 36, 40, 50, 96,
  194–5
  Awê Bryncoch (Cwmni Theatr
  Gwynedd) 77, 96, 105–6, 107–8, 111,
  224; *C'Mon Midffild* 96
Jones, Merfyn 49
Jones, R. Gerallt 177
  Lewis Jones a'i Wladfa Gymreig
  (Theatrig) 177
Jones, Rhys Parry, *gweler* Parry, Derec
Jones, Stewart 47
Jones, Valmai 32, 33–4, 35, 36, 39–40, 43,
  45, 47, 49
Jones, W. Gareth 106
Jones, W. S. (Wil Sam) 54, 205
  Bobi a Sami (Bara Caws) 54, *Dinas
  Barhaus* (Bara Caws) 54; *Llifeiriau*
  (Bara Caws) 54; *Wraig, Y* (Bara Caws)
  54
Jones, William R. 102

Kabuki 82, 118
Kanze Hideo 135
Kaut-Howson, Helena 112
Kay, Kim 103
Kyogen 137

Laker, Graham 9, 76–7, 96, 100, 102, 103,
  104, 107, 108, 109–11, 112, 113, 114
LeCoq, Jacques 118, 130–1, 179
Les Miserables 67
Lewis, Dafydd Morgan 195
Lewis, Geraint 191, 209, 211–12
  Cinio, Y (Dalier Sylw) 211–12;
  Groesffordd, Y (Dalier Sylw) 211;
  Language of Heaven, The (Dalier
  Sylw/Theatr Clwyd) 211; *Meindiwch
  Eich Busnes* (Dalier Sylw) 211
Lewis, Mared 46, 47–8
Lewis, Saunders 81–2, 83, 101–2, 107, 109,
  111, 149, 197
  Blodeuwedd (Theatrig) 81–3, 111;
  Gymerwch Chi Sigarét? (Cwmni Theatr
  Gwynedd) 101–2, 107; *Siwan*
  (Theatrig) 94, 111

Littlewood, Joan 29
Lloyd George, David 15
Lorca, Federico García 132
Lyn, David 88
Lynch, Gwion 107
  Dim Ond Heno (Cwmni Theatr
  Gwynedd) 107

Llancaiach Fawr 206
Llewellyn, Richard 68
Llwyd, Betsan 82, 198, 213
Llwyd, Iwan 210
Llyfrau Gleision (1847) 20
Llywelyn, Dafydd 209
Llywelyn, Tony 49

Mabinogi, Pedair Cainc y 135, 136, 137,
  138, 179
  Branwen ferch Lŷr 135–6, 200
McGrath, John 29–39, 41
  *Cheviot, The Stag and the Black, Black
  Oil, The* (7:84) 29–30
McLucas, Cliff 5–6, 144, 145, 148, 150,
  153–6, 157–8, 159–60
Maelor, Gwawr 50, 52
Magritte, René 181
Major, John 218
Meredith, Luned 199
Methodistiaeth Galfinaidd 37
Meyerhold, Vsevolod 28
Miall, Twm 49–50, 51–2, 53–4
  Cyw Dôl (Bara Caws) 50, 54; *Deial 999*
  (Bara Caws) 50–1; *Rhosyn a Rhych*
  (Bara Caws) 50, 51; *Siarad ar eu Cyfer*
  (Bara Caws) 50, 54; *Swejan a'r Smacyrs,
  Y* (Bara Caws) 50; *Tweileit Zôn* (Bara
  Caws) 50, 52, 53; *Un Bach Arall* 50, 51,
  52
Miles, Gareth 183–4, 191, 192, 193, 194,
  196, 197–200, 206–7, 209, 213
  Coch, Du ac Anwybodus (Theatr
  Powys) 184, 185; *Chwiorydd* (Hwyl a
  Fflag) 200; *Diwedd y Saithdegau* (Sgwar
  Un) 192, 193, 196–7, 198; *Duges Amalffi*
  (Hwyl a Fflag) 199, 200; *Dyrnod
  Branwen* (Hwyl a Fflag) 200; *Ffatri
  Serch* (Hwyl a Fflag) 198, 199; *Hunllef
  yng Nghymru Fydd* (Dalier Sylw)
  199–200, 206–7; *Serch yw'r Teyrn*
  (Hwyl a Fflag/Theatrig) 94, 199;
  Unwaith Eto 'Nghymru Annwyl (Hwyl
  a Fflag/Sgwar Un) 197
Miles, Lisabeth 88, 213

Miller, Arthur 93, 214
  Crucible, The 93; *Death of a Salesman* 214
Mills & Boon 198
Moore-Williams, Sêra 121–2, 133, 146, 192, 209
  Byth Rhy Hwyr (Y Gymraes) 192; *Mab* (Y Gymraes) 192; *Môr Forwyn* (Y Gymraes) 192
Morgan, Dyfnallt 137
Morgan, Kenneth O. 11
Morgan, Rhian 79, 86, 87
Morgan, Sharon 33–4, 35, 192, 196
Morley, Martin 99
Moving Being (cwmni theatr) 203

Neuadd Dewi Sant (Caerdydd) 153, 154
Neuadd Goffa Tal-y-bont 62
Nō, theatr 118, 135, 136–7, 138

Odin Teatret 122, 123–4, 134, 138
  Millionen 138
Ogden, Gill 169, 171–2, 173, 174, 175, 181, 182–3, 188
Ogwen, John 87, 98, 99, 103, 104–5, 112, 113
Open Cast (cwmni theatr) 55, 187
Osborne, John 189
O'Toole, John 171
Owain Glyndŵr 62
Owen, Daniel 100
  Enoc Huws (Cwmni Theatr Gwynedd) 96, 105–6, 107
Owen, John Glyn 129, 177, 179
  Dyrchafiad Dyn Bach (Arad Goch/ Cwmni Cyfri Tri) 178, 179; *'Fala Surion Bach* (Theatr Crwban) 177; *Ffrwgwd y Tad a'r Mab* (Arad Goch) 179
Owen, Mari Rhian 131, 179
  Hyn Oll yn ei Chalon (Arad Goch) 179–80

Paine, Thomas 156
Palmer, Pam 178
  Yn Ein Dwylo (Arad Goch) 178
Paraplyteatret (Denmark) 180–1
  Tuag at y Nefoedd yn dy Boced (Arad Goch) 177, 180–1
Parry, Derec 55, 57, 61
Parry, Gruffydd 108
Parry Gwenlyn 7, 75, 78, 87, 88, 111, 177, 192
  Ffin, Y (Arad Goch) 177; *Panto* (Whare Teg) 192; *Saer Doliau* (Cwmni Theatr Cymru) 7, 111, (Arad Goch) 177; *Twr, Y*

(Theatrig) 87–9, (Cwmni Theatr Gwynedd) 111–13; *Tŷ ar y Tywod* (Cwmni Theatr Cymru: 1968) 7, (Cwmni Theatr Cymru: 1983) 75, 78
Parry, Gwyn 57, 192, 196
Parry, Maldwyn 194
  Euog Di-Euog (Hwyl a Fflag) 194
Pearson, Mike 121, 122, 124–5, 135, 137–8, 141, 142–3, 144, 149, 150, 151, 152, 153, 154, 155, 156–7, 158, 159
  'Theatre in a Minority' 142–3, 150–1, 152
Pennar, Meirion 79
Penrhyn, Arglwydd 37
Phillips, Eryl 87, 94, 203, 210
Phillips, Jane 170
Picasso, Pablo 140
  Gernika 140
Pirandello, Luigi 107
Plaid Cymru 11, 12, 82
Plaid Chwyldroadol y Gweithwyr 182
Plaid Geidwadol 1, 2, 6, 10, 12, 13, 14, 18, 32, 42, 43, 49, 50, 56, 57, 130, 158, 218, 219–20, 226
Plaid Lafur 4, 6, 10–11, 12, 13–14, 218–19, 226
Plaid Ryddfrydol 12
Povey, Meic 54, 192, 209, 212–14
  Bonansa! (Dalier Sylw) 212; *Diwedd y Byd* (Bara Caws) 54; *Fel Anifail* (Dalier Sylw) 212; *Gwaed Oer* (Whare Teg) 192, 212, 214; *Perthyn* (Whare Teg) 192; *Tair* (Dalier Sylw) 212–14; *Wyneb yn Wyneb* (Dalier Sylw) 212
Powell, Catrin 213
Powys, Betsan 104, 106
Powys, Rhys 83, 87, 89, 90, 91–3, 94, 139
Price, Dr William 15, 18
Prichard, Caradog 131
  Un Nos Ola Leuad 131
Prifysgol Cymru 8, 21
Prifysgol Cymru, Aberystwyth 121, 136
  Adran Astudiaethau Theatr, Ffilm a Theledu 114; Adran Ddrama 94, 135, 140, 142; *Faust: Rhan I* 94; Canolfan Adnoddau Addysg 214–15
Promethews, chwedl 155
P:84 (cwmni theatr) 78, 79

Rame, Franca 59
Rasmussen, Nagel 124
Reagan, Ronald 101
Richmond, Tom 194–5

Rivers, Siân 210
Roberts, Cefin 43, 44, 48, 49, 198
Roberts, Clive 87, 88, 192, 196
Roberts, Dyfan 31, 33–4, 35, 36, 37–8
Roberts, J. O. 99
Roberts, John 136, 137, 146, 147
Roberts, Mared Lewis 50
Roberts, Nia 189
Roberts, Wilbert Lloyd 31, 35, 73, 84–5, 96
Roberts, Wiliam Owen 129, 194, 209
Mawr, Y Bach a'r Llai Fyth!, Y (Cwmni Cyfri Tri) 129, 131, 178
Rogers, Eleri 141
Ros, Nic 87, 90, 93, 139, 141, 146, 151–2, 159, 160, 161, 197, 198, 199, 200, 210, 212, 213
Rowlands, Ian 220–1
Royal Shakespeare Company (RSC) 184
Rushdie, Salman 149
Satanic Verses, The 149
Russell, Willy 62
Shirley Valentine (Theatr Gorllewin Morgannwg) 62–4

Rhodri, Steffan 210
Rhyfel Byd Cyntaf 20, 28, 129
Rhyfel Cartref 206
Rhyfel Cartref Sbaen 140
Rhys, Manon 110
Rhys, Maureen 87, 104, 112
Rhys, Robert 130

Sand & Bricks (Hong Kong, cwmni theatr) 151
Savill, Charmian C. 136, 138, 150, 173, 174, 175, 183
Schaubühne (Berlin) 84, 85
Peer Gynt 85; *Tair Chwaer* 84
Selway, Trevor 87
Serban, Andrei 84
7:84 (cwmni theatr) 29–30, 31, 32, 193
Cheviot, The Stag and the Black, Black Oil, The 29–30; *Six Men of Dorset* 68
Sgwar Un (cwmni theatr) 192, 193–4, 196, 197, 199
Diwedd y Saithdegau 192, 193, 196–7, 198; *Unwaith Eto 'Nghymru Annwyl* 197
Shakespeare, William 84, 89, 170, 228
Hamlet (Theatrig) 89–90
Shelley, Mary 155
Frankenstein 155
Sherlock, Ceri 75–7, 78–80, 81–2, 83–4, 85–6, 87–8, 89–90, 91, 92, 94, 98, 113, 203, 207–9, 228
Diwylliant Cytûn 228–9
Sherman, Martin 194, 195
Bent 194
S4C 42, 43, 105, 158, 161, 220
Silyn, Llio 136
South Wales Echo 225–6
Stalin, Josef 28–9
Standing Committee for Young People's Theatre (SCYPT) 182
Stein, Peter 79, 84, 85
Stelarc 226
Strindberg, August 79, 82, 107
Julia (Theatrig) 79–80, 81, 82, 83, 207
Summers, Siân 114, 167, 177
Aderyn Glas Mewn Bocs Sgidie (Arad Goch) 177
Swyddfa Gymreig 66, 159, 172

Taliesin 15–16, 17, 18, 223
Taylor, Anna-Marie 226
Staging Wales 182
Teatr 13 Redzów 119, 121, 122
Test Department 147, 148, 151
Thatcher, Margaret 1, 10, 12, 13, 14, 130, 218, 219
Thatcheriaeth 2, 3, 6, 14, 18–19, 24, 32, 56, 58, 151, 158, 193, 195, 218, 225, 226
Theatre Workshop 29, 31, 32
Thomas, Dafydd 99
Thomas, Dafydd Elis 3
Thomas, Dyfed 33–4, 35, 49, 50
Thomas, Ed 204–6
Adar Heb Adenydd (Dalier Sylw) 204–6, 215; *East From the Gantry* 204; *Flowers of the Dead Red Sea* 204; *House of America* 204
Thomas, Gillian Elisa 61
Thomas, Ion 61, 63, 66, 204, 205
Thomas, Melfyn 50, 51
Thomas, R. S. 149
Thornton, Jane 194
Shakers/Cameo (Hwyl a Fflag) 194
Tomos, Angharad 177; *Cyfres y Rwla* 177
Fel Paent yn Sychu (Theatr Crwban) 177
Tomos, Rhiannon 201, 202, 214
Torch Theatre (Aberdaugleddau) 8, 95
Tramway (Glasgow) 153, 156
Trefor, Robat 99
Tsiecof, Anton 75, 77, 78, 84, 106, 107
Gelli Geirios, Y (Cwmni Theatr

Gwynedd) 77, 106–7; *Tair Chwaer*
(Cwmni Theatr Cymru) 75, 78,
(Schaubühne) 84
Tudor, Carys 66, 67
Turkle, Sherry 222–3
Turner, Jeremy 121–2, 124, 126, 128, 129,
130–1, 133–4, 167, 179, 180
Twm o'r Nant, *gweler* Edwards, Thomas
Tywysog Diwair, Y, gweler o dan Grotowski,
Jerzy

Theatr (atodiad yn *Barn*) 50
Theatr Ardudwy 8
Theatr Chapter (Caerdydd) 148
Theatr Clwyd 8, 35, 95, 112, 211 *gweler
hefyd* Clwyd Theatr Cymru
Theatr Ddieithr, Y 8
Theatr Fach Llangefni 74, 81
Theatr Felin-fach 8
Theatr Gorllewin Morgannwg 23, 27–8,
29, 30, 31–2, 55–69, 172, 74
Adar o'r Unlliw 61–2; *A'r Gwynt i'r
Drws Bob Bore* 63; *Baled y Garreg Ddu*
65–7; *Clustie Mawr Moch Bach* 64–5;
Combrogos 67–8; *Cris Croes Tân Poeth*
58–9, 60, 65; *Dawns y Dodo* 62–4;
Gwartheg Gwyllt a Saeson 62; *I'r Byw*
68; *Jeremeia Jones* 60, 65; *Man a Man*
56–8, 59, 60; *Shirley Valentine* 62–4;
Vanessa Drws Nesa 60–1, 64, 65
Theatr Gwent 187
Theatr Gwynedd 8, 74, 77, 93, 95, 98, 99,
100, 104, 105, 106, 107, 112, 114, 115,
189, 201
Theatr Ieuenctid Canolbarth Powys 181
Theatr Iolo 187
Theatr O 8
Theatr Powys 172, 173, 176, 181–5, 188;
Andorra 185; *Careless Talk* 183, 184;
Coch, Du ac Anwybodus 184, 185;
Present, The 183, 184; *Soil* 183
Theatr y Gegin (Cricieth) 8
Theatr y Sherman (Caerdydd) 8, 95, 108
Theatr y Werin (Aberystwyth) 8, 95, 125
Theatr yr Ymylon 8
Theatrig 23–4, 69, 73–4, 75–6, 77, 78–94,
98, 100, 102, 103, 113, 177, 198,
203–4, 207, 208, 209, 228
Adwaith 90, 93–4; *Anfadwaith* 90, 93–4;
Arth, Yr 79; *Bivouac* 79; *Blodeuwedd*
81–3, 86; *Coed, Y* 94; *Hamlet* 89–90;
Julia 79–80, 81, 82, 83, 207; *Lewis Jones
a'i Wladfa Gymreig* 177; *Melltith y*

Mamau 94; *Peer Gynt* 85–6, 87, 91, 103,
208; *Serch yw'r Teyrn* 94, 199; *Siwan* 94

Vaughan, Gwyn 55, 61
Vega, Lope de 96
Gosb Ddiddial, Y (Cwmni Theatr
Gwynedd) 94, 96
Velvet Underground, The 161
Volcano Theatre 224

Walker, Peter 60
Watkins, Christine 121–2, 128, 133
Lily (Cwmni Cyfri Tri) 128–9, 131, 177
Webb, Sioned 61, 62
Welsh Theatre Company 7, 22
Whare Teg 191–2, 212, 214
Gwaed Oer 192, 212, 214; *Perthyn* 192
Wil Sam, *gweler* Jones, W. S.
Williams, Aled Jones 209
Williams, Beryl 99
Williams, Carys Tudor 127, 128
Williams, Cora 168
Williams, D. J. 141
Hen Dŷ Ffarm 141
Williams, Dewi Wyn 107
Leni (Cwmni Theatr Gwynedd) 107
Williams, Gwyn A. 4, 11, 12–13, 14–15, 16,
17, 18–19, 101, 220, 223
When Was Wales? 4, 14–15, 18–19, 223
Williams, Ieuan Llwyd 57–8
Williams, Ronnie 91
Williams, Rhydwen 68
Williams, Shelagh 102, 103
Williams, Tennessee 96
Werin Wydr, Y (Cwmni Theatr
Gwynedd) 96
Wilson, Robert 118, 144
Wooster, Roger 172
Wooster Group, The 93, 118, 144
L.S.D (Just the High Points) 93
Wordsworth, William 87
Wright, Frank Lloyd 15
Wright, Peter 60
Wyn, Eirug 93

Y Cwmni 205
Y Gymraes 192
Byth Rhy Hwyr 192; *Mab* 192; *Môr
Forwyn* 192
Yeats, W. B. 82
Ynyr, Iola 187, 189
Ysgol Dyffryn Nantlle 9